FITNESS FOR LIFE

健身与生活

（全彩图解第6版）

[美] 查尔斯・B. 科尔宾（Charles B. Corbin）
[加拿大] 盖伊・C. 勒马叙里耶（Guy C. Le Masurier） 著

田亨 曹维 译

第6版特约作者
[美] 凯伦・E. 麦康奈尔（Karen E. McConnell）

人民邮电出版社
北 京

图书在版编目（CIP）数据

健身与生活：全彩图解：第6版／（美）查尔斯·
B.科尔宾（Charles B. Corbin），（加）盖伊·C.勒马叙
里耶（Guy C. Le Masurier）著；田亨，曹维译. — 北
京：人民邮电出版社，2020.6
ISBN 978-7-115-51831-6

Ⅰ.①健… Ⅱ.①查… ②盖… ③田… ④曹… Ⅲ.
①健身运动－图解 Ⅳ.①G883-64

中国版本图书馆CIP数据核字(2019)第262414号

版权声明

免责声明

本书内容旨在为大众提供有用的信息。所有材料（包括文本、图形和图像）仅供参考，不能用于对特定疾病或症状的医疗诊断、建议或治疗。所有读者在针对任何一般性或特定的健康问题开始某项锻炼之前，均应向专业的医疗保健机构或医生进行咨询。作者和出版商都已尽可能确保本书技术上的准确性以及合理性，且并不特别推崇任何治疗方法、方案、建议或本书中的其他信息，并特别声明，不会承担由于使用本出版物中的材料而遭受的任何损伤所直接或间接产生的与个人或团体相关的一切责任、损失或风险。

内 容 提 要

本书曾荣获美国"优秀教材奖"，该奖项被视为教科书领域的奥斯卡奖。全书系统讲解了与健身相关的各种知识，包括理解并运用身心健康的重要概念及原理；实践自我管理技能，将健康的生活方式贯彻始终；成为知情消费者，明智地看待有关健身、健康的信息；学会心肺耐力、肌肉适能、身体柔韧性和中等强度、高强度运动的自我评估；做好营养规划和压力管理；采用积极健康的生活方式，并持之以恒。阅读本书，有利于实现健身和体育活动目标，并全面认识健身与健康生活的关系。

- ◆ 著　　　　[美]查尔斯·B. 科尔宾（Charles B. Corbin）
　　　　　　　[加拿大]盖伊·C. 勒马叙里耶（Guy C. Le Masurier）
　　译　　　　田　亨　曹　维
　　责任编辑　寇佳音
　　责任印制　周昇亮

- ◆ 人民邮电出版社出版发行　　北京市丰台区成寿寺路 11 号
　　邮编　100164　电子邮件　315@ptpress.com.cn
　　网址　https://www.ptpress.com.cn
　　临西县阅读时光印刷有限公司印刷

- ◆ 开本：700×1000　1/16
　　印张：30.75　　　　　　　　　　2020 年 6 月第 1 版
　　字数：583 千字　　　　　　　　2020 年 6 月河北第 1 次印刷
　　　　著作权合同登记号　图字：01-2016-6538 号

定价：198.00 元

读者服务热线：**(010)81055296**　印装质量热线：**(010)81055316**
反盗版热线：**(010)81055315**
广告经营许可证：京东工商广登字 20170147 号

目录

第 V 单元　健康生活选择

第 VI 单元　康乐视角

全书导读

你是否想拥有健康的身体、靓丽的外表和愉悦的心情？

本书的理念基础正是英文缩写HELP，意为"以个性化方式给每个人带来终身健康"（Health for Everyone for a Lifetime in a very Personal way）。

H = 健康（Health）

E = 每个人（Everyone）

L = 终身（Lifetime）

P = 个性化（Personal）

HELP 理念帮你用合适的方式掌控身心健康。

本书让你成为懂健身、懂生活的人，使你能够：

·理解并运用身心健康的重要概念及原理；

·理解并实践自我管理技能，从而将健康的生活方式贯彻始终；

·成为知情消费者，明智地看待有关身心健康的信息；

·从现在起采用健康的生活方式，并持之以恒。

本书荣获"优秀教材奖"（Texty奖）。

本书将帮助你实现健身和体育活动目标。本导读对教材的内容组成进行了说明。每章包含两节课，以帮助你了解与身心健康相关的重要概念。

单元开场白：对各单元的内容进行简要概述。

第 III 单元
中等强度和高强度体育运动

"健康国民 2020"目标：列出每单元涵盖的美国国民健康目标。

"健康国民 2020"目标
- 提高达到有氧运动指导要求的青少年所占的比例
- 提高大众的心血管健康水平
- 降低心脏病和其他慢性疾病的风险
- 加强教育以推广增进健康的行为习惯并降低健康风险
- 降低患有高血压和有其他健康风险的青少年所占的比例
- 增进青少年对健康养生和疾病预防的理解
- 减少青少年群体中的超重和肥胖现象
- 减少竞技运动和休闲运动中的伤害
- 改善社区设施□□□□□□□□环境（如人行道）
- 在学校中加强□□□□□
- 增加做校内体□□□□□
- 提高大众的健□□□□□

内容组成：列出每单元的"自我评估""自我负责""自我管理"和"实际行动"部分。

本单元的"自我□□□
- 步行测试
- 台阶测试和□□
- 评估慢跑水□□

本单元的"自□□
- 学习管理时□□
- 自信心
- 参与运动

本单元的"自□□
- 管理时间□□
- 建立自信□□
- 选择有益□□

本单元的"□□
- 中等强度□□
- 目标心□□
- 高强度体□□

2
培养健康的生活方式和自我管理技能

章节开场白：对章节的内容进行简要概述。

章节内容：列出每章的主要部分。

本章内容
第 2.1 课
　培养健康的生活方式
自我评估
　练习做身体素质测试
第 2.2 课
　学习自我管理技能
自我负责
　学习知识和增进理解
自我管理
　学习知识和增进理解的技巧
实际行动
　健身小径

课程目标：描述每节课的学习内容。

课程词汇：列出每节课中的关键术语。

消费者建议：提供相关信息，帮你做出明智的消费决定。

健身小知识：就关键主题提供有趣的信息。

健身科技：提供与身心健康相关的新技术信息，帮你尝试和使用新技术。

第 13.2 课

能量平衡

课程目标

学完本课，你将能够：

1. 解释如何使用 FIT 规则控制脂肪；
2. 描述做各种体育运动分别消耗多少热量；
3. 解释体育运动如何帮助人们保持健康的体脂水平；
4. 列举出有关脂肪控制的一些常见错误观念。

课程词汇

热量、热量消耗、热量摄入、能量平衡

你平常一天中消耗和摄入多少热量？人的主要健康目标之一便是在一生中达到并维持可接受的体脂水平。为此，你必须平衡摄入和消耗的热量。本课中，你将学习脂肪控制的 FIT 规则以及增重和减脂的合适运动。

摄入

图 …… 康

能量平衡

"卡路里"一词仅为过去的热量单位。实际术语是"卡"或"千卡"（描述食物中的热量），当谈到饮食及营养时，通常用"卡路里"一词。能量平衡指平

健身小知识

1 磅脂肪含……此，在特定时间……吃 3500 卡路里或……正常情况多燃烧……以使你减重 1 磅（……入食物中的卡路里……卡路里将导致增重……时间段内比正常情况……里或者体育运动比正……3500 卡路里，都可以……的脂肪。

消费者建议：电视战术——创造需求

你已经学习了如何制定战略和战术以实现目标。公司也会制定战略和战术。有时他们的战略对他们自己有帮助，但对你是无益的。例如，公司的战略可能是让你买一些你不想要或不需要的东西。为了促进销售战略的实施，公司在各种媒体上购买广告，例如电视、互联网（弹出广告）、杂志、收音……和报纸。这些公司支付的广告……机构的生存之本。因此……品的公司，还是……都试图影响……

都扰动着你的感官。当然，并非所有广告都是欺骗性的，但这种广告确实不少。你需要有批判性的视角才能感知出广告所传达的……辨别信息是否有益。……着确定……已以……他……

而且将你的能力与你最有可能取得成功的运动进行匹配。进行本章的技能相关身体素质评估时，请记住，技能相关身体素质包括很多子部分。例如，协调性是技能相关体质的一方面，而它本身也包括眼手协调（协同使用双手和双眼的能力，如在击球时）和眼足协调（协同使用双足和双眼，如在踢球时）。你可能在某方面做得很好，但在另一方面不行。除了在尚需改善的方面努力以外，你也要选择可以发挥你长处的运动。

健身科技：运动分析系统

技术进步可以帮助人们提高各类运动技能。运动分析系统是最值得关注的技术之一。该系统可繁可简。简单的系统由普通摄像头和回放系统组成，而复杂的系统可由高速摄像头和软件构成。软件用来分析运动者的运动（使用生物力学）是否快速高效。无论简单还是复杂，运动分析系统都能对人的运动进行视频记录。接下来将由技能学习专家，例如运动教育学家或教练，来观察视频并分析运动者的运动。譬如，足球运动员和教练定期一同回放足球比赛视频，以观察防御阵形和进攻阵形以及对手的战术。高性能的系统允许用户通过极慢动作来分析运动，并生成计算机分析信息，从而帮助运动者纠正错误。运动分析系统可用于多种运动中（如垒球和网球运动），但它在高尔夫球运动中非常流行。高尔夫球手使用该系统的生物力学反馈来改善他们的挥杆动作。

科技应用

对你自己的运动技能表现进行视频录像。运用教练提供的信息或你从"科学实践"一节的学生活动中获得的信息来分析你的表现。

研究运动序列以提供反馈和改善运动表现

完成技能相关身体素质的评估后，你可以把结果汇总，建立自己的档案，从而帮助自己选择终身进行的竞技运动和其他运动。本课将告诉你具体如何进行，以及如何制定计划，让自己在所选的运动中变得更加熟练。

制作技能相关身体素质的档案

苏（Sue）是一名学生。她完成了本章中所有的技能相关身体素质的评估，然后制作了她自己的技能相关

练习：提供指导和图片，教给你正确的练习方法。

自我评估：了解影响身心健康的健身活动和行为方式，为改善健康制定个人计划。

提踵运动

1. 把 5 厘米厚的板条置于地面上。用脚掌站立于板条上。此时手柄应与肩齐平。
2. 抓住手柄，手心向外。提踵时，手和手臂应保持静止。
3. 提踵，仅用前脚掌支撑身体，然后下降至起始姿势。

腓肠肌

比目鱼肌

此动作锻炼腘绳肌

背阔肌下拉

1. 坐在坐凳上（或地面上，取决于机械设置）。调整坐凳高度，使你抓住横杆时手臂……
2. 抓住横杆……与肩同宽或比肩……
3. 将横杆……
4. 回到起……

第 3.1 课

自我评估：步行测试

本课程中的很多自我评估项目都要求进行强度很高的体育运动。如果你是一个勤锻炼的人，而且体质很好，1 英里长跑或 PACER 可能是测定你的心肺耐力的最佳方式。不过，步行也是很好的心肺耐力评估方法。步行测试非常适合初学者，初学者指的是近期的运动很少，或者虽然经常走动但没有定期进行更为激烈运动的人群。步行测试也适合于年长者或因为关节或肌肉伤病而无法跑步的人。请在老师的指导下做步行测试并记录你的分数和体质等级。随后，你可以使用该信息制定你的合……

于初学者或者平常不做剧烈……

乘以 4 得到 1 分钟的……

……的图表确定你的结……列找到你的心率，……的步行时间。在你……位置即为你的等级。

差体质

……体质

运动 143

🔬 科学实践：最佳挑战

多领域的科学家合作研究如何帮助人们多运动，吃得更健康并坚持健康的生活方式。他们发现，要实现成功，你必须设定能提供"最佳挑战"的目标。付出努力才是关键。如果挑战太容易，就没有努力的必要——这样的挑战根本不能算是挑战。另外，如果目标太难实现，我们会失败，进而放弃，因为我们的努力似乎是没有希望的（图 3.2）。

最佳挑战需要"合理的"努力。当我们成功完成最佳挑战后，我们就想进一步尝试新挑战。实际上，设置最佳挑战正是视频游戏如此流行的原因之一。随着你在游戏中的

进展，你的任务越来越有难度，而这种最佳挑战让你不断地想玩下去。你在设定自己的目标时也可以用最佳挑战来助你成功。

成功

太容易　　最佳　　太难

图 3.2 有些挑战会导致无聊或失败，但最佳的挑战会带来成功

学生活动

想象你要帮助你的朋友学习一项技能，比如打网球或高尔夫球。你将如何用最佳挑战来帮助他学习呢？

于刚开始改变的人而言。例如，假如你定下做 25 个俯卧撑的成果目标，可能因为当前的体力所限，你需要很长时间来实现这个目标，所以你会放弃。但短期的过程目标，比如两周内每天做 5 ～ 10 个俯卧撑，是你付出努力就可能实现的。因此，在实现一系列的短期过程目标后，你将最终实现长期的成果目标。

本章的"自我负责"和"自我管理"两节主要讨论体育运动和身体素质的目标设定。本书的其他章节中，你有机会学习如何为身心健康设定长期目标（成果目标）和培养健康的生活方式（过程目标）以实现身心健康。你也会学到如何设定短期目标以帮你朝着长期目标迈进。

科学实践：理解新知识是如何通过科学方法产生的。

课程回顾

1. 如何根据 SMART 规则设定目标？
2. 如何运用长期目标和短期目标制定方案？回答时请给出与健身和体育运动相关的实例。
3. 过程目标和成果目标的区别是什么？回答时请给出与健身和体育运动相关的实例。

课程回顾：重温和记忆在课程中学到的知识。

自我负责：改善对身体的自我感知

每个人对自己都有心理印象。如果你认为你在某类运动中表现很好，你就有可能参加该运动。但如果你对做某一运动时的表现或能力水平感到尴尬，你可能会避免再参与该运动。以下是自我身体感知的两个不同的例子。

暑假后，迈克尔不太想回到学校。在过去几个月里所有的朋友似乎都长高了，但他没有。迈克尔觉得尴尬，也有点嫉妒，尽管他的朋友好像都没有注意到他的情况。当然，他的身高没有影响他打网球的水平。实际上，他的朋友们仍然称他为"球场国王"，因为他总是赢。

劳尔是班上最矮的学生之一，但他的身高没有影响他参加活动。他知道自己不是一个优秀的篮球选手，但他仍然喜欢在学校里与朋友一起打篮球。他还发现身高对他的徒步旅行无影响，也不会妨碍他成为一名优秀的摔跤手。

讨论

迈克尔因为他的身高而对自己形成负面的感知。他如何才能改变对自己的负面感知呢？劳尔是怎样保持积极的自我感知的？还有哪些方法可以帮助人培养积极的自我感知？回答以上讨论问题时请考虑"自我管理"一节中的指导。

自我负责和自我管理：提供自我管理技能指导，帮你培养健康的行为习惯。

讨论：帮你做出有益的决定，实现自我负责。

自我管理：提高自我感知的技巧

自我感知是对自己的思想、行为或外表的见解。它与你认为其他人如何看待你有关。自我感知分为多种，包括学术感知、社交感知和艺术感知等。本书讨论自我身体感知，即你对自己身体的看法。

力量、健康水平、技能和外表吸引力是自我身体感知的4大方面。自我身体感知良好的人对他们当前的力量和健康水平感到满意。他们觉得自己的技能也达到一定水平，而且对自己的外表充满自信。我们知道，自我身体感知为积极的人比不积极的人更有可能养成多运动的习惯。你可以使用以下指导原则保持或改善自己的身体感知。

- 评估你的自我身体感知。评估时可以使用老师提供的工作表。

- 考虑你的自我评估结果。使用自我评估工作表确定你的自我感知…

- 定期进行…素质或…技能或…你的身…人们…标…影…白…耳…

改观。而且你不知道电影明星是否有饮食失调问题或者不良的健康习惯。请考虑你的遗传因素，并给自己设定现实的标准。

- 积极地思考。几乎所有人都有他们想改变的一些外表特征。但研究表明，人们在自己身上不喜欢的地方在别人眼里却往往不是问题。你是自己最坏的批评家，而积极思考可以帮助你以更积极的方式看待自己。

- 不要因为少数冷漠无情的人的行为而对自己持负面消极的观。有些人总是不考虑他人的感受。这种人常常对自己印象很差，所以想通过贬低别人来增强自己的自信。你应明白，这些人对你的批评其实是他们的问题，而不是你的。

- 考虑你自己的行为和行动如何影响他人对你的看法。开朗和友好的态度与你的外表特征一样可以提升他人对你的印象。

- 意识到没有人是完美的。应尝试着发扬自己的优点并克服自己的缺点。

- 寻找现实的榜样角色，并成为他人的榜样。与其试着成为与你完全不同的人，不如找到你欣佩的人。这样的人应具有你在现实生活中需要培养的品质。而且你要知道，你把他人当作榜样，他人也会把你当作榜样。成为他人的积极榜样，能让你对自己的看法更积极乐观。

学术关联：将其他学术领域的相关概念与身心健康建立关联。

学术关联：四分位数

有多种统计学方法可用于描述一群人的分数。"四分位数"一词用于描述一个集群的每一等分的分数。下例中，每个数字代表分数，15岁女孩代表36名15岁女孩的腰围测量中每人的测量分数（以英寸表示）。这些数据分布被分为多组四分位数（每组占25%，用不同的颜色表示）。

15岁女孩腰围的良好等级是32英寸及以下。哪种颜色的四分位数为良好等级的分数？腰围处于良好等级的女孩所占百分比是多少？腰围分数不在良好等级的女孩所占百分比又是多少？

15岁女孩的腰围分数（英寸）分布

					34							
				33	34	35						
			32	33	34	35						
	28		30	32	33	34	35	36				
27	28	29	30	32	33	34	35	36	37	38	39	40
					33	34	35	36	37	38	39	40	41	42	43

核对你的答案

红色四分位数包括了良好体质等级的分数，这也意味着有75%即三组四分位数的女孩不在良好体质等级。好体质等级。这也意味着有25%的女孩处于良

实际行动：在老师的指导下尝试各种运动，以增进终身健康和保持良好的精神状态。

实际行动：目标心率运动

心肺耐力对长寿和健康的生活而言非常重要。它对于你参加喜欢的体育运动、竞技运动和维持健康的体重也是必不可少的。如本章前文所述，你的高强度体育运动必须在训练阈值以上和目标区间内进行，这样才能增强心肺耐力。请行动起来，进行符合FIT规则的高强度运动：每周至少运动3天（频率，用字母"F"表示），心率应在目标心率区间内（强度，用字母"I"表示），每次运动至少20分钟（时间，用字母"T"表示）。进行

目标心率运动时，请考虑以下建议。

- 使用心率储备百分比法或最大心率百分比法确定你的目标心率。
- 选择高强度□□□□□考虑你的体质水平□□
- 做高强度□□□□□□应在最大分钟的心肺□□□
- 定期检查□□□□□□感觉评分□□度维持在□□
- 高强度□□

通过运动将心率提升至目标区间内

章节回顾：强化本章两节课所传授的知识。

章节回顾

概念和词汇回顾

在老师的指导下了解答 1 至 5 题。用词汇或短语填写句子的空白。
1. 影响你身心健康的因素称为_____。
2. 影响你身心健康且难以控制的因素称为_____。
3. 你从依赖到独立的各步骤分别是_____。
4. 影响你身心健康但容易控制的因素称为_____。
5. 在嘟嘟声的提示下跑步以评估心肺耐力的健康测试称为_____。

在老师的指导下了解答 6 至 10 题。将第 1 列中的每一项与第 2 列中合适的短语配对。

6. 久坐不动者　　　　　a. 刚刚购买运动器材
7. 不运动的思考者　　　b. 一周数天都做运动
8. 计划者　　　　　　　c. 有时做运动
9. 行动者　　　　　　　d. 在考虑开始运动
10. 积极运动者　　　　　e. 不运动

在老师的指导下了解答 11 至 15 题。对每条陈述或问题进行回答。
11. 解释什么是自我管理技能以及它为什么重要？
12. Fitnessgram 等主要的健康测试组合所含测试项目是什么？它们测量哪些指标？
13. 描述培养健康生活方式的 5 大阶段。
14. 什么是健身小径？为什么健身小径能帮助你保持运动习惯？
15. 学习知识和增进理解的指导方针是什么？

批判性思考

用一段话回答以下问题。
在第 2 课的所有自我管理技能中，哪项能最能帮助你养成运动习惯或健康饮食习惯？请回答并解释原因。

项目

假设你是一家市场营销公司的总裁，你接到一项任务，要求制作宣传广告以推广更加健康的饮食和规律运动的生活。请为该宣传活动的电视广告准备台词。如果条件允许，你可以制作该广告的视频。

批判性思考：运用批判性思维来实践章节中的知识。

（健康第 6 版）

项目：开展有意义的活动，以便在课外运用所学的知识。

2 培养健康的生活方式和自我管理技能　51

现在请继续阅读本书并享受整个过程！

第1单元

奠定基础

· ·

"健康国民 2020"目标
- 提高生活质量并延长寿命
- 减少可预防的疾病、外伤和早逝
- 增进大众对健康决定因素的认识和理解
- 鼓励大众采用健康的生活方式促进身心健康
- 营造可促进身心健康的环境

本单元的"自我评估"章节
- 身体素质挑战
- 练习做身体素质测试
- 评估肌肉适能

本单元的"自我负责"章节
- 学习自我评估
- 学习知识和增进理解
- 设定目标

本单元的"自我管理"章节
- 学习自我评估所需的技能
- 学习知识和增进理解的技巧
- 设定目标的技巧

本单元的"实际行动"章节
- 热身运动
- 健身小径
- 运动回路

1

大众的身心健康

第 1.1 课
科学基础

课程目标

学完本课，你将能够：
1. 描述什么是科学方法；
2. 定义健康和医学科学以及营养科学；
3. 定义运动机能学并列举其包含的 7 大门类；
4. 描述并区分热身运动、体育锻炼和放松练习。

课程词汇

生物力学、健美操、放松练习、营养学家、动态热身、运动解剖学、运动生理学、运动心理学、体育社会学、健康和医学科学、运动机能学、动作学习、动作技能、营养学、体育教育学、拉伸热身、热身运动、体育锻炼

科学是以观察和实验为基础对知识进行的研究。在学校，你可以学到各类科学，如探讨大自然的自然科学、研究个人和社会行为的社会科学以及聚焦于数字及其运作原理的数学。自然科学包括生物学、化学和物理学等。社会科学包括心理学、社会学和地理学等。数学可分为代数、几何和微积分等。

健身小知识

很多科学的英文名称以 "–ology" 结尾，意思是 "……的研究"。

科学方法

各领域的科学家都使用科学方法发现新知识并建立原理，以帮助人们做出正确的决定和解决问题。简而言之，科学方法分为以下步骤——发现问题、建立假设、采集信息和解释信息。如图 1.1 所示。

本书所提供的知识建立在使用科学方法进行研究的基础上。每章都包含特别的 "科学实践" 内容，帮助你理解健康和医学、运动机能学（运动科学）和营养学的研究是如何帮助人们做出与身心健康有关的正确决定的。

发现问题
我的朋友在考虑服用膳食补充剂。我也可以用吗？

建立假设
他们认为补充剂有助于促进身体强健。

采集信息
进行研究调查，了解服用补充剂的益处和风险。

解释信息
分析和得出结论：风险大于益处。不要服用补充剂。

图 1.1 科学方法的简单形式

你也许已经在科学实验课中用过上述科学方法，或者你读到过使用科学方法的研究报告，但你可能没有想到你会在生活中使用科学方法。在学习本书期间，你将学到如何运用科学方法解决问题、培养健康生活方式和制定计划以提升身心健康。

健康和医学科学

医学是治疗的技艺和科学。历史上的医学实践都以疾病的诊断和治疗为主。而在史前时期，人们常常把疾病与魔鬼和邪恶力量挂钩。但早在公元前2000年，古埃及人已经开始使用手术治疗法并建立了较为科学的医学知识体系。现代医师使用基于证据的方法，医疗程序和药物的批准需以研究为前提。

由于健康和医学科学的进步，在20世纪，美国人的平均寿命大大延长。1900年，美国人的人均寿命仅为47岁，但经过一个世纪，这个数字接近翻番，达到约80岁。健康和医学科学家研制了治疗细菌感染的药物，因此传染病如伤寒和天花被攻克，而这些疾病曾经是导致死亡的主要原因。1900年之前，医生可用的药物不到100种，但现在已有10000多种药物，而在美国，药物必须经过测试方可获得美国食品药品监督管理局（FDA）的批准。但传染病减少后，心脏病、癌症、糖尿病和其他与不健康生活方式有关的慢性病成为发达国家居民早逝的主要原因。

健康科学旨在预防疾病、促进身心健康和创造高质量的生活，一些健康科学家对健康问题进行研究以帮助人们预防疾病和促进身心健康。而公共健康科学家则研究群体的健康和疾病模式以帮助预防流行病，因此他们也被称作流行病学家。

运动机能学（运动科学）

过去的两个世纪被称为医学的黄金时代，因为它们见证了健康和医学科学的诸多重要成就。在20世纪末，随着越来越多的证据证明体育活动和锻炼对身心健康的益处，一门新的科学——运动机能学出现了。美国国家研究委员会将运动机能学视为主要的科学门类之一，与本章"课程词汇"处所列科学门类相并列。

简而言之，运动机能学是对人体运动的研究。人体运动分为很多种，其中也包括小肌肉运动，例如阅读时的眼动、打字时的手指运动、弹奏乐器时的手部运动。运动机能学研究所有人体运动，但以大肌肉运动的研究为主。实际上，"体育运动"一词是大肌肉运动的概括性术语。体育运动也分为很多种，包括中等强度运动，高强度有氧运动、竞技运动和休闲运动，以及针对肌肉适能和柔韧性的锻炼。这些运动类型构成"体力活动金字塔"，本书将对此详细描述。

运动机能学共分为7大门类，本章和其他章节将对其中的重要门类进行讲解。这7大类包括运动生理学、运动解剖学、生物力学、运动心理学、体育社会学、运动技能学和体育教育学。这些学科构成了我们理解体育活动和锻炼的健康益处的基础。包括体育老师在内的运动专家，在其自身的培训过程中需学习运动机能学的所有科学门类。你不需要像你的老师那样对运动机能学了解很多，但理解运动机能学能够帮助你理解本书的内容。

运动生理学

生理学是主要研究身体系统的生物学分支。而运动生理学则是探索体育活动如何影响身体系统的运动机能学分支。例如，运动生理学家研究心血管、呼吸、骨骼、肌肉等身体系统组织，以观察运动对它们的影响。理解运动生理学的基本原理对于制定体育运动计划和促进长寿及身心健康而言具有极其重要的意义。

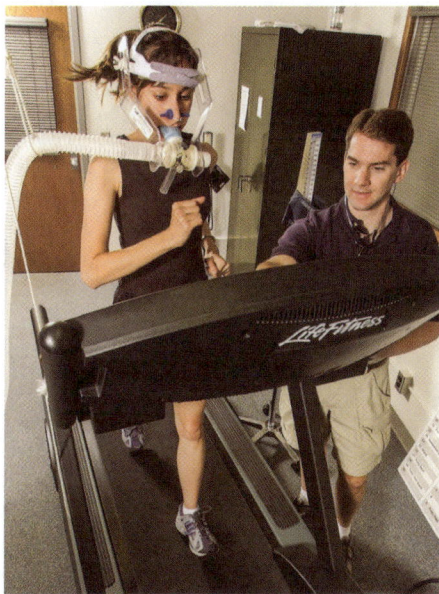

运动生理学是探索体育活动如何影响身体系统的运动机能学分支

运动解剖学

人体解剖学是主要研究人体组织结构的生物学分支。科学家对人体解剖学的研究聚焦于组成人体的组织，如肌肉、骨骼、肌腱、韧带、皮肤和器官。研究运动解剖学的科学家对肌肉如何工作更加感兴趣，包括肌肉如何与骨骼、韧带和肌腱相互协作以产生运动。理解运动解剖学能帮助你为个人锻炼计划选择适宜的运动项目。

生物力学

人体如同一台机器，它通过复杂的系统和肌肉活动产生能量，控制杠杆（骨骼）的运动。生物力学是通过物理原理来研究人体运动的运动机能学分支。了解生物力学的基本原理，能帮助你有效地运动并避免运动伤害。

运动心理学

心理学常被称为心灵与行为的科学。运动心理学的研究焦点是所有类型的体育运动中的人类行为，包括竞技运动和健身运动。运动心理学（包括体育心理学）能激励人们保持积极的心态，设定可实现的目标，并在竞技运动中表现得更好。

体育社会学

社会学是对社会和社会关系的研究。在这一宽泛的领域内，体育社会学聚焦于研究体育体力活动（包括竞技运动）中的社会关系和相互影响。

体育社会学帮助人们理解体育运动中的团队精神与团队合作、社会责任以及文化和种族差异。理解运动和体育社会学的关键原理能够帮助你在体育运动中积极参与社会互动。

体育社会学是主要研究体育体力活动（包括竞技运动）中的社会关系和相互作用的运动机能学分支

运动技能学

当你看到英文"motor"（也指马达）一词时，你可能会想到汽车发动机，但本书中的"motor learning"指技能学习。当你练习某个运动技能时，你的大脑通过神经传达信号，指示相关肌肉收缩。协作产生运动的神经和肌纤维称作一个运动单位。练习

生物力学是通过物理原理研究人体运动的运动机能学分支

动作技能（如扔球）时，需要动员很多运动单位（神经和肌肉）。运动技能学的研究人员归纳出相应的方式和原理，帮助人们学习运动技能并控制动作。本书将指导你用最佳方式来培养和练习"体力活动金字塔"中各种运动所用技能。

体育教育和体育教育学

教育学是研究教学技艺的科学。教育学的研究人员致力于寻找最佳的教学方法。体育教育学是对多种不同的体力活动环境中的教学和学习的研究，这些环境包括学校体育、运动队和健身俱乐部。"体育"（sport）一词含义宽泛，不仅指传统的美式运动。在世界的其他地区，"体育"一词的使用类似于"体育运动"，因此体育或体育运动包括骑行、徒步旅行、肌肉训练以及传统运动如篮球、排球和网球等。教育学的研究人员重点探索最合适的教学方法和影响学习的多种因素，并运用学习原理帮助学生们实现重要的教育目标。例如，他们运用运动技能学原理帮助学生提高技能，运用管理原理增加课堂上的体育运动，以及运用激励原理鼓励学生全面参与并优化其学习过程。

⚛ 科学实践：热身和放松指导

　　每天你进行体力活动的时间段是你的体育运动过程。每次体育运动分为 3 个阶段：热身、锻炼和放松。热身是你在正式锻炼前的准备性运动。锻炼是体育运动的主要部分，它可能包括健身运动、竞技运动或休闲运动。而放松是锻炼后的身体恢复活动。你可以遵循本节中的热身和放松指导为本书中的各种锻炼做准备。

一般性的热身运动使你的心脏和其他身体系统能够适应更为剧烈的体育运动

热身运动

　　热身运动的专业研究已有 100 年历史。多年以来，运动生理学家认为，拉伸式热身是锻炼前最理想的准备方法。因此，静态拉伸（缓慢地拉伸肌肉超出其正常长度，并保持拉伸状态数秒）是最常见的热身运动。美国运动医学学会（ACSM）指出，热身运动可提高身体活动幅度并降低运动损伤风险。但近期一项研究针对传统拉伸式热身是否真的能防止运动损伤提出了质疑。此外，拉伸式热身对某些类型的锻炼效果仍存有疑问。现有证据表明，对于不同的锻炼计划，可采用不同的热身方式。以下是一些热身指导建议。

　　在低强度至中等强度锻炼前无须热身，此类锻炼包括步行、慢跑等。根据 ACSM 的建议，低强度至中等强度体力活动本身也可作为一般的热身运动，因此无须专门热身。

　　ACSM 建议在进行高强度的体育锻炼或比赛前，进行 5 ～ 10 分钟的低强度至中等强度运动，作为一般热身准备。其目的在于提高身体和肌肉温度。一般热身增强心脏和其他身体系统对更高强度的运动的适应性。一般热身活动包括步行、慢跑和健美操，如动态热身活动中的健美操（见本章的"实际行动"部分）。

　　美国国家体能协会（NSCA）建议在进行要求力量和速度的锻炼或比赛前，先做一系列的动态热身。这些动态热身包括慢跑、跳跃和运动手臂、腿部、肩部和臀部的健美操（见本章的"实际行动"部分）。你也可以进行与运动项目相关的运动，例如针对篮球运动的跳跃和投篮练习，或者挥舞球棒或球拍，并逐渐加大练习强度。动态热身能提高体温，并使肌肉适应高强度的运动。它构成 ACSM 所建议的一般热身运动的全部或部分练习内容。

体育锻炼或比赛（包括需要力量和速度的锻炼或比赛）前可进行拉伸式热身，但拉伸不应保持太久。NSCA 建议在进行要求力量和速度的运动前做动态热身，并将之作为首选的热身方法。因此，部分练习者可选择在这类运动前不做拉伸式热身。但练习者如果喜欢做拉伸式热身运动，则可以将拉伸练习包含在热身活动中，但是每次拉伸的保持时间都不应超过 60 秒，即使该热身运动发生在力量和速度运动之前。近期研究表明，只要拉伸不超过 60 秒，运动表现便不会受到影响。研究还发现，如果练习者定期进行一项拉伸式热身运动，突然停止该运动将会增加受伤的风险。拉伸式热身练习中，你应当选用多种拉伸动作来锻炼所有的主要肌群和关节（见本章的"实际行动"部分）。拉伸应保持 15 ～ 30 秒。当肌肉温热时，拉伸更有效，因此应当在一般热身活动后再进行拉伸。

用于增强柔韧性而非热身目的的拉伸运动最好进行专门训练。拉伸式热身和拉伸运动是两回事。拉伸式热身让你为真正的体育运动做准备，而拉伸运动却包括了增强柔韧性的练习。柔韧性是身体素质的相关部分。ACSM 建议把在一般热身后进行柔韧性拉伸练习作为锻炼活动的一部分，或者在放松练习后作为单独的锻炼项目进行。柔韧性锻炼通常比热身活动全面得多。本书后面将讲解柔韧性和柔韧性锻炼。

放松运动

每次运动后，身体都需要从剧烈活动状态慢慢恢复至安静状态。ACSM 建议在剧烈运动后进行 5 ～ 10 分钟的放松运动。放松运动通常包括慢速至中速的活动，如步行或慢跑，以便你的心脏和肌肉缓慢恢复。放松有助于防止头晕和昏厥。高强度运动增加肌肉的供给血量，例如在跑步中，更多血液流向四肢而不是头部。如果你突然停止奔跑，血液将淤积在腿部。心脏可输送到大脑的血液减少，因此你会容易头晕或昏厥。但是如果你在剧烈奔跑后继续运动，你的肌肉将挤压腿静脉，帮助血液流回心脏。心脏继而将更多血液输送到大脑，避免头晕和昏厥。以下列出了一些放松练习指导：

- 剧烈运动后不要立即躺下或坐下；
- 放松练习时逐渐降低运动强度（例如从正常跑速到慢跑，再到步行，然后轻柔拉伸）；
- 选择步行或其他中等强度的全身运动；
- 一般性放松练习后，你可趁着肌肉温热做一些拉伸练习，详见"柔韧性"一章。

学生活动

读完本节，你将如何改进体育锻炼前的热身活动和锻炼后的放松练习？

营养学

营养学研究植物和动物如何利用食物实现生长和维持生命。当然，本书主要讨论人类营养。营养科学家研究营养素（碳水化合物、蛋白质、脂肪、维生素和矿物质）以更好地理解哪些营养素有助于身体健康的生长与发育。食品科学作为营养科学的一种，研究食品的化学构成。而另一门科学——食品技术则主要研究食品处理、包装、保存和安全。营养学家是帮助人们在日常生活中运用营养学原理的专业人士。

在日常生活中运用营养学原理以促进身体健康的生长和发育

课程回顾

1. 什么是科学方法？科学方法的 4 大步骤是什么？
2. 什么是健康、医学和营养学？它们和身心健康有什么关系？
3. 什么是运动机能学？运动机能学包含哪 7 大门类？
4. 什么是热身运动和放松运动？它们的最佳练习方式是什么？

本书每一章都包括"自我评估"的内容。在大多数章节中，自我评估旨在帮你确定你的健康水平。你将记录并分析你的评估结果。本节自我评估中，你将尝试 11 项挑战。它们被称为挑战而不是测试，因为它们不以测试健康水平为目的，也不是健身锻炼。这些挑战是一种理解身体各方面

健康之间区别的有趣方式。请不要根据你在挑战中的表现对你的健康下结论。在阅读本书过程中，你将学到很多自我评估方法，以确定你真实的健康水平。

心肺耐力和柔韧性挑战可帮你热身，以便准备好接受其他挑战。你也可以尝试老师推荐的其他热身练习。

第一部分：健康相关的身体素质挑战

原地跑（心肺耐力挑战）

1. 花 1 分钟测定你的静息心率。方法：手指触摸手腕或颈部的脉搏，测 1 分钟脉搏数（心率）。

2. 花 1 分钟在原地跑 120 步。每次脚触及地面，计为 1 步。

3. 休息 30 秒，然后测 1 分钟脉搏数（心率）。心肺耐力好的人能在运动后更快恢复至静息心率。你的运动后心率与静息心率的差别在 15 次以内吗？

此项挑战侧重于心肺耐力

双手踝位抓握（柔韧性挑战）

1. 下蹲，使左右脚脚后跟并拢。上身前倾，双手插入到两腿间和脚踝后方。

2. 在脚踝前方扣住双手。

3. 双手相扣至手指根部。双脚保持静止。

4. 保持该姿势 5 秒。

此项挑战侧重于柔韧性

单腿抬升（肌肉耐力挑战）

1. 腰部前屈，上身俯卧于桌面，脚平放于地面上。

2. 抬起一条腿，使其向后伸直。每条腿抬升数次。多次重复（8次及以上）需要较好的肌肉耐力。每条腿最多重复25次即停止。

此项挑战侧重于肌肉耐力

手臂皮褶（体脂水平）

1. 右臂放松自然下垂。轻柔地拿捏肘部和肩部之间中点处手臂后方的皮肤和皮下脂肪。皮肤和皮下脂肪合称皮褶。

2. 身体不同位置的若干皮褶数字可用于推算身体中的脂肪总量。此项挑战无须测量皮褶。手臂皮褶仅用于佐证身体成分这一概念。

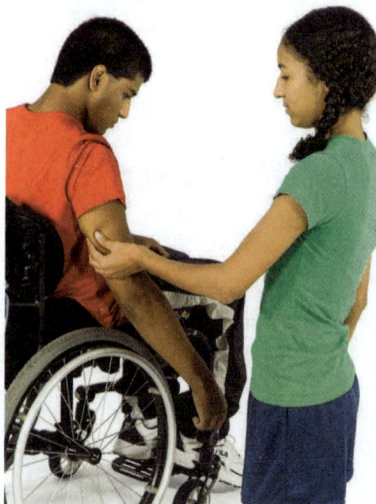

此项挑战侧重于身体成分

90 度俯卧撑（力量挑战）

1. 俯卧于垫子或地板上，双手置于双肩下方，手掌撑地，指尖朝前，双腿伸直，脚尖触地，脚趾在接触地面处弯折。

2. 推起身体至手臂伸直。腿和背部应保持笔直，使身体呈一条直线。

3. 弯曲肘部以降低身体直至上臂与地面平行（肘部呈 90 度角），然后推起身体直至手臂完全伸直。俯卧撑每 3 秒做一次。你也可以找一位同伴在 3 秒内说"上一下"来帮助你。你需要一定的肌肉力量，才能做到 5 个俯卧撑。

此项挑战侧重于力量

膝换足（力量挑战）

1. 身体呈跪姿，小腿和膝盖接触垫子。手臂向后伸展。脚趾指向正后方。

2. 在脚趾不弯曲、身体不向后仰的情况下，向前上方甩臂，身体一跃而起，双足着地。

3. 起身后保持姿势 3 秒。

此项挑战侧重于力量

第二部分：技能相关的身体素质挑战

跨线跳（灵敏性挑战）

1. 右脚单脚站立，踩在地面的一条线上，身体保持平衡。

2. 弹跳使左脚着地于线的右侧。

3. 跨线跳使右脚着地于线的左侧。

4. 弹跳使左脚落于线上。

此项挑战侧重于灵敏性

空中击踵（速度挑战）

1. 跳起并在落地前完成两次碰撞足跟。

2. 落地时双脚至少应相距约 8 厘米。

此项挑战侧重于速度

单脚后跳（平衡性挑战）

1. 闭眼，单脚后跳 5 次。
2. 最后一次跳跃后，保持 3 秒平衡。

此项挑战侧重于平衡性

双球弹拍（协调性挑战）

1. 每只手拿 1 个排球。双手同时开始拍球，使 2 个球同时弹回，弹球高度应在膝盖位置及以上。

2. 连续拍球 3 次而不失去对它们的控制。

此项挑战侧重于协调性

抓硬币（快速反应挑战）

1. 右肘指向前方。右手手掌向上，置于脸旁。如果你的惯用手为左手，那么请用左手。

2. 将硬币置于肘上，硬币应尽可能地靠近肘部末端。

3. 迅速降低肘位，用该侧手在空中抓住硬币。

此项挑战侧重于反应时间

第 1.2 课
终身的身心健康

课程目标

学完本课，你将能够：

1. 定义身体素质、健康和康乐以及描述三者之间的关系；
2. 描述身心健康的 5 大组成部分；
3. 描述与健康相关的身体素质的 6 大部分以及与技能相关的身体素质的 5 大部分；
4. 说明什么是自我评估，并解释它对身心健康的重要性。

课程词汇

灵敏性、平衡性、体成分、体脂水平、心肺耐力、协调性、柔韧性、功能性体质、健康、健康相关的身体素质、运动不足病、肌肉耐力、身体素质、爆发力、公共卫生科学家、反应时间、技能相关的身体素质、速度、力量、康乐

如果可以实现你的一个愿望，那你希望实现什么愿望呢？有的人希望获得物质财富，但细细思考后，大多数人都表示，他们希望自己和家人过得健康快乐。你拥有了身心健康，你就能充分地享受生活。没有身心健康，无论有多少钱，你都不能做你想做的事。包括青少年在内的90%以上的人，都认同健康的重要性。因为健康让人感觉开心，外表美丽，并能与自己爱的人一起享受生活。

你将从本书中学到健康的生活方式。健康的生活方式帮助你拥有身心健康。你将学习如何制定健康生活计划，并用自我管理技能坚持执行计划。本书也旨在帮助你成为知情的消费者，在终身的身心健康方面做出有益的决定。

在制定计划之前，你需要一些基本的知识。本课中你会学到一些关键词的定义，而这些关键词在整本教材中都会出现。本课将为你解释身体素质、健康和康乐的含义及其各自的组成部分。

什么是健康？什么是康乐？

健康的早期定义主要和疾病有关。最早的医生以帮助病人解决健康问题为职责，换言之，他们的主要工作是治病救人。

当今，世界卫生组织（WHO）由194个国家的代表组成，该机构早在1947年就发表声明称，健康不仅仅指无疾病。之后，人们对健康进行了更为全面的定义，将康乐也纳入其中。根据 WHO 的声明，不生病不等于健康。康乐是健康的积极部分，它意味着你有着高质量的生活，感觉幸福安康，并对生活持积极态度。

图 1.2 表明，一个健康的人不仅没有疾病（蓝圈），而且处于康乐状态（绿圈）。疾病是健康的消极部分，应当治疗或预防，而康乐是健康的积极部分，应当培养和促进。

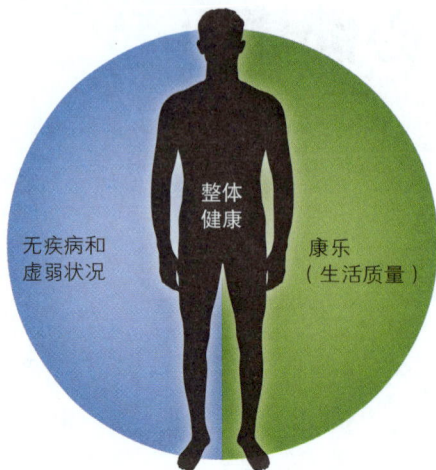

图 1.2　除了无疾病之外，健康还包括康乐

身心健康包含很多方面，我们用一条链条把这些方面连接起来（图1.3）。如要链条结实，链条的每一环都必须结实。同样地，你只有在各方面都健康（而不只是一两个方面），才能算作身心健康。我们的目标是在健康的各方面促进积极因素和回避消极因素，如图1.3所示。如果你心情愉悦、见多识广、乐于社交、体质强健、知足常乐，你就拥有了促进健康的积极因素。拥有了身心健康，疾病的风险就降低了。总之，健康指人免于疾病和虚弱状况，并在身体、情感

与精神、社交、心智和心灵5大方面状态最佳。

个人健康和集体健康

本书的主要目标之一是帮助每位读者身心健康。本书另外还有一个重要目标，即促进集体健康。集体健康指一群人而不是一个人的健康——从小群体如家庭和朋友圈，到大群体如城镇和城市，再到更大的群体如州和国家。正如个人可以制定健康目标，集体也可以这么做。学校是一个集体，很多学校都有协作性学校健康计划（CSHP）。CSHP计划由许多部分组成，包括体育教育、健康教育、康乐项目和其他项目。它们旨在改善学生的个人健康和学校的集体健康。

"健康国民2020"是促进大群体健康的大型计划之一。该计划中，美国卫生与公众服务部设定了2020年的国家健康目标。该计划也是一个持续性项目。每隔10年，全国400多个群体的专家们一同为国家设定健康目标。这些专家包括公共健康科学家和其他专业人士，他们来自各个州和许多联邦及民间机构。"健康国民

积极因素（目标）

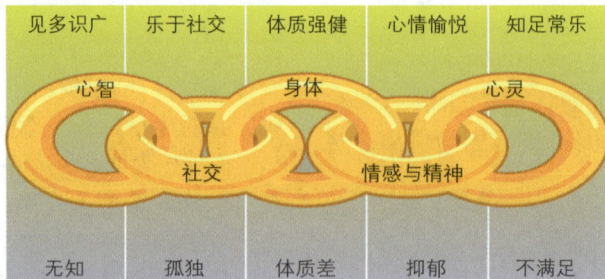

消极因素（回避）

图 1.3　完整的身心健康链条
源自：Based on Corbin et al. 2011.

2020"目标在本书各单元起始页有相应描述。

什么是身体素质？

身体素质指身体系统高效协同，使你可以健康地生活和具备进行日常活动的能力。高效指用最小的努力完成日常活动。体质好的人能够完成学校功课，履行家庭职责，同时仍然有精力享受运动和其他休闲活动。体质好的人能有效地处理生活事务，例如在家扫落叶，兼职摆货架和参加学校乐队的活动。而且他们有能力应对紧急情况，例如快速奔跑寻求帮助和向处于困境的朋友伸出援手。

健身小知识

研究表明，近年来美国从事重体能行业人员的健康分数有所下降，例如警察、消防员和军人。

身体素质的各个方面

身体素质由 11 个方面组成，其中 6 个方面与健康有关，5 个方面与技能有关。各方面对体育活动（包括竞技运动）的良好表现都很重要。但这 6 个方面更倾向于促进与健康相关的身体素质，因为运动机能学家已证明这些方面降低了慢性病的风险并能增进身心健康。这 6 个方面包括体成分、心肺耐力、柔韧性、肌肉耐力、爆发力和力量。它们也帮助你有效地进行日常活动。

如其名称所示，技能相关的身体素质能够帮助你在运动和需要动作技能的活动中取得良好的表现。例如，速度可以助你在田径项目中取得好成绩。这 5 个技能相关方面其实也与健康有关，但重要程度要低于健康相关的方面。例如，对老年人来说，平衡性、灵敏性和协调性对于预防跌倒（一个重大健康问题）非常重要，反应时间则和发生交通事故的风险有关。在以下两节内容中将详细讲解身体素质的各个方面："健康相关身体素质的 6 大方面"和"技能相关身体素质的 5 大方面"。

健身小知识

心肺耐力又称心血管适能和有氧适能。美国的独立非营利机构医学研究所斟酌了这一健康因素的不同名称并最终确定"心肺耐力"，特别用于年轻人群体。他们选择这一名称是因为身体素质的这一方面需要心血管系统和呼吸系统共同运作（心和肺），以使全身持续长时间活动而不感到疲倦（耐力）。

健康相关的身体素质

以跑步为例，跑者可能跑了很长距离而不疲倦，由此说明至少在某一方面跑者是健康的。但他在 6 大方面都算是健康的吗？跑步是一种很好的运动形式，但这种运动也不能保证人在所有方面都健康。与跑者的情况类似，你可能在某些方面比其他方面更健康。"健康相关身体素质的 6 大方面"一节描述每一方面并给出示例。在阅读该部分时，请读者思考自身在各方面的健康状况。

健康相关身体素质的 6 大方面

力量指你的肌肉能产生的力。它常常通过你能举起的重量和你能克服的阻力来衡量。需要较强力量的活动包括举起重物和推动重箱。

肌肉耐力指你多次使用肌肉而不疲倦的能力，例如多次做俯卧撑、仰卧起坐或攀岩等。

心肺耐力是身体可以承受的长时间不停训练的能力。强大的心脏功能、肺功能和顺畅的血液循环能力，可以为肌肉提供运动所需的氧气。对于心肺耐力要求较高的运动项目包括长跑、游泳和越野滑雪等。

你如何评价自己在健康相关身体素质的 6 大方面的表现呢？你要在 6 大方面均表现良好，才可称得上健康的人。完全健康的人不容易患上运动缺乏症。运动缺乏症是一种健康问题，部分由体力活动不足导致，并表现为心脏病、高血压、糖尿病、骨质疏松症、结肠癌和高体脂。你可以在本书的其他章节学到有关运动缺乏症的更多知识。体质好的人也自然会拥有更好的心理状态。他们感觉更舒适，气色更好，而且精力更充沛。你无须成为运动健将以拥有身心健康。

经常进行体育锻炼即可改善人的健康状况。

技能相关的身体素质

正如上例中的跑者，他可能无法在健康相关身体素质的所有方面均取得良好表现，也可能无法在技能相关身体素质的所有方面均表现出色。虽然大多数体育运动对技能相关身体素质的若干方面均有所要求，但不同的运动所要求的方面也不一样。例如，滑冰者可能拥有良好的灵敏性，但缺乏迅速反应能力。有的人在某些方面

柔韧性是在不受伤的前提下在更大的关节活动幅度内做各种各样的动作的能力。如果肌肉足够长，关节足够灵活，便于自身充分运动，就说明拥有较好的柔韧性。柔韧性好的人，包括舞蹈演员和体操运动员等。

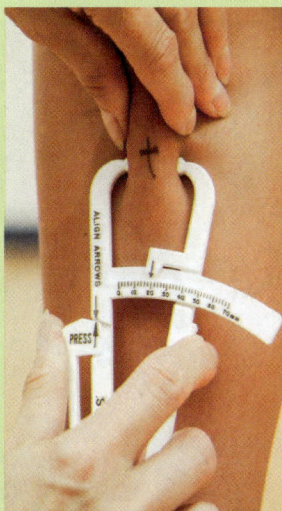

体成分指组成身体的各类组织，包括脂肪、肌肉、骨骼和器官。体脂水平常用于评估健康相关的体成分。学校中常用的体成分衡量指标包括体重指数（基于身体和体重）、皮褶厚度（用于估计肥胖度）、腰围和臀围等。

爆发力指迅速运用力量的能力，因而涉及力量和速度二者结合。爆发力强的人在跳高、跳远、掷铅球和游泳运动中能取得好的成绩。

能力更强，而在其他方面较弱。无论你在技能相关身体素质各方面表现如何，你都能参与某种类型的体育运动。

同时，你应记住，在技能相关的身体素质方面表现出色并不等于健康状况良好。只有进行专门改善健康相关身体素质的运动，才能拥有健康。无论是出色的运动员还是水平较低的运动员，都可以拥有理想的健康状况。

如前文所述，健康相关身体素质能带来双重益处。它不仅帮助你保持健康，也助你在竞技运动和其他运动中表现出色。例如，心肺耐力帮助你抵御心脏病和在游泳、越野赛跑等竞技运动中取得好成绩。类似地，力量让你在足球和摔跤等比赛中成绩优异。而在英式足球和网球运动中，肌肉耐力很重要。柔韧性则有助于体操和潜水运动。爆发力有助于掷铁饼和跳远等田径运动。拥有正常的体脂水平能让你的身体更高效地进行各种运动。

技能相关身体素质的 5 大方面

平衡性指保持直立姿势同时站立不动或行走的能力。拥有良好平衡性的人很可能也擅长体操和滑冰。

协调性指协同运用感官和身体部位或协同运用两个或多个身体部位的能力。眼手或眼足协调性较好的人比较擅长颠球、击球和踢球游戏，例如英式足球、棒球、排球、网球和高尔夫球。

速度指短时间内活动或行进一段距离的能力。例如，腿部速度快的人能够快速奔跑；手臂速度快的人能快速投掷或者接住快速投掷的球体。

反应时间指从你意识到需要行动至做出动作所需的时间。反应时间短的人能在田径运动和游泳运动中快速启动，并在击剑运动和空手道中躲开突袭。

灵敏性是快速改变身体位置和控制身体运动的能力。灵敏性良好的人较为擅长摔跤、跳水、足球和滑冰。

健身小知识

爆发力曾是技能相关身体素质的一部分，但现在归入健康相关身体素质一类。医学研究所（独立机构）的报告证明了爆发力和健康之间的关系。该报告指出，良好的爆发力可促进身心健康，提高生活质量，降低慢性病和早逝的风险，并改善骨骼健康。爆发力和提升爆发力的运动对于儿童和青少年的骨骼健康也很重要。

功能性体质

功能性体质指人在日常工作中身体有效运作的能力。如果你能不知疲倦地做家庭作业、上学、放学和参与休闲娱乐活动，能够对紧急情况做出反应并安全、无疲倦地进行其他日常工作（例如开车、做家务和进行庭院劳作），你便拥有良好的功能性体质。从该角度看，健康相关身体素质不仅能让你保持健康，也能帮助你的身体正常运作。例如，它能让你在工作或游玩时避免疲劳。类似地，技能相关身体素质不仅帮助你在运动中取得好的成绩，也能有助于你的日常生活活动，例如开车时紧急刹车。在阅读本书过程中，你将学到健康相关身体素质与技能相关身体素质的各个方面是如何助力提升功能性体质的。

身体素质、健康和康乐的相关性

身体素质、健康和康乐都是个体存在的状态。通过采用健康的生活方式，你便能让三者达到最佳水平。身体素质、健康和康乐的相互关系如图1.4所示。例如，如果你坚持规律地运动，你的身体素质便得到改善，进而降低疾病风险，健康状况也得到改善。你的康乐水平和生活质量也得到提升，因为你感觉更好，能更好地享受日常生活中的活动。

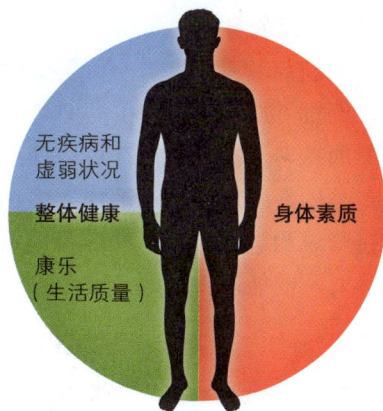

无疾病和虚弱状况
整体健康
康乐
（生活质量）
身体素质

图 1.4　身体素质、健康和康乐的相互关系

课程回顾
1. 身体素质、健康和康乐的含义是什么？它们之间有什么关系？
2. 身心健康的 5 大方面是什么？它们分别有什么含义？
3. 健康相关身体素质的 6 大方面是什么？技能相关身体素质的 5 大方面是什么？它们分别有什么含义？
4. 什么是自我评估？它对于身心健康的重要性是什么？

自我管理技能帮助你在当下和终身都采用健康的生活方式。自我评估是一种自我管理技能，让你检验自我。自我评估也分为很多类型，例如，你可以评估你的身体素质、饮食习惯、压力水平、健康风险、知识和进行某项运动的能力。本书讲解多种自我评估，它们大多数是关于身体素质的评估，其他则是针对健康水平、康乐水平和生活方式的评估。以下实例主要评估健康相关的身体素质。

朱莉娅和特罗伊是好朋友，他们想更多地了解自己的健康相关身体素质。他们在学校里接受过身体素质测试，但不太明白为什么做那些测试以及如何进行自我测试。他们想知道如何评估自己的身体素质。

朱莉娅记得她在小学接受的测试，例如 50 米冲刺跑和类似"折返跑"的练习。特罗伊未在体育课上接受过身体素质测试，但他加入棒球队前接受过测试，以确定他能将球投掷多远以及他能以多快的速度跑到一垒位置。

朱莉娅和特罗伊考虑把朱莉娅在学校里做过的所有测试和特罗伊加入棒球队前做的所有测试包括在他们的自我评估中。但他们不确定如何正确做这些测试，也不确定这些是否是最佳测试。他们真正想学习的是如何进行自我评估，以了解他们健康相关的身体素质。

讨论

讨论并提出一套自我评估计划，帮助朱莉娅和特罗伊测定他们的健康相关身体素质。朱莉娅在小学进行的测试和特罗伊的棒球队入队测试是否评估了他们的健康相关身体素质？他们所接受的那些测试真正评估的是什么？

下面"自我管理"一节中的指导建议能帮你回答上述问题，也能对你自己的尝试有所帮助。

➡ **自我管理：学习自我评估所需的技巧**

旅行之前，可以通过地图做计划。地图帮你决定去哪里。评估自身的体质正如使用地图一样。正确评价当前体质和体力活动能帮助自己了解需要改善的地方并制定改善计划。评估结果也可用于制定策略以坚持执行计划。以下为个人体质和体育运动的自我评估指导。

- 尝试多种测试。身体素质和体育运动包含很多方面。多样化的自我评估让你能够从总体上掌握你的体质和运动需要。本课中你将学到各种自我评估技术。
- 选择最适合你的自我评估。你可

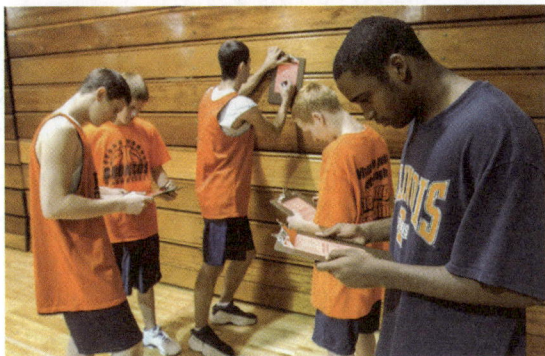

身体素质自我评估是一项重要的生活技能

以尝试本书中所有的自我评估方法，但实际上你不需要全部使用它们。你应当选择至少一种评估方法来评估健康相关身体素质的每个方面和测定你当前的运动水平。尝试过多项自我评估后，你便可以选择最适合你的方法。

· 练习。第一次开车不容易，但随着不断练习，你会越来越娴熟。同样地，当你第一次做自我评估时，你会犯错误，但练习得越多，你就做得越好。只要你决定了使用某种评估方法，就去练习它！

· 通过自我评估促进自我提升。学会自我评估后，你应该不时重复它们以监测你的进步。避免过于频繁的评估，但你要周期性地自我检查。健康相关的身体素质取得改善至少需要数周时间。避免每天评估或每周评估，而应在数周后，当更可能表现出提升时进行自我评估。

· 使用健康标准而不是把自己和其他人进行比较。有时人们会怀着不切实际的期望，而在看到测试结果后就失望。不要把自己和其他人进行比较，而应根据健康标准和以往的成绩评估你自己，这样才更现实。本书中的标准以身心健康所需的体质水平为基础，而不是建立在互相比较之上。

· 自我评估结果是私人信息。自我评估所获得的信息能帮助你建立准确的个人档案，为健康、积极的生活做计划。有多项评估需要在同伴的帮助下完成。同伴必须同意对测试结果保密。可以将测试结果提供给教练、父母或监护人。当然，这些人也应对结果保密。未经受测者同意，不得将测试结果与其他人分享。自我评估如同雇用私人教练。私人教练给你做一系列的测试以确定你的力量和弱点，然后与你一起制定计划以实现你的目标。私人教练会对你的信息严格保密。

根据第 1 课"科学实践"一节，不同的热身运动适合于不同的体育锻炼。因为本书讲解了多种体育运动，你的热身运动每天也不一样。进行低强度至中等强度运动前，通常无须热身，尽管你也可以这样做。高强度运动前的热身会因运动的性质而有所不同。如果高强度运动涉及力量、速度和爆发力，你可以选择动态热身。如果你想在高强度运动前做拉伸热身，拉伸动作应保持 15 ～ 30 秒。拉伸时间请不要超过 60 秒，因为超时会导致部分运动表现不佳。就这点来说，你的"实际行动"方式应当是尝试拉伸热身和动态热身两种。两者都尝试后，你可以运用"科学实践"一节的指导，与老师一起为每一类锻炼活动制定热身计划。

在高强度运动前的拉伸热身运动中，拉伸应保持 15 ～ 30 秒

在涉及力量、速度和爆发力的高强度运动前可进行动态热身

概念和词汇回顾

在老师的指导下回答 1 至 5 题。用词汇或短语填写句子的空白。

1. 人体运动的研究称为_____。

2. _____是帮助你做出正确决定和解决问题的一系列步骤。

3. 利用物理原理理解人体运动的科学称为_____。

4. 运动缺乏症是由_____导致的一种健康问题。

5. 与身体各组织类型有关的身体素质称为_____。

在老师的指导下回答 6 至 10 题。将第 1 列中的每一项与第 2 列中合适的短语配对。

6. 肌肉耐力   a. 身体使用大肌肉进行的运动

7. 灵敏性   b. 健康的积极方面

8. 教育学   c. 迅速改变身体位置的能力

9. 体育运动   d. 教学的技艺和科学

10. 身心健康   e. 持续使用肌肉而不疲倦的能力

在老师的指导下回答 11 至 15 题。对每条陈述或问题进行回答。

11. 什么是身体素质？

12. 健康相关的身体素质和技能相关的身体素质有什么区别？

13. 健康的理解是如何发展变化的？

14. 选择体育锻炼前的热身方法时需考虑哪些重要因素？

15. 自我评估的指导方针是什么？

批判性思考

用一段话回答以下问题。

你即将就自己的身心健康做出一项重要决定。如何使用科学方法做出该决定？

项目

采访几位健康的老人，询问他们的身心健康状况。提出诸如下列问题：您的健康状况如何？您的康乐水平如何？您怎样评价您健康相关的身体素质？（让受访者使用诸如"良好""边缘水平"和"不良"等词语来回答。）与您所在年龄段相比，您认为青少年们会如何评价他们自己的身心健康？请将采访结果展示给你的同学或家人。

2

培养健康的生活方式和自我管理技能

第 2.1 课
培养健康的生活方式

课程目标

学完本课，你将能够：

1. 列举并描述身心健康的 5 大类决定因素；
2. 列举并描述健康生活方式的 5 大益处；
3. 解释"通往终身健康的阶梯"以及使用该阶梯的方法。

课程词汇

决定因素、优先的健康生活方式选择、自我管理技能、存在状态

我们先花点时间考虑一下身体素质、健康和康乐的本质。这三个概念中的每一个都是一种存在状态，而处于这些存在状态中的个体将获得相应的益处。如果你拥有良好的身体素质，你就可以高效地工作和开心地娱乐。如果你拥有健康和康乐，你将远离疾病，享受高质量的生活。这些状态是相互关联的，所以如果你改变了其一，其他状态也会受到影响。你的身体素质、健康和康乐也受到很多其他因素的影响。医学家和科学家将这些因素称为决定因素，而美国政府的"健康国民 2020"计划建议所有人学习这些决定因素以保持身心健康。

身心健康的决定因素

身心健康一般受到 5 大类决定因素的影响：个人因素、环境因素、医疗保健、社会和个体因素、健康生活方式的选择。部分因素会比其他因素更易于管控。

个人因素

就个人因素而言，你对它的控制力很弱或者根本无法控制。个人因素包括遗传、年龄、性别和伤残等，这些因素对你

身心健康有着极大的影响。例如，部分人群可能携带使他们更易于患特定疾病的基因，而且患病风险也会随着年龄的增加而上升。性别也是一大决定因素。例如，男性往往比女性拥有更多肌肉，特别是在青春期后。就年龄而言，当人达到某一年龄，肌肉开始生长，身心健康关注的某些方面会因身体的正常变化而得到改善。我们还知道女性的预期寿命比男性更长。另一个潜在因素是伤残，它可能影响人完成某些任务的能力，但不一定影响他的健康和生活质量。

本书的其他章节将对个人因素及其对身心健康的影响做进一步阐述。虽然你不能控制个人因素，但是你可以认识它们。这种认识将帮助你改变其他的你能控制的因素。

健身小知识

"伤残"是一种客观状况（损伤），而"残障"是指你不能做你想做的事。伤残人士不一定有残障。我们在生理上都不相同，而不同的个人因素决定了你能做什么和不能做什么。了解你自己的长处和局限能让你活出最好的自己，并帮助他人成为最好的自己。

环境和医疗保健因素

身心健康也受到环境和医疗保健因素的影响。例如，作为成年人，你可以选择在健康的环境中工作和生活，你也可以参与废弃物回收以保护环境。此外还有其他的环境改善方法。当然，你的控制力也是有限度的。例如你不能直接控制社区内的空气质量。本书将对环境因素进行讨论。

医疗保健指根据需要去看医生或咨询其他医疗保健专家，以及使用医疗保健设施和药品。医疗保健还包括有机会学习如何预防疾病和增进健康。拥有良好医疗保健的人群会活得更长久，他们的生活质量也更高。拥有良好的医疗条件，在需要时寻求医疗帮助，以及遵守医疗建议，对于人的身心健康都很重要。

社会和个体因素

作为自由社会中的个体，你有权做出有利于你身心健康的选择和决定。例如，你可以选择与哪些人交朋友以及如何与他们互动。这样的社会选择能够发挥好的作用。当青少年与生活方式健康、没有坏习惯的人交朋友时，他们自己也会更健康。个体因素也很重要。做一个理性的消费者，运用有益信息来选择健康食品，也会有助于个体的身心健康。

✳ 科学实践：遗传和身心健康的关系

运动生理学家对人类基因进行了研究，以确定遗传是否对身心健康存在影响。研究表明，我们从父辈那里继承来的基因确实起到一定的作用。譬如说，有的人继承了使他们更容易患特定疾病的基因，也有一些基因让人更容易增加肌肉。当然，基因也部分决定了你的身高和体重。近期科学家还发现，在基因的作用下，不同的人对运动的反应不同。科学家们研究了做同样运动的人群。从运动中大为获益的人称为"响应者"，而受益较少的人称为"非响应者"。

虽然遗传对你的身心健康确实有一定的影响，但科学家强调，培养健康的生活方式能抵消遗传的作用。在人生的早期，遗传对你的身心健康起着最重要的作用，但在一生中坚持采用健康生活方式的人将会是最健康的人之一，无论其遗传状况如何。遗传确实有影响，但长期以来你采取的行动才是最重要的。

学生活动

选择你身体健康的某一方面，并描述你的自身遗传因素是如何影响它的。

健康生活方式的选择

身心健康最重要的决定因素是你的生活方式。健康的生活方式包括你用来改善身心健康的各种行为。因为你对这些因素有较强的控制力。通过学习有益的信息和运用有效的自我管理技能，你可以培养文中列举的每一项行为习惯。自我管理能让你更积极活跃和吃得更好，也能帮你更好地适应压力条件。第2课中，你将进一步学习自我管理技能。

培养健康的生活方式能带来很多益处。首先，它降低了你患病和早逝的风险。事实上，约60%的早逝都由不健康的生活方式引起。另一方面，

健康的生活方式能帮助你预防和治疗各种疾病。譬如，吃得好、勤锻炼能帮助预防心脏病和控制糖尿病。你或许会认为疾病在年老时才容易出现，因此现在无须担心。你或许和青少年想的一样："我年轻、健康，不会得那些病。"但证据表明，患病过程从年轻时便已开始。因此，从年轻时起就培养健康的生活方式对于预防年老时的疾病具有重要意义。

健身小知识

健康生活是会带来回报的。密歇根州奥克兰县实施推广健康生活方式的计划后，医疗保险支出降低了15%。

青少年健康生活方式的益处

采用健康的生活方式不仅能提前预防年老时的疾病，也会为你带来当下的益处。例如，你会变得更漂亮、感觉更棒，你能取得更好的学习效果，享受日常生活和高效应对紧急情况。

变得更漂亮

你是否在意你的外表？专家认为规律的体育运动是健康生活方式的一种表现，它能让你看起来更有魅力。此外，健康的生活方式还包括合理的营养、正确的姿态和良好的身体机能。

感觉更棒

定期进行体育锻炼的人会感觉更棒。多锻炼，就能保持健康、抵御疲劳和更高效地工作，同时能降低受伤概率。全美范围的调查表明，经常运动的人睡得更好，学习成绩更好，而且经历的抑郁比其他人更少。研究表明，定期运动能增加大脑中化学物质内啡肽的分泌，该物质在运动（如跑步）后让你感觉舒畅。你也可以通过健康饮食和压力管控改善自己的总体感觉（饮食和压力管理策略见营养和压力相关章节）。

学习效果更好

近年来，科学家发现，当你经常锻炼，采用健康饮食，保证充足睡眠并有效管理压力时，你可以取得更好的学习效果。此外，研究表明，经常锻炼身体、保持健康的青少年在考试中能取得更好的成绩，缺课的可能性会更小。青少年如果经常运动并保持饮食（特别是早餐）健康和有规律，他们在上学时会更警醒，不容易在课堂上感到疲倦。研究还表明，定期运动和良好的健康状况有助于大脑中负责学习的组织高效运转。

享受生活

每个人都希望能享受生活。但是如果你整天都疲惫不堪，不能参加你喜欢的活动，那该怎么办呢？定期的体育运动能增进身体健康，使你能够做更多自己喜欢的事情。身心健康的人能充分地享受生活。

应对紧急状况

人生中，有时你会遇到突发性挑战。通过定期的体育运动和培养健康的生活方式，你将能够游刃有余地应对紧急状况和日常生活中的不利局面。例如，如果你身体健康、经常锻炼，你就能更快地跑着去寻求帮助、更换漏气的车胎，或者根据需要给他人提供各种帮助。

身体健康帮你应对各种紧急状况

方案概述

本书中，你将学到各个决定因素如何影响你的身心健康。我们着重讨论健康生活方式中 3 个最重要的选项，它们对于预防疾病、保持健康和享受高质量生活至关重要。它们分别是定期的体育运动、全面的营养摄入和有效的压力管理。我们称之为"选项"是因为它们基本上都在你的掌控之中。

通往终身的身心健康的阶梯

你是否拥有健康的生活方式和饮食习惯？如果你平常在家吃饭，你也许确实吃得很健康，但你一个人生活时是否也能坚持在家吃饭呢？你经常运动吗？很多人青少年时都经常运动，但年龄大些时是否会继续参加体育运动？你是否会继续进行你现在所参与的运动方式？如果你对以上问题的答案都是否定的，你需要为健康生活制定一个终身计划。实现这一目标的方法之一是攀登"通往终身的身心健康的阶梯"。攀登这个阶梯时，你将从依赖层面上升到独立层面。一开始，你需要由其他人为你做决定，最后由你自己做出最好的决定。

第 1 步：在其他人的指导下选择健康的生活方式

想想你的饮食方式、你参与的体育运动以及你的其他生活方式——包括最简单的事情如刷牙。你还是小孩子的时候，你在家、在学校和在社区的生活方式都由其他人决定。当你长大后，你开始更多地为自己做决定。作为成年人，你几乎全权负责你自己的生活方式。学校课程无法再激励你去做运动，而且其他参与体育运动的机会也减少了。你还得自己选择饮食。按其他人为你做出的选择或其他人的建议健康地生活仅仅是第一步，但你要靠你自己攀爬这个阶梯。

第2步：实现身心健康（依赖条件下）

第1步是按照他人的期望采取行动。在坚持第1步的健康生活实践的情况下，你的身心健康可以得到改善（第2步），但这种改善是依赖性的。换言之，你基本上没有对你的身心健康负责，而是交给其他人负责。譬如说，你按照教练或体育老师规定的方法进行锻炼而改善了健康状况，你依赖于他们从运动中获益。如果你的父母购买食物，为你准备所有的或大部分餐食，你也可以拥有健康的饮食习惯。在其他人的帮助下经常运动和培养健康的生活方式当然很好（第1步），这些生活方式让你真正拥有了身心健康也很好（第2步），但除非你进展到阶梯的第3步，否则你无法自己做决定。

第3步：自我评估

自我评估能帮助你设定合适的目标，做出正确的决定，并变得更独立。自我评估指你对你自己的评估。你可以评估你的身心健康以及选择与之相关的生活方式。本书将指导你尝试多种自我评估方法（每章一种）。学会自我评估后，你就升至阶梯第3步。在人生各阶段，你都可以通过自我评估来发展和实施你的终身健康计划。

第4步：自我管理技能和自我规划

自我管理技能可以帮助你将选择的健康生活方式付诸实践，从而真正拥有身心健康。前一步中已经讨论了一种自我管理技能——自我评估，而其他技能会在本书其他章节进行讨论（每章一种）。本章下一节课将简要介绍这些自我管理技能。学会多种自我管理技能后，你就在这个阶梯上又攀升了一步。

第5步：在自我指导下实践健康生活方式

进入本步骤，你就上升至决策和解决问题的层面。你将学习身心健康的重要性，了解自己的个人需求，以及掌握如何为终身健康做计划。不同的人有不同的需求，因此计划也有所不同。你将使用必要的工具，即自我管理技能来成功地独立规划健康生活方式。通过实践本书中的健康选择，你可以制定自己的健康计划。从某种意义上讲，本步骤与

健身科技：Fitnessgram

Fitnessgram 是由得克萨斯州达拉斯的库珀研究所的科学顾问团队研发的一个自我健康评估程序。该程序在多个健康相关的测试项目中提供指示，以评估你的健康。程序软件允许你向计算机中输入数据以生成个人健康报告。Fitnessgram 被美国健康、运动与营养总统委员会（PCFSN）和美国健康和体育教育协会（SHAPE）确定为国家评估程序。本章的"自我评估"一节将为你讲解如何在 Fitnessgram 的测试组合中进行各项测试。本书的其他章节提供了更多关于测试项目的信息，并讲解了如何用 Fitnessgram 确定健康等级。

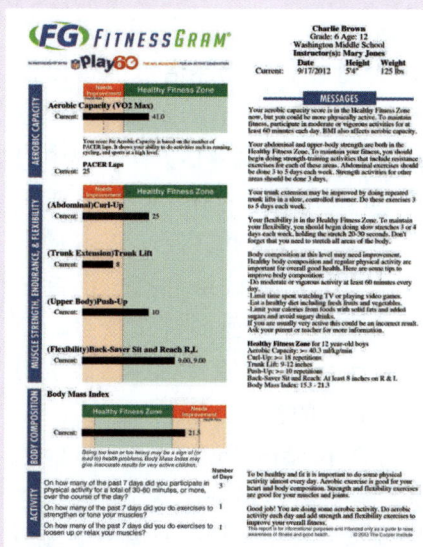

源自：Reprinted by permission from Fitnessgram.

阶梯中的第 1 步很相似，但不同之处在于，现在是你自己做决定，而不是由其他人为你做决定。

第 6 步：实现终身的身心健康

到达阶梯的顶级意味着你可以对你终身的身心健康负责。从依赖他人开始，到能够独立做出决定，并将前一步中制定的计划付诸实践。你会继续使用自我评估和自我管理技能（如自我监督）来根据需求和兴趣的变化调整你的计划。你还会使用其他的自我管理技能克服障碍，从而坚持执行你的计划。

培养健康的生活方式

本书和本课都致力于帮助你培养健康的生活方式以实现终身的身心健康。随后各章节将讲解如何攀登阶梯和上升到最高级别。

课程回顾

1. 5 大类决定因素是什么？你最能控制的因素是什么？
2. 经常锻炼和注意营养等健康生活方式的主要益处是什么？
3. 通往终身的身心健康的阶梯是什么？如何使用该阶梯？

本书中你将学到很多身体素质测试方法。总体来说，你的目标是选择合适的测试（自我评估）方法以便现在和今后使用。有的团队专为年轻人研发了身体素质评估方法，其中包括 Fitnessgram。Fitnessgram 是在美国使用最广泛的测试组合，在其他国家也有使用。测试组合指一组旨在测试健康各个方面的测试项目，而 Fitnessgram 测试组合可评估健康相关身体素质的各个方面。

除 Fitnessgram 外，还有其他的测试组合。ALPHA-FIT 测试组合包括多个评估健康相关身体素质的测试项目。它在欧洲研发，并与 Fitnessgram 一样在全世界使用。ALPHA-FIT 的部分项目与 Fitnessgram 相同，但其他项目与之不同。例如，ALPHA-FIT 包括跳远和握力测试。这两项测试也是美国年轻人健康调查所用的医学研究所（IOM）健康测试组合的内容。近期的研究表明跳远和握力测试结果与健康之间存在某种关系。

进行身体素质测试之前，请先了解该项测试和它所测量的数据，然后练习做测试。练习能帮你更熟悉正确的测试方法，从而可以真正衡量你的健康状况，而不仅是学习测试技术。你要尽最大努力进行自我评估，才能获得最好的测试结果。现在你的目标不是确定你在测试项目中的得分或评级，而是练习这些测试以了解如何正确使用它。由于体成分评估不是体能测试，它不需要练习，所以本节未对其进行描述。但过后你可以学习如何做体成分评估。

请记住，自我评估结果是个人资料，因而需要保密。未经受测者同意，不得将其与他人分享。请在老师的指导下记录评估结果。

心肺耐力测试

渐进式有氧心血管耐力跑步，或称 20 米折返跑（PACER）

本测试是 Fitnessgram、ALPHA–FIT 和 IOM 健康测试组合的一部分。

1. 测试目的是按照预定步调在 20 米距离内折返跑尽可能多的次数（步调以教练提供的特殊音频信号为准）。

2. 从距离第 2 条线 20 米的一条线开始。听到音频的嘟嘟声时，跑过 20 米区域，到达第 2 条线。你到达第 2 条线的时间应刚好在嘟嘟声再次响起之前。你的脚应触及该线。然后你转身并准备往回跑。

3. 嘟嘟声再次响起时，朝着起始线往回跑。你的脚应触及该线。听到嘟嘟声后再跑步折返。

4. 继续在两条线之间折返跑，每次你的脚都应当触及所在线。嘟嘟声将越来越快，你跑得也会越来越快。当你两次未能在嘟嘟声响起前到达对侧时，测试结束。

PACER 是心肺耐力的有效测试方法

练习窍门

· 练习按照正确的步调跑步，从而在提示更换方向的嘟嘟声响起前刚好到达位置。

· 练习随着嘟嘟声的加快调整步调。

肌肉适能测试

卷腹（腹肌力量和肌肉耐力测试）

本测试是 Fitnessgram 的一部分。

1. 请仰卧在垫子或地毯上。膝关节弯曲约 140 度角。双脚应略分开，距离臀部尽可能远，同时脚掌平放于地面上（你的脚离臀部越近，动作就越困难）。手臂伸直，与躯干保持平行，手掌平放在垫子上。

2. 将头置于一张纸上。纸能帮助你的同伴判断你的头部是否在每次动作时降下。将约 11.5 厘米宽和约 1 米长的条带或硬纸板（或橡胶、塑料、胶带）置于膝盖下方，使你双手的手指刚好触碰到条带的近侧边缘。你可以捆住条带或者让同伴踩住它以使它固定不动。

3. 脚后跟保持在地面上，慢慢地向上卷起肩膀，手臂向前滑动，使手指滑过条带。卷起身体直至你的指尖触及条带的远侧。

4. 慢慢降低你的背部直至你的头部靠在纸上。

5. 重复上述卷腹步骤，每 3 秒做 1 次。同伴可以每 3 秒发出"上—下"指令来帮助你。

练习窍门

- 在重复动作时保持臀部和脚后跟不移动。
- 每 3 秒做一次练习（上下动作）。
- 每次动作都要触及条带边缘。
- 每次动作中头部都要下降至垫子上。
- 做尽可能多的次数（最多 15 次）。让同伴检查你的卷腹姿势，确保动作正确。

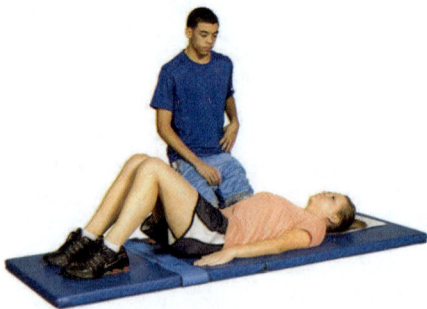

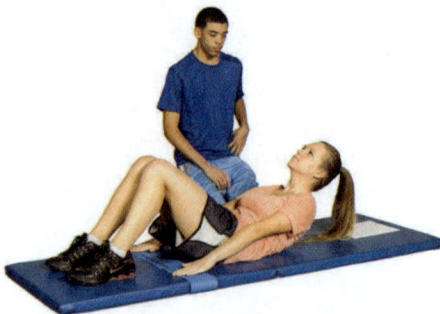

只要动作正确，卷腹动作可以有效衡量腹肌适能

90 度俯卧撑（上身力量和肌肉耐力测试）

本测试是 Fitnessgram 的一部分。

1. 俯卧在垫子或地板上，双手（手掌朝下）放在肩部下方，手指伸展，双腿伸直。双腿略微分开，脚趾在下方折起。

2. 推起身体至手臂伸直，腿和背部保持笔直。身体从头到脚跟应呈一条直线。

3. 弯曲肘部以放下身体，直至上臂与地面平行（肘部呈 90 度角），然后推起身体直至手臂完全伸展。俯卧撑应每 3 秒做一次。你可以让同伴每 3 秒发出"上—下"指令来帮助你。

练习窍门

- 下放身体时应使肘部弯曲呈 90 度角。你可以让同伴手持码尺与地面平行（在肘部位置），以帮你确定你的肘部是否已弯曲到适当程度。
- 身体的推起动作应彻底，即推至顶点时，手臂应完全伸展。
- 每 3 秒做一次练习（上—下）。
- 做尽可能多的次数（最多 15 次）。让同伴检查你的俯卧撑姿势，确保动作正确。

90 度俯卧撑可测量上身的肌肉适能

握力测试（等长握力和臂力测试）

本测试是 ALPHA-FIT 和 IOM 健康测试组合的一部分。

1. 用测力计测量等长肌力。根据手的尺寸调整测力计。

2. 尽量用力挤压 2～5 秒。你的手臂应伸展，肘部几乎笔直。手臂或手不要接触身体。

3. 双手轮流进行。每次测量时都换手以使其得到休息。

4. 结果常用千克表示。

练习窍门

- 在不同的设置下抓握，看哪一种情况下你的表现最好。
- 挤压时试着弯曲膝关节以保持平衡，这对你的得分或许会有帮助。

握力测试衡量肌肉适能水平，该测试的得分取决于人的整体力量

立定跳远（腿力或爆发力测试）

本测试是 ALPHA-FIT 和 IOM 健康测试组合的一部分。

1. 用遮蔽胶带或其他材料在地面画线。

2. 双脚分开与肩同宽，站立在线后。膝关节弯曲，手臂在身体前方伸直并与肩同高。

3. 向下向后甩臂，然后用力向前甩臂同时前跳尽可能远的距离，双腿舒展。

4. 双脚着地并保持平衡。跳远前不要跑步或单足跳。

立定跳远是对力量（爆发力）的测试

练习窍门

- 为了达到最佳表现，跳之前身体略微前倾。前倾和随后的手臂甩动都应把握适当的时机。
- 该测试应多尝试几次，保证在着地时不失去平衡。为避免在着地时跌倒，手臂向前方伸展。着地时也应弯曲膝关节以吸收冲击力和保持平衡。
- 每次起跳前尝试弯曲几次膝关节，看看弯曲几次能跳得最远。

肌肉适能和柔韧性测试

躯干抬升（背部肌肉适能和背部及躯干肌肉柔韧性测试）

本测试是Fitnessgram的一部分。

1. 俯卧，手臂置于体侧，手置于大腿下或大腿旁。

2. 非常缓慢地抬起上半身，使下巴、胸部和肩膀离地。尽可能地抬高你的躯干，最高30厘米。目视前方，避免下巴过分向上翘起。保持该姿势3秒，由同伴测量你下巴离地面的距离。你的同伴应在你下巴前方至少2.5厘米处手持直尺。

注意：直尺不可直接置于下巴下，否则你可能会无意地降低躯干高度。

练习窍门

- 将躯干抬升至离地面30厘米，在该位置（不可超过该高度）保持3秒。
- 练习3～5次，看看自己是否能够在抬升后保持3秒。
- 目视前方，避免下巴过分向上翘起。

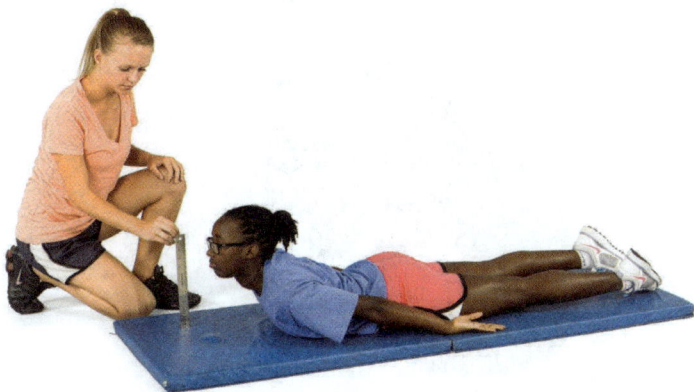

躯干抬升衡量背部和躯干的肌肉适能及柔韧性

柔韧性测试

护背式屈体前伸（髋部运动幅度及柔韧性测试）

本测试是 Fitnessgram 的一部分。

1. 将码尺或米尺等量尺置于 30 厘米高的箱子上，量尺伸出箱外 23 厘米，低刻度朝向你自己。你也可以直接使用柔韧性测试箱（如有）。

2. 测量右腿柔韧性时，需将右腿完全伸展，将右脚平贴在箱上。左腿弯曲，膝关节向外，左脚距伸直的右腿侧面 5～8 厘米。

3. 手臂前伸于量尺上方，将手置于量尺上。一只手放在另一只手上面，手掌朝下。双手中指相接触，中指指尖刚好重叠。

4. 身体缓慢前倾，不可回弹。手臂和手指往前伸，然后缓慢回到起始位置。重复 4 次。第 4 次动作时保持姿势 3 秒并观察指尖下量尺的刻度值。

5. 换左腿重复上述动作。

练习窍门

- 练习本测试前先做 PACER 或其他热身运动。
- 外伸的腿应伸直，略微弯曲也可以。
- 弯曲另一条腿，该腿的脚应距离直腿 5～8 厘米。
- 一只手的中指置于另一只手的中指上。
- 保持拉伸姿势 3 秒。
- 每条腿练习 3～5 次。

护背式屈体前伸可衡量髋部柔韧性（活动范围）

第 2.2 课
学习自我管理技能

课程目标

学完本课，你将能够：
1. 描述培养健康生活方式的各阶段；
2. 描述若干种自我管理技能；
3. 解释如何运用自我管理技能健康地生活。

课程词汇

运动、运动技能、体育活动、久坐不动、技能

本章第 1 课中，你学习了健康生活方式的意义以及身心健康的多种决定因素。本课中，你将了解如何改变生活方式以增进身心健康。首先你要学习生活方式改变的各阶段。生活方式的改变不能一蹴而就，它需要时间。通常，人们改变生活方式需要经过 5 个阶段。心理学家帮人戒烟时发现了这 5 个阶段。他们发现大多数吸烟者不是立即戒除烟瘾，而是经历若干阶段逐渐戒除。后来运动心理学家和营养科学家发现，这 5 个变化阶段也适用于其他的生活方式选择，例如体育运动和营养。理解这 5 个阶段能帮助你积极改变生活方式。

健身小知识

体育运动指使用大肌肉的运动。因此，体育运动包括各种类型，如竞技运动、舞蹈、娱乐活动和日常活动。而锻炼指专为改善健康而进行的体育运动。

培养健康生活方式的各个阶段

健康的生活方式——例如勤运动、健康饮食和压力管控是在你的控制范围内的。通过努力，任何人都可以在这些方面培养健康的生活方式。与身心健康相关的行为习惯改进可分为 5 个阶段：认识前阶段（尚未思考改变）、认识阶段、计划阶段、行动阶段和维持阶段。图 2.1 表示培养体育运动习惯的 5 个阶段。

· 认识前阶段：处于第 1 阶段的人不做运动。"不运动"的同义词是"久坐不动"。有超过三分之一的成年人久坐不动，因此他们属于这一阶段。你也许认为没有久坐不动的青少年，但确实有。尽管久坐不动的青少年比成年人少，但约四分之一的青少年属于这一类。在理想状态下，所有人都应经常运动，但有时人们从一个阶段进入另一阶段的速度很慢。

· 认识阶段：久坐不动的人或许会意识到体育运动的重要性，甚至开始考虑做运动，但没有付出实际行动。这样的人从久坐不动者变为不运动的思考者（第 2 阶段）。不运动的思考者参与的体育运动极少，但在考虑多做运动。

· 计划阶段：在第 3 阶段，人开始计划经常运动。例如，他可能会去参观健身机构或购买新的网球拍。这样的人成为计划者，尽管还没有开始运动。

久坐不动者
我不运动，
我就喜欢这样。

不运动的思考者
我不运动，但我
在考虑多运动。

计划者
我正在采取行动
准备多做运动。

行动者
我开始运动了，但
运动频率还不够。

积极运动者
我定期运动，而且
坚持一段时间了。

图 2.1 培养体育运动习惯的 5 个阶段

· 行动阶段：在第 4 阶段，人开始运动并被称为行动者。他会去健身机构锻炼身体，或者和朋友打网球。

· 维持阶段：第 5 阶段指维持经常性的体育运动。我们的最终目标是帮助所有人进入到第 5 阶段，即积极运动者阶段。进入这一阶段后，人就能坚持长时间（至少数月）的规律运动。

同样的 5 个阶段也适用于其他健康生活方式的培养。例如，图 2.2 表示养成健康饮食习惯的各阶段。仅有四分之一的青少年每天吃的水果和蔬菜达到推荐量，而十分之一的青少年曾经连续 24 小时未进食。饮食不健康的青少年处于第 1 阶段，而日常饮食健康的青少年处于第 5 阶段。无论培养哪种健康生活方式，目标都是达到第 5 阶段。

生活方式健康指在生活的各方面均做出了健康的选择。可能你在不同方面所处阶段不同。例如，你可能不经常运动但是在考虑多做运动，因此你在体育运动方面处于第 2 阶段。但同时，你保持健康的日常饮食，因此在饮食健康方面处于第 5 阶段。

健身小知识

行为习惯不是顺利地从第 1 阶段发展到第 5 阶段。有时人们会前进几个阶段，然后后退一个阶段，然后再前进。通过努力，人总会从一个阶段到另一个阶段慢慢进步。

饮食不健康者
我饮食不健康，
而且我也不打算
开始健康饮食。

思考者
我饮食不健
康，但我在
考虑改变。

计划者
我在采取行动
以吃得更好。

饮食改善者
我有时候饮食健
康，但我需要做
得更好。

饮食健康者
我保持日常饮食
健康并避免无营
养食品。

图 2.2 实现饮食健康的 5 个阶段

自我管理技能：培养健康的生活方式

如何改变生活方式呢？如何在体育运动或健康饮食方面从第1阶段进步至第5阶段？

最佳方法是学习自我管理技能。技能是让你有效完成特定任务的能力。通过练习，你可以改善你的技能。例如，输入和打字辅助你沟通。多练习，你就会更加熟练。同样地，运动技能如掷球、踢球和接球等使你在竞技运动和游戏中表现更好。这些技能都可通过练习得到改善。

自我管理技能是帮你改变生活方式的能力。该技能共分3种：帮助你开始改变的技能、帮助你进行改变的技能以及帮助你保持改变的技能（图2.3）。

帮助你思考改变的技能

表2.1列出了21项自我管理技能的名称和描述。其中部分技能对于需要做出改变但还没有行动计划的人（在第1和第2阶段的人）而言非常有帮助。譬如，"自我评估"技能帮助你意识到你需要改变，并确定你需要做哪些改变。"学习知识和增进理解"能帮助你明白改变的重要性。了解多运动和适当饮食等健康生活方式的益处也能激励你做出积极的改变。特别地，"识别疾病风险因素"能帮助你明白健康生活方式不仅对现在而且对未来都是必要的。

帮助你开始改变的另外两项自我管理技能包括"积极心态"和"自信心"。如果你相信你能够改变并对改变保持良好心态，你更能受到激励并付诸实践。阅读本书过程中，你将更深入地学习那些能帮助你开始改变的自我管理技能。

帮助你进行改变的技能

进入改变过程的第3阶段后，你就要开始行动了，但你必须知道如何正确地行动。有6种自我管理技能可

图2.3 自我管理技能帮助你改变生活方式以改善身心健康

表 2.1　实现身心健康的自我管理技能

	技能	描述
	帮助你思考改变的技能	
1	自我评估	该技能帮助你看到你当前的状况以及你需要做出哪些改变以达到你的目标
2	学习知识和增进理解	你可以使用改进的科学方法来解决问题，比如如何在生活中做出健康的改变
3	识别风险因素	你识别出健康风险，便能够评估和降低它们
4	积极心态	该技能有助于你成功培养健康的生活方式
5	自信心	该技能使你相信你能够对生活方式做出健康的改变
	帮助你进行改变的技能	
1	设定目标和自我规划	这两项技能帮助你设定 SMART（明确的、可衡量的、可实现的、现实的、及时的）目标，因而是你制定个人计划的基础
2	时间管理	该技能让你变得更高效，从而你可以腾出时间做重要的事情
3	选择有益活动	该技能指选择对你个人最有益的活动，你将享受这些活动并从中受益
4	学习实用技能	该技能让你做事情更出色、更自信。譬如，学习运动技能可以激励你多运动，学习压力管理技能可以帮你避免和减轻压力，而学习营养技能可以帮你吃得更健康
5	改善自我感知	该技能让你能够更积极地看待你自己，从而选择更健康的生活方式，并感觉到这些选择能为你带来真正的改变
6	压力管理	该技能包括预防和应对日常生活中的压力
	帮助你保持改变的技能	
1	自我监督	该技能包括做记录，以检查自己是否认真地执行了计划
2	克服障碍	该技能帮助你在遇到障碍时仍坚持运动。障碍包括缺少时间、临时受伤、缺少安全场地、恶劣天气和选择健康食物的困难等
3	寻求社会支持	该技能帮助你在培养并坚持健康生活方式过程中从他人（如朋友和家人）处获取帮助和支持
4	懂得说"不"	该技能使你能够避免做自己不想做的事，特别是面临朋友或其他人的压力时
5	防止退步	该技能帮助你在积极性减退时仍坚持健康的生活习惯
6	批判性思考	该技能帮助你在遵守健康生活方式时发现和解释相关信息，以做出正确决定和解决问题
7	解决冲突	该技能帮助你解决问题和避免压力
8	积极的自我对话	该技能使你能够保持思维的积极性，弱化影响成功的消极思维，从而使你取得最佳表现并做出健康生活方式选择（如多运动）
9	建立优良策略	该技能使你能专注于特定的行动计划并成功执行此类计划
10	寻求成功	"寻求成功"从技术上讲并不算是技能，但它指的是使用多种自我管理技能来改变行为习惯。如果你运用本表中描述的自我管理技能并相信它们会帮你实现成功，那么你真正成功的概率会高很多

以帮助你对生活方式进行适当改变（表2.1）。"设定目标"和"自我规划"帮你制定改变生活方式的计划。"时间管理"技能帮你腾出执行计划的时间。设定目标、自我规划和时间管理技能适合所有类型生活方式的改变。

帮你养成更好的运动习惯的其他自我管理技能包括"选择有益活动"和"学习实用技能"。你这样做的时候，"改善自我感知"这一技能将帮助你更积极地看待你自己。此外，心态积极并懂得管理压力的人更有可能做出改变，因为他们相信改变是可以实现的，他们并不害怕面对改变。

帮助你保持改变的技能

表2.1中其他的自我管理技能可以帮助你坚持健康的生活方式。你对生活方式进行改变后（在第4和第5阶段），这些技能使你保持自己的进步而不倒退。"自我监督"可用于跟踪进步情况。你也可以学着"克服障碍""寻找他人支持"和"懂得对阻止你的人说不"。另外也有一些技能可以防止你放弃健康生活方式（"防止退步"）。

还有其他技能可以帮助你保持正确的方向。"批判性思考"有助于你做出正确的决定并避免可能损害健康的错误。"解决冲突"能帮助你回避压力。"积极的自我对话"和"优良的策略"能够助你成功，从而你可以更容易地坚持执行计划。

本书旨在帮助你过上积极、乐观和健康的生活。为了实现这一目标，你需要学习并练习表2.1所列的各项自我管理技能。

课程回顾

1. 改变生活方式的5大阶段是什么？它们对你有什么益处？
2. 请列举出改变生活方式的不同阶段中使用的一些自我管理技能。
3. 你如何使用自我管理技能实现健康的生活？

⚡ 自我负责：学习知识和增进理解

阿尼什的母亲巴拉女士决定在新的一年里多锻炼。她对运动知之甚少，所以她在网上搜索健身计划。在一个网站上，她看到这条声明："一天锻炼5分钟，保持健康，不用出汗！"阿尼什比较担心，因为他在学校里学到，改善健康需要数周规律运动。

"我认为，你在开始健身之前应该先学习健身和体育运动的知识，增加对它们的了解。"阿什尼告诉母亲。但他母亲坚持执行这个健身计划。数月后，她的健康未见改善，她感到很失望。

此刻，她与阿尼什讨论他在学校里学到的健身和运动方法。他们都承认在尝试新计划之前应先充分了解健身的相关知识。阿尼什还认识到，如果想获得最好的结果，人不仅要知其然，还要知其所以然：为什么要运动（运动的益处是什么）？为什么这个计划对我最好（我的个人需求是什么）？

阿尼什的母亲决定与阿尼什一起学习学校健身和体育运动课程，以便在下次尝试时采用正确的方法。

讨论

巴拉女士做出了一个正确决定和一个错误决定。像她这样希望在新的一年里多运动、改善健康的人如何避免做出错误决定呢？人们为什么会选择巴拉女士选择的那种计划呢？是否真有可能一天锻炼5分钟就拥有健康呢？阿尼什今后该如何帮助他母亲呢？在回答这些问题时请考虑以下"自我管理"一节中的指导。

➡ 自我管理：学习知识和增进理解的技巧

以正确信息为基础的知识能帮助你做出正确的决定。但仅仅有知识还不足以使你做出正确的选择。你必须理解你获得的信息。拥有知识的人能发现事实，但拥有理解力的人能够理解事实的意义，并运用这种理解来做正确决策。

本书中你将学到关于身心健康的知识，并建立高水平的理解力，以帮助自己运用所学知识。以下指导能帮助你使用本书增进你的知识和理解。

- 先了解事实。建立高水平理解力之前必须先了解事实，这是第一步。

- 使用科学方法。进行调查（收集信息）以了解尽可能多的事实。事实帮助你分析和测试假设。譬如，你可能会假设你每天锻炼5分钟就能身体健康，但在了解并分析事实后，你就知道这个假设不成立。科学方法帮助你理解所获得的信息并做出有益决定。

- 多问"为什么"。研究健康生活方式选择时，多问问"为什么"：为什么我需要这个？为什么我要相信它？为什么这些信息是有益的？

- 寻找可靠来源。无论你在浏览网页、杂志文章还是书籍，请与你信任的人核实以找到正确的信息来源。你的知识和理解层次取决于你的信息来源的质量。"做出正确的消费选择"一章讲解了如何寻找可靠的资料来源。

- 尝试运用知识。学习新知识时，问问自己："我如何运用它？"将新知识运用于实际情况中能帮助你理解新知识，进而更有效地运用它。例如，对于饮食中过量脂肪的危险，你可以问自己：我还需要知道些什么呢？多少才算过量？我能对饮食做出哪些改变以降低脂肪摄入？

- 把知识集中到一起。你学到的新知识可能是片断式的。花点时间把零散的片断集中到一起能有助于你理解知识。"把知识集中到一起"可简称为"知识合成"。例如，你知道压力太大，你也知道压力产生的原因，你将如何综合运用各方面信息来做出正确决策呢？

学术关联：词语的准确使用

语言艺术涉及艺术研究领域，旨在帮助大学生和职场人士正确地听、说、读、写。准确地使用词汇和知道相似词语的区别对于研究语言和培养读写能力（接受教育）是非常重要的。

本章和其他章节讨论了影响身心健康的各种因素。健康专家通常把这些因素称为决定因素。"性别"（sex）一词出现在整本书中，以描述你的生物学性别（男性或女性）。你的性别是影响你身心健康的决定因素之一。而"社会性别"（gender）一词意义与前者相近但略有区别。它指的是人的社会或文化角色（男性或女性）。例如，以前有部分运动限定了性别，它们仅适于男性或女性。但随着时间推移，陈规旧习逐渐减少，男性和女性都有了更多的运动机会。本书中的运动不限性别，男性和女性均可参与。"社会性别"也是语法术语，用于划分代词（如"他"和"她"）和其他词类的类型。

词语的使用有时会随时间改变。近年来，"社会性别"一词更为频繁地用于指代人的性别（男性或女性）。但在科学上，说明一个人是男性还是女性时首选"性别"（sex）一词，而不是"社会性别"（gender），因此本书始终使用"性别"（sex）一词。

新鲜空气、大自然和健身？好啊！大多数社区都有可供你步行、慢跑、长跑和骑行的自然空间。有的社区还修建了"健身小径"——穿过公园或林地的专供步行、慢跑和长跑的小路。部分健身小径包括了人造的和自然的构筑物，用于进行特殊锻炼。有了这些构筑物，人们不仅可以步行、慢跑和长跑，也可以进行肌肉力量和柔韧性练习。健身小径有时被视为"室外健身房"，你附近或许就有一条呢！

请行动起来，了解并参观附近的健身小径，甚至帮忙建一条。很多健身小径已经由市（县）公园、娱乐部门或机构建好了。也许与偏远地区的小径有所不同，但作为市区的健身小径，它们也有着自己的特色。

概念和词汇回顾

在老师的指导下解答 1 至 5 题。用词汇或短语填写句子的空白。

1. 影响你身心健康的因素称为_____。

2. 影响你身心健康且难以控制的因素称为_____。

3. 影响你身心健康但容易控制的因素称为_____。

4. 你从依赖到独立的各步骤分别是_____。

5. 在嘟嘟声的提示下跑步以评估心肺耐力的健康测试称为_____。

在老师的指导下解答 6 至 10 题。将第 1 列中的每一项与第 2 列中合适的短语配对。

6. 久坐不动者   a. 刚刚购买运动器材

7. 不运动的思考者   b. 一周数天都做运动

8. 计划者   c. 有时做运动

9. 行动者   d. 在考虑开始运动

10. 积极运动者   e. 不运动

在老师的指导下解答 11 至 15 题。对每条陈述或问题进行回答。

11. 解释什么是自我管理技能以及它为什么有用。

12. Fitnessgram 等主要的健康测试组合所含测试项目是什么？它们测量哪些指标？

13. 描述培养健康生活方式的 5 大阶段。

14. 什么是健身小径？为什么健身小径能帮助你保持运动习惯？

15. 学习知识和增进理解的指导方针是什么？

批判性思考

用一段话回答以下问题。

在第 2 课的所有自我管理技能中，哪项技能最能帮助你养成运动习惯或健康饮食习惯？请回答并解释原因。

项目

假设你是一家市场营销公司的总裁，你接到一项任务，要求制作宣传广告以推广更加健康的饮食和规律运动的生活。请为该宣传活动的电视广告准备台词。如果条件允许，你可以制作该广告的视频。

3

目标设定和方案规划

第 3.1 课
目标设定

课程目标

学完本课，你将能够：

1. 解释设定目标的 SMART 规则；
2. 解释长期目标和短期目标有什么区别；
3. 描述过程目标和成果目标及二者的区别。

课程词汇

首字母缩略词、目标设定、长期目标、助记符、过程目标、成果目标、短期目标、SMART 目标

你如何将梦想变为现实？成功人士把"目标设定"当作其总体规划的一部分，致力于获得成功。他们会提前决定要实现什么目标，然后付诸实践。你可以利用目标来规划个人健身方案、健康饮食方案等。本课中，你将学习如何利用长期目标和短期目标，你还会了解到能帮助你做出健康生活方式选择（如多运动和健康饮食）的其他目标。

SMART 目标

你可能在中学里就听说过"SMART 目标"。以下我们将简要回顾这个概念，了解设定目标的 5 大规则，以便你在阅读本书过程中设定自己的目标。

S = 明确的（Specific）。你的目标应包括你希望实现的目的的详细信息。

M = 可衡量的（Measurable）。你应当能够衡量你的进步，并准确地确定你是否实现了目标。

A = 可实现的（Attainable）。你的目标应具有挑战性，它们不应太容易或太困难。

R = 现实的（Realistic）。你的目标应当是可以实现的，只要你付出时间

和努力并拥有必备的资源。

T = 及时的（Timely）。在人生的当前阶段，你的目标应对你有实际意义，并能够在规定时间内实现。

健身小知识

助记符（mnemonic）是记忆的诀窍。SMART 这个词就是一种助记符，它帮助我们记住目标设定的 5 大指导方针。而且 SMART 也是首字母缩略词，即它的每个字母都是与目标设定相关的某个关键词的首字母。

SMART 长期目标

长期目标需要数月甚至数年来实现，但短期目标可在短期内实现，例如数日或数周是短期目标的期限，存钱支付大学学费就是一个长期目标。如果你打算存 2400 美元，你可以制定长期目标并实现它。

为了存够那么多钱，你可能需要在高中期间在周末和暑假打工。存钱需要时间。如果在当前工作条件下，你一个月能存 100 美元，那你就需要两年来存够 2400 美元。现在我们来看看这是不

是一个 SMART 目标。

明确的。存够 2400 美元是一个非常明确的长期目标。你知道你需要多少钱。

可衡量的。2400 美元是一个可衡量的数字。你可以数数你手上的钱，看看离这个目标还有多远。

可实现的。对于没有工作的人来说，这个目标太难了，但你有工作。这个目标不容易实现，但你可以挣得足够的时薪使其成为可能。

现实的。对有的人来说，2400 美元的目标可能不现实。但如果你付出时间，不放弃工作，两年中每个月存 100 美元是可以实现的。你也要考虑你的其他义务，如家庭作业、各种活动和家庭责任。

及时的。两年内存够 2400 美元的目标有一条特定的、可行的时间线，它与你计划的大学入学时间相符。

SMART 短期目标

短期目标常常可在数日或数周内实现。因此，你可以设定一系列的短期目标以助你实现长期目标。为了实现存够 2400 美元的长期目标，你可以设定短期目标，比如一周工作 5 小时，时薪 8 美元，工作两周。这样你就能以可控的方式朝着长期目标前进。实现这个短期目标后，你可以再设定新的短期目标。

我们现在来看看这个短期目标是否符合 SMART 规则。

明确的。你列出了工作的星期数以及每星期工作的小时数，因此目标是明确的。

可衡量的。你可以跟踪每周的工作时数来衡量你的进度。

可实现的。这个短期目标的实现只取决于你是否努力按工作计划行事，因此它是可实现的。你可以设定每周工作更多时数的目标，但它也许不可实现。

现实的。工作时数的现实性取决于其他因素，例如家庭作业、各种活动和家庭责任。但你有时间一周工作 5 小时，同时履行其他义务，因此该目标是现实的。

及时的。两周内一周工作 5 小时是一个及时的目标，因为你规定了完成目标的时间范围，而且它和你的现有计划无冲突。

成果目标和过程目标

存够 2400 美元的长期目标是一个成果目标。成果是有形实物，通过工作或努力而取得。成果目标的意义并不是你做什么，而是你付出努力后得到了什么。在身心健康领域的成果目标包括"能做 25 个俯卧撑""能在 6 分钟内跑 1 英里（约 1.6 千米）""减轻 5 磅（约 2.3 千克）"等（图 3.1a）。以上各目标都是工作或努力的成果或结果。成果目标也是长期目标，因为它们需要你付出一定量的努力和时间来实现。

健身小知识

每年都有数百万美国人在新年时下定决心吃得更科学和多做运动。但每年都有很多人未坚持计划和实现目标。科学家们发现人们失败的主要原因在于他们设定了在规定时间内无法实现的长期目标。换言之，他们未设定 SMART 目标。因此，科学家们强烈建议人们专注于短期目标，即改变生活方式，而不是执着于努力成果如健身和减肥等。

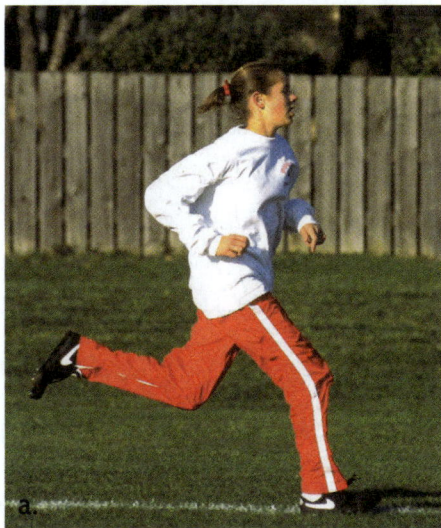

图 3.1 成果目标和过程目标：a. 8 分钟内跑 1 英里（约 1.6 千米）是成果目标；b. 3 周内每天做 5 个俯卧撑是过程目标

过程目标侧重于行为，例如工作多少时数来挣钱。过程的意义在于你做的事情，而不是你努力后获得的成果。比如在健康方面，每天运动 60 分钟、吃 5 种蔬菜和水果就是过程目标（图 3.1b）。过程目标是有效的短期目标，因为你能监督你的进展，而且只要付出努力，你就能成功。相比之下，成果目标不是有效的短期目标，因为它们会让人失望，特别是对

健身科技：智能手机和平板电脑

最初的计算机体积庞大，占满整个房间。但随着时间推移，它们变得越来越小。今天的智能手机属于超小型计算机，它可以完成很多任务，而以前这些任务需要由台式机或平板电脑来完成。智能手机使用软件或应用程序（也称为 App）执行多种功能。有的公司开发出可以帮你计划和监督体育运动和营养摄入的智能机应用程序。譬如，你可以记录下你的自我评估结果和方案时间表，然后跟踪你的运动和饮食状况。这些应用程序也可以在平板电脑上使用。平板电脑比智能手机更大，但同样便于携带。

智能手机和平板电脑可以通过应用程序帮助你培养健康生活方式

科技应用

自己构思一个健身或健康应用程序。描述该应用程序以及它的用法。

科学实践：最佳挑战

多领域的科学家合作研究如何帮助人们多运动，吃得更健康并坚持健康的生活方式。他们发现，要实现成功，你必须设定能提供"最佳挑战"的目标。付出努力才是关键。如果挑战太容易，则没有努力的必要——这样的挑战根本不能算是挑战。另外，如果目标太难实现，我们会失败，进而放弃，因为我们的努力似乎是没有希望的（图3.2）。

最佳挑战需要"合理的"努力。当我们成功完成最佳挑战后，我们就想进一步尝试新挑战。实际上，设置最佳挑战正是视频游戏如此流行的原因之一。随着你在游戏中的进展，你的任务越来越有难度，而这种最佳挑战让你不断地想玩下去。你在设定自己的目标时也可以用最佳挑战来助你成功。

图 3.2 有些挑战会导致无聊或失败，但最佳的挑战会带来成功

学生活动

想象你要帮助你的朋友学习一项技能，比如打网球或高尔夫球。你将如何使用最佳挑战来帮助他学习呢？

于刚开始改变的人而言。例说，假如你定下做 25 个俯卧撑的成果目标，可能因你当前的体力所限，你需要很长时间来实现这个目标，所以你会放弃。但短期的过程目标，比如两周内每天做 5 ～ 10 个俯卧撑，是你付出努力就可能实现的。因此，在实现一系列的短期过程目标后，你将最终实现长期的成果目标。

本章的"自我负责"和"自我管理"两节主要讨论体育运动和身体素质的目标设定。本书的其他章节中，你有机会学习如何为身心健康设定长期目标（成果目标）和培养健康的生活方式（过程目标）以实现身心健康。你也会学到如何设定短期目标以帮你朝着长期目标迈进。

课程回顾

1. 如何根据 SMART 规则设定目标？
2. 如何运用长期目标和短期目标制定方案？回答时请给出与健身和体育运动相关的实例。
3. 过程目标和成果目标的区别是什么？回答时请给出与健身和体育运动相关的实例。

本书有关身心健康和自我管理技能的章节介绍了美国和国际上的健康测试组合，并讲解了各测试项目的练习方法，从而让你了解如何正确做那些测试。在本节"自我评估"中，你将学到 4 项衡量肌肉适能的测试：卷腹、俯卧撑、握力测试和跳远。每项测试中，你将学到如何评价你的表现。在完成 Fitnessgram 中的所有测试后，你可以用你的得分和等级来制作 Fitnessgram 报告。对于本章中的测试，你将在老师的指导下记录你的得分和等级，以便在制定个人健身方案时作为参考。如果你和同伴一起做测试，请记住，自我评估结果是保密的个人信息，未经受测者同意，该信息不得与他人分享。

卷腹
（腹肌力量和耐力测试）

1. 请仰卧在垫子或地毯上。膝关节弯曲约 140 度角。双脚应略分开，距离臀部尽可能远，同时脚掌平放于地面上。手臂伸直，与躯干保持平行，手掌平放在垫子上。

2. 将头置于纸上。将约 11.5 厘米宽和约 1 米长的条带或硬纸板（或橡胶、塑料、胶带）置于膝盖下方，使你双手的手指刚好触碰到条带的近侧边缘。

3. 脚后跟保持在地面上，慢慢地向上卷起肩膀，手臂向前滑动，使手指滑过条带。卷起身体直至你的指尖触及条带的远侧。

4. 慢慢降低你的背部直至你的头部靠在纸上。

5. 重复上述卷腹的步骤，每 3 秒做一次。同伴可以每 3 秒发出"上—下"指令来帮助你。当你无力再做卷腹时或无法在 3 秒内做完动作时，测试结束。

6. 记录下你完成的卷腹动作的个数，然后在表 3.1 中找到你的等级并做记录。

卷腹评估腹肌的肌肉适能

表 3.1 等级表格：卷腹（完成次数）

	13 岁		14 岁		15 岁及以上	
	男性	女性	男性	女性	男性	女性
优秀体质	≥ 41	≥ 33	≥ 46	≥ 33	≥ 48	≥ 36
良好体质	21 ～ 40	18 ～ 32	24 ～ 45	18 ～ 32	24 ～ 47	18 ～ 35
边缘体质	18 ～ 20	15 ～ 17	20 ～ 23	15 ～ 17	20 ～ 23	15 ～ 17
差体质	≤ 17	≤ 14	≤ 19	≤ 14	≤ 19	≤ 14

数据以 Fitnessgram 为基础。

俯卧撑（上身力量和肌肉耐力测试）

1. 俯卧在垫子或地板上，双手（手掌朝下）放在肩部下方，手指伸展，双腿伸直。双腿略微分开，脚趾在下方折起。

2. 推起身体至手臂伸直，腿和背部保持笔直。身体从头到脚跟应呈一条直线。

3. 弯曲肘部以放下身体，直至上臂与地面平行（肘部呈 90 度角），然后推起身体直至手臂完全伸展。

4. 俯卧撑每 3 秒做一次。你可以让同伴每 3 秒发出"上—下"指令来帮助你。当你连续两次无法用正确的姿势完成俯卧撑或连续两次无法跟上节奏时，测试结束。

5. 记录下你完成的俯卧撑个数，然后在表 3.2 中找到你的等级并做记录。

俯卧撑评估上身的肌肉适能

表 3.2　等级表格：俯卧撑（完成次数）

	13 岁		14 岁		15 岁		16 岁及以上	
	男性	女性	男性	女性	男性	女性	男性	女性
优秀体质	≥ 26	≥ 16	≥ 31	≥ 16	≥ 36	≥ 16	≥ 36	≥ 16
良好体质	12～25	7～15	14～30	7～15	16～35	7～15	18～35	7～15
边缘体质	10～11	6	12～13	6	14～15	6	16～17	6
差体质	≤ 9	≤ 5	≤ 11	≤ 5	≤ 13	≤ 5	≤ 15	≤ 5

数据以 Fitnessgram 为基础。

握力测试（等长握力和臂力测试）

1. 用测力计测量等长肌力。根据手的尺寸调整测力计。

2. 尽量用力挤压测力计 2～5 秒。你的手臂应伸展，肘部几乎笔直。手臂或手不要接触身体。

3. 结果常用千克表示。

4. 每只手测试两次。记录下每只手的最高得分。将两只手的最高得分加到一起，然后将总和除以 2，得到平均分。

5. 记录下平均分，然后在表 3.3 中找到你的等级并做记录。

握力测试评估等长握力和臂力

表 3.3　等级表格：用磅表示的握力

	13 岁		14 岁		15 岁		16 岁		17 岁及以上	
	男性	女性	男性	女性	男性	女性	男性	女性	男性	女性
优秀体质	≥ 65	≥ 57	≥ 80	≥ 60	≥ 91	≥ 61	≥ 107	≥ 62	≥ 112	≥ 71
良好体质	58～64	54～56	71～79	58～59	82～90	59～60	100～106	60～61	104～111	65～70
边缘体质	52～57	50～53	63～70	55～57	74～81	56～58	93～99	57～59	97～103	59～64
差体质	≤ 51	≤ 49	≤ 62	≤ 54	≤ 73	≤ 55	≤ 92	≤ 56	≤ 96	≤ 58

等级以右手和左手最佳得分的平均分为基础。

立定跳远（腿力或爆发力测试）

1. 用遮蔽胶带或其他材料在地面画线。

2. 双脚分开与肩同宽，站立在线后。膝关节弯曲，手臂在身体前方伸直并与肩同高。

3. 向下向后甩臂，然后猛烈向前甩臂同时前跳尽可能远的距离，双腿舒展。

4. 双脚着地并保持平衡。跳远前不要跑步或单足跳。

5. 测试两次，将英寸数（1英寸等于2.54厘米）记为得分，取两次测试的最高分。然后在表3.4中找到你的等级并做记录。

立定跳远评估腿部爆发力

表 3.4　等级表格：用英寸表示的立定跳远成绩

	13岁		14岁		15岁		16岁		17岁及以上	
	男性	女性	男性	女性	男性	女性	男性	女性	男性	女性
优秀体质	≥ 73	≥ 59	≥ 80	≥ 60	≥ 85	≥ 61	≥ 88	≥ 62	≥ 91	≥ 68
良好体质	67～72	57～58	73～79	58～59	78～84	59～60	82～87	60～61	86～90	63～67
边缘体质	61～66	54～56	67～72	55～57	73～77	56～58	77～81	57～59	80～85	58～62
差体质	≤ 60	≤ 53	≤ 66	≤ 54	≤ 72	≤ 55	≤ 76	≤ 56	≤ 79	≤ 57

第 3.2 课
方案规划

课程目标

学完本课，你将能够：

1. 描述方案规划的 5 个步骤；
2. 描述个人需求表，并解释其目的；
3. 描述书面方案的内容。

课程词汇

个人生活方式规划、个人需求表、个人方案

你是否曾制作书面计划来培养健康的生活方式？如果没有，你是否想知道怎样制作优秀的计划？你可以用自我管理技能来帮助自己培养健康的生活方式。你已经学习了目标设定这一自我管理技能。本课中你将学习另一种自我管理技能——自我规划。自我规划指针对健康生活方式的各方面，如经常锻炼、健康饮食和压力管理等制定个人计划。最终你会把所有这些计划集中到一起，形成全面的个人生活方式规划。

方案规划的 5 个步骤

方案规划的 5 个步骤类似于简化的科学方法使用步骤。以下各节将对此详细讨论。

第 1 步：确定你的个人需求

制定个人计划的第一步是采集个人需求的相关信息。本书指导你对自己的身体素质、运动模式、饮食和其他健康相关方面进行自我评估。你将使用收集到的信息制作个人健康、体育运动或饮食营养的档案。个人档案将帮助你在方案规划过程中思考你的个人需求。如果你不了解自己的需求，你会很难进行方案规划接下来的步

骤，例如考虑方案选项（第 2 步）和设定目标（第 3 步）。譬如，在制作健身运动方案前，你需要评估你的健康水平和体育运动模式。制定营养规划前，你需要评估你的饮食习惯。实际上，你在改变任何生活方式之前，都应该进行相关的自我评估。

健身小知识

大约有四分之三的美国人声称他们饮食是均衡的，但青少年摄入的水果和蔬菜不到推荐摄入量的三分之一。

完成特定生活方式的自我评估后，你可以把得分和等级制成表格，称为个人需求表。在遵照本书实践期间，你将为你的每份健康生活方式规划制作个人需求表。接下来，我们以肌肉适能和肌肉健身运动为例进行讲解，以帮助你理解个人需求表的内容。

乔丹是高中新生。她的愿望是加入长曲棍球队，她觉得改善肌肉能帮助她成为更好的长曲棍球运动员。她也认为增强肌肉适能能让她更美丽。为了知晓自己的肌肉适能情况，乔丹进行了 3 项自我评估：卷腹、俯卧撑和立定跳远。她也回答了一些有关她当前的肌肉健身运动的问题。她把评估结果归纳到个人需求表中（图 3.3）。

运动的自我评估	是	否	评论
你是否每周花两三天时间做肌肉健身运动?		√	每天做10分钟的拉伸运动。
健康状况的自我评估	**分数**	**等级**	
俯卧撑	6	边缘体质	
卷腹	19	良好体质	
立定跳远	145 厘米	边缘体质	

图 3.3 乔丹的个人需求表

第 2 步：考虑你的方案选项

确定个人需求后，下一步便是考虑你的方案选项。就体育运动而言，你要确定你可以进行哪些类型的运动。乔丹对肌肉适能感兴趣，所以她使用了肌肉健身运动的清单。如图 3.4 所示，肌肉健身运动有很多种。乔丹勾选了弹力绳运动、健美操和等长收缩运动，因为她可以在家做这些运动，而且她有相关器材。她打算暂不考虑其他运动，待充分了解之后再说。

弹力绳运动		健美操		自由力量训练	抗阻器材训练		等长收缩运动
√	臂部弯曲	√	俯卧举臂	仰卧推举	仰卧推举	√	肱二头肌弯举
√	手臂下压	√	俯卧撑	肱二头肌弯举	肱二头肌弯举	√	鞠躬运动
√	立正划船	√	仰卧拱桥	哑铃划船	背阔肌下拉	√	手推
√	腿弯举	√	卷腹	坐姿法式弯举	坐姿划船	√	背部矫直
√	两腿下压	√	躯干抬升	坐姿下压	肱三头肌下压	√	伸膝
√	趾推	√	高膝慢跑	半蹲	腘绳肌弯举	√	腿弯举
		√	侧抬腿	腘绳肌弯举	提踵	√	趾推
		√	大步跳	提踵	伸膝	√	推墙
				伸膝			

图 3.4 乔丹的肌肉适能训练选项

第 3 步：设定目标

自我规划的下一步是设定 SMART 目标。乔丹回顾了写下 SMART 目标以存钱读大学的这个例子，并用 SMART 规则记下她自己的长期和短期目标（图 3.5）。她把运动目标（过程目标）当作她的短期目标，而把健康目标（成果目标）当作她的长期目标。

短期目标	长期目标
1. 每周花 3 天时间练习俯卧撑和弹力绳肱二头肌弯举	1. 能做 10 个俯卧撑
2. 每周花 3 天时间练习跳远、弹力绳腿弯举和弹力绳趾推	2. 能跳约 1.5 米远
3. 每周花 3 天时间做卷腹动作，练习腹肌	3. 能做 25 个卷腹

图 3.5 乔丹的健康和体育运动目标包括了短期目标和长期目标

明确的。乔丹在制定肌肉适能和体育运动目标时选择了明确的运动项目，设定了明确的每周练习天数。她根据自己的个人需求表做出决定。

可衡量的。由于乔丹确定了练习的周数及每周练习的天数，并在长期目标中规定了应达到的动作次数或距离长度，所以她的目标是可衡量的。

可实现的。为了使目标能够实现，乔丹制定了只针对运动（而不是健康）的短期目标。她把健康目标当作长期目标。她这样做是因为肌肉适能需要时间培养，如果把它当作短期目标，则不大可能实现。此外，她在长期目标中设定的成绩高于她当前能实现的成绩，但也不是太高。就运动目标而言，乔丹选择两周运动作为短期目标。这样一来，她首先要专注于实现短期目标，进而向着长期目标迈进。乔丹在选择运动项目和设定可实现目标时还咨询了她的体育老师。

现实的。因为乔丹有很多义务需要履行——家庭作业、家庭活动和学校活动，她限定了目标的数目（包括短期和长期目标），从而使目标的实现具有现实可行性。

及时的。乔丹还为实现她的长期目标及短期目标设定了时间跨度。因为她需要有更好的肌肉来加入长曲棍球队，她需要在选拔赛之前改善自己

的身体素质。

第 4 步：梳理方案并写下来

在第 4 步中，你要使用前三步中获得的信息来梳理你的方案。设定目标后，你就要准备详细的书面计划。学习本书过程中，你将为若干种方案制定书面计划。这些计划与乔丹的计划类似。

乔丹用表格制定她的肌肉适能运动计划。由于肌肉适能运动不能每天做，乔丹的老师帮她决定在哪些天做运动和做多少运动。她的老师也帮助她选择合适的弹力绳以便在运动中使用。乔丹根据自己的空余时间决定日常最佳锻炼时间和她最能享受锻炼的时间。她也考虑了在哪些时间锻炼不容易被打断。作为示例，乔丹的书面

选择运动项目和确定运动频率时可寻求专业人士的帮助

星期	运动项目	时间	次数	完成	
				第1周	第2周
星期一	热身（慢跑）	下午4点	5分钟	√	√
	肱二头肌弯举（用弹力绳）		3组，每组10次	√	√
	趾推（用弹力绳）		3组，每组10次	√	√
	卷腹		2组，每组15次	√	√
	跳远		3组，每组10次	√	√
星期二	热身（步行）	下午4点	5分钟	√	√
	俯卧撑		2组，每组5次	√	√
	腿弯举		3组，每组10次	√	√
星期三	热身（慢跑）	下午4点	5分钟	√	√
	肱二头肌弯举（用弹力绳）		3组，每组10次	√	√
	趾推（用弹力绳）		3组，每组10次	√	√
	卷腹		2组，每组15次	√	√
	跳远		3组，每组10次	√	√
星期四	热身（步行）	下午4点	5分钟	√	√
	俯卧撑		2组，每组5次	√	√
	腿弯举		3组，每组10次	√	√
星期五	热身（慢跑）	下午4点	5分钟	√	√
	肱二头肌弯举（用弹力绳）		3组，每组10次	√	√
	趾推（用弹力绳）		3组，每组10次	√	√
	卷腹		2组，每组15次	√	√
	跳远		3组，每组10次	√	√
星期六	热身（步行）	下午4点	5分钟	√	√
	俯卧撑		2组，每组5次	√	√
	腿弯举		3组，每组10次	√	√
星期日	不运动				

图 3.6 乔丹的两星期运动书面计划

计划见图 3.6。乔丹完成运动后，可在最后一列将当天勾选。

第5步：做记录并评估你的方案

在执行方案一段时间后（具体时间长度取决于你的目标），请对方案进行评估。你是否实现了你的目标呢？你的方案是一个好方案吗？评估后，请用方案规划步骤制作一个新的计划。

乔丹按计划锻炼身体有两星期了。她在完成运动的日期后打钩。如图 3.6 所示，她在两周内只有一天没有按计划锻炼。计划的执行是成功的。因此她决定继续执行该计划两星期，以便实现她的长期目标。她希望能在八星期内实现长期目标。

消费者建议："太好的口号不真实"

每日新闻
4 个星期
练出腹肌！

每日新闻
在沙发上减
重 30 磅！

每日新闻
每天 4 分钟，
塑造完美体形！

这些只是你在杂志、报纸、电视和网络广告中看到的五花八门的标题的冰山一角。健身和健康行业蕴藏着无限商机。不幸的是，很多公司为了赚钱而承诺用最小的努力换取最大的回报。他们通过营销活动欺骗那些想一夜成功的人。本书教你如何成为健康和健身领域中理智的消费者。请使用本节提供的技巧做出消费决定，避免成为虚假广告的受害者。

消费者指导	消费者行为
评估信息的来源	避开非专家的名人（如运动员和电影明星）发表的使用评价 使用懂得科学方法的健康、医学、营养学和运动机能学专家提供的信息 使用政府来源（如美国食品和药品管理局）和可靠的专业机构（如美国心脏协会）发布的信息 使用科学方法评估信息
质疑任何承诺速效和与本书内容不相符的声明	将声明与本书和其他可靠来源中的事实进行比对 注意：如果某条声明太好而有失真实，它很可能就不是真的
质疑任何说你要立即使用否则不再提供的"特别优惠"	避免冲动型购买。"特别优惠"之所以很快过期，是为了让你在做出理智决定之前就凭一时冲动而购买
核实推销人员或销售公司的资质	核实任何自称是专家的人是否真的是专家。他们是否持有大学学位或高级学位？他们是否经知名、合法的机构认证？在运动机能学、体育学和物理疗法领域持有大学学位的人通常能够给你提供有关运动的有益建议。此类人士同样包括美国国家体能协会认证的体能训练专家（CSCS），美国运动医学学会认证的私人教练（CPT），认证的健康和健身专家（CHFS）、认证的团体运动教练（CGEI）以及注册的临床运动生理学家（RCEP）。就营养需求而言，注册营养师（RD）完全有资格给你提供建议

运用自我规划技能

你可以运用本课中讲解的 5 步方案规划法进行自我规划——制定自己的方案。制定出个人方案后，你将越来越独立，而不再依赖别人为你做决定。

用日志记录你进行的运动，以帮助你确定目标的实现情况

课程回顾

1. 方案规划的 5 步是什么？请描述每一步骤。
2. 制作个人需求表时你需要知道哪些信息？
3. 制作个人方案时你要写下哪些信息？

⚡ 自我负责：设定目标

你可能认识一些久坐不动或吃很多不健康食品的人。在体育运动或营养摄入方面，他们可能处在生活方式改变的第 1 阶段。他们也许尝试过改变生活方式，但效果不佳，因为他们未设定有效的目标。本节重点讨论体育运动的 SMART 目标。

布克女士是一位体育老师。她注意到凯文在课堂上看起来有点精神不振。她走到他的书桌前，问道："凯文，你怎么了？你看起来有点累。"

"我还好。我今早太匆忙，没有吃早饭。"

中午，当布克女士经过自助餐厅时，她看到凯文在吃来自自动售货机中的食物作为午饭。他一个人坐在单列的一张桌子旁。

布克女士走过去，坐下，并问道："现在你感觉好些了吗？"

"好些了，但我知道我得吃得更好些。"凯文答道。

"这方面你也许得制定一个计划。记不记得我们在课堂上学习的 SMART 规则？你可以用它来设定目标。"布克女士说。凯文表示赞同，说这是个好主意。

讨论

凯文如何使用 SMART 规则设定营养摄入目标呢？他可以设定哪些有效的长期目标和短期目标呢？你认为布克女士给了凯文什么建议呢？你对凯文有什么建议呢？回答这些讨论问题时请考虑以下"自我管理"一节提供的指导。

➡ 自我管理：设定目标的技巧

你已经学习了各种目标的设定方法。现在你可以为你自己设定目标了。使用以下指导方针来思考并设定你的个人目标。

- 知道为何设定目标。出于自我改善以外的动机设定目标的人常常失败。问问你自己：这个目标为什么对我很重要？请确保你根据你自己的需求和兴趣设定目标。
- 每次选择若干个目标。学习本书过程中，你将为健身、身体健康、饮食选择、体重控制、压力管理和其他生活行为设定目标。不要一次性考虑所有这些目标，而是要一次选取若干项。试图做

得太多会导致失败。每次只选择若干个目标能助你成功。
- 使用 SMART 规则。SMART 规则帮助你设定明确的、可衡量的、可实现的、现实的和及时的目标。
- 设定长期和短期目标。SMART 规则帮助你设定长期的和短期的目标。设定短期目标时，你要专注于生活方式的良性改变，而不是结果。换言之，你要专注于过程目标。
- 把目标写下来。写下目标意味着承诺，它能增加你的成功率。参与本书指导的活动时，

你将有机会写下你的目标。

- 定期做自我评估并做记录。自我评估能帮助你设定目标并确定你是否实现了目标。让目标略高于你当前的自我评估成绩，并朝着这样的目标努力，你就能注意到你的进步。

- 奖励你自己。实现个人目标是有回报的。你要对此感觉良好，并祝贺自己取得了成功。

- 必要时修改目标。如果你发现目标太难实现，你可以修改它。与其因为未实现不现实的目标而退出，不如去修改它。

- 考虑设定维持性目标。改善并不是一定的。一旦你达到最高水平，你可以把维持当前状况当作目标。例如，勤锻炼的健康人士不能永远改善健康。有时候要适可而止，而按计划定期锻炼以维持健康则是比较合理的目标。同样地，你实现了健康饮食目标后，维持健康的饮食方式则是合理的目标。

⊞ 学术关联：助记符和首字母缩略词

本章前面部分讲解了"助记符"和"首字母缩略词"的含义。SMART 就是一种助记符，或称记忆辅助工具，帮助你记住设定目标的 5 大原则。SMART 也是一个首字母缩略词，因为它的每一个字母都是目标设定指导原则的首字母。FIT 也是一个有用的助记符和首字母缩略词，它指代体育运动的频率（Frequency）、强度（Intensity）和时间（Time）。你选定某种体育运动后，就需要记住这些信息。

健康机构通常用首字母缩略词表示。比如，大多数人都知道 AMA 代指美国医学会（American Medical Association）。AMA 并没有提倡使用这个缩略词，但人们经常用它。由于 AMA 不像 SMART 和 FIT 那样具有单独的含义，所以它不是助记符。

并非所有的助记符都是首字母缩略词。除首字母缩略词外，诗词、韵文、歌曲、清单和其他文体都可用作助记符。比如，我们可以用韵文助记符来记忆每个月的天数："九月、四月、六月、十一月是 30 天的月"（"Thirty days have September, April, June, and November"）。小孩子也用字母歌学习字母表。你在学习健康和健身的过程中，也可以发明自己的助记符和缩略词来帮助记住重要信息。

游泳队的游泳运动员用缩略词 TEAM（众人拾柴火焰高，Together Everyone Achieves More）来鼓励自己朝目标奋进

运动回路（Exercise Circuit）由多个站点组成，每个站点代表一种运动。通常你从一个站点前往下一个站点而不停留。运动回路很流行，因为它们包括多种运动，让健身过程更有趣。设计回路时可以侧重于健康相关的或技能相关的身体素质，而回路健身可在多种场合进行——室内和室外、在家和在其他地方。此外，回路健身不需要很多器材，但你可以在运动时听听喜欢的音乐。采取实际行动来设计并运用健身回路。以下是一些建议。

- 进入回路前，做动态热身练习。
- 设计各个站点，分别锻炼身体各部分：下身、躯干、上身。
- 锻炼身体相同部位的两个站点不要排在一起。
- 按自己的步调不断前行，在每个站点保持运动状态，并连续地从一个站点行进至下一个站点。
- 在每个站点用正确的技术锻炼；如果因疲倦而失败，则休息一会儿。
- 完成回路后，进行放松练习。

运动回路是包括若干站点的多种运动

概念和词汇回顾

在老师的指导下解答 1 至 5 题。用词汇或短语填写句子的空白。

1. 表示有效目标特征的缩略词是_____。

2. 两周内，每周 3 天做若干种运动，这是_____（短期/长期）目标。

3. 未来两个月内每天步行 30 分钟，这是_____（短期/长期）目标。

4. 要能在 6 分钟内跑 1 英里（约 1.6 千米）（或 4 分钟内跑 1 千米），这是_____目标。

5. 每周花 3 天做柔韧性运动，这是_____目标。

在老师的指导下解答 6 至 10 题。将第 1 列中的每一项与第 2 列中合适的短语配对。

6. 第 1 步　　　　　a. 设定目标

7. 第 2 步　　　　　b. 考虑方案选项

8. 第 3 步　　　　　c. 梳理方案

9. 第 4 步　　　　　d. 确定个人需求

10. 第 5 步　　　　　e. 评估方案

在老师的指导下解答 11 至 15 题。对每条陈述或问题进行回答。

11. 对肌肉适能进行评估和评级的测试方法有哪些？

12. 请描述设定 SMART 目标的 5 条规则。

13. 请描述方案规划的 5 步。

14. 什么是运动回路？它们对保持良好的运动习惯有什么作用？

15. 设定目标时的自我管理有哪些指导方针？

批判性思考

用一段话回答以下问题。

最佳挑战这一理念对于目标设定有何重要性？回答时请举例论证。

项目

假设你在 12 月受雇成为健康咨询师。你需要帮助顾客计划在新的一年里吃得更好和勤锻炼。请制作一个简单的小册子，列出你的建议，告诉他们如何制定有效的新年计划。

第 II 单元

培养和保持健身习惯

●●●●●●●●●●●●●●●●●●●●

"健康国民 2020"目标

- 增加达到国家体育运动体质健康标准的青少年所占的比例
- 在青少年中普及有氧运动
- 降低在业余时间不做运动的人群比例
- 增加青少年日常体育活动和课外体育教育
- 将青少年的计算机使用时间降低至每天 2 小时以下
- 多组织步行和骑行活动
- 帮助人们过高质量的生活，预防疾病、外伤和早逝，增加寿命
- 降低心脏病、中风、癌症、糖尿病、高血压、骨质疏松症和背部疾病的发病率
- 增加了解风险因素的人群比例

本单元的"自我评估"章节

- 体成分和柔韧性
- PACER 和躯干抬升
- 评估与技能相关的身体素质

本单元的"自我负责"章节

- 减少风险因素
- 学习自我监督
- 改善运动表现

本单元的"自我管理"章节

- 减少风险因素的技巧
- 学习自我监督的技巧
- 改善运动表现的技巧

本单元的"实际行动"章节

- 健康步行
- 运动金字塔回路
- 安全运动回路

4

体育运动入门

第 4.1 课
安全和明智的体育运动

课程目标

学完本课，你将能够：
1. 描述医学适应能力并说明如何对其进行评估；
2. 说明环境如何影响体育运动；
3. 描述在正常环境中运动前适当着装的步骤。

课程词汇

空气质量指数、分级运动测试、酷热指数、湿度、体温过高、体温过低、体育运动适应能力问卷（PAR-Q）、风寒系数

你是否做好了勤锻炼的准备呢？无论你是新手还是已经锻炼一段时间了，你都得知道如何在各种情况下安全地锻炼。如果你是新手，第一步是在身体上和医学上进行适应。作为年轻人，你也许在身体适应和医学适应方面不存在任何问题，但你要回答一些关于你自己的简单问题以保证万无一失。你还得为多种环境条件做好准备——冷、热、污染和高海拔，这些环境条件可能会迫使你改变运动习惯。本课主要学习体育运动的准备工作。

医学适应能力

你是否曾在体育运动中受过伤？你是否知道如何做好运动前准备以安全地运动和避免受伤？按计划有规律地进行体育运动之前，你应当先对你的医学和身体适应能力进行评估。为此，专家们制作了一份共含 7 项内容的问卷——体育运动适应能力问卷（PAR-Q）。如果你对 7 个问题中的任何一个回答"是"，你最好先咨询医生，然后再考虑开始或继续执行运动方案。你可以从老师那里获取一份问卷。你也可以将你的 PAR-Q 拿给你的父母或其他亲近的成年人看。当然，你在准备运动时要考虑你当前的健康问题。比如，有的人患有短期疾病如感冒或流感，他们的运动计划就要做相应调整。而患有慢性疾病如哮喘的人必须根据医嘱来调整自己的运动计划。年长的人在运动时面临更多的风险。你可以让你亲近的年长成年人在执行运动方案前回答 PAR-Q 问题。

至于你自己，如果你要参与校际竞技运动或类似强度的其他运动，例如社区竞技运动或其他剧烈运动，你可能需要做医学检查。医学检查可以确认你没有疾病，并能帮助你预防未来的健康问题。你也应该回答老师提供的竞技运动适应能力问卷中的问题。

在以后的生活中，你可能需要做分级运动测试。该测试在健康专家指导下进行，有时称为运动负荷测试，在跑步机上进行，可帮助识别高健康风险人士，比如心脏病患者（图 4.1）。这种测试比较昂贵，并非对每个人都是必要的。健康专家可以用筛选法确定它是否适合你。甚至是看起来健康的运动员都可能面临风险，尽管年轻运动员的风险较小。不过，曾经有杰出的跑步运动员、棒球选手和足球选手

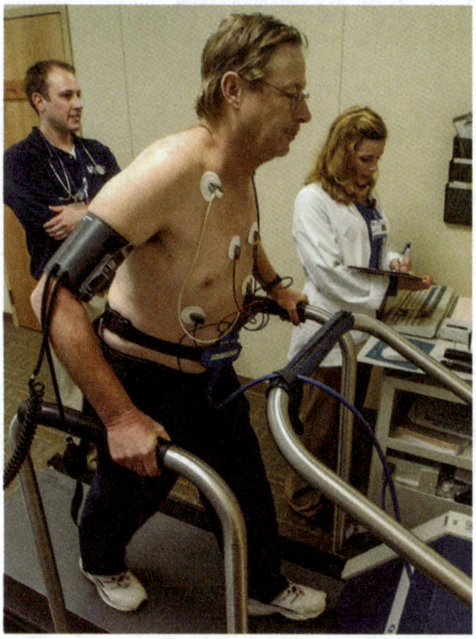

极端环境条件适应能力

环境条件对于确定你运动的时间和强度而言相当重要。无论你是刚刚开始执行体育运动方案计划，还是已经运动了一段时间，你必须了解在你运动时环境条件对你身体的影响。你的身体可以适应冷、热、海拔和空气质量等环境因素。这种适应能力使长时间暴露于某种环境中的人在这种环境中的机能运行比刚刚暴露于这种环境中的人更好。这节课指导你适应天气和其他环境因素，以预防受伤和出现健康问题。所有人都应当遵从这些指导，尤其是刚开始运动的人和刚进入某种环境中的人。

图 4.1 分级运动测试可用于筛选存在风险因素的成年人

在被认为健康的情况下死于心脏病，这种情况在年长的运动员中更为常见。比如，职业足球选手盖恩斯·亚当斯在 2010 年意外死于一种未被发现的心脏疾病。著名跑步运动员和作家吉姆·菲克斯死于心脏病，而他如果进行了分级运动测试，他的心脏病是可以早日发现的。除非医生在医学筛选后提出建议，否则大多数年轻人都不会进行这种测试。

暖湿热天气

在高温和湿润天气条件下运动时应特别小心，因为这种天气会让你的体温升得过高——称为"体温过高"或"过热"。运动使体温上升时，你开始出汗。随着汗液的蒸发，你的身体体温渐渐降下来。但如果湿度过高，蒸发对身体的冷却作用便会下降，因而更可能发生体温过高。体温过高会导致 3 种主要疾病，如表 4.1 所示。

表 4.1 热相关疾病

疾病	定义
中暑性痉挛	因过度的热暴露和水分摄入不足导致的肌肉痉挛
中暑衰竭	因过度的热暴露导致的疾病，以皮肤苍白、皮肤湿黏、大量出汗、虚弱、疲劳、恶心、头晕、肌肉痉挛和可能的呕吐、昏厥为特征。体温可能正常或略高于正常值
中暑	因过度的热暴露导致的疾病，以高体温（最高 41℃）、皮肤干热发红、脉搏增快、少汗、头晕和可能的意识丧失为特征。严重状况可导致死亡，需立即进行医疗干预

科学实践：科学让运动更安全

在 20 世纪 50 年代，心脏病患者被建议卧床数月，避免运动。当时，像这样的错误观念很常见。比如，有的运动员被告知在运动时不要喝水，因为水会把他们"浸透"从而影响他们发挥。如今，科学水平已经取得了很大进步。科学家们研究医学、营养学和运动机能学，他们的科学发现让运动变得更安全、更高效。以下是科学实践的两个例子。

· 运动生理学家与医生一起研究出了心脏康复计划。他们发现，在心脏病发作后按科学的计划做运动会比卧床更好。在心脏康复计划中，心脏病患者在由美国运动医学学会批准的注册临床运动生理学家的看护下参加运动项目。运动生理学家与医师一同为患者制定有效的康复计划。运动生理学家也负责研发心脏病筛查所用的多种测试，例如本章前面描述的分级运动测试。

· 营养科学家与运动生理学家一起研发了运动饮料，以帮助人们抵御热相关疾病。这类饮料含有电解质，它帮助人体保持体液。饮料中还含有有限量的糖类，这对长时间运动的人有帮助。科学家进行了多项研究以找出合适的原料组合。

学生活动
请举出一种与健身或健康相关的、近期以新科学发现为基础研发的产品或计划。

健身小知识
词缀"hyper"指过多或过度，"thermia"指热量，所以体温过高（hyperthermia）指热量过多。反之，"hypo"指太少或少于正常值，所以体温过低（hypothermia）指热量过少。

运用如下指导方针来预防和应对热相关的疾病。

· 缓慢开始。你的身体习惯适应于热天做运动时，它就更能抵御热相关疾病。从短时间的运动开始，逐渐增加运动的时长。

· 多喝水。炎热天气中，你的身体为了降温，出汗会比平时更多。为补偿身体出汗失去的水分，你需要在运动前和运动后大量饮水。

· 穿合适的衣服。多孔的衣服比较透气，可以给身体降温。也请穿着浅色服装，因为浅色反射太阳热量，而深色吸收太阳热量。能带走水分并让你更凉爽的纤维材料制成的衣服也是很好的选择。

· 常休息。体育运动产生体热。定期停下来在阴凉处休息，从而让身体降温。

· 避免极热和极湿天气。你可以用图 4.2 的热指数表来确定环境是否太热和太湿而不适合运动。如果热指数过高，你应当推迟或取消运动。仅当你完全适应炎热环境并遵从所有基本指导方针时，你才可以在温度处于警告区间时做运动。适应环境条件所需时间因人而异。

- 如果出现热相关的状况，请离开炎热环境让体温下降。寻找荫凉地，用湿毛巾冷敷，往身上洒水并饮水。如果出现中暑，请找医生。

寒冷、多风和潮湿天气

在寒冷、多风和潮湿天气条件下运动也是很危险的。过冷天气可能导致体温过低或极低的情况出现。体温过低往往伴随颤抖、麻木、困倦、肌

在炎热天气中运动时，请穿着浅色衣服并多喝水以冷却身体

肉无力、思维不清或定向障碍。极冷环境可能导致冻疮，即身体某部位被冻坏。冻疮患者不会感到疼痛，因而它更加危险。在寒冷、多风和潮湿天

气中锻炼身体时请遵从以下指导。

- 避免极冷天气和大风。开始运动前，请根据图 4.3 确定风寒系数。在气温低和多风的环境中锻炼是非常危险的，因为这种天气下的空气感觉会更冷。风寒系数表给出了皮肤暴露于各种风寒条件下出现冻疮所需的时间。专家认为，如果冻疮时间小于等于 30 分钟，就应当推迟运动。如果在风寒系数高时进行锻炼，一定要穿着适当的衣服，并注意冻疮的症状：

  皮肤变成白色或灰黄色，看起来有光泽；
  早期可能有疼痛，但随后疼痛消退，但常常失去感觉，不会有疼痛；
  水疱可能在过后出现；
  受影响部位感觉极冷和麻木。

- 正确着装。穿数层轻质衣物，而不是一件重的夹克或上衣。贴身的衣物（最底层）可以带走水分，让身体保持温暖和干燥。丝绸和用合成纤维特制的毛细材料如 Polartec 比较适合贴

热指数

随着湿度的增加，体感温度会高于实际温度。
本图表指出了体感温度随湿度增加的变化。

图例：预警区间；危险区间

相对湿度（%） \ 气温（℉）	70	75	80	85	90	95	100	105	110	115	120
100	72	80	91	108	132						
90	71	79	88	102	122						
80	71	78	97	113	136						
70	70	77	85	93	106	124	144				
60	70	76	82	90	100	114	132	149			
50	69	75	81	88	96	107	120	135	150		
40	68	74	79	86	93	101	110	123	137	151	
30	67	73	78	84	90	96	104	113	123	135	148
20	66	72	77	82	87	93	99	105	112	120	130
10	65	70	75	80	85	90	95	100	105	111	116
0	64	69	73	78	83	87	91	95	99	103	107

图 4.2　热指数表

温度（°F）

风速（mph）	30	25	20	15	10	5	0	−5	−10	−15	−20	−25
5	25	19	13	7	1	−5	−11	−16	−22	−28	−34	−40
10	21	15	9	3	−4	−10	−16	−22	−28	−35	−41	−47
15	19	13	6	0	−7	−13	−19	−26	−32	−39	−45	−51
20	17	11	4	−2	−9	−15	−22	−29	−35	−42	−48	−55
25	16	9	3	−4	−11	−17	−24	−31	−37	−44	−51	−58
30	15	8	1	−5	−12	−19	−26	−33	−39	−46	−53	−60
35	14	7	0	−7	−14	−21	−27	−34	−41	−48	−55	−62
40	13	6	−1	−8	−15	−22	−29	−36	−43	−50	−57	−64
45	12	5	−2	−9	−16	−23	−30	−37	−44	−51	−58	−65
50	12	4	−3	−10	−17	−24	−31	−38	−45	−52	−60	−67
55	11	4	−3	−11	−18	−25	−32	−39	−46	−54	−61	−68
60	10	3	−4	−11	−19	−26	−33	−40	−48	−55	−62	−69

冻疮在 30 分钟以内出现

图 4.3 风寒表

身穿。棉布则不适合，因为它会变湿而且不容易干。第二层衣物则称为隔热层。该层也帮助保持身体热量，但也能带走水分。聚酯羊毛和普通羊毛比较适合这层。外层主要用于防风和防湿（雨、雪），但也得让热量和水分得以释放。因此，不推荐穿塑料、橡胶或其他不透气材料制成的夹克衫。用透气合成纤维制成的夹克（如戈尔特斯面料）比较合适。带拉链的夹克衫使你能够调节身体保持和释放的热量。内层可以穿一件高领的。如有必要，可戴针织帽、滑雪面罩和连指手套（它们对手的保温效果比一般手套更好）。

健身小知识

近来，健康科学家在沿用多年的风寒系数系统中发现了不准确因素。风的重要性被高估了。加拿大的专家在美国科学家的帮助下开发了新的规则，并据此制作了如图 4.3 所示的风寒表。

· 避免在冰冷、寒冷和潮湿的天气中运动。这些天气状况会引发特殊的问题。你的鞋、袜和裤腿会打湿，这会增加你脚部受伤和跌倒的风险。

污染和海拔

体育运动的有效性和安全性还会受到除天气以外因素的影响，如大气污染和海拔。大气污染会影响你的呼吸能力。专家们确定了有损健康的污染水平（臭氧和微粒物质）。污染水平用空气质量指数来衡量，可分为从优质到极为有害的各等级。大气污染处于高水平时，你在收音机、电视和可靠网站上都可以收到警告信息。此时应避免室外运动。

高海拔居民在高海拔地区锻炼不会遇到太大困难，但低海拔居民在高海拔地区运动时可能会难以适应。身体需要时间适应，即使非常健康的人也是一样。因此，如果你在比平常练习更高的海拔区域做运动（如滑雪时），你得调整运动的强度，直至你的身体能够适应。

一般适应能力：运动着装须知

如前文所述，特殊的环境条件，比如过热和过冷，对运动着装有着特殊要求。但即使在正常环境中，你的着装方式也决定着你的舒适和愉悦程度。在着装时请注意以下原则。

· 根据环境条件穿戴舒适和合适的衣物。前文中已提供冷天与热天的穿衣指导。除遵守这些指导外，穿舒适的衣服会让锻炼过程更愉悦。

· 使用防晒液或穿戴防晒衣物。这样做可以保护你的皮肤不被紫外线伤害。

· 经常洗涤运动服。干净的衣服穿起来会比脏衣服更舒服，而且也能降低真菌滋生和感染的风险。

· 户外运动时穿多层衣服。运动时身体发热，你便可以脱去一些衣服，凉快后可再次穿上。

· 穿合适的袜子。吸水纤维已用于制造袜子和其他衣物（见"健身科技"一节）。用这些纤维制作的袜子可降低脚部湿度并预防水疱。用棉花或其他传统纤维制成的袜子可起到衬垫作用，但对脚部干燥并无明显效果。

· 穿合适的鞋子。大多数人可以

穿多用途训练鞋或运动鞋。但如果你打算做特别的运动，你最好穿这种运动的专门鞋子。买鞋前先试穿。试穿时请穿着你平常穿的袜子并走动一圈，看看感觉如何。鞋不能太重，因为额外的重量会让运动更累。避免不透气的乙烯基或塑料鞋。鞋的透气性会给你的脚降温。纤维制成的新式鞋作为布鞋和皮鞋（具有一定的透气性）的替代品，可带走过多的水分，有效保持脚部干燥。买鞋之前，请考虑图4.4中的有关特性。

· 考虑使用系带式护踝。护踝可防止踝部受伤，特别是在包含快速转向的运动中，例如篮球运动和壁球运动。研究表明，系带式护踝可减少有脚踝伤病史的运动员再次受伤的可能。在脚踝受伤率较高的运动中，有的运动员喜欢选用高帮鞋。

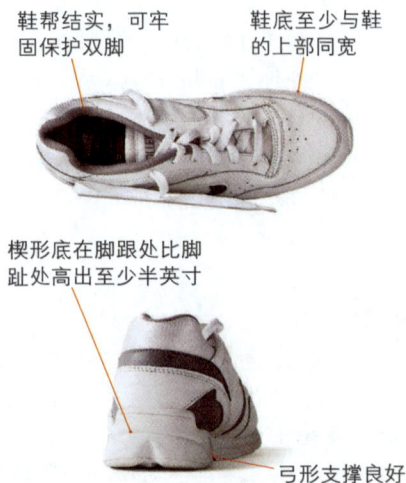

鞋帮结实，可牢固保护双脚　　鞋底至少与鞋的上部同宽

楔形底在脚跟处比脚趾处高出至少半英寸

弓形支撑良好

图4.4 合适鞋子的特征

健身科技：高科技运动服

现代科技生产出非常适于在冷天和热天运动的服装。根据前文的冷天及热天运动指导建议，由特殊合成纤维制成的衣物可带走体表的水分，让身体保持凉爽（如酷美适）或温暖（如 Polartec）。此类衣服在市面上都可以买到。吸水纤维制成的衣物可改善你在热天和冷天的运动表现。合成材料（如戈尔特斯）制成的夹克可防风，但也允许热量释放出来。这类衣服也可用作冷天的外层衣着。上述合成纤维的功能因设计而异。

穿特制服装对于在冷天和热天里运动会有帮助

科技应用

请调查研究一种用于制作热天和冷天所穿运动服的合成纤维。该合成纤维具有什么特征？

一般准备工作的其他指导建议

本章讲解了医学适应能力、影响运动的环境因素以及合适的运动着装。以下是一些其他步骤，可让你的运动过程更为安全、有效。

· 先让身体保持健康，再运动。我们都知道做运动是为了让身体健康，但你要做运动而不受伤，你的健康状况得足够好。开始执行新的运动方案时，应循序渐进。随着健康状况的提升，你可以做得更多。安全的运动依赖于良好的与健康相关的身体素质。

· 运动前应热身。科学家近期发现，不同类型的运动需要不同类型的热身准备。学习本书期间，你将根据你打算进行的运动来尝试多种热身活动。

· 运动后应放松。放松练习帮助你从运动中恢复。

课程回顾

1. 你可以采取哪些步骤来确保自己具备足够的医学"准备"以参与体育运动和比赛？
2. 可能使运动不健康或不安全的环境因素有哪些？
3. 在正常环境中，体育运动的正确着装指导建议是什么？

自我评估：体成分和柔韧性

在本评估中，你将进行两项测试：体重指数（BMI）和坐位体前屈测试。BMI 是体成分的指标，而坐位体前屈衡量下背部和股后肌群（大腿后部肌肉）的柔韧性。如果你尚未进行这两项测试，请先练习如何做，然后再测试以获得分数。过后你将有机会做体成分和柔韧性的其他自我评估。就这两项测试而言，请按照老师的指导记下你的分数和等级。你可以使用测试结果制作 Fitnessgram 报告或其他健康报告，以及你的个人健身计划。如果你和同伴一起进行测试，请记住，自我评估结果是机密的私人信息。未经受测者允许，不可以将该信息与他人分享。

体重指数

1. 不穿鞋的情况下，以米为单位测量你的身高。

2. 不穿鞋的情况下，以磅（或千克）为单位测量你的体重。如果你穿着休闲服装（而不是轻质的健身服），请从测得的体重中减去 0.9 千克。

3. 使用下表或以下公式之一计算 BMI。

$$\frac{\text{体重（磅）}}{\text{身高（英寸）} \times \text{身高（英寸）}} \times 703 = BMI$$

$$\frac{\text{体重（千克）}}{\text{身高（米）} \times \text{身高（米）}} = BMI$$

4. 从表 4.2 中找到你的 BMI 等级，然后记录下你的 BMI 分数和等级。

身高

	90	95	100	105	110	115	120	125	130	135	140	145	150	155	160	165	170	175	180	185	190	195	200	205	210	215	220	225	230	235	240	245	250
4'6"	25	25	26	26	27	28	29	30	31	32	34	35	36	37	39	40	41	42	43	45	46	47	48	49	51	52	53	54	56	57	58	59	60
4'7"	24	24	25	25	26	27	28	29	30	31	32	34	35	36	37	38	39	40	41	43	45	46	47	48	49	50	51	52	54	55	56	57	58
4'8"	23	23	24	24	25	26	27	28	29	30	31	32	34	35	36	37	38	39	40	42	43	44	45	46	47	48	49	50	52	53	54	55	56
4'9"	22	22	23	23	24	25	26	27	28	29	30	31	32	34	35	36	37	38	39	40	42	43	44	45	46	47	48	49	50	52	53	54
4'10"	21	22	22	23	23	24	25	26	27	28	29	30	31	32	33	34	35	36	37	39	40	41	42	43	44	45	46	47	48	49	50	51	52
4'11"	20	21	21	22	22	23	24	25	26	27	28	29	30	31	32	33	34	35	36	37	38	39	40	41	42	43	45	46	47	48	49	50	
5'0"	19	20	20	21	21	22	23	24	25	26	27	28	29	30	31	32	33	34	35	36	37	38	39	40	41	42	43	44	45	46	47	48	49
5'1"	18	19	19	20	21	22	23	24	25	26	26	27	28	29	30	31	32	33	34	35	36	37	38	39	40	41	42	43	43	44	45	46	47
5'2"	18	18	18	19	20	21	22	23	24	25	26	27	28	29	30	31	32	33	34	35	36	37	37	38	39	40	41	42	43	44	44	45	
5'3"	17	18	18	19	19	20	21	22	23	24	25	26	27	28	28	29	30	31	32	33	34	35	35	36	37	38	39	40	41	42	43	43	44
5'4"	17	17	17	18	19	20	21	21	22	23	24	25	26	27	27	28	29	30	31	32	33	33	34	35	36	37	38	39	40	41	42	43	
5'5"	16	17	17	18	18	19	20	21	22	22	23	24	25	26	27	28	28	29	30	31	32	32	33	34	35	36	37	38	39	40	41	42	
5'6"	15	16	16	17	18	18	19	20	21	21	22	23	24	25	26	26	27	28	29	30	31	31	32	33	34	35	36	36	37	38	39	40	40
5'7"	15	15	16	16	17	18	19	20	20	21	22	23	24	24	25	26	27	28	28	29	30	31	31	32	33	34	34	35	36	37	38	38	39
5'8"	14	15	15	16	17	17	18	19	20	20	21	22	23	24	24	25	26	27	28	28	29	30	31	31	32	33	34	34	35	36	36	37	
5'9"	14	15	15	16	16	17	18	18	19	20	21	22	22	23	24	25	25	26	27	28	29	29	30	31	32	32	33	34	35	35	36	37	
5'10"	13	14	14	15	16	16	17	18	18	19	20	21	22	22	23	24	25	25	26	27	27	28	29	30	30	31	32	32	33	34	34	35	36
5'11"	13	14	14	15	15	16	17	17	18	19	20	20	21	22	22	23	24	25	25	26	27	28	28	29	30	31	31	32	33	33	34	35	
6'0"	13	13	14	15	15	16	17	18	18	19	20	21	22	22	23	24	24	25	26	27	28	28	29	30	31	31	32	33	33	34			
6'1"	12	13	13	14	15	16	16	17	18	18	19	20	21	22	22	23	24	25	26	27	28	28	29	30	31	32	32	33					
6'2"	12	12	13	14	14	15	16	16	17	18	19	20	20	21	22	22	23	24	25	26	27	28	28	29	30	30	31	32					
6'3"	11	12	12	13	14	14	15	16	17	17	18	19	20	20	21	22	23	24	25	26	27	27	28	29	30	30	31						
6'4"	11	12	12	13	13	14	15	15	16	17	18	19	19	20	21	21	22	23	24	25	26	27	27	28	29	30	30						

体重

BMI 计算表。从左列中找到你的身高，从底行中找到你的体重（单位为磅）。你选定行列交叉处的数值即为你的 BMI 分数

表 4.2　等级表：BMI 指数

	13 岁		14 岁		15 岁		16 岁		17 岁		18 岁	
	男	女	男	女	男	女	男	女	男	女	男	女
非常瘦	≤ 15.4	≤ 15.3	≤ 16.0	≤ 15.8	≤ 16.5	≤ 16.3	≤ 17.1	≤ 16.8	≤ 17.7	≤ 17.2	≤ 18.2	≤ 17.5
良好体质	15.5～21.3	15.4～22.0	16.1～22.1	15.9～22.8	16.6～22.9	16.4～23.5	17.2～23.7	16.9～24.1	17.8～24.4	17.3～24.6	18.3～25.1	17.6～25.1
边缘体质	21.4～23.5	22.1～23.7	22.2～24.4	22.9～24.5	23.0～25.2	23.6～25.3	23.8～25.9	24.2～26.0	24.5～26.6	24.7～27.6	25.2～27.4	25.2～27.1
差体质	≥ 23.6	≥ 23.8	≥ 24.5	≥ 24.6	≥ 25.3	≥ 25.4	≥ 26.0	≥ 26.1	≥ 26.7	≥ 27.7	≥ 27.5	≥ 27.2

数据以 Fitnessgram 为基础。

坐位体前屈

1. 将码尺或米尺等量尺置于 30 厘米高的箱子上，量尺伸出箱外 23 厘米，低刻度朝向你自己。你也可以直接使用柔韧性测试箱（如有）。

2. 测量右腿柔韧性时，需将右腿完全伸展，将右脚平贴于箱上。左腿弯曲，膝盖向外，左脚距伸直的右腿侧面 5～8 厘米。

3. 手臂前伸于量尺上方，将手置于量尺上，一只手放在另一只手上面，手掌向下。两手中指相接触，中指指尖刚好重叠。

4. 身体缓慢前倾，不可回弹。手臂和手指往前伸，然后缓慢回到起始位置。重复 4 次。第 4 次保持姿势 3 秒并观察指尖下量尺的刻度值。

5. 用左腿重复上述动作。

6. 记录下最接近的英寸数作为你的分数（1 英寸等于 2.54 厘米）。参见表 4.3 以确定你身体每侧的健康等级。

坐位体前屈用于评估柔韧性

表 4.3　等级表：坐位体前屈（英寸）

	13 或 14 岁		15 岁及以上	
	男性	女性	男性	女性
优秀体质	≥ 10	≥ 12	≥ 10	≥ 14
良好体质	8～9	10～11	8～9	12～13
边缘体质	6～7	8～9	6～7	10～11
差体质	≤ 5	≤ 7	≤ 5	≤ 9

数据以 Fitnessgram 为基础。

身心健康的益处

课程目标

学完本课，你将能够：

1. 举例论证体育运动和运动不足病的关系；
2. 列举出体育运动对身心健康的益处；
3. 举例论证体育运动和运动过度病的关系。

课程词汇

运动神经官能症、动脉粥样硬化、血压、心血管疾病（CVD）、冠状动脉疾病（CAD）、糖尿病、舒张压、饮食失调、心肌梗死、运动过度病、高血压、代谢综合征、骨质疏松症、骨峰值、风险因素、中风、收缩压

你有没有想过为什么现在很多人的寿命是几百年前多数人寿命的两倍？你是否知道当今人们死亡的主要原因是什么？你是否明白体育运动和营养对长寿和高质量生活起着哪些作用？

1900 年前，在美国和其他发达国家，人们死亡的主要原因是肺炎，而且其他细菌和病毒所致的感染也是常见的死亡原因。对于上述很多疾病，科学家已经找到治疗方法或疫苗，因此，对于可享受到现代医疗保健的人来说，它们不再是主要的健康问题。当今的主要健康威胁是运动不足的相关疾病，它们部分由久坐不动的生活方式所导致。心脏病、癌症和中风都属于此类疾病。本课中，你将学习体育运动为何能降低运动不足病的风险并增进个人的身心健康。合理的营养摄入也能带来相似益处。

运动不足的相关疾病

美国人因久坐不动的生活方式每年在医疗保健领域的开支加上生产力的损失高达数十亿美元。更令人担忧的是，每年有数千人因不运动而早逝。美国外科医生总会、美国心脏协会等主要健康机构发布的报告显示，在美国社会，定期的体育运动是人们减少疾病和增进健康的最佳方法。美国运动医学学会列出了定期锻炼身体的 27 项健康益处。有时候，青少年们会认为这些统计数据和他们没有关系，他们认为只有老年人才会患病，但你随后就会看到，很多运动不足疾病在青少年中盛行，而很多青少年的运动量不足以抵御这些疾病。

心血管疾病

自 1920 年以来，心血管疾病（CVD）一直是美国人的主要死亡原因。实际上，心血管疾病是美国一半以上死亡病例的主要原因或促成原因。当前有约四分之一的美国人至少患有一种心血管疾病。

心血管疾病有很多种，冠状动脉疾病（CAD）便是其一。冠状指与心脏相关，而动脉是一种血管。你的心脏是一块泵送血液的肌肉，而你的动脉是将血液从心脏送往全身各处的管道。当动脉堵塞时，便会发生冠状动脉疾病。它具体称为动脉粥样硬化，即含脂肪物质如胆固醇在动脉

内壁上积聚。这种积聚使动脉开口变得狭窄，因而心脏需更费力地泵送血液。图4.5对比了畅通动脉和部分堵塞的动脉。动脉粥样硬化通常随年龄增长而发生，但也可能在生命早期阶段出现。

当心脏内的血液供应严重减少或中断时会引起心肌梗死。它会导致心脏部分区域的死亡。心脏病发作的主要原因包括动脉粥样硬化、狭窄动脉中的血块、动脉肌肉痉挛或上述多种情况的组合。当心肌梗死时，心脏出现异常跳动，甚至停止跳动。此时，可用稳定心跳的药物治疗，或进行心肺复苏（CPR）以恢复氧的循环。

中风是另一种心血管疾病，它是美国和其他发达国家居民早逝的第三大原因。中风指脑供氧严重减少或中断，其原因包括给脑供血的动脉爆裂、被血块堵塞或发生粥样硬化。由于中风损伤大脑，它可能会影响人行动、思考和说话的能力。有的中风病例非常严重，导致人死亡。

高血压是心血管病的主要风险因素之一。每次你心脏跳动时，它迫使血液进入动脉和挤压动脉壁。这种挤压力称为血压。医生检查血压时会看两个读数。心脏跳动后动脉中立即产生的血压称为收缩压，而就在心脏下一次跳动之前动脉中的血压称为舒张压。收缩压高于舒张压。

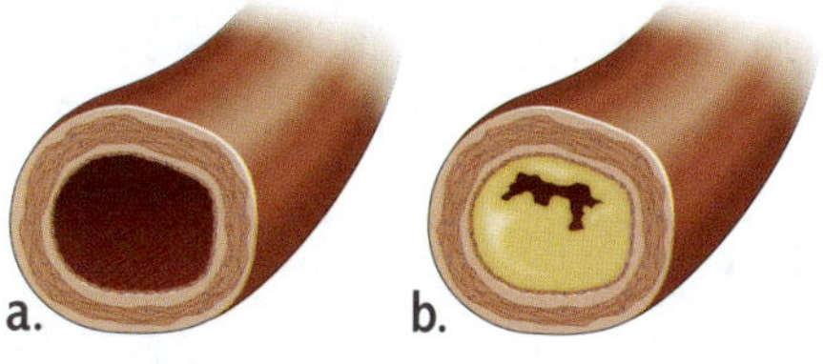

健身小知识

体外自动除颤器（AED）是一种用于恢复心脏病发作患者的正常心跳的电子器械。体外自动除颤器可在机场和其他公共场所买到。因为其自动化性能，该器械可由未受训练者使用。

表4.4给出了正常的血压值。该表也列出了高血压前期的血压范围，它是一个新概念，指高于正常值但不足以视为高血压的血压范围。处于高血压前期的人应该采取预防措施以避免血压继续升高。高血压的发展共有3个阶段。第1阶段最轻微，而第3阶段最严重。你在量血压时应处于休息状态并保持放松。如果你刚做完运动就量血压，测得的血压值会比实际更高。而且当你兴奋或焦虑时，你的血压常常会处于较高水平。因为医药水平的进步和早期筛查，近年来高血压的发病率有所下降。高血压是一种运动不足疾病，所以定期的体育运动也可以降低其发病率。健康的低钠饮食也有助于预防高血压。

勤锻炼的人更容易防止动脉粥样硬化，而且一般是健康的。勤锻炼的人的大脑、肌肉和器官中的动脉也会是健康的。他们拥有强壮的心肌，可以将足量的血液泵送到全身；他们拥有健康的血液，其脂肪（如胆固醇）含量低；而且

图4.5 a. 健康心脏的动脉是通畅的；b. 不健康心脏的动脉堵塞，可能导致心脏病发作

表4.4 血压读数

	正常	高血压前期	第1阶段	第2阶段	第3阶段
收缩压	≤ 119	120～139	140～159	160～179	≥ 180
舒张压	≤ 79	80～89	90～99	100～109	≥ 110

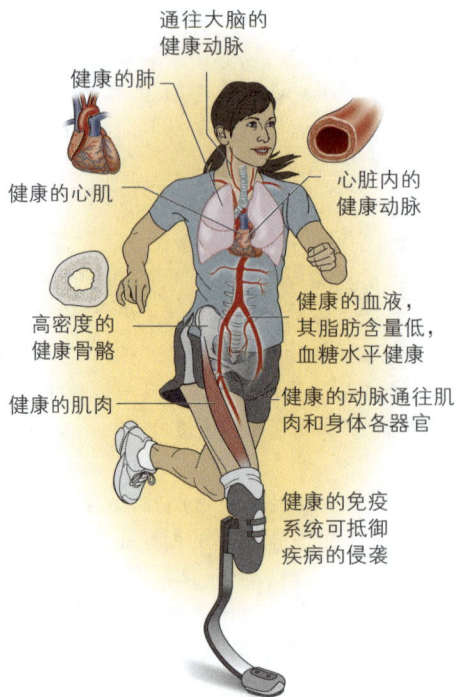

通往大脑的
健康动脉

健康的肺

健康的心肌

心脏内的
健康动脉

高密度的
健康骨骼

健康的血液，
其脂肪含量低，
血糖水平健康

健康的肌肉

健康的动脉通往肌
肉和身体各器官

健康的免疫
系统可抵御
疾病的侵袭

图 4.6　体育运动能降低运动不足相关疾病和
心血管疾病的风险

他们的血压总是在健康范围内。定期的体育运动不仅降低心脏病和中风发作的风险，而且也受到医生推荐以帮助患者从这些疾病中康复。图 4.6 表示了定期体育运动如何降低运动不足相关疾病，包括心血管疾病的。

人们患上心血管疾病的原因有很多，每种原因都称为风险因素。风险因素越多，患病的概率越高。风险因素分为两类：主要风险因素和次要风险因素。前者比后者更重要。由于久坐不动（不运动）的生活方式是心血管疾病的主要风险因素之一，心血管疾病也可视为一种运动不足疾病。心脏病的其他主要风险因素包括吸烟、高血压、高血脂、体脂过高和糖尿病。而次要的风险因素包括生活压力和过量饮酒。本章后面的"自我负责"一节将提供更多信息。

随着你年龄的增加，医生可能会测试你的胆固醇、血压、血糖和其他潜在的心血管疾病风险因素。医生还会就每一项测试给你提供等级或标准，让你知道这些指标的水平如何影响你的健康。研究表明，运动和营养情况会对高胆固醇、高血压和其他风险因素产生影响。

癌症

根据美国癌症协会的说法，癌症包括 100 多种类型，且都以异常细胞不可控制的生长为特征。癌症中不可控的细胞会侵入正常细胞，窃取它们的营养并干扰它们的正常运作。

在美国，癌症是第二大死亡原因。如果诊断得早，很多种癌症都可以通过手术、化疗、放疗或药物进行治疗，甚至治愈。癌症的很多风险因素与心脏病是相同的。我们知道，所有癌症中，勤运动的人死亡率低于不运动的人。部分类型的癌症，如乳腺癌、结肠癌、前列腺癌和直肠癌，被视为运动不足疾病，因为经常运动的人的患病概率低于不运动的人。尚不清楚为什么体育运动能降低患癌症的风险，但如图 4.6 所示，体育运动的健康益处之一是让人拥有强健的免疫系统。这样的免疫系统具有更强的抵御疾病的能力。预防和削弱癌症的另一个好办法是定期进行健康体检。

糖尿病

糖尿病指人的身体不能调节血糖水平。除非糖尿病患者接受医疗救助，否则他的血糖值会达到极高的水平。胰岛素对糖尿病患者可能无法起到有效作用，因为患者的细胞会抵抗胰岛素。胰岛素是胰腺分泌的一种激素，它帮助控制血糖水平。随着时间的推移，糖尿病将损坏血管、心脏、肾脏和眼睛。血糖过高可能导致昏迷和死亡。所幸有若干种有效的治疗方法帮助糖尿病患者调节血糖和过上正常的生活。

糖尿病共有两种。第一种即 I 型糖尿病，占所有病例的 10%。它和运动不足无关，是一种遗传病。I 型糖尿病患者服用胰岛素。正常人的身体会自动产生胰岛素以将血糖保持在正常水平。曾经人们认为，I 型糖尿病患者应当避免体育运动。但现在我们知道，体育运动能帮助患者控制糖尿病。大多数 I 型糖尿病患者一天采血一次或数次以测定血糖值。如果血糖较高，他们服用胰岛素降低血糖。以往需要刺穿皮肤进行采血，但现在凭借科学技术，糖尿病患者可以佩戴一种计算机手表以自动测定血糖，而无须抽血。

最常见的糖尿病是 II 型糖尿病，它是一种运动不足疾病，因为勤做运动的人患此病的可能性较小。如图 4.6 所示，勤运动的人的血糖会更有可能保持在健康水平。糖尿病的风险因素多与心脏病相同，其中包括静坐少动的生活方式。运动可以降低血糖水平，帮助身体组织更有效地利用胰岛素，并帮助控制体脂，从而降低人患上 II 型糖尿病的风险。体脂过多是 II 型糖尿病的主要风险因素之一。实际上，因为有那么多肥胖的人患有糖尿病，所以一位专家把"糖尿病"（diabetes）和"肥胖症"（obesity）两词合二为一，创造出一个新词——"糖尿肥胖症"（diabesity）。

健身小知识

II 型糖尿病曾经称为成年型糖尿病，因为它是成年人患的疾病，而青少年和儿童没有患该病。但现在不再使用该词，因为近年来 II 型糖尿病已经在年轻人中变得常见。

肥胖症

肥胖症指人的体脂所占百分比过高，它常常由不运动所致，尽管有诸多其他因素也会促成此病。美国医学会现在将肥胖归类为一种疾病。体脂过多会引发其他疾病，例如心脏病和糖尿病。自 1980 年以来，美国青少年群体中肥胖症的发病率几乎翻了两番，从 5% 升至 18%。在其他发达国家也出现同样的上升趋势。

骨质疏松症

骨质疏松症指骨骼结构退化（图 4.7）和骨骼衰弱。该病最常见于老年人群体，但病因始于年轻阶段。你长出大部分骨量（峰值骨量）的时间正是年轻阶段。经常锻炼身体的人会比久坐不动的人长出更为强壮的骨骼。你应该选择能让你承受重量并健康地给骨骼施压的体育运动。承重运动包括步行、跑步、跳跃和抗阻训练等。如果你在年轻时期就参加了合适的运动，你就能拥有更高的峰值骨量。这样，即使你年长时骨量流失，你的骨骼依然会比那些年轻时不运动的人更强壮。

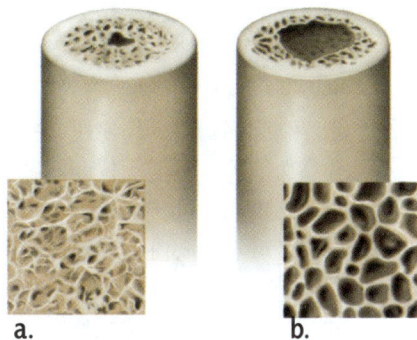

图 4.7 骨质疏松包括骨密度的下降：a. 勤运动者的健康骨骼；b. 久坐不动者中不健康骨骼（骨质疏松）更为常见

饮食中缺钙也是骨质疏松症的促成因素之一，特别是在人的年轻阶段。女性比男性更容易患上骨质疏松症，因为她们在后半生的激素变化会降低她们身体吸收钙的效率。无论你是女性还是男性，你都可以通过健康饮食、定期运动和正确的医疗护理尽可能地改善一生中的骨骼健康。

其他的运动不足疾病

有证据表明，定期的体育运动也能降低以下疾病的风险或缓和其症状。

- 心理健康问题。有三分之一的成年人说他们经常感觉抑郁，但定期做体育运动的人出现抑郁状况的可能性较低。勤运动也能减轻焦虑感并改善年长者的大脑功能。
- 背部疾病。80% 以上的成年人有时会出现背部疼痛，但运动可以降低背部疾病的发病率。
- 代谢健康问题。新陈代谢指让身体和身体细胞生存和有效运作的多种化学反应。当这些化学反应正常运作时，细胞也能正常运作，你的新陈代谢就是健康的。但如果化学反应不能正常运作，你就会出现代谢问题，包括高血脂（高胆固醇）、高血压、粗腰和高血糖等。有这类代谢问题的人所患疾病称为代谢综合征。该综合征可导致心脏病、糖尿病和其他运动不足疾病。定期运动能够改善代谢健康并缓和代谢综合征的症状。
- 免疫系统疾病。定期的体育运动已被证明可以改善免疫系统的功能，因而帮助人体抵御感染，例如感冒和流感。
- 关节炎。适度的运动已被证明可缓和某些类型关节炎的症状。
- 阿尔茨海默病。研究表明，定期做体育运动和挑战性的思维作业可以改善大脑健康并降低失忆类疾病的风险。

体育运动和康乐水平

我们知道，体育运动对于预防运动不足相关疾病起着很重要的作用，因此它也是健康的关键。但请记住，健康不只是不生病，它也包括积极方面，即康乐。因此，美国政府的"健康国民 2020"报告将康乐状况包含于两大主要目标中：高质量的生活和幸福感。体育运动对康乐水平的益处见图 4.8。

高效的日常活动
最佳的心理功能
高质量的生活
高效的工作
积极的社交活动
有能力应对紧急状况
享受休闲活动
好气色
幸福感

图 4.8　定期体育运动对康乐水平的益处

健身小知识

运动生理学、运动心理学和体育运动领域的专家们进行的研究表明，健康、多活动的青少年可享受多项益处。例如，在学校里，他们比不健康、不活动的学生成绩更好，而且不容易旷课或出现纪律问题。

运动过度相关疾病

你也许听到过这句话："好事过头可能变成坏事。"这句话也适用于体育运动。适度的体育运动是好的，但这并不意味着越多越好。有时人们会患上运动过度相关疾病，即因过多的体育运动导致的健康问题。

过度使用性损伤

过度使用性损伤由过多的体育运动所致。你的骨骼、肌肉或其他组织因此受损。应力性骨折、外胫夹和水疱都属此类。

运动神经官能症

神经官能症体现为人过度担心或害怕某件事。运动神经官能症的患者过度担心是否做了足够多的运动。如果他们错过了某次锻炼，他们会感到心烦，而且常常在生病或受伤时仍然继续锻炼。比起其他运动群体，运动神经官能症在有氧舞蹈教练、健美运动员和跑步运动员中更为常见。有氧舞蹈教练常常教很多课，他们自己也上课学习以提升舞蹈技能。部分专家认为这样的行为模式会造成运动的强迫性需求。有些健美运动员追求完美，他们持续地做更多练习以达到理想状态。跑步运动员患此病的原因可能是他们渴望跑得更快、跑得更远。

身体形象和饮食失调

身体形象失调的人往往试图通过过度的运动来拥有他们心中理想的形象。但他们心中理想化的形象是不切实际的、扭曲的。身体形象失调的人常常过多地进行抗阻训练，有时会服用危险的补品或物质如类固醇。类固醇及危险补品或物质的使用在青春期男孩和年轻成年男性中最为常见，但也会出现在所有年龄段的男性和女性群体中。青春期女孩和年轻女性虽然与男性相比使用这类物质较少，但她们常常追求极致的瘦体型，而这不仅不健康，而且不切实际。对异常消瘦体型的极度渴望会导致数种饮食失调症。患有此类疾病的人不仅有着危险的饮食习惯，而且诉诸过度运动以消耗热量和减肥。伴有过度运动的饮食失调被视为运动过度疾病。身体形象失调和饮食失调的患者一般需要由专家帮助他们解决问题。

课程回顾

1. 列出并描述至少 4 种运动不足相关疾病。体育运动为什么能降低人患上这类疾病的风险？
2. 体育运动对身心健康有什么益处？
3. 体育运动和运动过度疾病有什么关系？请举例。

⚡ 自我负责：减少风险因素

风险因素是增加你患某种疾病可能性的任何行动或状况。有的风险因素，比如你的年龄和基因构成，你是无法控制和改变的。但有的风险因素是可控的，例如你的饮食和体育运动。因此，你自身的行动可以影响你患某种疾病的概率。

我们以下面的故事为例来说明。去年夏天，布伦达一家去山里旅行。他们计划去远足、泛舟、骑自行车和骑马。但布伦达的父亲无法享受全部活动。布伦达很吃惊："我从来没想过我父亲有任何健康问题。他总是忙于工作和照顾家人。他从来不去看医生。"

但布伦达的父亲喜欢抽烟。虽然他很忙，但他实际上没做什么运动，因为他很容易呼吸短促。在旅途中，布伦达的父亲不能赶上其他人。远足时他如此气短，差不多都要昏倒了。

骑自行车时，他远远落在其他人后面。而在晚上，当家人在做其他事情时，布伦达的父亲早早睡下了。

他们回家后，布伦达的父亲看了医生，医生建议他改变生活方式。医生特别建议他戒烟，多运动。而且医生还警告他，如果他继续现在的生活方式，他有可能患上心脏病并出现其他健康问题。

讨论

布伦达的父亲有哪些心脏病的可控风险因素？他能做什么来降低风险？布伦达能做什么来帮助她的父亲降低患病风险？现在布伦达能做些什么来尽量降低她自己在后半生的患病风险？回答上述讨论问题时请考虑以下"自我管理"一节中的指导。

➡ 自我管理：减少风险因素的技巧

10大主要死亡原因中有6个与运动不足有关。如果你在前半生就采取健康的生活方式，很多此类疾病都是可以预防的。即使在青少年阶段，你也可以采取以下步骤来降低你患上运动不足相关疾病的风险。

- 学习如何确定重要的风险因素。要降低疾病风险，你先要确定这些风险。运动不足相关疾病的风险因素中，你无法控制的包括遗传、性别、年龄和诸如Ⅰ型糖尿病这样的疾病（它增加患心脏病的风险）。但有些风险因素在一定程度上

是可以控制的，例如你的体脂、血压、血脂，但这些因素也会受到遗传因素的影响。你更容易控制的风险因素包括饮食、体育运动、抽烟、饮酒，以及生活压力。

- 定期自我评估风险因素。如果你不知道你自己有风险因素，你将无法改变它们。自我评估能帮助你为降低风险进行规划，并让你知道是否需要医疗帮助。由于风险随年龄增加而增加，在年长时更应该检查自己的风险因素。

- 了解你的家族史。遗传是你不能控制的因素，但是你能核实你父辈和祖父辈患过哪些疾病，从而知道你继承了哪些疾病的患病倾向（如心脏病、糖尿病和某些类型的癌症）。然后你可以特别注意这些疾病的可控风险因素。
- 采取行动改变你可以部分控制的风险因素。有些风险因素受到遗传影响，但也可以通过选择健康的生活方式来改变。这类风险因素包括血压、血脂、身体的血糖调节能力和体脂。通过定期运动、健康饮食和合理的医疗护理，你可以影响这些因素。如果你有这些风险因素的家族史，请咨询医生和专业人士以了解如何改变生活方式以降低风险。
- 采取行动改变你可以完全控制的风险因素。有些风险因素是你完全可以控制的，例如体育运动情况、饮食、烟草和酒精使用以及生活压力水平。
- 运用你在本书中学到的自我管理技巧改变终身习惯。你在本书中会学到很多自我管理技巧。请运用这些技巧来改变你发现的风险因素。

学术关联：统计学

统计学是数学的分支，它研究数据（数字信息）的采集、分析和解释。数学素质是大学学业和职业能力的基本要求。理解并使用一些基本的统计学概念不仅能给你的工作、学业及研究打下基础，而且还能帮助你理解健康风险。

普通人（average person）也称为一般人群。但在数学上，平均（average）一词是集中趋势的量度，例如：
- 平均数，即所有数字之和除以数字的个数（下例中有 11 个数字）；
- 中位数，即一组数字的中值（下例中从低往高或从高往低的第 6 个数字）；
- 众数，即一组数字中出现次数最多的数字（下例中两个人相同的那个读数）。

对 11 人测量收缩压，读数以 mmHg 为单位：120、125、130、130、135、140、145、150、155、160、165，然后计算这组读数的平均数、中位数和众数。收缩压是两个血压值中较高者，它反映了心脏刚刚跳动后动脉中的血压。

120mmHg 的收缩压是健康血压。知道该事实后，你是否想让你的血压与本组数据的平均水平相等呢（使用集中趋势的三种量度之一）？

核对你的答案
平均数 =141.36；中位数 =140；众数 =130

步行可以成为大多数人的运动方式，可以在大多数地点进行，而且几乎无须任何器械。研究表明，每天步行 30 分钟或以上，有以下益处。

- 帮助你保持健康的体重；
- 降低你患上运动不足疾病的风险；
- 改善你的康乐水平和心理健康；
- 强壮你的骨骼和肌肉；
- 让你有可能活得更久。

由于步行是中等强度的运动，你可以边步行，边与他人交谈。这样你不仅得到放松，锻炼了身体，而且在与朋友和家人交谈过程中建立了健康的人际关系。如果你以前一直没有运动，你在参与健身计划之前可以采取步行的方式让身体缓慢地适应。实际上，有的人从步行计划开始，但最终却能跑马拉松。如果你想让自己气色更好，感觉更舒服，但不知道如何开始，那就行动起来，尝试步行吧！

步行可改善健康和促进人际交往

概念和词汇回顾

在老师的指导下解答 1 至 5 题。用词汇或短语填写句子的空白。

1. 用于评估体育运动适应能力的 7 个问题称为_____。

2. 用于确定热指数的 2 个因素是_____。

3. 用于确定天气是否过冷而不适合运动的衡量尺度称为_____。

4. 冻疮的症状包括_____。

5. 皮肤干热发红、脉搏加快和少汗是_____的症状。

在老师的指导下解答 6 至 10 题。将第 1 列中的每一项与第 2 列中合适的短语配对。

6. 电解质   a. 不能调节血糖

7. 糖尿病   b. 体成分的衡量尺度

8. 空气质量指数   c. 帮助预防热损伤的矿物质

9. 体温过低   d. 极低的体温

10. BMI   e. 帮助确定运动是否安全的指标

在老师的指导下解答 11 至 15 题。对每条陈述或问题进行回答。

11. 请描述 3 种热相关疾病。

12. 体育运动对预防心脏病有何益处？

13. 请描述两种运动过度疾病。

14. 请描述体育运动如何提高康乐水平。

15. 每天步行 30 分钟或以上的益处有哪些？

批判性思考

用一段话回答以下问题。

不运动为什么是很多疾病的主要风险因素之一？

项目

你需要在当地的俱乐部中就体育运动的健康益处做一场演讲。请准备 10 张以上幻灯片的演示文稿。

5

多少才足够？

第 5.1 课
多少运动量才足够？

课程目标

学完本课，你将能够：

1. 列举并描述运动的 3 大原则；

2. 描述 FITT 规则的 4 个部分以及它们和训练门槛、目标上限以及健身目标区间的关系；

3. 描述运动金字塔中的 5 种体育运动。

课程词汇

健身目标区间、FITT 规则、频率、强度、运动金字塔、超负荷原则、渐进原则、专一性原则、目标上限、训练门槛、时间、类型

多少体育运动才足够呢？这个问题看起来简单，但回答可能很复杂，特别是当你刚开始执行运动计划时。在本课中，你将学习 3 大基本运动原则。这是回答上述问题的第一步。

体育运动的原则

请思考以下例子。米娅已经运动了好几个月了。每天她都做同样的运动 15 分钟。自从她开始运动以来，她的运动计划一直都没有改变。刚开始，米娅的运动收到了效果：她在练习后不再疲惫，而且自我评估显示，她的心肺耐力提高了。但近来她有些失望，因为她力量和柔韧性的提高不再像刚开始时那么显著。米娅想知道她哪里做错了。想弄清楚这个问题，我们先来看看运动的 3 大原则：超负荷原则、渐进原则和专一性原则。

超负荷原则

超负荷原则是体育运动的最基本定律。超负荷原则指通过体育运动获得健身和健康益处的唯一方法是要求你的身体比正常情况下做得更多。提高对你身体的要求便构成超负荷，进而迫使你的身体进行适应。你的身体本应多运动，所以如果你什么也不做（低负荷），你的健康会衰退，你患上运动不足疾病的风险会增加。

由于米娅在运动中失去了超负荷条件，她虽然得以维持已有的健康和健身益处，但无法增加它们。如果她希望继续改善她的力量和柔韧性，她必须增加她的运动量。

渐进原则

根据渐进原则，你的运动量和运动强度应逐渐增加。当你的身体渐渐适应运动（负荷）的增加时，运动会变得更为容易。此时，你可以逐渐增加你的运

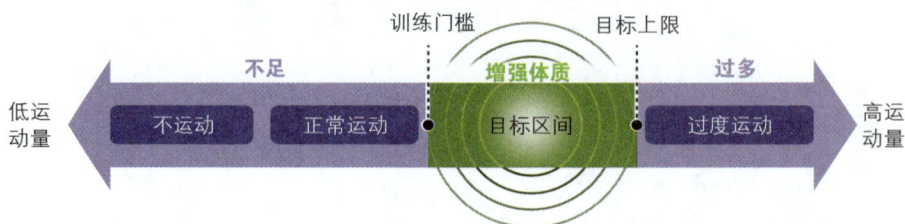

图 5.1　健身目标区间

动量。

图 5.1 给出了身体健康所需的最小超负荷，称为"训练门槛"。运动超过门槛水平时，你可以增进你的健康和体能。由于米娅数月以来运动水平保持不变，她的运动可能已在训练门槛之下，至少在某些方面是这样。

运动量的正确范围称为健身目标区间，通常简称为"目标区间"。它始于训练门槛，其上限称为目标上限。门槛以下的运动不会带来益处。目标上限以上的运动（过度运动）会增加受伤和疼痛的风险，所带来的益处也不是最佳的。有的人认为你得经历痛苦才能增强体质，但渐进原则否定了"没有痛苦就没有收获"（no pain, no gain）的理论。如果你在运动时疼痛，你可能超负荷太多或太快，身体无法适应。

专一性原则

根据专一性原则，你做什么类型的运动，你就能收获什么益处。不同类型和量的运动会带来特定的、截然不同的益处。改善某方面身体健康的运动可能无法同等地改善其他方面的

健康水平。例如，米娅每周几天按特定路线慢跑，但她没有经常做拉伸练习。她可能需要做更多的抗阻训练，以改善肌肉素质。

此外，针对特定身体部位（如腓肠肌）的运动可能只会给那个部位带来益处。例如，如果米娅只做针对腓肠肌的运动，她将无法增强她背部、肩部、手臂和腿的其他部位的肌肉。

FITT 规则

你已经知道你得比平常做更多的运动以增强体质。你也知道你应当逐渐增加你的运动量以保持在健身目标区间内。但你需要做多少运动呢？

你可以使用 FITT 规则来应用运动原则。有的人把它称为 FITT 原理，但我们在本书中使用"规则"一词，因为规则也指配方或处方。此处，配方用于确定合适的运动量以应用 3 大运动原则。实际上，缩略词 FITT 的每个字母都代表确定足够运动量的关键因素：频率（Frequency）、强度（Intensity）、时间（Time）和类型（Type）。

· 频率指运动的间隔时间。要想收到效果，你需要一周数天坚持运动。最佳频率取决于你所做运动的类型以及你想要改善的健康方面。比如，要增强力量，你可能需要一周练习两天。要想减肥，你应当每天锻炼。

· 强度指运动花费的力气。如果你做的运动太容易，你将无法增强体质和获得其他益处。但请记住，如果不是循序渐进，太剧烈的运动是有害的。运动强度取决于运动的类型和你希望改善的健康方面，强度有不同的衡量方法。例如，在增强心肺耐力的运动中，你可以用心率来确定运动强度，但在增强力量的运动中，你得用举起的重量来确定运动强度。

· 时间指运动的持续时间。与频率和强度类似，你做运动的持续时间也取决于运动的类型和你想要改善的健康方面。例如，为了增强柔韧性，你应该每个肌肉群练习 15 秒或以上，而当增强心肺耐力时，你需要高强度运动至少 20 分钟。

· 类型指你为了增进健康的某一方面或获得某种益处所做运动的类型。一种类型的运动对于健康某一方

面有好处，但对另一方面也许不然。例如，高强度有氧运动可增强心肺耐力，但对提高柔韧性而言效果不佳。本书带你学习如何针对不同的运动应用 FITT 规则，以改善健康的特定方面。你只要确定了运动的类型，你就可以抛开"FITT"中的第 2 个"T"，并确定特定运动的频率、强度和时间（FIT）。本书就运动金字塔（图 5.2）的每类运动都给出了 FIT 信息。

健身小知识

FITT 既是一种规则，也是一个缩略词助记符，用于帮人记住应用超负荷原则和其他相关原则的 4 大关键因素：频率、强度、时间和类型。

运动量和循序渐进

美国运动医学学会使用 FITT 规则来规定多少运动才算足够。你还应该在计划中考虑你运动的总量（运动量）和循序渐进的需要（渐进原则），所以美国运动医学学会有时把字母"VP"加到"FITT"后，构成"FITT-VP"。此规则中，V 代指运动量（Volume），它是运动强度和时间的函数。在制定个人运动计划时，你应当考虑你的运动总量。例如，中等强度运动可以做较长时间，而在相同的运动量下，高强度运动做的时间会较短。学习 FITT 规则时，你将了解如何通过改变运动的强度和时间来调整运动量。在较长的时间跨度内，比如一星期内，运动的频率也会对运

动量产生影响。一周四天做相同的运动会比一周两天的运动量多一倍。

FITT–VP 中的字母 "P" 提醒人们循序渐进（Progression）的重要性，即逐渐地应用 FITT 规则。本书只使用缩略词 "FIT" 和 "FITT"，但你在制定个人运动计划时仍应记住运动量和渐进原则（VP）。

运动金字塔

美国卫生与公众服务部编制的

"全美国年轻人体育运动指导" 推荐每天至少运动 60 分钟。运动金字塔（图 5.2）的 5 级帮助你理解 5 类体育运动，它们增进健康的不同方面并带来不同的健康益处（请回顾 "专一性原则"）。你可以选择不同类型的运动以达到每天 60 分钟的推荐标准。为获得最大益处，你应当每周做金字塔所有部分的运动。如你所见，金字塔底部或接近底部的运动比那些靠近顶部的运动需要以更高的频率或更长的时间进行，才能达到相同的运动量。

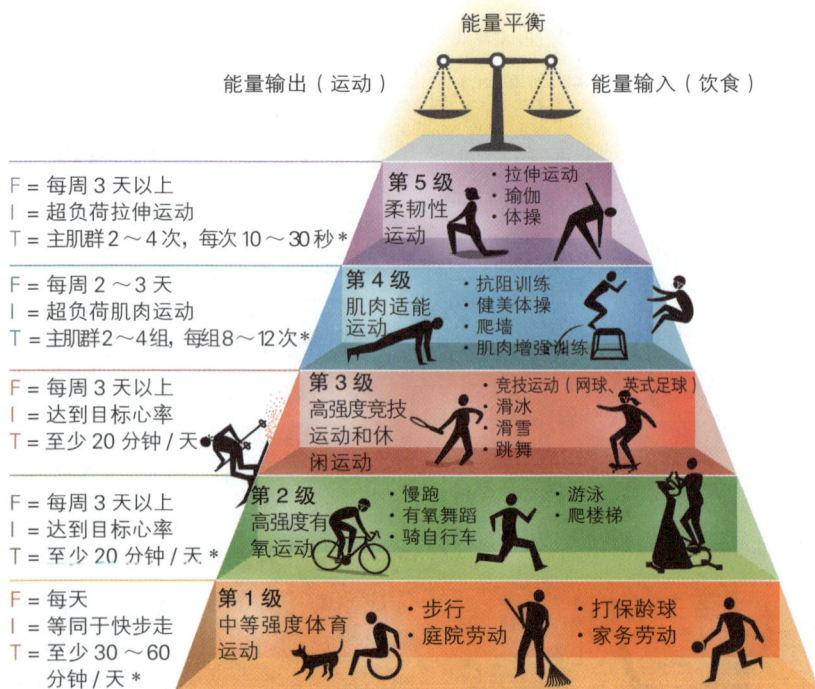

能量平衡

能量输出（运动）　　　能量输入（饮食）

F = 每周 3 天以上
I = 超负荷拉伸运动
T = 主肌群 2～4 次，每次 10～30 秒 *

第 5 级 柔韧性运动
· 拉伸运动
· 瑜伽
· 体操

F = 每周 2～3 天
I = 超负荷肌肉运动
T = 主肌群 2～4 组，每组 8～12 次 *

第 4 级 肌肉适能运动
· 抗阻训练
· 健美体操
· 爬墙
· 肌肉增强训练

F = 每周 3 天以上
I = 达到目标心率
T = 至少 20 分钟 / 天

第 3 级 高强度竞技运动和休闲运动
· 竞技运动（网球、英式足球）
· 滑冰
· 滑雪
· 跳舞

F = 每周 3 天以上
I = 达到目标心率
T = 至少 20 分钟 / 天 *

第 2 级 高强度有氧运动
· 慢跑
· 有氧舞蹈
· 骑自行车
· 游泳
· 爬楼梯

F = 每天
I = 等同于快步走
T = 至少 30～60 分钟 / 天 *

第 1 级 中等强度体育运动
· 步行
· 庭院劳动
· 打保龄球
· 家务劳动

避免懒散

* 建议青少年每天做 60 分钟的中等强度至高强度运动。可组合进行金字塔中的多种运动以达到此要求

图 5.2　新的青少年运动金字塔
源自：C.B.Corbin

中等强度运动

中等强度运动是运动金字塔的第 1
级。应当每天或基本上每天做这样的运
动。中等强度的运动等同于快步走。它
也包括日常生活中的一些活动（称为"日
常活动"），例如庭院劳动（扫落叶、
修草坪等）和家务劳动（拖地等）。不
剧烈的竞技运动也属于此类，例如保龄
球和高尔夫。其他的竞技运动可能是中
等强度或高强度的。例如，投篮通常被
认为是中等强度运动，而全场比赛则是
高强度的。美国国家指导中建议青少年
每天做 60 分钟的中等强度至高强度运
动。中等强度运动应在每天的运动时间
中占有一定比例（成年人建议做 30 分
钟）。中等强度运动也可以带来本书所
述的多种健康益处，例如控制体脂水平，
而且也适合于各类不同能力的人群。

高强度有氧运动

运动金字塔的第 2 级代表高强度有
氧运动，包括所有可以长时间不休息的
进行，而且足够剧烈，可以增加心率、
加速呼吸和使人出汗的运动。因此这类
运动比快步走等中度运动强度更高。高
强度有氧运动，如慢跑和有氧舞蹈等，
本身属于持续性的运动。与中度运动一
样，它们也会带来诸多健康益处，而且

剧烈的有氧运动可帮助提升心肺耐力

它们对培养高水平的心肺耐力极有助
益。你应当每周至少 3 天做高强度有氧
运动（或者高强度竞技运动或休闲运
动），每天练习至少 20 分钟以达到国
家运动指导的要求。

健身小知识

"有氧"（aerobic）意指"带有
氧气"，是一个沿用了数十年的科学
术语。它因 1968 年的 Aerobics 一书而
普及。此书作者是肯·库珀博士（Dr.
Ken Cooper）。博士多年来的著作帮助
世界各地的人了解他们获得健康益处
需要多少运动量。实际上，"慢跑"
一词的葡萄牙语译文是"coopering"。
库珀博士还创立了库珀研究所，它是
位于得克萨斯州达拉斯市的一所世界
知名的健康和健身研究机构。

高强度竞技运动和休闲运动

与高强度有氧运动类似，运动金字
塔第 3 级所代表的高强度竞技运动和休
闲运动会让你的心脏比平常跳得更快，
让你呼吸加速，更多地出汗。因肌肉用
氧量增加，心跳会加速，呼吸会加快加
深以满足氧气需求。但与高强度有氧运
动不同，高强度竞技运动和休闲运动常
常涉及短促的爆发性运动，随后是短暂
的休息（如篮球、足球、英式足球和网
球）。如果每天至少运动 20 分钟，分
回合进行，每回合 10 分钟或以上，这
类运动将会带来与高强度有氧运动相似
的健康益处。它们还能帮助你培养运动
技能并促进健康的体重管理。与高强度
有氧运动一样，你可以通过高强度竞技
运动和休闲运动来满足国家运动倡议中
的要求，但每天应至少运动 20 分钟，
每周运动 3 天。

❤ 健身科技：Activitygram

你可以使用计算机技术跟踪你的日常体育运动。Activitygram 是一个计算机程序，帮助你在 3 天时间内跟踪你的运动情况。你在清醒时间内可按 30 分钟的区间输入你进行的任何运动。你也记录下运动的类型以及其强度水平，如休息、低强度、中等强度、高强度。该程序可生成报告，列出你每天的运动总分钟数，你在运动金字塔每级的运动量，以及你进行的中等强度运动和高强度运动的运动量。

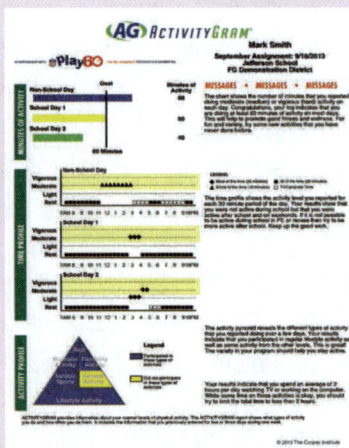

肌肉适能运动

运动金字塔的第 4 级代表肌肉适能运动。肌肉适能运动增强你的力量、肌肉耐力和爆发力。肌肉适能运动包括抗阻训练（用重物或器材）和自身体重训练（攀岩、健美体操、跳跃等）。此类运动可以带来一般的健康益处，而且让你表现更好，看起来更漂亮，背部更健康，体态更优美，骨骼更强壮。你可以通过这类运动达到美国国家运动指导的要求，但你应当每周运动两三天。

柔韧性运动

运动金字塔的第 5 级代表柔韧性运动。美国运动医学学会表示，柔韧性运动可改善姿势稳定性和身体平衡。也有证据表明柔韧性运动可减轻疼痛、预防受伤和降低背部疼痛的风险。柔韧性运动也可改善你在其他运动中的表现，例如体操和舞蹈。医学治疗中也采用柔韧性运动帮助受伤的患者康复。柔韧性运动的例子包括拉伸运动和瑜伽（图 5.3）。为了增强和保持柔韧性，你需要每周至少有三天做柔韧性运动。

避免懒散

在运动金字塔（图 5.2）的下方，你可以看到一台电视机和一个游戏手柄的图片，图片上画有"×"。此图强调，懒散和久坐不动会造成健康风险。

你不仅需要根据金字塔中列出的 5 类运动每天锻炼 60 分钟，还应当避免懒散，不要在屏幕前花太多时间。"屏幕时间"指你在电视机、计算机、手机屏幕和其他让你懒散不运动的设备前花费的时间。美国近期的一项调查显示，儿童和青少年每天平均看电视时间居然达到 4 小时！有 68% 的青少年房间里有电视机，当然，很

图 5.3　瑜伽是改善柔韧性的一种体育运动

多青少年会花费很多"屏幕时间"用计算机、玩游戏、看电影、玩手机，因此，他们眼睛盯着屏幕的时间会大大增加。研究表明，"屏幕时间"导致懒散并增加健康风险。

我们都需要花时间从日常压力中恢复并面对新的挑战，所以休息和睡眠对健康来说非常重要。适当的日常生活活动如学习、阅读甚至是屏幕活动都是合理的。但长期的懒散和久坐不动对健康有害。你在金字塔运动区域做出的选择应多于你在不运动区域做出的选择。

能量平衡

金字塔顶部放置有一个天平，它表示你需要平衡你摄入的能量（食物）和输出的能量（运动）。能量平衡指你每天摄入的热量等于你在运动中消耗的热量。用这种方式平衡能量对于保持健康的体成分至关重要。

中等强度和高强度运动的模式

模式也指计划，你通过计划来积累每天和每周金字塔运动的分钟数。一种模式是连续运动，也就是说，你一次性连续做完当天的运动（例如 30 分钟的连续中等强度运动）。

第二种模式是累积运动。它指的是你一次运动 10 分钟或更久以累积你的每天目标运动量（例如，10+10+10=30）。少于 10 分钟的单次运动时间也可以带来一些健康益处，但不推荐这样做，因为小于 10 分钟的运动时间被视为低于训练门槛，因而不会取得好的效果。

美国运动医学学会把第三种模式称为"周末战士"模式。这种模式中，练习者在一周大部分时间都不运动，但偶尔会花相对较长的时间来运动，有时一次好几个小时，甚至是运动一整天。成年人通常在周末进行这种超时运动，因为他们在工作日要去工作。于是，他们被称为"周末战士"。不提倡这种模式，它甚至对于有风险因素的人而言是危险的，因为它违反了渐进原则，可能导致疼痛和受伤。因此，你应当在一周大部分天数做运动，并采用连续模式或累积模式。

课程回顾
1. 运动的 3 大原则是什么？它们有哪些重要性？
2. 缩略词 "FITT" 的每个字母都代表 FITT 规则的一部分。FITT 规则的 4 个部分是什么？它们与以下概念存在什么关联：训练门槛、目标上限和健身目标区间？
3. 运动金字塔中 5 类运动的特征各是什么？它们具体包含哪些运动？请举例。

本评估中，你将进行两项测试：一项对你的心肺耐力进行评估，另一项衡量你背部和躯干肌肉的柔韧性和健康水平。如果你还没有做过这两项测试，请先练习如何进行，然后再以评分为目的做测试。在老师的指导下

记录下你的分数和健康等级。这两项测试的结果可用于制作 Fitnessgram 报告和制定个人运动计划。如果你和同伴一起进行测试，请记住，自我评估结果是个人的保密信息。未经受测者同意，不可将结果与他人分享。

渐进式有氧心血管耐力跑步，或称 20 米折返跑（PACER）

本测试为心肺耐力测试，最初称为 20 米折返跑。旧称仍然在很多国家使用，但在 Fitnessgram 中本测试称为 PACER。"PACER" 这一名称由杰克·卢瑟福博士在一项名称比赛中提出并获采纳。该名称比赛旨在为本测试选用新名称，以便记忆。

本测试的评分规则因测试组合的不同而不同。本书中使用你跑的圈数作为你的分数，而你的健康等级便基于此分数进行确定。ALPHA-FIT 测试也用圈数来评分。用圈数评分使你能够更容易地看出你在执行个人运动计划后是否得到改善。如要制作 Fitnessgram 报告，你需要将圈数分数转换为有氧能力分数。

指示

1. 测试目的是按照预定步调在 20 米距离内折返跑尽可能多的次数（步调以教练提供的特殊音频信号为准）。

2. 从距离第 2 条线 20 米的一条线开始。听到音频的嘟嘟声时，跑过 20 米区域，到达第 2 条线。你到达第 2 条线的时间应刚好在嘟嘟声再次

响起之前。你的脚应触及该线。转身并准备往回跑。

3. 嘟嘟声再次响起时，朝着起始线往回跑。你的脚应触及该线。听到嘟嘟声后再跑步折返。

4. 继续在两条线之间折返跑，每次你的脚都应当触及所在线。嘟嘟声将越来越快，你跑得也会越来越快。当你两次未能在嘟嘟声响起前到达对侧时，测试结束。

5. 你的分数等于测试结束前你跑过的圈数（即你从一条线跑 20 米到另一条线的次数）。把圈数当作得分可以使测试更容易，你也更容易看到自己的改善情况。该评分方法提供了心肺耐力的一个有效指标，它也是功能性健康（你在日常生活中有效运作的能力）的衡量标准之一。

6. 用表 5.2 确定你的等级，然后

PACER 测试用于评估心肺耐力和估算有氧能力

记录下你的分数和等级。

7. 制作 Fitnessgram 报告卡时需使用有氧能力分数。有氧能力指你的身体在持续的有氧运动期间供氧的能力，而且最好在跑步机上测试。你的圈数分数可用于估算有氧能力分数。你可以在老师的帮助下使用 Fitnessgram 软件，或者你也可以查询相关资料来确定你的有氧能力分数和健康等级。有氧能力在"心肺耐力"一章中有进一步的讲解。

表 5.1 PACER 的等级表

	13 岁		14 岁		15 岁		16 岁		17 岁	
	男	女	男	女	男	女	男	女	男	女
优秀体质	≥ 36	≥ 31	≥ 45	≥ 34	≥ 54	≥ 38	≥ 60	≥ 40	≥ 67	≥ 50
良好体质	29～35	25～30	36～44	27～33	42～53	30～37	47～59	32～39	54～66	38～49
边缘体质	23～28	19～24	28～35	21～26	32～41	23～29	36～46	25～31	42～53	30～37
差体质	≤ 22	≤ 18	≤ 27	≤ 20	≤ 31	≤ 22	≤ 35	≤ 24	≤ 41	≤ 29

表中分数指已完成的圈数。
以 G·韦尔克提供的数据为基础。

躯干抬升（上背部）

1. 俯卧，手臂置于体侧，手置于大腿下。

2. 非常缓慢地抬起上半身，使下巴、胸部和肩膀离地。尽可能地抬高你的躯干，最高 30 厘米。保持该姿势 3 秒，由同伴测量你下巴离地面的距离。你的同伴应在你下巴前方至少要 2.5 厘米处手持直尺。目视前方，不要使下巴过分向上翘。

3. 做两次，注意抬升动作应缓慢进行。记录你可以抬升的高度，即下巴离地的高度。下巴离地应保持 3 秒。不要记录超过 30 厘米的分数。

注意：直尺不可直接置于下巴下方，否则你可能会无意地降低躯干高度。

4. 根据表 5.2 确定你的健康等级，然后记录下你的分数和等级。

本测试衡量背部和躯干肌肉的柔韧性以及背部肌肉的健康水平

表 5.2 躯干抬升等级表

等级	英寸数
优秀体质	11～12
良好体质	9～10
边缘体质	7～8
差体质	≤ 6

英寸转厘米请乘以 2.54。
数据以 Fitnessgram 为基础。

达到何种程度才算十分健康？

课程目标

学完本课，你将能够：
1. 解释什么是 4 大体质等级以及如何将它们应用于体育运动计划中；
2. 确定哪些因素可增强体质；
3. 解释人如何在不利因素的影响下拥有健康和良好的体质。

课程词汇

准则参照的健康标准、成熟度

你已经知道体育运动对增强各方面体质的必要性，但你的体质需达到什么标准呢？本课中，你将学习如何确定你自己的体质水平。

体质标准和等级分类

有时人们通过与他人作比较来判断自己的体质水平。如果他们在体质测试中得分比大多数人都高，他们就认为自己拥有良好的体质。这样的比较本身存在一些问题。首先，它假定只有少数人体质好。其次，它假定只有高分数才能证明自己体质好。本课中，你将学习为什么这两种假设都是错误的。

大多数专家认为，体质应使用"准则参照的健康标准"来评价。"标准"一词指已设定的量。"准则"一词是用于确定标准的标记（与健康相关）。因此，准则参照的健康标准指达到健康目标所需的量化体质。这样的标准不要求你把自己和其他人作比较。它只要求你具备足够好的体质用以：

- 降低疾病的风险；

- 拥有身心健康；
- 在日常生活中应付自如；
- 应对紧急状况；
- 享受业余时间。

正如本章的"科学实践"一节所述，你将针对身体素质的健康相关方面做多项自我评估。本书中，我们使用基于准则参照的健康标准的评级体系。它类似于测试组合如 Fitnessgram 所用的评级体系。因此，你可以在本书的所有测试中使用同样的体系评估你的体质。

对健康相关的体质的 6 个方面进行评估时，你会用到以下 4 个等级中的一个。如果你在 6 大体质方面都达到"良好体质"标准，你就实现了基本的身心健康。

- 体质不良。如果你体质不良，你的患病风险将高于平均水平。你可能无法拥有良好的气色和心情，也无法高效地工作和舒心地娱乐。体质不良者应当努力达到边缘体质的层面。
- 边缘体质。从体质不良到边缘体质是一个重大的进步。但边缘体质者应努力达到良好体质的水平。

⚛ ## 科学实践：个人体质评估

体育专家和运动生理学家共同开发了各种体质测试组合。测试组合是一组测试的集合，用于评估体质的方方面面。如前文所述，Fitnessgram 是美国和世界各地学校中广为使用的体质测试组合。Fitnessgram 被用作美国健康、健身与营养总统委员会（PCFSN）以及美国健康和体育教育协会的官方评估程序。ALPHA-FIT 是欧洲广为使用的体质测试组合。两种组合中的测试既有相似之处，也有不同之处。

学习本书过程中，你将尝试多项体质测试。我们会帮助你选择测试项目，建立你自己的体质测试组合，以便终身使用，评估你的体质。你将实践 Fitnessgram 和 ALPHA-FIT 组合中所有的测试项目以及若干种其他测试。本书中的所有测试都使用自有的评级体系，但你也可以学习如何使用其他测试组合的标准和等级系统。最重要的是，你应该学会测试你自己的体质，并使用你的自我评估结果来制定健身和运动计划。

学生活动

在相关网站上找到 Fitnessgram 和 ALPHA-FIT 测试组合的信息。请阅读两种测试组合的标准。将这些标准进行对比，发现它们的差异。形成书面报告或在课堂上汇报。

· 良好体质。该体质等级意味着你可以过上充实、健康的生活。实际上，获得良好体质是大多数人的目标。为了维持该体质水平，你需要继续坚持锻炼。

· 优秀体质。大多数专家认为，即使没有达到优秀体质的层面，人也可以获得很多健康益处。但通过体育运动达到这一体质层面将给你带来额外的健康益处，因为只要你不运动过量，你运动得越多，获得的益处就越多。应注意，你的体质越好，你继续进步就越困难。如果你想做运动员或从事在爆发力上要求高的工作，达到优秀体质层面是有必要的。此类工作包括消防员、士兵和警察等。

影响身体素质的因素

体育运动是你为了改善和保持健康相关体质应做的最重要的事，它也

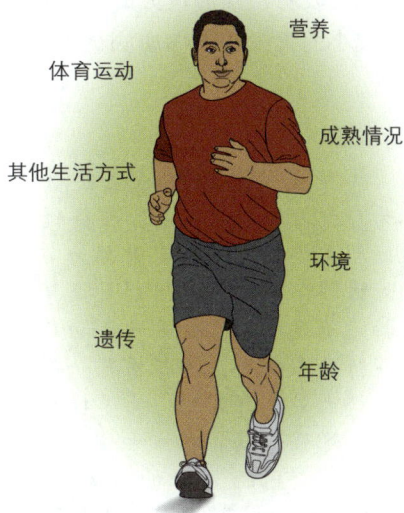

图 5.4　影响身体素质的各种因素

是可控的。你可以选择你想做的运动类型，并制定时间表以定期运动。但如图5.4所示，体育运动并不是增强体质的唯一因素。其他重要的因素包括成熟情况、年龄、遗传、环境和生活方式选择如营养和压力管理。

成熟情况

身体成熟指身体的充分成长发育。成熟过程从青少年早期阶段开始，因为激素促进组织（如肌肉和骨骼）的生长和发育。有的人比其他人更早成熟，而较早发育的人在体质测试中会比较晚成熟的人做得更好。但时间是最终的平衡器。随着时间的推移，我们都会发育成熟，因此，发育迟缓者的体质水平达到或超过早期发育者的情况并不罕见。

年龄

研究表明，年龄较大的青少年比年龄较小的青少年在体质测试中表现

健身小知识

某种疾病处方中的用药量常称为"剂量"。类似地，获得健康益处所需的运动量有时称为"运动处方"，它也可以用剂量衡量。在特定限度以内，做更多运动的人将获得更多益处，但与医药一样，运动得太多是有害的。为了控制运动量以增强健康和身体素质，你在做各类（"FITT"中的最后一个"T"）运动时需要遵守 FIT 规则。

更好。即使在同一个班级，年龄较大的学生也会比年龄较小者做得更好。这主要是因为年龄增大，发育得就更充分，身体也更成熟。如前文所述，年龄和成熟度并不总是成正比。有时候一个人会比另一个人早熟，在此情况下，年轻但身体更成熟的人在体质测试中表现会更好。

遗传

遗传指我们从双亲那里继承的特征，包括身体特征，它们将影响我们在体质测试中的表现。例如，因为遗传，有的人比其他人拥有更多的脂肪细胞。类似地，有的人拥有更多能让自己跑得更快的肌纤维，而有的人拥有更多能让他们跑很长时间而不疲倦的肌纤维。个人的遗传特性都让他们在某些领域表现更为出色，而在另一些领域则难以取得良好表现。所幸，体质由诸多方面组成。你的遗传特性决定了你在哪些方面可以表现出色，以及在哪些方面表现较差。

环境

体质也会受到环境因素的影响，例如你的居住地（城市、郊外和乡村）、学校环境、娱乐场所、运动场所等。甚至你的社会环境，如朋友圈，也可以影响你的体质。例如，有的人住址靠近公园，或者他们的朋友有经常锻炼身体的习惯，那么他们通常会比其他人在健身方面更为积极。

　　步行或骑自行车去上学的青少年比其他青少年运动得更多。他们平均每天多运动了 16 分钟。换言之，他们单凭步行和骑车，便拥有了超过推荐水平 25% 的运动量。

选择你喜欢并愿意终身进行的运动

任何人都能成功

　　由于决定体质的因素有很多，所以可能有的人在青少年阶段运动较少但体质较好。这些人可能成熟得较早，而且他们继承的身体特征使他们在体质测试中有不错的表现。但他们有可能认为自己不需要做运动。也许在年轻时，当他们只在乎测试成绩时，他们的确不需要做运动，但从终身角度讲并非如此。随着年龄的增加，他们将不再能够从身体早熟或年轻时的体能中获得体质优势。缺乏运动造成的影响迟早会侵蚀他们的遗传优势。因此，如果你希望终身拥有良好体质、身体健康和康乐状态，你需要定期做运动并采用健康的生活方式。

　　有的人因年龄、成熟情况和遗传特征享有体质优势，另一些人却受到劣势的困扰。对有的人来说，即使他们做运动，他们也难以取得较高的体质得分，因此他们会气馁。如果你属于这一类人，请不要把你自己和其他人相比。请试着达到良好体质层面，而不是担心能否拥有优秀体质。有的人获得良好体质会比其他人更困难，但所有人都可以朝着这个方向努力。实际上，研究表明，在学校里擅长竞技运动的人如果后期在生活中不坚持运动，他们的健康水平会下降，而且他们会比一生中坚持运动的人更早去世。反之，一生中坚持运动的人即使年轻时表现不是很好，他们也能获得较长的寿命。

　　任何人都可以参与体育运动。无论你是谁，体育运动对你的体质、健康和康乐都是至关重要的。通过定期的体育运动，你可以在体质的各方面测试中都有出色的表现。

课程回顾

1. 体质的 4 个等级是什么？如何在健身计划中应用它们？
2. 体质的决定因素有哪些？
3. 如果一个人由于不利因素而难以拥有高水平体质，他们该如何获得健康和良好的体质呢？

⚡ 自我负责：学习自我监督

运动日志是你在特定时间内进行的体育运动的书面记录。它是一种行为跟踪方式，用以确定你是否实现了你的运动目标。自我监督指你用来跟踪自己行为的各种技术，如日志、日记和计步器等。

马可喜欢在周末打网球。他总是一开始精力充沛，但缺乏耐力，无法在整场比赛中表现良好。他的教练建议他每天做运动以提高耐力。数周以来，马可表示他已经认真地进行了运动。但马可的教练有点怀疑他的说法，因为他的改善并不明显。最后教练建议马可对运动的时间做记录。结果出人意料。"天哪，我真惊讶，"马可说，"我做各项运动的时间并不是我认为的那么多。我本来以为我做得很好，但结果却不是这样。"

埃里卡的情况与马可不同。她做了膝盖手术，应当对运动的类型和运动量加以限制，并按计划进行康复练习。她也应该尽可能抬升她的腿。埃里卡的腿常常在一天结束时感觉肿胀和疼痛，所以她的物理治疗师建议她对每天的练习做记录。埃里卡发现她练习脚部所花时间比预计的多很多。因此，她认为她需要继续进行康复练习，但要缩短其他运动的时间，从而使膝盖痊愈。

讨论

做记录为什么会对马可和埃里卡有帮助？除此之外，日志还能起到什么作用？马可和埃里卡还有哪些自我监督体育运动水平的方法？回答这些讨论问题时，请考虑以下"自我管理"一节中的指导。

➡ 自我管理：学习自我监督的技巧

成年人倾向于低估他们的饮食量并高估他们的运动量，这是本性使然。人们在估测其他行为时也会犯错误。比如说，我们常常会低估看电视的时间和花费在非必需事项上的资金。"自我管理"即跟踪我们自己的行为。我们都用非正式的方式对自己的行为进行监督，但有时需要进行正式的评估，以获得准确结果。你可以监督自己的行为以帮助设定目标和制定计划，并评估你是否实现了目标和履行了计划。对体育运动的自我监督有时称为"做记录"和"保留运动日志"。请使用以下指导有效地监督你的体育运动。

- 保留书面日志。你可以使用运动日志或计算机程序（如Activitygram）对自己的体育运动做正式的记录。
- 考虑使用运动监测器材。步数计和心率手表是两例。步数计记录你行走的步数，它常常穿戴在皮带或手臂上。而心率监测器使用围绕胸部的条带，以及戴在手腕上的类似手表的器械。上述两种器材都可以为你提供客观信息，以便你把它们记录在运动日志中。
- 尽可能频繁地记录信息。运动后拖得越久，你就越有可能记错，所以请在运动后尽快把情况记录下来。

- 开始自我监测当前的运动模式。为准确获知自己的运动水平，你需要自我监督至少3天。其中应有至少一天是周末，因为大多数人的运动模式在周末与工作日不同。
- 使用你当前的运动模式确定目标和计划。本来就经常锻炼身体的人可以设定比运动较少（或刚开始运动）的人更高的目标。

- 确定你在运动金字塔的各区域的运动量。对于金字塔中的各类运动，请确定你做这些运动的频率、强度和时间（FIT）。
- 记下你的目标和计划，并做记录以查看你是否履行了计划。把目标和计划写下来可以帮助你监督自己。做记录，以核实你是否按计划行事。你可以写日记或制作运动表格。

你还可以使用这些指导原则监督自己的其他行为，例如饮食模式。

✦ 学术关联：百分比

"百分比"一词用于表示整体的一部分。整体是100%。在100人的群体中，1人代表整个群体的1%。我们常常用百分比描述青少年和成年人的运动水平。在美国的成年人中，20%达到了国家运动指导的标准（每周150分钟），而80%未达到此标准。达到国家运动指导标准（每天60分钟）的青少年占29%，而71%的青少年未达到此标准。达到某一健康标准的人所占群体比例的计算方法是将群体中达标的人数除以群体的总人数。

下表是一组青少年的躯干抬升测试得分。本测试中，良好体质标准要求得分在9分或以上。将达到良好体质标准的青少年人数除以群体中青少年的总人数，便计算得出该测试中达标青少年所占百分比。那么，本群体中，达到良好体质标准的青少年所占百分比是多少呢？

群体的躯干抬升测试分数分布

					8				
				7	8				.
				7	8	9	10		
			6	7	8	9	10	11	
		5	6	7	8	9	10	11	
3	4	5	6	7	8	9	10	11	12
3	4	5	6	7	8	9	10	11	12

核对你的答案

40%（16名学生达标，共40名学生；16÷40=0.40）

运动金字塔告诉你各类运动的运动量要达到多少才能增强体质和促进身心健康。例如，你几乎要每天都做中度运动（金字塔的第 1 级）以获得健康益处，而你每周只需做两三次肌肉素质运动即可。金字塔下方的区域表示懒散或久坐不动。除睡眠时间外，你应尽量减少你每天久坐不动的时间。运动金字塔回路是一种带站点的运动回路，它给你提供实际行动的机会，以便你参与运动金字塔各层级的运动。

运动金字塔回路包括金字塔每级的运动，例如第 4 级的肌肉素质运动和第 5 级的柔韧性运动等

概念和词汇回顾

在老师的指导下解答 1 至 5 题。用词汇或短语填写句子的空白。

1. 由 5 级组成，帮助你理解体育运动类型的图表称为_____。

2. 实现良好体质所需的最低超负荷称为_____。

3. 影响你体质的因素包括年龄、成熟度、_____和环境。

4. 如果你的体质达到_____等级，你将能够充实、健康地生活。

5. 以健康为基础对体质评级的首选标准是_____。

在老师的指导下解答 6 至 10 题。将第 1 列中的每一项与第 2 列中合适的短语配对。

6. 目标上限   a. 做运动的费力程度

7. 强度   b. 运动量或难度的逐渐增加

8. 循序渐进   c. 体育运动的上限

9. 专一性   d. 比平常做更多的运动

10. 超负荷   e. 针对体质特定方面做运动

在老师的指导下解答 11 至 15 题。对每条陈述或问题进行回答。

11. 什么是 FITT 规则？它的 4 个字母分别表示什么？

12. 为什么即使你拥有良好体质，你仍需制定终身体育运动计划？

13. 解释为什么你的运动计划应包括运动金字塔所有层级的运动？

14. 关于自我监督体育运动的指导有哪些？

15. 解释为什么你在评估体质时不应将自己与他人作比较？

批判性思考

你的朋友告诉你，每个人都应当达到优秀体质的水平。他说如果良好体质是你的目标，则优秀体质一定会更好。你将如何回答他？请写一段话作答。

项目

在学校和社区进行实地勘查，看看有哪些场所提供运动金字塔中的运动所需的器材和设施。制作一份目录，列出这些场所的地址、电话号码、网站以及它们的器材和设施。把目录分发给同学，或者发布到互联网上，以便其他学生浏览。

6

技能学习和伤害预防

第 6.1 课
技能及与技能相关的身体素质

课程目标

学完本课，你将能够：

1. 描述技能相关身体素质的 5 个方面，并分别举例说明；

2. 描述与技能相关的身体素质的影响因素，并说明如何建立与技能相关的身体素质档案；

3. 定义运动技能并描述它的影响因素；

4. 定义团队协作和领导能力，并说明培养这些技能的指导方针。

课程词汇

灵敏性、平衡性、协调性、反馈、领导力、运动单位、反应时间、技能、技能相关身体素质、速度、团队合作

你是否拥有良好的技能相关的身体素质？你是否有好的技能？技能相关的身体素质与技能的区别是什么？在本课中，你将学习更多关于技能相关的身体素质和技能的知识。

与技能相关的身体素质

你已经知道身体素质分为两类：与健康相关的身体素质和与技能相关的身体素质。健康相关的身体素质是最重要的，因为它使你能够维持身心健康并在体育运动中有出色表现。技能相关的身体素质指一系列的基本能力，它们帮助你在需要某些体育技能的竞技比赛和运动中取得好成绩。以下是与技能相关的身体素质的 5 大方面。

- 灵敏性：快速改变身体位置和控制身体运动的能力。
- 平衡性：站立和移动时保持直立姿势的能力。
- 协调性：协同使用感官和身体部位或者协同使用两个以上身体部位的能力。
- 反应时间：从你认识到需要做动作再到你实际做动作的间隔时间。
- 速度：在短时间内做某个动作或行进某段距离的能力。

技能指完成某项任务的能力，它通过知识和实践获得。拥有了多项技能，人便可以完成多种任务。竞技运动和游戏所需技能有时称为体育技能或运动技能（此处"运动"指肌肉和神经协同工作）。体育（或运动）技能包括竞技技能和娱乐技能，例如接球、掷球、游泳和击球，以及其他特定技能（如跳舞等）。与技能相关的身体素质和体育技能不是一个概念。与技能相关的身体素质的各个方面可以帮助你学习特定技能，但它们本身不是技能。如果你拥有良好的与技能相关的身体素质，例如速度和灵敏性，你能更容易学会足球运动中的跑步技能。类似地，如果你有良好的平衡性，你可以更容易地学会体操技能。本课随后会对技能进行讲解。

健身小知识

爆发力以往被认为是与技能相关的身体素质的一部分，因为它在竞技运动和其他体育运动中起着重要作用。但美国医学研究所现在把爆发力归类为与健康相关的身体素质的一部分。从根本上讲，身体素质的所有方面对健康和技能表现都很重要，但对青少年而言，爆发力与健康相关的身体素质的关系比其与技能相关的身体素质的关系更紧密。

了解你自己的技能相关身体素质将帮助你确定哪些竞技运动和终身锻炼方法对你来说更容易学习，而且做起来更轻松愉悦。因为不同的人在技能相关身体素质各方面的水准不同，他们能取得成功的运动也不一样。本课中，你将学习如何评估你的技能相关身体素质，从而可以选择与自身能力相符的运动，努力练习以改进你的技能，并寻找你可以终身享受的运动方式。你也将学习技能相关知识以及培养技能的方法。

影响技能相关身体素质的因素包括遗传、年龄、成熟度、性别和训练情况。图6.1表示这些因素之间的关系。

遗传

技能相关身体素质受到遗传的影响。例如，有的人能够快速奔跑或做出反应是因为他们从双亲那里继承了这些品质。而对未继承这些品质的人而言，在技能相关身体素质测试中取得好成绩可能会更有难度。但这样的人也有可能通过特别的训练技术（随后讨论）改善其技能相关身体素质。此外，继承技能的缺失有时可通过意愿和积极性来补偿。

成熟度和年龄

一般来说，早熟的青少年会比晚熟的青少年在技能相关体质测试中表现更

好。而在同一年级或同一个体育团队中，年龄较大的青少年通常更为成熟，因此他们在技能相关身体素质方面具备优势。但晚熟的青少年长大后也会赶上他们。

训练

长期以来，人们一直认为技能相关身体素质是难以改变的。因遗传原因，这种说法从某种意义上讲是事实。但近期研究表明，通过合适的训练，你可以改善技能相关的身体素质，尽管你需要付出更多的努力和拥有强烈的进取心。

专一性原则

技能相关身体素质也符合专一性原则。在技能相关的某一方面表现出色，并不意味着你会在另一方面也超过别人。即使在技能看似密切相关的情况下，该原则仍然适用，例如反应时间和速度这两种技能。你可能速度很快，换言之，你跑得很快，但你可能仍然缺乏快速反应能力，因此你的起跑做得并不好。你需要运用专一性原则来选择竞技运动和其他类型的运动，以充分发挥你在特定技能相关身体素质方面的优势。

专一性原则也意味着，你接受哪方面的训练，就会在哪方面取得进步。如果你想在技能相关身体素质的某一方面有所改善，就要针对这一方面进行训练。

评估与技能相关的身体素质

如果你希望在一生中参与某种竞技运动或体育运动，你要做的第一件事便是评估你的技能相关身体素质。这样你便可以发现自己的长处和短处。自我评估还有另外两项益处。它们不仅帮助你选择可以改善技能相关体质的运动，

图6.1 影响与技能相关的身体素质的各个因素

而且将你的能力与你最有可能取得成功的运动进行匹配。进行本章的技能相关身体素质评估时，请记住，技能相关身体素质包括很多子部分。例如，协调性是技能相关体质的一方面，而它本身也包括眼手协调（协同使用双手和双眼的能力，如在击球时）和眼足协调（协同使用双足和双眼，如在踢球时）。你可能在某方面做得很好，但在另一方面不行。除了在尚需改善的方面努力以外，你也要选择可以发挥你长处的运动。

❤️ 健身科技：运动分析系统

技术进步可以帮助人们提高各类运动技能。运动分析系统是最值得关注的技术之一。该系统可繁可简。简单的系统由普通摄像头和回放系统组成，而复杂的系统可由高速摄像头和软件构成。软件用来分析运动者的运动（使用生物力学）是否快速高效。无论简单还是复杂，运动分析系统都能对人的运动进行视频记录。接下来将由技能学习专家，例如运动教育学家或教练，来观察视频并分析运动者的运动。譬如，足球运动员和教练定期一同回放足球比赛视频，以观察防御阵形和进攻阵形以及对手的战术。高性能的系统允许用户通过极慢动作来分析运动，并生成计算机分析信息，从而帮助运动者纠正错误。运动分析系统可用于多种运动中（如垒球和网球运动），但它在高尔夫球运动中非常流行。高尔夫球手使用该系统的生物力学反馈来改善他们的挥杆动作。

科技应用

对你自己的运动技能表现进行视频录像。运用教练提供的信息或你从"科学实践"一节的学生活动中获得的信息来分析你的表现。

研究运动序列以提供反馈和改善运动表现

完成技能相关身体素质的评估后，你可以把结果汇总，建立自己的档案，从而帮助自己选择终身进行的竞技运动和其他运动。本课将告诉你具体如何进行，以及如何制定计划，让自己在所选的运动中变得更加熟练。

制作技能相关身体素质的档案

苏（Sue）是一名学生。她完成了本章中所有的技能相关身体素质的评估，然后制作了她自己的技能相关身体素质档案（表6.1）。该档案帮助她确定自己的长处和短处，而且她也使用该档案制定自己的健康计划。

你可以看到，苏在身体素质的某些方面比在其他方面更强。她使用身体素质档案来确定自己需要改善的方面。通过表6.2，她可以选择特定运动来改善这些方面。例如，苏在灵敏性和平衡性上表现不佳，所以她打算上太极拳课来改善这些方面。而且她在反应时间和速度上也做得不好。但她也意识到，由于遗传因素，她可能无法成为一个速度快、反应敏捷的人。不过，她认为太极拳也许能在某种程度上缩短她的反应时间和提高她的速度。她认为，即使自己在这些方面做的不如别人好，也不必担心。

苏使用自己档案的另一种方式是用它来选择与自己能力相符的体育运动。在技能相关身体素质的某一方面提供最大益处的运动恰恰在该方面会要求运动者具有最好的身体素质。例如，苏在协调性方面表现很好，而保龄球可以有效地培养协调性，所以她在保龄球运动中更有可能取得成功。

苏也打算把骑自行车纳入她的运动计划中，因为这种运动不需要高水平的技能相关身体素质，因此她也无须学习新技能。同时，骑自己车也有益于身体健康。

你可以参照苏的档案（表6.1）制作你自己的技能相关身体素质档案。然后用你自己的档案确定哪些运动能改善你体质的相关方面，以及哪些运动你最容易学会并使你获得最大的享受。

体育（或运动）技能

如前文所述，技能是你完成某项任务的能力，它通过知识和练习获得。体育技能也称为运动技能，因为学习这种技能要求你使用身体的"运动单位"。运动单位由引起肌肉收缩的神经和实际完成收缩、产生运动的肌纤维构成。如果运动单位被反复使用（当你练习一项技能时），你就能学会使用这些肌肉和神经来高效地运动，从而提高了你的技能。

技能学习

技能相关身体素质的5大方面同时也是帮助你学习体育技能的能力。因此，影响你技能相关身体素质的各个因素，如遗传、成熟度和年龄，也会影响你的技能学习（图6.1）。但是，对技能学习影响最大的2个因素是知识和练习。

表 6.1 苏的技能相关身体素质档案

技能相关表现的等级				
身体素质	低水平	边缘水平	良好	高水平
灵敏性	√			
平衡性		√		
协调性				√
速度		√		
反应时间		√		

表 6.2 竞技运动和其他运动的技能相关益处

运动	平衡性	协调性	反应时间	灵敏性	速度
羽毛球	尚可	优秀	良好	良好	良好
棒球	良好	优秀	优秀	良好	良好
篮球	良好	优秀	优秀	优秀	良好
骑自行车	优秀	尚可	尚可	尚可	尚可
保龄球	良好	优秀	差	尚可	尚可
循环训练	尚可	尚可	差	尚可	尚可
舞蹈（有氧或社交）	尚可	良好	尚可	良好	差
健美体操	尚可	尚可	差	良好	差
极限运动	良好	良好	优秀	优秀	良好
足球	良好	良好	优秀	优秀	优秀
高尔夫球（步行）	尚可	优秀	差	尚可	差
体操	优秀	优秀	良好	优秀	尚可
间歇训练	尚可	尚可	差	差	尚可
慢跑或步行	差	差	差	差	差
武术	良好	优秀	优秀	优秀	优秀
短柄壁球或手球	尚可	优秀	良好	优秀	良好
跳绳	尚可	良好	尚可	良好	良好
滑冰（冰或旱冰）	优秀	良好	尚可	良好	良好
滑雪（越野）	尚可	优秀	差	良好	尚可
滑雪（下坡）	优秀	优秀	良好	优秀	差
英式足球	尚可	优秀	良好	优秀	良好
垒球（快速投掷）	尚可	优秀	优秀	良好	良好
游泳（圈数）	差	良好	差	良好	差
太极拳	优秀	良好	尚可	优秀	良好
网球	尚可	优秀	良好	良好	良好
排球	尚可	优秀	良好	良好	尚可
举重训练	尚可	尚可	差	差	差

知识

练习可以帮助你学习技能，但首先你要掌握基本信息（知识），理解如何运用技能以及如何有效地练习。本书将为你讲解对技能学习而言重要的生物力学原理。你也会学到如何正确地进行练习。例如，本课的"科学实践"一节提供与反馈有关的信息，这些信息可以帮助你正确地运用和练习技能。

练习

所有人，无论其技能相关的身体素质如何，都可以通过练习来学习技能。但有的人学习技能所花时间会比其他人更长，而且有的人会比其他人更擅长发挥某些技能。并非每个人都能成为奥林匹克健将，但通过练习，每个人都能学会基本技能，从而轻松参与竞技运动并高效地完成体能任务。有足够多的证据表明，一心一意、愿意努力奋斗的人可以战胜遗传劣势并超过有遗传优势的人。关键在于练习。

练习包括不断重复使用技能。当你重复技能（如网球发球）时，如果动作正确，你会更擅长该技能。在本章的"自我负责"和"自我管理"小节中，你可以学到更多关于技能培养的知识。

技能学习的 3 个阶段

运动技能的学习与掌握通常分为 3 个阶段。第 1 阶段称为"认知阶段"，因为你必须思考你在做什么，并运用知识来帮助自己发挥技能。在该阶段，动作会比较低效，而且通常比后期阶段更慢。言语反馈帮助你正确地发挥该技能。第 2 阶段称为"联系阶段"，因为你开始把该技能的相关知识与实际动作联系到一起。你仍然需要思考你在做什么，但技能的发挥变得更加自如、高效和一致。技能学习的最后阶段称为"自发阶段"，因为你无须认知控制便可发挥技能。（"自发"指独立发挥而无须外在控制。）你自动地做动作，而且你的动作会准确、有效得多。

练习是技能学习中最重要的因素，但如果方法错误，练习反而对技能学习有害，因为它让你错误地发挥该技能。熟练本身不能生巧，而熟练加正确才能生巧。因此，知道练习什么以及如何正确练习都是至关重要的。刚开始学习技能时（第 1 阶段），你会增长技能相关的知识，从而知道练习的是什么。你需要依靠认

健身小知识

反馈太多会导致"分析瘫痪"。在这种心理状态下，你不能专注于真正重要的少数事物。例如，如果垒球击球手收到太多信息——眼睛平视、肘部高举、向前迈步、髋部引身、目视球体等，她可能会摇摆而无法接住球。一次给太多反馈不仅没有帮助，反而是有害的。

科学实践：反馈

运动学习是运动机能学的一个研究领域。运动学习的专家们致力于研究技能学习的最佳方法。运动学习（技能学习）的一大关键在于反馈。反馈指你收到的关于表现的信息，比如怎样改变以做得更好。反馈能帮助你有效地练习。专业人士如老师和教练等可以提供最好的反馈。看过你的表现后，他们可以提出有针对性的建议，告诉你如何改进。获得反馈的另一种方法是观看你运动表现的视频录像。运动学习方面的专家建议你在练习时一次只收取一条反馈。

学生活动

从运动金字塔中任选一项运动，然后选择一项该运动所用技能。让一位专家观看你发挥该技能并给你反馈。写下关键点，以便在练习时记住它们。

知信息，包括教练给你的反馈（见"科学实践"一节）。随着水平的提高，你继续完善技能，但你更多地专注于重复该技能，而不是思考它。即使处于自发阶段的技艺精湛的运动员，也会定期锻炼以保持技艺的纯熟，使技艺的发挥更为一致、可靠。

团队合作和领导力技能

在竞技运动和其他运动中的表现当然取决于运动技能，但团队合作和领导力技能对成功也很重要，特别是在团队运动中。团队运动要求团队成员共同努力，听从团队领导的指示，并承担分配的角色，从而使团队获得成功。没有好的领导，任何一个团队都不可能成功，但如果没有队员承担重要角色，即使最好的领导也无法有效发挥其能力。

领导力包括激励团队成员朝着共同目标奋斗。团队合作要求所有团队成员通过彼此合作努力争取实现共同目标。团队成员在不同情况下可以承担不同的角色，比如在一种情况下当领导，另一种情况下当队员。这是一种比较好的模式，因为它给所有人机会承担各种角色，让他们可以真正享受运动。以下是学习和培养领导力技能以及团队合作技能的一些方法。

· **接受你的角色并学习扮演它。** 遵从教练和熟练运动员的指示可以帮助你了解最适合你的角色。扮演好该角色便是你对团队的最大贡献。

· **奉献。** 成功常常要求团队成员有更多的奉献精神，顾全团队利益。

· **沟通。** 好领导的一项技能是清楚传达自己的意思。比如有礼貌地给队员提供反馈。良好沟通者的另一项素质是积极的非语言沟通，比如在遇到挫折时表现乐观，而不是沮丧。沟通的另一方面是擅于聆听，它能帮助你理解团队目标和个人角色，从而有效地领导其他队员。

- **敏感性**。团队中所有成员对彼此的感受和担忧保持敏感时，团队便能发挥得最好。增强敏感性的方法包括聆听（比如聆听别人的话，而不是一味告诉他们该做什么）和礼貌地沟通（比如给予积极的评价而不是严厉的批评）。

- **信任和尊重**。优秀的领导受到尊重，因为他们是值得信任的。他们履行承诺，并对队员的感受保持敏感。优秀的领导可以与队员有效地沟通和互动。当每个人都感觉自己是团队的一员时，彼此的信任便可建立起来。

- **决策**。当团队成员（特别是领导）可以批判性地思考并做出正确决策时，团队便可发挥得最好。通过解释为什么做决策以及决策对团队有何帮助，上述论点便得到证明。

- **观察**。优秀的领导通过观察其他领导的高效工作和其他团队的协同配合来学习。通过观察，你可以学会辨别优秀领导的行为模式。

- **练习**。领导力和团队合作的学习方法与运动技能的学习方法相同——通过练习来学习。团队领导往往年龄更大，也更有经验，这是因为他们长期以来不断地练习和培养了他们的领导力技能。

课程回顾

1. 技能相关身体素质的 5 个方面分别是什么？请就各个方面举例。
2. 技能相关身体素质的影响因素有哪些？怎样建立技能相关身体素质档案？
3. 什么是运动技能？哪些因素会影响运动技能？
4. 团队合作和领导力包括哪些技能？关于培养这些技能有哪些指导性建议？

你可以用以下测试方法评估技能相关的身体素质。用表6.3和表6.4确定你的等级。然后在老师的指导下记录你的分数和等级。请记住以下要点，特别是在你得分较低的情况下。

- 你可以改善技能相关身体素质的所有方面，但改善技能相关身体素质会比改善健康相关身体素质更难。
- 根据专一性原则，你可能在某些方面做得很好，但在其他方面较差。
- 部分运动，如慢跑等，并不需要你有高水平的技能相关身体素质。
- 并非只有拥有了出色的技能相关身体素质才能享受体育运动。

如果你与同伴一起做测试，请记住，自我评估信息是机密的个人信息。未经受测者同意，不得与他人分享。

第一部分：侧行测试（灵敏性测试）

用遮蔽胶带或其他材料在地面上铺设5条61～91厘米长的平行线。线间距离约91厘米。你做侧行测试时让同伴计数，然后同伴做该测试时由你计数。

1. 站立在第一条线的左侧。当同伴说"开始"时，你将右脚跨到线的右侧，然后把左脚滑到右脚处。继续跨步和滑行动作，直至你的右脚跨过最后一条线。然后反向运动，用左脚跨步，右脚滑行，直至左脚跨过第一条线。

注意：不要跨过你自己的脚。

2. 重复运动，10秒内从一侧到另一侧行进尽可能多的次数。跨过最后一条线的只有一只脚。

3. 同伴说"停"时，你应停在原地，让同伴给你计分。10秒内，你每跨过一条线，就得1分。你每跨过自己的脚一次，就减1分。

4. 测试两次，记下最高分。用表6.3确定你的等级并做记录。

侧行运动用于测试灵敏性

第二部分：方棍平衡测试（平衡性测试）

以评分为目的进行测试前可以先练习一次。

测试 1

1. 选用 30 厘米长的方棍。将双脚的前脚掌置于方棍上，脚后跟着地。

2. 脚后跟提起并离地，身体在方棍上保持平衡 15 秒。手臂前伸以保持平衡。开始测试后，不要让脚后跟接触地面或从方棍上移开，也不要让双脚在方棍上移动。

注意：两眼注视前方的静物。

3. 测试两次。如果你第一次测试成功但第二次失败，计 2 分；如果你第一次失败但第二次成功，计 1 分；如果你两次测试都成功，计 3 分。

4. 记录下你的得分。

测试 2

1. 用任何一只脚站在方棍上。脚应沿着方棍方向。

2. 另一只脚抬起，离开地面。首先，在支撑脚平放时保持身体平衡 10 秒。然后支撑脚抬起脚后跟，仅用前脚掌接触方棍，并继续保持平衡 10 秒。

注意：用你的惯用腿（踢球时用的那条腿）支撑身体。

3. 测试两次。如果脚平放时成功保持平衡 10 秒，计 1 分；如果前脚掌支撑时成功保持平衡 10 秒，计 1 分；如果两项测试都成功，再计 1 分。最高分为 3 分。

4. 把两次测试的得分加起来。参照表 6.3 确定你的等级。

5. 记录下你的分数和等级。

两项方棍平衡测试用于评估平衡性

第三部分：魔杖杂耍（协调性测试）

1. 以评分为目的做本测试前先练习3次。每只手拿一根木棍。让同伴把第三根木棍横放在你手中的两根木棍上。

2. 利用你手中的两根木棍将第三根木棍掷到空中，让它转半圈。然后用你手中的木根把它接住。掷出的木棍不应接触你的手。

3. 往右掷棍5次，再往左掷棍5次。每次成功接住都记1分。

注意：利用手持的木棍缓冲接棍时的冲击，正如你接鸡蛋或其他易碎物时一样。

4. 记录测试结果，并根据表6.3确定你的等级，然后记下你的等级。

魔杖杂耍测试用于评估协调性

表6.3 等级表：灵敏性、平衡性和协调性

	侧行测试		方棍平衡测试	魔杖杂耍测试
	男性	女性	男性或女性	男性或女性
优秀	≥ 31	≥ 28	≥ 6	≥ 9 或 10
良好	26 ~ 30	24 ~ 27	5	7 或 8
及格	19 ~ 25	15 ~ 23	3 或 4	4 ~ 6
差	≤ 18	≤ 14	≤ 2	≤ 3

第四部分：丢尺测试（反应时间测试）

1. 让同伴用拇指和食指捏住码尺（或米尺）2.5厘米刻度和末端之间的位置。

2. 将码尺的61厘米刻度置于你的拇指与其余手指之间。不要触碰或抓握码尺。你的手臂应静置于桌面边缘，仅让手指伸出边缘外。

3. 同伴松手让码尺下落，但不进行任何提示。你用拇指和其余手指尽可能快地接住码尺。

注意：注意力集中于码尺，而不是你的同伴，并保持警觉。

4. 测试3次。你接住码尺时手指处的刻度即为你每次测试的分数。

记录下你的分数。你的同伴应注意，每次丢尺的等待时间不能相同。换言之，不能让你猜到何时他会丢尺。

5. 根据表6.4和你的中间分数（最低分和最高分之间的分数）确定等级。然后记录下你的等级。

丢尺测试用于评估反应时间

第五部分：短跑测试（速度测试）

用遮蔽胶带或其他材料在地面上铺设10条线，每条线长61～91厘米。第一条线是起始线，第二条线距起始线约9.1米。剩余的线从约9.1米线开始彼此间隔约1.8米，总距离约23.8米。让同伴给你计时，并通过吹口哨指示你停止运动。

以评分为目的进行本测试前，先练习一次，练习时不计时。

1. 站立在起始线后两三步远。

2. 同伴说"开始"时，尽可能快和尽可能远地冲刺。你跨过起始线时，同伴开始用秒表计时。3秒后，同伴吹口哨。听到口哨声后，不要立即停止，而是先减速。

3. 同伴标出3秒口哨声吹响时你的位置。测量该位置与最近的线之间的距离。如果在两线之间你过了一半的位置，在评分时要把较远的那条线算上。你的分数等于你跨过起始线后在 3 秒内冲刺的距离。例如，你在起始线后跨过了 5 条线外加约 30 厘米，你的分数就是 16 米，因为 30 厘米小于两线间距的一半。

4. 记下你的分数并根据表 6.4 确定你的等级，然后记录你的等级。

短跑测试用于评估速度

表 6.4　等级表：反应时间和速度

| | 丢尺测试（英寸数） | 短跑测试（跑过的码数） | |
	男性或女性	男性	女性
优秀	≥ 22	≥ 24	≥ 22
良好	19 ～ 21	21 ～ 23	19 ～ 21
及格	14 ～ 18	16 ～ 20	15 ～ 18
差	≤ 13	≤ 15	≤ 14

英寸转厘米应乘以 2.54。码数转米数应乘以 0.91。
技能相关身体素质的等级代表运动表现的水平，而不是身心健康水平。

第 6.2 课

体力活动和伤害

课程目标

学完本课，你将能够：

1. 列举并描述与运动相关的身体伤害；
2. 列出体力活动中预防伤害的有关指导建议；
3. 解释如何运用 RICE 处方治疗身体伤害；
4. 确定危险运动的类型。

课程词汇

生物力学原理、伸展、屈曲、韧带、微创、过度使用性损伤、RICE、岔气、扭伤、拉伤、肌腱

如果你扭伤了脚踝，你知道该做些什么吗？如果你在练习危险的瑜伽姿势，你是否能意识到这种危险？现在，你当然已经知道体育运动能给身心健康带来莫大的益处。但是，如果你运动不正确，你会伤害到你自己。所幸大多数伤害都是轻伤，小心谨慎便可预防。

参与体育运动计划之前，请确保你已做好了充分的准备，并知道如何安全地运动。在本课中，你将学习常见的轻伤以及基本的预防措施。你还会了解一些危险运动以及它们的替代运动方案。

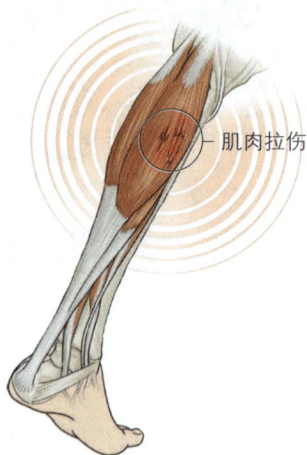

图 6.2　肌肉拉伤是竞技运动和体育锻炼中一种常见的伤害

常见的伤害

如果你曾经在竞技运动或体育锻炼中受过伤，你可能已经知道，受伤是痛苦的，即使伤害并不严重。竞技运动和体育锻炼中的常见轻伤包括扭伤、拉伤、水疱、瘀伤、割伤和擦伤。较为严重但不常见的伤害包括脱臼和骨折。体育运动中最常受伤的身体部位包括皮肤、脚、脚踝、膝盖和腿部肌肉（图6.2）。受伤较少的部位包括头部、手臂、躯干和内部器官，如肝脏和肾脏。

过度使用性损伤是一种运动伤害，它指的是你过度地重复某个动作导致身体磨损和撕裂。水疱是一种很常见的过度使用性损伤，你可能对它较为熟悉。另外还有外胫夹，它导致小腿前部疼痛。外胫夹的原因可能是因过度使用造成的

小肌肉撕裂或肌肉痉挛。第三类损伤是跑步者足跟，它也会导致疼痛，常常是由跑步或跳跃活动要求脚跟不断地击地所致。在长跑运动员和需要做重复足部冲击运动的运动员中，这类损伤特别常见。

岔气是人们在参与体育运动时（特别是在跑步时）常常经历的下腹部一侧的疼痛。现在尚不清楚岔气产生的原因是什么，但有一种理论认为，岔气由隔膜痉挛所致，而隔膜是参与呼吸的肌肉组织之一。在不习惯剧烈运动的人群中，岔气最为常见。岔气并不算是伤害，因为你停止运动或降低运动强度后，疼痛会消失。减轻岔气的方法是用手紧紧按压疼痛位置，同时身体前躬或后仰。

微创也是一种伤害。"微"的意思是小。这种伤害是如此小，以至于在 X 射线或其他检查中看不到。"创伤"是伤害的另一种说法。所以微创是一种不可见的伤害。它常常不立即导致疼痛，但随着不断重复使用，损伤的症状最终会出现。现在很多成年人患有因年轻时的微创导致的背部疼痛、颈部疼痛、关节僵硬或疼痛等。本章后面将会讨论可能导致微创的危险运动。

健身小知识

合成代谢类固醇是运动员包括一些青少年服用的非法补品。运动员服用类固醇是为了改善运动表现，但常常会收到相反的效果。类固醇被认为是肌腱和韧带受伤的重要原因之一。运动医学领域的专业医师表示，类固醇的使用导致运动员比赛失败，而且可能使其因受伤而终结职业生涯或者引发严重的健康问题。

伤害的预防

你的身体由两百多根骨骼构成，这些骨骼通过关节彼此相连。不同类型的关节允许你做出不同形式的动作。例如，滑膜关节允许自由动作。其中，滑车关节（如膝和肘）只允许屈曲和伸展；球窝关节（如髋关节和肩关节）允许额外的动作如旋转。而软骨连结（如背部的脊椎）只允许有限的动作。纤维连结则是固定关节，例如你颅骨骨骼的连接关节便是纤维连结。

肌肉收缩时，它们牵拉肌腱并使骨骼移动。骨骼起着杠杆作用，使身体得以运动。例如，你收缩上臂顶部的肌肉（肱二头肌）时，它产生力量并牵拉与下臂骨骼（杠杆）相连的肌腱，使肘关节（滑车关节）弯曲，如图 6.3 所示。正确使用时，你身体的杠杆帮助你高效运动，但如果使用不正确，它们产生的力量会导致关节或身体其他部位受伤。

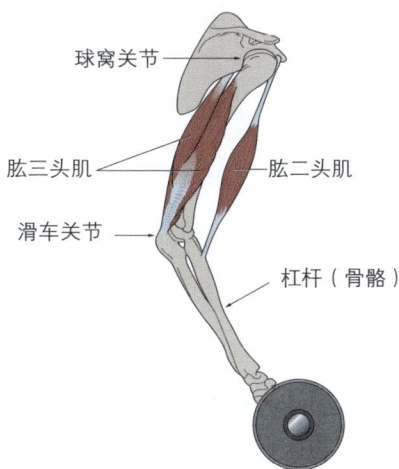

图 6.3 骨骼起杠杆作用促成身体运动

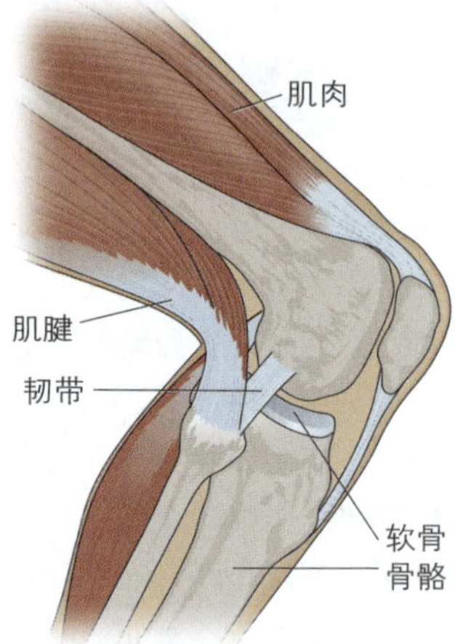

图 6.4 常见的易受伤组织

不同类型的伤害会影响不同类型的组织。扭伤属于韧带伤害，通常导致关节周围肿胀和疼痛。如图 6.4 所示，韧带是坚韧的组织，把骨骼连在一起。图中其他类型的组织包括肌腱、肌肉和骨骼。肌腱把肌肉和骨骼连接起来。拉伤即肌肉拉伤，是因组织撕裂导致的肌腱或肌肉伤害。与扭伤相似，拉伤也会导致疼痛和肿胀。

运动医学的专家们对多种运动中出现的伤害进行了研究，其中包括运动金字塔中的所有运动。专家们给出以下指导，帮助你预防伤害。

· **缓慢地开始**。初学者更容易受伤。如果你之前不经常运动，请遵循以下循序渐进原则：缓慢地开始，然后逐渐增加运动强度。

· **注意你的身体信号**。当你忽视身体给你的信号和迹象时，伤害就可能会发生。如果你出现疼痛，请给予相应注意。在弄明白疼痛的原因之前，请减慢或停止你的运动。注意你的身体信号，你就能避免大多数的水疱和外胫夹问题。

· **增强体质**。避免伤害的最佳办法是增强体质。与体质差的人相比，心肺功能健康，肌肉长而有力的人不太容易受伤。正确的体育运动可增强整体体质，从而帮助你预防伤害。

· **适度运动**。体育运动中的过度使用会导致很多种轻伤。例如，约40% 的长跑运动员和 50% 的有氧舞蹈运动员出现过受伤情况，而且他们的伤害常常是由于高强度或长时间使用某个身体部位所致。

· **正确着装**。有些伤害是由于着装不正确导致的。例如，穿劣质鞋袜会导致水疱或跑步者足跟。请确保你着装正确，穿合适的鞋子，并在鞋子磨损后换新鞋。

· **避免危险运动**。某些运动违反了生物力学原理，因而导致伤害（见本章后面的危险运动描述部分）。

健身小知识

刚开始执行运动计划的人有时会出现延迟性肌肉疼痛（DOMS）。该疼痛在剧烈运动（如竞技运动）后 24 ～ 48 小时内出现。延迟性肌肉疼痛的起因是微观肌肉撕裂。与微创不同，这些撕裂不会造成永久损伤。为避免延迟性肌肉疼痛，你在开始运动后应遵守循序渐进原则。疼痛时继续运动也是可以的，但如果疼痛持续或者比较剧烈，请停止运动并寻求医疗帮助。

轻伤的简单处理

受伤时有必要寻求医疗帮助，但你也可以采取紧急措施来减轻疼痛和预防并发症。只要你懂得基础急救常识，你就能采取正确的步骤予以应对。对于竞技运动和其他运动中常见的肌肉拉伤、扭伤和瘀伤，你可以采用 RICE 处方。

"RICE"的每一个字母都代表处理轻伤的一个步骤。

· "R"指休息（Rest）。实施急救后，受伤的身体部位应静止不动 2 ~ 3 天以防止进一步的损伤。休息时间的长短取决于受伤的严重程度和身体对治疗的反应。

· "I"指冰（Ice）。扭伤或拉伤的身体部位应浸入冷水中或敷冰，并以毛巾包裹或置于塑料袋中。受伤后立即敷冰 20 分钟能帮助减轻肿胀和疼痛。每天敷冰或浸入冷水数次，坚持此做法 1 ~ 3 天。用于减轻外胫夹疼痛时，将冰袋和毛巾敷在腿的前部，直至疼痛消退（每次不要超过 20 分钟）。

· "C"指压缩（Compression）。用塑料绷带包扎受伤部位以控制肿胀。脚踝受伤后，在用绷带进行压缩前，伤者仍应穿好鞋袜并把鞋带系好（鞋和袜子可以压缩受伤部位）。为了避免血流受阻，应每隔几分数拆除绷带一次，或者当你感觉到搏动或绷带太紧时把绷带放松。

· "E"指抬高（Elevation）。将受伤的身体部位抬至比心脏高的位置以帮助减轻肿胀。

危险运动

生物力学专家经过对身体杠杆和组织的研究，制定了若干项规则以帮助你避免错误运动，从而预防伤害。

1. 避免会拉伸韧带的运动。

2. 避免会扭动关节或迫使关节进行与其功能不相符的动作的运动。

3. 避免会错误使用身体杠杆的运动。

4. 平衡关节两侧的肌肉发育，从而使所有的肌肉都正确发育。例如，图 6.3 展示了上臂的肌肉。如果你的肱二头肌过度发育，而你没有注意肱三头肌的练习，你可能最终无法完全伸展手臂（你的肱三头肌不够强壮）。在这种情况下，你的肱三头肌拉伤的风险会增加，因为这块虚弱的肌肉会因为强壮的肱二头肌的牵拉而承受过大的拉力。

有些运动属于危险运动，因为它们使你的身体以违反上述规则和基本生物力学原理的方式做动作。做这些运动可能不会立即造成伤害和疼痛，但如果你重复进行这些运动，你会有微创的风险。它们可能导致疼痛、关节问题以及磨损和撕裂伤，例如肌腱和滑囊（关节内的缓冲组织）炎症，并磨损关节软骨。渐渐地，危险运动造成的微创将导致致残性关节炎或者背部和颈部疼痛。背部和颈部疼痛是美国人主要的健康问题之一。

一般来说，你应当避免以下运动（在"实际行动"一节中，你可以学到危险运动的安全替代方法）。当然，有些运动员无法避免所有的潜在有害运动。例如，体操运动员必须做需要背部弯曲的绝技，而垒球和棒球的接球手必须做全蹲练习。这些运动员做额外的柔韧性和力量训练来为他们的运动做准备。但即便如此，练习时如有疼痛出现，应立即寻求医疗帮助。

应避免的过度屈曲运动

"过度"（hyper）指太多，而"屈曲"（flexion）指关节处的弯曲。过度屈曲的运动中，你使用关节的方式违反了关节本来的使用方法，而且违反了规则 1 和规则 2，因为关节弯曲得太多并拉扯了韧带。例如，深屈膝包括了膝关节的过度屈曲（图 6.5）。其他应避免的过度屈曲运动包括鸭行、自行车式（也称肩倒立式）、瑜伽犁式、手放颈后的仰卧起坐、膝下拉等。安全的替代运动包括手在胸前交叉的仰卧起坐、半蹲、髋部和大腿拉伸等。

应避免的过度伸展运动

过度伸展与过度屈曲相反。如前文所述，"过度"指太多。"伸展"（extension）指增加关节处骨骼的角度。所以"过度伸展"意思是关节角度增加太多。例如，背部有一点曲度是正常的，但下背部弯曲超过正常范围就构成过度伸展。过度伸展的运动违反了规则 2 和规则 3，因为它们使脊椎等关节以违反本性的方式运动，而且使身体杠杆不恰当地施力。

有些背部弯曲练习倾向于拉伸腹肌，它们可能导致椎间盘和脊椎关节受伤。这些运动还违反了规则 4，因为它们缩短了背部肌肉，而大多数人的背部肌肉已经很短。有脊柱前凸、腹肌虚弱、腹肌突出和背部疾病等问题的人应尤为注意。（"肌肉素质的应用"一章对脊柱前凸和其他背部疾病有更详细的描述）危险的过度伸展运动包括直腿仰卧起坐、下腰（图 6.6）、摇摆木马、眼镜蛇式、俯卧天鹅式、过度的上背部抬升、背部弯曲的错误的举重姿势等。安全的替代运动包括仰卧起坐、膝碰鼻练习以及髋部和大腿拉伸等。过度伸展脊柱的其他运动包括颈部过度伸展、向后转头（图 6.7）、后部双抬腿、驴踢、跳起并在背部弯曲时着地、摔跤桥式、躯干向后转等。

图 6.5 避免过度屈曲的运动，例如深屈膝

图 6.6 避免过度伸展的运动，例如下腰

图 6.7 避免过度伸展的运动和导致摩擦的运动，例如向后转头

应避免的关节扭曲、挤压和摩擦运动

有的运动导致关节过度扭曲（例如风车水手式和英雄式）。也有些运动挤压关节或导致部分结构相互摩擦，因而产生磨损和撕裂。此类运动包括跨栏式、英雄式（图 6.8）、双腿抬升、手放头后的仰卧起坐、直腿水手式、手掌朝下的手臂绕动等。安全的替代运动包括护背式腘绳肌拉伸、反向卷体、仰卧起坐、膝碰鼻练习以及髋部和大腿拉伸等。

图 6.8 避免会扭曲或挤压关节的运动，例如英雄式

错误的力量或拉伸运动

有些运动会导致肌肉失衡（违反了规则 4），因为它们增强了不需要特别强化的肌肉，而对于真正需要改善健康的肌肉则未加以训练。这类运动并不危险，但仍然是糟糕的运动方式。例如，手臂向前环绕促进了本来已经很强壮的胸肌的发育，但手掌向上的手臂向后环绕是更好的选择，因为它锻炼较弱的背部肌肉。其他一些错误运动会强化已经很强壮的髋关

节前部肌肉。它们可能导致椎间盘受伤、腹肌撕裂、肌腱撕裂、韧带松弛等。这类危险运动包括直腿仰卧起坐和双抬腿（图 6.9）。安全的替代运动包括仰卧起坐和反向卷体等。

图 6.9 避免片面增强肌肉的运动，例如双抬腿

脑震荡和其他的运动伤害

运动医学是医学的一个分支。运动医学专家研究运动中的伤害，以帮助人们采取措施避免这些伤害。脑震荡是一种严重的运动伤害，它是头部受到撞击后，脑部与颅骨发生碰撞导致的脑损伤。脑震荡的程度可轻可重。轻度脑震荡可以导致头晕和意识模糊。较为严重的脑震荡则使人昏厥，也可能导致暂时的或长期的功能丧失，例如丧失言语能力或肌肉运动能力，或者导致其他的严重症状。所幸大多数运动相关的脑震荡都不严重，其症状通常在数小时内或数日内消失。但患过一次脑震荡后，再患脑震荡的风险会增加。头部重复受到撞击或摇动可能导致累积损伤，即使是未发生脑震荡。

消费者建议：把科技付诸实践

科技的进步反而限制了很多人每天的运动量。人们整天都在屏幕前度过。但与此同时，科技进步也带来了非常有用的工具，方便了我们的生活。其中一些工具可以帮助你执行运动计划。

你可以在智能手机、平板电脑和计算机中安装相关软件（有时也称"应用程序"或 App），为自己提供帮助。你也可以观看运动视频剪辑，学习如何正确地做各种运动。此外，计步器、加速计和心率监视器等器械可以帮助你进行自我评估和自我监督。

如果你打算使用以上一种或多种器械，请考虑遵循以下指导。

· App。研究该 App，看它是否严格遵循本书所述的运动原则。

· 运动视频。观看视频，留意它是否包含任何危险运动，以及它是否遵循本书所述的运动原则。

· 计步器。用简易的步行测试来检查计步器的准确性。将计步器置零，然后步行到 100 步。查看计步器读数是否为 100。对 100 步而言，3 步以内的误差是可以接受的。你可能会发现，把计步器放在身体某一部位会比放在另一部位时计步更准确。在你皮带的不同位置测试计步器的准确性。如果装置在任何位置计步均不准确，则进行更换。

在曲棍球、足球等碰撞较多的运动中，脑震荡更为常见，但在英式足球和篮球等其他运动中也可能发生脑震荡。比如在英式足球中可能会发生头对头或头对球的接触，而在篮球运动中可能会发生跌倒和头部撞击。重复的脑震荡会增加人患上永久性损伤的风险。因此，拳击运动员永久性损伤的发病率高于其他运动的运动员。运动医学专家给出了相关指导，帮助运动员预防脑震荡以及在脑震荡发生后康复并重返赛场。

课程回顾

1. 运动相关的身体伤害有哪些？这些伤害分别具有哪些特征？
2. 在体育运动中你可以采取哪些步骤防止受伤？
3. 如何使用 RICE 处方处理身体损伤？
4. 危险运动有哪些类型？为什么它们是危险的？

⚡ 自我负责：改善运动表现

参与一项运动之前，你需要先具备该项运动所需的特定技能。大多数人都可以通过练习掌握表现型技能，如踢球、掷球、击球和游泳等。但有些人学习这些技能确实要比别人花更长的时间。以下的故事就是一个例子。

扎克感觉他从来就不擅长运动。他尝试过若干种运动，但发现他不如他认识的人那样擅长这些运动。他甚至参加过学校的体育团队——先是英式足球，然后是游泳，但都不成功。他最大的问题在于他小时候没有学过这些运动，所以现在落后于其他人。

扎克想学习一种运动，但害怕因不成功而受到朋友的嘲笑。他对自己的技能相关体质进行了评估，但惊讶地发现他在大多数评估项目中的成绩都非常好。特别是在协调性和灵敏性方面，他做得非常棒，虽然他的速度并不快。

再次选择体育团队之前，扎克打算先选择与自己能力相符的运动类型，然后学习该运动的技能。他的体型是一大优势——身高超过 1.8 米，体重 82 千克，但他想变得更强壮，而他不知道哪种运动对他最好。他想要加入团队，但也希望让学习过程轻松有趣。

讨论

就运动选择而言，你能给扎克哪些建议？他做出选择后，可以采取哪些步骤来改善他的表现型技能？他又可以寻求哪些人的帮助呢？扎克知道他需要练习，但不确定练习什么。你能给他一些什么建议呢？回答以上讨论问题时，请考虑以下"自我管理"一节的指导。

➡ 自我管理：改善运动表现的技巧

体育教育学和运动学习领域的专家们已研究出运动技能学习的最佳方法。他们制定出了相关指导，帮助你改善自己的技能。

- 接受正确的指导。如果学习方法错误，你很难改进你的技能，即使你做了很多练习。好的教练给你提供有效的反馈，以帮助你纠正错误和改善表现。
- 练习。正确练习是改善技能的关键。它包括用正确的技巧重复动作。正确的指导帮助你正确地练习。很多人不喜欢练习技能——他们只想从运动中获

取乐趣。但娱乐并不能让你的技能得到训练，而且如果你运动时没有使用正确的技能，你常常会形成不良习惯，妨碍你的成功。

- 练习所有的技能，而不只是你已经擅长的技能。你要同时具备很多技能，才能熟练完成一项运动。例如，篮球运动对投篮、带球、传球、接球和防守技能都有要求。你必须练习所有的必需技能，才能取得成功。
- 刚开始不要太在意细节。在技能学习的开始阶段，请把技能

当作一个整体。你可以在学会主要技能后再去研究细节。随着你技术的提高，你可以一次专注于一个细节。如果你同时专注于太多细节，就会带来"分析瘫痪"的问题。"分析瘫痪"指你对运动进行分析并试着一次纠正数个问题。例如，你在学习网球发球时，请不要同时处理抛球、抓球、后挥杆和随球等所有问题。你应该一次练习该技能的一部分。

• 学习新技能时不要进行比赛。虽然比赛很有趣，但在学习新技能时进行比赛会造成额外的压力并影响你获得最佳的学习效果。你在比赛时往往只尝试你已经擅长的技能，所以无法对弱点进行改进。

• 积极地思考。专家指出，如果你持消极态度，你的表现可能很差。但是，当你在练习时积极地思考，你就能学得更快，变得更自信。

• 选择与你的技能相关身体素质相符的运动。如前文所述，遗传对运动中的成功起着一定的作用。你可以利用技能相关身体素质的自我评估结果来帮助自己选择最有可能取得成功的运动类型。

• 做心智练习。心智练习指在想象中发挥体育技能。研究发现，在头脑中练习技能也可以改善你的运动表现。当你由于坏天气或缺少合适的场所或设施而无法做常规练习时，你可以进行心智练习。

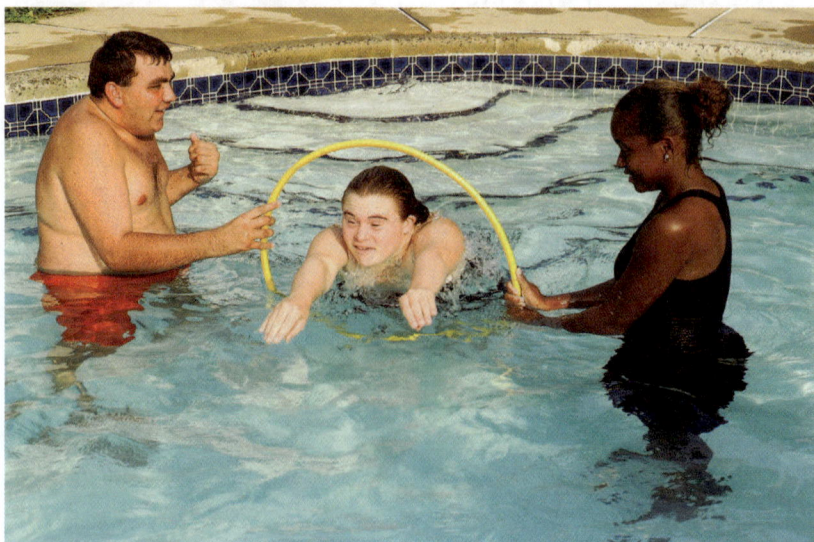

正确的指导和练习有助于你学习新技能

你对危险运动已经有了一些基本的了解。前面列出了一些安全的替代方法，但未对其做详细描述。现在你可以采取实际行动，利用安全运动回路尝试安全的运动。回路中的运动做起来是安全的，它们与危险运动有着相同的益处，但去除了危险运动的风险。其他的安全运动在本书前后都有具体描述。

安全运动回路由危险运动的安全替代方案组成

章节回顾

概念和词汇回顾

在老师的指导下解答 1 至 5 题。用词汇或短语填写句子的空白。

1. 可改善你学习技能的能力的身体素质称为＿＿＿＿＿＿。

2. 智能手机上用于辅助健身的软件程序称为＿＿＿＿＿＿。

3. 你收到的与自身表现有关、能帮助自身做出改进的信息称为＿＿＿＿＿＿。

4. 过量重复运动导致的不可见身体损伤称为＿＿＿＿＿＿。

5. 身体锻炼后 24 ～ 48 小时内出现的疼痛称为＿＿＿＿＿＿。

在老师的指导下解答 6 至 10 题。将第 1 列中的每一项与第 2 列中合适的短语配对。

6. 关节 　　　　a. 连接肌肉和骨骼

7. 韧带 　　　　b. 重复训练技能以不断改进

8. 肌腱 　　　　c. 在关节处把骨骼连在一起

9. 技能 　　　　d. 接球、掷球

10. 练习 　　　　e. 骨骼连接的位置

在老师的指导下解答 11 至 15 题。对每条陈述或问题进行回答。

11. 自我评估技能相关身体素质的方法是什么?

12. 技能和技能相关身体素质的区别是什么?

13. 解释如何运用 RICE 处方处理轻伤。

14. 描述两种危险运动,并解释为什么它们是危险的。

15. 给出若干关于有效技能学习的指导。

批判性思考

用一段话回答以下问题。

你将与一组朋友一起参与一个运动计划。组长已经选定了运动类型。你如何确定这些运动是安全的呢?

项目

在一些杂志上查找关于运动的文章。对两种运动进行评估以确定它们是否安全。在课上汇报你的发现,并讨论你的评估标准。

第 III 单元

中等强度和高强度体育运动

- - - - - - - - - - - - - -

"健康国民 2020"目标
- 提高达到有氧运动指导要求的青少年所占的比例
- 提高大众的心血管健康水平
- 降低心脏病和其他慢性疾病的风险
- 加强教育以推广增进健康的行为习惯并降低健康风险
- 降低患有高血压和有其他健康风险的青少年所占的比例
- 增进青少年对健康养生和疾病预防的理解
- 减少青少年群体中的超重和肥胖现象
- 减少竞技运动和休闲运动中的伤害
- 改善社区设施（如公园）和环境（如人行道）
- 在学校中加强推进体育教育
- 增加做校内运动和课外运动的青少年所占的比例
- 提高大众的健康认知力并增加高质量健康相关网站的数量

本单元的"自我评估"章节
- 步行测试
- 台阶测试和 1 英里（约 1.6 千米）跑测试
- 评估慢跑动作

本单元的"自我负责"章节
- 学习管理时间
- 自信心
- 参与运动

本单元的"自我管理"章节
- 管理时间的技巧
- 建立自信的技巧
- 选择有益运动的技巧

本单元的"实际行动"章节
- 中等强度体力活动计划
- 目标心率运动
- 高强度体育运动计划

7

中等强度体育运动

本章内容

中等强度体育运动的基础

课程目标

学完本课，你将能够：

1. 解释术语 MET 的含义及其重要性；
2. 描述各类中等强度体育运动；
3. 描述中等强度体育运动的 FIT 规则；
4. 描述中等强度运动自我监督的若干种方法。

课程词汇

加速计、日常体育运动、代谢当量（MET）、中等强度体育运动、计步器

你有没有好奇过是否可能保持健康而无须在运动中承受疼痛和流汗呢？身体健康所需的每周最低运动量是多少？虽然你可以从运动金字塔的 5 个层级中每一层都选择一些运动来做，但公共健康科学家把优先级给予了第 1 级的运动——中等强度体育运动。这是因为中等强度体育运动可以提供本书所述的多种健康益处。这类运动易于进行，且适合于所有年龄段和所有能力级别的人。它们有时被称为增进健康的体育运动的基石，因此，将它们置于运动金字塔的底部是非常合适的。

什么是中等强度体育运动？

术语"代谢当量"（MET）来自"新陈代谢"一词，它指的是维持生命所需的能量（氧含量）。代谢当量可简写为 MET，它可以帮你确定任何类型运动的强度。1 个 MET 代表静坐休息时消耗的能量。根据 MET 值的不同，体育运动可分为从极低强度至最剧烈程度的各个等级。身体越费力，MET 值就越高。

对青少年来说，低于 2 个 MET 的运动被视为极低强度运动，例如吃饭、阅读和使用计算机。需 2～3.9 个 MET 的运动被视为低强度运动，例如铺床、站立洗碗、做饭和慢步走。与运动金字塔（图 7.1）中的体育运动相比，上述运动强度不够，不能达到增进健康的目的。但研究表明，有运动总比没有运动要好，而低强度和极低强度运动也会消耗能量，因此可以帮助你保持健康的体重。

健身小知识

运动中消耗的能量（MET 数）部分取决于你的身体素质水平。就同一运动而言，体质好的人消耗的 MET 少于体质差的人。

中等强度体育运动消耗的能量应是久坐时耗能的 4～7 倍（4～7 个 MET）。对大多数青少年而言，中等强度体育运动的一个很好的例子是快步走。中等强度体育运动常分为以下几类：日常体育运动、中等强度竞技运动、中等强度休闲运动和职业性运动。

图 7.1　运动金字塔的第 1 级 "中等强度体育运动" 是所有其他运动的基础

其中，日常体育运动是日常生活的一部分，包括步行上学、庭院劳动和家务劳动等。中等强度竞技运动包括保龄球和高尔夫等。交际舞和慢骑自行车等运动属于休闲运动。而木工和园艺等属于职业性运动。表 7.1 列出了每一类别的示例运动以及各类运动的 MET 数。其中部分运动可能会要求多于 7 个 MET，

而在该水平上进行这些运动时，它们应视为剧烈运动。

中等强度体育运动的能量从何处获得？

人体用三大系统为体育运动供能。对于短促的爆发性剧烈运动，例如冲刺跑（10 秒及以内），身体使用肌肉中储存的高能燃料（ATP–CP）供能。该系统称为 ATP–CP 系统。当该高能燃料耗尽后，第二大系统开始供能。对于持续 11 ~ 90 秒的剧烈运动，例如在英式足球场内来回跑数次、多次举起重物等，身体使用糖酵解系统供能。一种称为葡萄糖的碳水化合物以糖原形式储存在肌肉和肝脏中，它在第二大系统中为剧烈运动提供能量。

表 7.1　青少年的中等强度体育运动

运动类型	描述	MET 数
日常运动	步行（快步走）	4.0 ~ 5.5
	庭院劳动	
	伐木	6.0 ~ 7.0
	推动割草机（手动）	6.0 ~ 7.0
	推动割草机（电动）	4.0 ~ 5.0
	扫落叶	3.0 ~ 4.0
	铲土	5.0 ~ 7.0
	家务劳动	
	拖地	3.0 ~ 4.0
	清洁（繁重）	3.0 ~ 4.0
中等强度竞技运动	保龄球	3.0 ~ 4.0
	高尔夫球（步行）	3.5 ~ 4.5
	篮球（仅投篮）	4.0 ~ 5.0
中等强度休闲运动	骑自行车（慢速）	3.0 ~ 5.0
	骑自行车（快速）	5.0 ~ 7.0
	钓鱼（站立于水中）	3.5 ~ 4.5
	交谊舞	3.0 ~ 6.0
职业性运动	砌砖	3.5 ~ 4.5
	木工	3.5 ~ 5.5
	繁重的装配工作	5.0 ~ 6.0

体质较差者的 MET 将高于本表中数值，而体质较好者的 MET 将低于本表中数值。

很多中等强度运动都是日常活动，例如庭院劳动和家务劳动等

对于持续的中等强度运动，例如快步走，身体将使用氧化系统（又称有氧系统）供能。该系统使你能够持续运动数十分钟甚至数个小时。与糖酵解系统类似，氧化系统使用葡萄糖供能。但由于在中等强度运动时有充分的氧可以将体内的碳水化合物和脂肪转化为葡萄糖，身体不需要太多地依赖于肌肉和肝脏中储存的糖原（葡萄糖）。

为什么应该进行中等强度的体育运动？

以前专家们认为，你必须做剧烈的体育运动（消耗超过 7 个 MET）才能获得健康益处。但我们现在知道，通过中等强度的体育运动，我们也能获得很多健康益处。以下是中等强度体育运动的主要益处：

·降低患运动缺乏症的风险，其包括心脏病、癌症、糖尿病和其他慢性病等；
·改善骨骼健康；
·改善中等体质和差体质人群的身体素质（体质良好或优秀的人需要做剧烈运动才能进一步提高体质）；
·消耗能量以维持健康的体重；
·改善康乐水平和功能性体质，比如让你感觉更舒适，更好地享受业余时间，并做你想做的事而不会感觉过分疲劳；
·提高学习成绩（比如在考试前做运动，使大脑运转状态更好）。

中等强度体育运动做多少才足够？

美国国家体育运动指导建议青少年每天运动 60 分钟。建议运动中应包括剧烈运动，每周至少做三天；有些是增强肌肉适能和促进骨骼生长的运动，每周至少做两天。而中等强度运动建议每天都做，而对大多数青少年来说，中等强度运动是达到 60 分钟建议标准的最容易的方式。对成年人而言，建议每周花 150 分钟做中等强度运动，相当于每周五天，每天 30 分钟。因此，很多专家建议青少年每天做至少 30 分钟的中等强度运动，以培养成年后的运动习惯。

你有必要熟悉青少年和成年人做中等强度体育运动的 FIT 规则（表 7.2）。在学生阶段，青少年指导建议对你有帮助，而当你步入社会，对成年人的指导建议将伴随你一生。

✴ 科学实践：久坐的生活方式

运动生理学家近期的研究表明，长时间地久坐不动对健康有害。坐的时间越长，慢性病的发病率越高。因此，科学家把久坐的生活方式称为"久坐症"。青少年久坐的一个主要原因是他们在屏幕前花费太多时间，包括看电视、玩计算机、用智能手机或其他设备等。实际上，青少年现在坐着的时间比以往更长，而在 12 ～ 16 岁的年龄段，久坐不动的时间增加了一倍以上。

正因为久坐症的危险性，"避免懒散"一词被列在运动金字塔第 1 级的下方。根据美国健康和体育教育协会（SHAPE）发布的体育运动指导，年轻人不应当久坐超过 2 小时而不运动休息一会儿。对成年人来说，很多公司都提供运动休息时间，以减少久坐时间。有的公司在计算机旁设有跑步机，鼓励雇员工作期间做运动。

> ### 学生活动
> 记下你每天花在屏幕前的时间。你是否需要缩短你的屏幕时间？如果"是"，你怎样实现它？

青少年的运动目标是每天至少 60 分钟，但多多益善。他们可以把中等强度体育运动与金字塔中的其他运动相结合以实现目标。专家认为，最好的方法是把 60 分钟分为多组或多个训练次数，每次练习至少 10 分钟。换言之，你可以做 6 个 10 分钟运动、3 个 20 分钟运动、2 个 30 分钟运动或按其他组合达到每天共 60 分钟的标准。每次少于 10 分钟的多次运动来凑够 60 分钟总比什么也不做更好，但这样做并不能取得最佳效果。

表 7.2　中等强度体育运动促进身心健康的 FIT 规则

FIT 规则	训练阈值	目标区间
青少年		
频率	一周中多数天数	每天
强度	4 个 MET 强度与快步走相当的中等强度运动	4 ～ 7 个 MET 至少与快步走强度相同，但比正常的慢跑更轻松
时间	总运动时间 60 分钟，可进行大于等于 10 分钟的多次中等强度运动 *	总运动时间 60 分钟至数小时，可进行大于等于 10 分钟的多次运动 *
成年人		
频率	一周中多数天数	每天或一周中多数天数
强度	4 个 MET** 强度与快步走相当的中等强度运动	4 ～ 7 个 MET 至少与快步走强度相同，但比正常的慢跑更轻松
时间	总时间 30 分钟，每次运动大于等于 10 分钟 ***	总时间 30 ～ 60 分钟，每次运动大于等于 10 分钟 ***

* 60 分钟运动时间内，花 30 分钟做中等强度运动，以达到青少年和成年人运动指导的标准。
** 体质较差的成年人可选择进行 3 ～ 4 个 MET 的运动。
*** 每周至少 150 分钟，分数天进行。

对成年人的建议是每周运动 150 分钟，因为该运动量可获得很多健康益处，而付出的努力最少。与青少年一样，成年人的中等强度运动最好也是在一周数天内、分多次进行，每次不少于 10 分钟（表 7.2）。一次性运动超过 30 分钟会带来额外的健康益处，它有助于你维持健康的体重和获得良好的身心状态。成年人可用每周 75 分钟的剧烈运动代替 150 分钟的中等强度运动，也可以结合中等强度运动和剧烈运动以达到指导要求。

业余自行车骑行运动是一项中等强度体育运动。你也可以选做该运动来积累够每天 60 分钟的运动量

记录步数和运动情况

确定你做了多少中等强度体育运动的另一种方法是数你每天走的步数。你可以使用计步器（见"健身科技"一节）。计步器自动跟踪你的步数。但计步器的缺点在于，它会记录你所有的步数，无论步数属于极低强度、低强度还是剧烈运动。但佩戴计步器能够让你知道你有多活跃。你也可以在学校里佩戴。美国运动医学学会表示，中等强度体育运动要求步速达到每分钟 100 步。

对成年人而言，一些专家认为，中等强度体育运动的目标区间要求每天走 10000 步。但其他专家对该建议表示担忧，因为你可以在不做任何持续性运动（10 分钟及以上的回合）的情况下达到 10000 步。另一方面，有的人可以每天做 60 分钟的中等强度运动，但仍然没有达到 10000 的步数。大多数专家建议，与其设定固定的每日步数，不如监督你整周的运动，然后确定你平均每天的步数。希望增加运动量的人可以设定一个现实的步数目标，该目标比他们平均的每日步数多 500 至 1000 步。实现该目标后，他们如果愿意，可以逐渐增加其步数至较高水平。

研究表明，儿童平均每天迈出 12500 步（男孩 13000 步，女孩 12000 步），而青少年平均每天迈出 10000 步（男孩 11000 步，女孩 9000 步）。为达到每天 60 分钟运动的国家体育运动指导标准，大多数青少年每天要迈出 12000 步。但如果你刚开始运动，请谨记渐进性原则。不应该在一开始就设定每天 12000 步的高目标，而是应该逐渐朝着可实现的步数靠拢。

健身小知识

各年龄段的美国人平均每天走 5000 步。该步数比其他一些国家居民的平均水平低很多。例如，澳大利亚人和瑞士人平均每天走 9000 步以上，日本人平均每天走 7000 步以上。在这些国家，肥胖率比美国低很多。

美国总统健康、运动和营养委员会为经常做体育运动的人颁发"总统天天向上奖"。有很多类型的运动都可以让你获得获奖资格，包括用计步器记录步数的中等强度体育运动。

你也可以用其他设备监测自己的中等强度体育运动，例如加速计（见"健身科技"一节）和心率监控器。加速计不仅记录你的步数，而且，不同于计步器，它可以让你知道运动强度。通过测定你的步长并乘以你的步数，可以确定你行走的距离。

❤ 健身科技：计步器和加速计

计步器是一种小型的、电池供电的、佩戴在腰带上的设备。它不断记录你的步数并将其显示在屏幕上。你只需要打开盖子或按下按钮即可看到你走了多少步。有些计步器带有小型计算设备。输入步长和体重后，可以估算出你步行的距离和消耗的热量。较贵的计步器还可以记录你在一天中运动的总时间以及 10 分钟及以上的运动次数。较便宜的计步器在每天结束时必须复位，但较贵的有些计步器可以存储步数好几天。

加速计与计步器类似，但其对运动的测量更为细致。加速计可记录你运动的强度（强度的概念参见 MET 的相关内容和 FITT 规则中字母"I"的含义）以及你做不同强度运动的时间（参见 FITT 规则中第一个"T"的含义）。与计步器一样，加速计也佩戴在腰带上，并装有小型计算机

计步器可记录步数，从而便于对中等强度运动进行自我监督

和测量运动强度的设备（加速计本身）。大多数加速计可以记录你每天的步数并估算你运动消耗的热量。

科技应用

估算你在正常的工作日和周末的步数。然后佩戴计步器测定你在工作日和周末实际的步数。看看你的运动量是不是像你认为的那么多！

记录运动消耗的热量

我们知道，中等强度运动应该根据表 7.2 中的 FIT 规则进行。确定你是否做了足够的中等度运动的另一种方法是记录你在运动中消耗的热量。例如，体重 150 磅（约 68 千克）的青少年在 60 分钟的中等强度运动（如快步走）期间会消耗 300～400 卡路里（1 卡路里约等于 4.18 焦耳）。因此，每天消耗的热量可以作为中等强度运动的目标。在"选择营养食品"一章中，你可以更多地了解热量的记录。

课程回顾

1. 术语 MET 的含义是什么？它的用处是什么？
2. 中等强度体育运动分为哪些类型？它们提供哪些益处？
3. 通过中等强度体育运动来促进身心健康的 FIT 规则是什么（就训练阈值和目标区间而言）？
4. 中等强度运动的自我监督方法有哪些？

自我评估：步行测试

本课程中的很多自我评估项目都要求进行强度很高的体育运动。如果你是一个勤锻炼的人，而且体质很好，1 英里长跑或 PACER 可能是测定你的心肺耐力的最佳方式。不过，步行也是很好的心肺耐力评估方法。步行测试非常适合初学者，初学者指的是近期的运动很少，或者虽然经常走动但没有定期进行更为激烈运动的人群。步行测试也适合于年长者以及因为关节或肌肉伤病而无法跑步的人。请在老师的指导下做步行测试并记录你的分数和体质等级。随后，你可以使用该信息制定你的个人体育运动计划。如果你和同伴一起做测试的话，请记住，自我评估信息是机密的私人信息。未经受测者允许，不应将该信息息与他人分享。

1. 以较快的步速走 1 英里（约 1.6 千米）（尽可能快，但在整个步行过程中应基本保持相同的步速）。

2. 步行结束后立即测定心跳 15

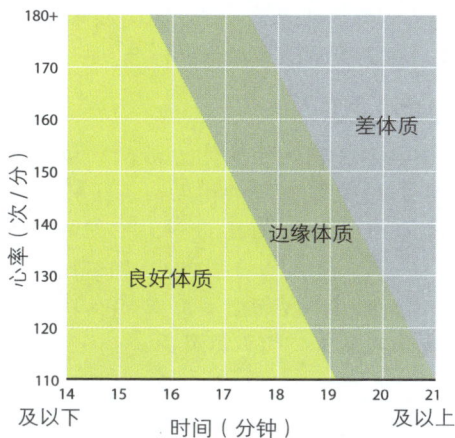

步行测试非常适合于初学者或者平常不做剧烈运动的人

秒。将心跳次数乘以 4 得到 1 分钟的心率。

3. 用步行测试的图表确定你的结果等级。在图表左列找到你的心率，然后在底行找到你的步行时间。在你所选行列的交叉点位置即为你的等级。

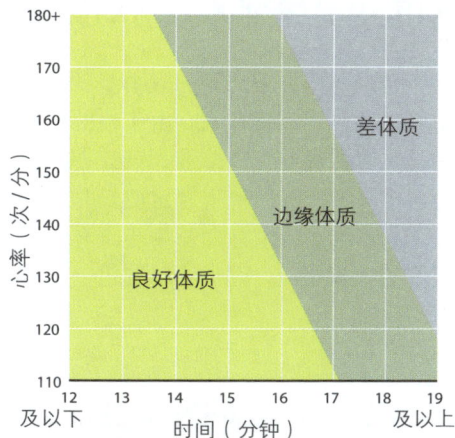

步行测试的等级表（女性）

源自：Adapted from the *One Mile Walk Test* with permission of author James M. Rippe, M.D.

步行测试的等级表（男性）

源自：Adapted from the *One Mile Walk Test* with permission of author James M. Rippe, M.D.

制定中等强度体力活动计划

课程目标

学完本课，你将能够：

1. 用方案规划的 5 个步骤制定中等强度体力活动计划；
2. 用数天时间执行你的中等强度体力活动计划。

课程词汇

健美操、习惯养成

你是否制定过你自己的健身计划？你是否记录过自己的日常运动情况？本课中，你将使用方案规划的 5 个步骤制定自己的中等强度体力活动计划。然后你将执行该计划。执行好的计划能帮助你达到国家体育运动指导的要求，无论是现在还是未来的日子里。成年人中最流行的体育运动是中等强度体力活动，包括步行、骑行、庭院劳动和家庭健美操等。如果你在人生早期阶段就培养了做中等强度体育运动的好习惯，年龄增加后就更容易坚持锻炼。养成运动习惯后，将会终身受益。

制定中等强度体力活动计划

贾维尔用方案规划的五个步骤制定中等强度体力活动计划。由于他的计划只是体育课程的一项作业，该计划只执行两个星期。随后他将制定更长时间的计划。贾维尔制定计划所用步骤与科学方法的步骤相似。你也可以制定一个类似的计划。

第 1 步：确定你的个人需求

贾维尔从收集基本信息开始。首先，他回答了有关他在过去一星期内的中等强度体力活动量的问题。他还写下自己与中等强度体力活动相关的体质测试结果。他将这些信息记录于图 7.2 中。

贾维尔在 PACER 和步行测试（图 7.2）中都是良好体质等级。在过去一周中，他有三天达到了国家运动指导的每天运动 60 分钟的标准。他做的中等强度体力活动主要包括步行上学和放学（每个工作日 20 分钟），以及每周两天分别骑车 10 分钟（周二和周四）。他还做过每次 10 分钟的剧烈健美操运动（周二、周四和周六）。在周六，他不仅做健美操，还打网球。但是，根据他的体力活动档案，他仍需增加体育运动才能达到国家运动指导标准。

健身小知识

作为中等强度体力活动的步行在美国是最流行的运动。有 1.45 亿人每天步行至少 10 分钟。他们的步行常常发生在交通时间、休闲时间、运动时间或遛狗时。养狗的人比不养狗的人步行的次数更多。

体力活动档案			
体质自我评估	分数	等级	
步行测试	时间：15:00 心率：140	体质良好	
PACER	41 圈	体质良好	
体力活动档案			
日期	中等强度运动（分钟）	所有运动（分钟）	达到指导要求
周一	30	30	
周二	30	60	√
周三	30	30	
周四	30	60	√
周五	30	60	√
周六	30	30	
周日	0	0	

图 7.2　贾维尔的运动和体质档案

第 2 步：考虑你的方案选项

贾维尔查看了表 7.1 的中等强度体力活动清单，并建立了一份对他来说切实可行的其他中等强度运动的清单。

日常运动
- 除上下学外的其他步行运动
- 家里的庭院劳动

中等强度竞技运动
- 保龄球
- 投篮

中等强度休闲运动
- 钓鱼
- 更多的骑行运动

职业性运动或学校活动
- 体育课内的运动

第 3 步：设定目标

由于两个星期对于长期目标来说太短了，贾维尔仅为他的中等强度

体力活动计划制定了短期的目标。因此，他所有的目标都是体育运动目标。他明白，运动目标（过程目标）作为短期目标时是最为有效的。他也知道，如果他实现了运动目标，他就

朝着体质目标（成果目标）前进了一步。以后，当他制定长期计划时，他将设定长期目标，包括体质目标。但在最初的两个星期，他打算专注于中等强度运动并努力实现以下目标：

1. 继续进行他之前定期进行的运动。

2. 每周三天走路上下学（每天30分钟）。

3. 每周三天在体育课上做30分钟的中等强度运动。

4. 每两周找一天花30分钟打扫庭院。

5. 每周两天练习投篮，每天30分钟。

6. 每周两天与朋友骑车30分钟。

7. 每两周为邻居的庭院割草一次（60分钟）。

8. 每周找一天去钓鱼（包括步行60分钟）。

9. 每周两天与家人散步15分钟。

贾维尔设定目标时并没有忘记SMART原则。他在目标中列出了明确的（Specific）活动和时长，因为他希望衡量（Measure）自己的进度。他的目标具有挑战性，但也是可实现的（Attainable）和现实的（Realistic）。最后，他希望他的目标是及时的（Timely），恰恰适合他当前的生活，并能够在既定时间内实现。

第1周				第2周			
周	运动	时间	√	周	运动	时间	√
周一	步行上学*	7:45～7:55 a.m.		周一	步行上学*	7:45～7:55 a.m.	
	步行回家*	3:30～3:40 p.m.			步行回家*	3:30～3:40 p.m.	
	投篮	3:45～4:15 p.m.			投篮	3:45～4:15 p.m.	
周二	步行上学*	7:45～7:55 a.m.		周二	步行上学*	7:45～7:55 a.m.	
	体育课内运动*	10:00～10:30 a.m.			体育课内运动*	10:00～10:30 a.m.	
	步行回家	3:30～3:40 p.m.			步行回家	3:30～3:40 p.m.	
周三	步行上学*	7:45～7:55 a.m.		周三	步行上学*	7:45～7:55 a.m.	
	步行回家*	3:30～3:45 p.m.			步行回家*	3:30～3:45 p.m.	
	骑自行车	3:45～4:00 p.m.			骑自行车	3:45～4:00 p.m.	
周四	步行上学*	7:45～7:55 a.m.		周四	步行上学	7:45～7:55 a.m.	
	体育课内运动*	10:00～10:30 a.m.			体育课内运动*	10:00～10:30 a.m.	
	步行回家	3:30～3:40 p.m.			步行回家	3:30～3:40 p.m.	
周五	步行上学*	7:45～7:55 a.m.		周五	步行上学	7:45～7:55 a.m.	
	体育课内运动*	10:00～10:30 a.m.			体育课内运动*	10:00～10:30 a.m.	
	步行回家*	3:30～3:45 p.m.			步行回家*	3:30～3:40 p.m.	
周六	割草*	9:00～9:30 a.m.		周六	打扫庭院*	9:30～10:30 a.m.	
	骑自行车	1:00～1:30 p.m.			骑自行车	1:00～1:30 p.m.	
周日	打保龄球	2:30～3:30 p.m.		周日	打保龄球	2:30～3:30 p.m.	
	家庭散步	6:30～6:45 p.m.			家庭散步	6:30～6:45 p.m.	

* 贾维尔已经在做的运动。

图7.3　贾维尔的两周运动计划

第 4 步：梳理计划并写下来

贾维尔的计划包括两星期内每天至少 60 分钟的中等强度体育运动，这与推荐运动量一致。有时他打算运动超过 60 分钟。如图 7.3 所示，他写下了他计划做的运动以及做这些运动的时间。

健身小知识

加拿大法律为定期做运动的人提供税收优惠。如果儿童或青少年参与青年运动计划，他们的家庭可获得所得税减免。购买自行车也可减免消费税。

第 5 步：做记录并评估你的计划

在接下来的两周内，贾维尔将监督自己的运动情况，并在完成的运动旁打钩。两周后，他将对运动表现进行评估，看自己是否实现了目标。随后，他可以使用该评估结果帮助自己再制定一份运动计划。

高尔夫是一种有益的中等强度体育运动

课程回顾

1. 如何用方案规划的 5 个步骤制定个人的中等强度体力活动计划？
2. 你如何在数天内有效地执行个人计划？

⚡ 自我负责：学习管理时间

为什么有的人总是能找到时间做更多的事情，而有的人甚至连计划中的任务都没时间完成？对很多人而言，以上问题归根结底是时间管理的问题。优秀的时间管理者知道如何充分利用他们的时间。他们高效地管理自己的日程，完成工作且不浪费时间。这些人更容易抽出时间进行体育锻炼。

以下是糟糕的时间管理的一个例子。詹妮弗居住地附近有一些越野滑雪道。在冬天，她的朋友们每周一和周三放学后都会花几个小时滑雪。她们在周末也会去滑雪。尽管她们一直让詹妮弗加入这项有趣的活动中，詹妮弗总是拒绝。"我没有时间。我非常热爱滑雪，但我要上资优课程、做作业、去商场工作，我几乎都没时间吃饭，更不用说滑雪了。我也希望能和你们一起去，但我去不成。根本没

法去！明年日程不太紧时我就去。那时我会有更多的业余时间。"以上是她的常用说辞。

詹妮弗的朋友们都习惯了她的说辞。实际上她去年说的也是这些。与詹妮弗相比，她的朋友们也上同样的课，也在同样的时间工作，但她们能够完成家庭作业和工作，而且留下很多空余时间。她们不明白为什么詹妮弗找不到时间和她们一起滑雪。

讨论

詹妮弗要怎样做才能更好地管理时间，从而能够与朋友一起玩呢？她的朋友们该怎样帮她呢？如果有人想改善时间管理状况，你对他有什么建议呢？回答以上讨论问题时请考虑本章"自我管理"一节中的时间管理策略。

➡ 自我管理：管理时间的技巧

你有多少次听到自己或其他人说"我没有时间"？这句话似乎是很常见的一种抱怨。如果你也是感觉时间太少的人之一，你如何解决这个问题呢？很多专家表示，学习管理时间是最好的解决方案。本课中，你将学习如何管理时间，从而培养运动习惯。

1900年，人们的平均工作时间超过每周60小时，而现在人们的平均工作时间少于40小时。在1900年，很多年轻人没有上学，而是在工厂和农场长时间地干活。而现在大多

数青少年在学校上学，即使去工作，工作时间也很有限。

由于工作时间更短，人们的空闲时间远远多于从前。但工作和学习并不是唯一花费时间的事情。大多数人在不工作、不上学的时间内仍然有其他任务要去做。例如，你可能要照顾弟弟妹妹，或者要去参与学校活动或社区活动，例如俱乐部、乐队、合唱团或运动队。当然，你也要吃饭、睡觉、穿衣、上学、放学、上班、下班，这些都是必要的活动。你在所有

这些活动中花费的时间称为必须占用的时间。

而空闲时间是除去学校学习、工作时间和其他必须占用的时间后剩下的时间。有些人计划做很多事情，因此他们的空闲时间很少。但是，说自己没有时间参与体育运动的人常常没有认真地做好时间安排。勤运动的人有效地管理了他们的时间，因此他们可以坚持定期运动。如果你也常说"我没有时间"，那么以下指导对你会有帮助。

- 记录你的时间。提高时间管理效率的最佳方法是看看你是怎么利用时间的。你可以通过做记录来了解你的时间使用情况，即监督自己的时间利用。请写下你每天什么时间做了什么。比如你什么时间睡觉、吃饭、上学、工作等。你可以把时间分为三类：学业和工作时间、其他必须占用的时间以及空闲时间。大多数人在记录下自己的时间利用情况后会大吃一惊。比如，有的人说自己没时间做运动，但实际上他们每天花好几个小时看电视。也有些人发现自己在很多时间什么也没有做。
- 分析你的时间利用情况。对自己的时间利用跟踪数日后，请检查你的记录，看看你的三类时间各占多少小时。弄清楚自己究竟是如何度过必须占用的时间和空闲时间的。这样做能

帮助你确定你对时间的利用是否与你希望的一样。

- 有目地决定如何使用时间。确定了自己进行各项活动所花费的时间后，你应该能够判断自己是否高效地管理了时间。高效的时间管理使你能够做你认为最重要的事。为了确定什么对你是最重要的，请回答以下问题。
- 你在哪些活动上花费的时间超出了预计？
- 你在上述活动中可以少花费多少时间？
- 你希望调整的活动是否在你的控制范围内？
- 你希望在哪些活动上花费更多时间？
- 你希望在上述活动中多花费多少时间？
- 安排你的时间。决定如何使用时间后，请制作一个日程表，确保你腾出时间做你认为最重要的事。如果你认为定期的体育运动很重要，你要为它腾出时间。把一天的计划列于日程表中，以确保你有时间做最重要的事。

有时候，高效的时间安排能让你一次做两件事。例如，既然你必须去上学，那你能不能步行或骑车去呢？这样你就可以有效利用该段时间实现两个目的。同样地，如果你加入了体育团队或运动俱乐部，你在团队中的活动时间恰恰也是体育运动的时间。

请用本章描述的 5 个步骤制定两周的中等强度体力活动计划。与贾维尔一样，请考虑每一类别的中等强度体力活动：日常运动、中等强度竞技运动、中等强度休闲运动、职业性或校内运动。你的目标是每天累积至少 60 分钟的运动量，其中中等强度运动应占有相当比例。请用书面形式制作该计划，并在随后的两周内执行计划。你的老师可以在课堂中给你一些时间来完成计划中的部分运动。现在请参照以下建议行动起来。

- 日常运动。用步行或骑自行车的方式去上学。如果你驾车，把车停得离目的地稍远些，剩下的路程步行。只要可行，你应该多爬楼梯。打电话时也可以步行。你也可以做做庭院劳动。
- 中等强度竞技运动。考虑与朋友一起打保龄球或投篮。
- 中等强度休闲运动。午餐时间和朋友散步，或者在公园中步行。
- 职业性或校内运动。做付费的庭院劳动，参加体育选修课，参加校内运动或创立步行社团。

日常运动可以是你行动计划的一部分

概念和词汇回顾

在老师的指导下解答 1 至 5 题。用词汇或短语填写句子的空白。

1. 强度与快步走相当的运动被视为_____体力活动。

2. 作为日常生活一部分的运动称为_____运动。

3. 佩戴在腰带上计步数的设备称为_____。

4. 运动强度可以用被称为_____的单位表示。

5. "考虑你的方案选项"是制定计划的第_____步。

在老师的指导下解答 6 至 10 题。将第 1 列中的每一项与第 2 列中合适的短语配对。

6. 过度的懒散   a. 拖地

7. 庭院劳动   b. 木工工作

8. 休闲运动   c. 久坐症

9. 职业性运动   d. 保龄球

10. 家务劳动   e. 割草

在老师的指导下解答 11 至 15 题。对每条陈述或问题进行回答。

11. 久坐是什么意思？怎样才能改变青少年的久坐生活方式？

12. 请描述可用于监督自己的体育运动的若干种设备。

13. 中等强度体育运动做多少才足够？

14. 列举并描述制定中等强度体育运动计划的 5 个步骤。

15. 有效的时间管理的指导方针有哪些？

批判性思考

用一段话回答以下问题。

青少年常常比成年人活动更剧烈。因此，有人建议，青少年应该做更多的中等强度运动，使他们在后半生可以更容易地坚持运动。你认为，随着你年龄的增长，你的运动会增加还是减少？年长后你将做哪些类型的运动呢？

项目

国家民意调查团体定期进行民意调查以了解人们对各种问题的看法，包括健康和健身问题。假设你在一家调查公司工作。制作一份关于中等强度运动的问题清单，然后找至少 6 个人回答这些问题。你采访的对象最好包括不同年龄段的人。分析调查结果并撰写一份简短的新闻报道。

8

心肺耐力

第 8.1 课
心肺耐力的基础

课程目标

学完本课，你将能够：
1. 描述心肺耐力对身心健康的益处；
2. 解释体育运动对心血管、呼吸和肌肉系统有哪些益处；
3. 描述心肺耐力的评估方法；
4. 确定心肺耐力应达到的水平。

课程词汇

有氧能力、动脉、心肺耐力、心血管系统、胆固醇、纤维蛋白、分级运动测试、高密度脂蛋白（HDL）、脂蛋白、低密度脂蛋白（LDL）、最大摄氧量、呼吸系统、静脉

你的心肺耐力好不好呢？你是否定期做剧烈运动以增强心肺耐力？身体素质的十一方面中，心肺耐力是最重要的，因为它给人带来很多身心健康益处，包括长寿。此外，增强心肺耐力的运动也能让人气色更好。如图 8.1 所示，心肺耐力对人的心脏、肺、血液、血管和肌肉都有要求。本课中，你将学习正确的体育锻炼是如何改善心肺耐力的，以及如何评估你自己的心肺耐力。

心肺耐力是长时间不停止地进行全身运动的能力。它需要强壮的心脏、健康的肺以及畅通的血管来给大肌群供氧。需要较好的心肺耐力的运动包括长跑、游泳和越野滑雪。心肺耐力有时也用其他名称表示，例如心血管适能、心血管耐力和心肺适能。"有氧能力"一词也用于形容良好的心肺功能，但它与心肺耐力不完全相同（参见本章的"科学实践"一节）。

本书沿用"心肺耐力"一词。其中第一个单词是"心肺"，因为这一概

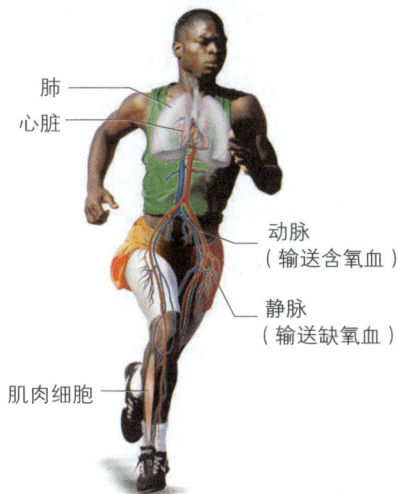

肺
心脏
动脉（输送含氧血）
静脉（输送缺氧血）
肌肉细胞

图 8.1　心肺耐力对身体各部分的素质均有要求，包括心脏、肺部、肌肉和血管等

念涉及心血管和呼吸这两大生命系统。心血管系统由心脏、血管和血液组成。而呼吸系统由肺和气管组成，气管将空气（包括氧气）从体外输送至肺部。在肺部，氧进入血液，二氧化碳被清除。

心血管系统和呼吸系统协同工作，供给肌肉细胞和其他身体细胞它们需要的物质，并清除细胞的代谢物。两大系统的协同配合使你能够正常、高效地运作，不仅给你带来最大的益处，而且让你能够轻松地生活。

"心肺耐力"中的第二个单词"耐力"指持续用力的能力。因此，"心肺"和"耐力"两个单词加在一起，指心肺持续运作的能力。该能力取决于心血管系统和呼吸系统的能力。

体育运动和心肺耐力的益处

定期的体育运动可以帮你控制体重、增加肌肉和形成良好的体态，因而让你更漂亮。此外，定期的体育运动可促进身体器官的积极变化，比如让心肌更强壮、血管更健康。这些变化可增加你的心肺耐力和愉悦感，并降低运动缺乏症的患病风险，特别是心脏病和糖尿病。

体育运动对你的心血管系统和呼吸系统均有益。本课中，你将学习各系统是如何受益于运动的，以及各系统如何协同配合以促进身体的最佳功能和增进健康。

健身小知识

在 20 世纪早期，医生把增大的心脏称为"运动员心脏"，因为运动员的心脏会比较大，而增大的心脏会导致疾病。但在 20 世纪中叶，研究表明运动员的心肌增大是健康的表现，而不是疾病因素。

心脏

因为心脏是一块肌肉，所以它也会受益于体育运动，例如慢跑、游泳和长跑。心脏像泵一样把血液输送到全身的细胞。你做剧烈的体育运动时，你的肌肉细胞需要更多的氧，并产生更多的代谢物。因此，你的心脏必须输送更多的血液以供给更多的氧并清除多余的代谢物。如果你的心脏不能输送足够的血液，你的肌肉收缩能力将减弱，因而加速疲劳。

当你做体育运动时，特别是长时间运动时，你心脏的输血能力至关重要。心脏有两种方式增加对肌肉的输血——更快地跳动和每次跳动时送出更多血液（称为每搏输出量）。

当你相对静止时，每分钟的心跳次数便是你的安静心率。定期做体育运动的人的安静心率是每分钟 55 ～ 60 次，而不经常运动的人的安静心率在每分钟 70 次以上。因此，体质好的人心脏每年比一般人少跳动约 950 万次。如图 8.2 所示，体质好的人的心脏工作效率更高，可以用更少的跳动次数输送更多的血液。

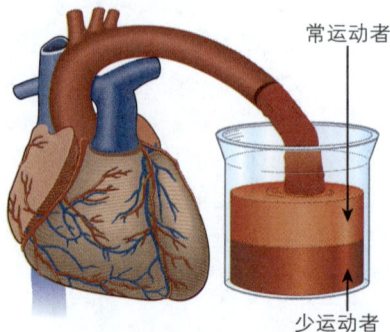

图 8.2　体质好、常运动的人每次心跳可以比不常运动者输送更多的血液

肺

你吸气的时候，空气进入肺部使其膨胀。在肺部，氧从空气进入血液，进而输送至身体各组织。你呼气时，空气离开肺部。隔膜（位于肺底部的一圈肌肉组织）和腹部肌肉（帮助隔膜运动）通力合作，使你能够吸气和呼气（图 8.3a）。体质好的人每次吸气能吸入比体质差的人更多的空气，因为他们拥有更高效的呼吸肌肉。如图 8.3b 所示，体质好的人每次呼吸时肺部都能获得更多空气，因此他们往肺中输送等量的空气所需的呼吸次数更少。健康的肺也能够更容易地把氧转移到血液中。健康的肺和高效的呼吸肌共同促进了心肺耐力的提高。

血液

虽然你的身体需要一定量的脂肪，但过量的脂肪会导致动脉壁的脂肪沉积。胆固醇——肉类、奶制品和蛋黄中的一种蜡状、类脂肪物质可能带来危险，因为你体内胆固醇的积累可能在你未注意到的情况下达到很高水平。

胆固醇由称为脂蛋白的微粒携带在血液中流动。低密度脂蛋白（LDL）也常称为"有害胆固醇"，因为它携带的胆固醇更有可能留在体内而导致动脉粥样硬化。低于 100 的 LDL 是最健康的。另一类脂蛋白是高密度脂蛋白（HDL），它常称为"有益胆固醇"，因为它把过量的胆固醇从血流中带入肝脏进行清除。因此，HDL 有助于预防动脉粥样硬化。高于 60 的 HDL 对健康是最有益的。

健康的动脉不仅无脂肪沉积，而且无炎症。炎症可能导致动脉阻塞。验血可以检测到炎症标记物。

定期的体育运动能降低 LDL（有害胆固醇）和增加 HDL（有益胆固醇），从而帮助你改善健康和抵御疾病。它还帮助你减轻动脉中的炎症，减少血液中的纤维蛋白，从而预防血块的形成。纤维蛋白是形成血块的一种物质，而过多的纤维蛋白可导致动脉粥样硬化。

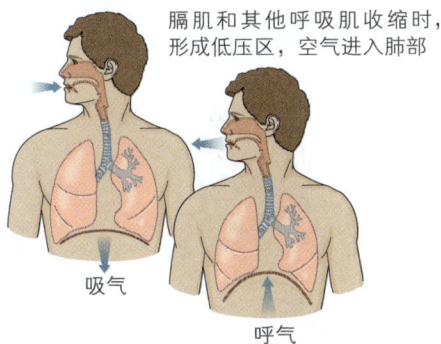

膈肌和其他呼吸肌收缩时，形成低压区，空气进入肺部

吸气

呼气

a.

肺通常可以容纳 3～5 升空气

O_2　　O_2

常运动的人呼吸较深，因此获得等量的氧所需呼吸次数较少。

不运动的人呼吸较浅，因此需呼吸更多次数以获得充足的氧。

b.

图 8.3　a. 吸气和呼气时的肺部和隔膜；b. 好体质的人的呼吸比差体质的人更高效

动脉

每条动脉都将血液从心脏输送至身体另一部位。心脏的搏动将血液推送至动脉中。因此，如果你的动脉不畅通，强壮的心脏和健康的肺并不会给你带来太多帮助。如你所知，动脉内壁的脂肪沉积导致动脉粥样硬化。动脉粥样硬化在极端情况下会完全堵塞动脉血流。硬化的沉积物也会促使血块形成，进而严重堵塞血流。在以上任何情况下，你的心脏都无法获得足够的氧气，心脏病便发作了。

定期的体力活动也会带来其他的心血管益处。科学家发现，定期运动的人的心脏内动脉会长出更多分支。如图8.4所示，心肌自身也有动脉（冠状动脉）为其供给血液和氧。定期运动的人会长出更多的冠状动脉分支。以下两个例子证明了这种丰富的血管网络的重要性。

· 宇航员埃迪·怀特（Ed White）在训练时因火灾去世。随后医生对其尸体进行了解剖。他们发现埃迪·怀特的心脏主动脉之一因动脉粥样硬化完全堵塞。但由于宇航员一直接受体能训练，怀特的心肌内长出了额外的动脉分支。因此，即使主动脉堵塞，怀特也没有因心脏病去世。他仍然继续高强度的体能训练，而无任何心脏病迹象。

· 与怀特相似，职业曲棍球手理查德·泽德里克（Richard Zednik）有很强的心肺耐力。因此在曲棍球比赛中，当他的颈动脉被对手的冰鞋割破后，他得以生存下来。而对大多数人来说，这样的伤害足以致命。为泽德里克做急救手术的医生说，因为泽德里克拥有较好的体质，他的动脉非常健康、弹性好、体积大，因而便于修复。最终，泽德里克完全康复。

静脉

每条静脉将充满代谢物的血液从肌肉细胞和其他身体组织送回心脏。静脉中的单向瓣膜阻止血液反向流动。肌肉挤压静脉，将血液送回心脏。经常运动能帮助肌肉更高效地挤

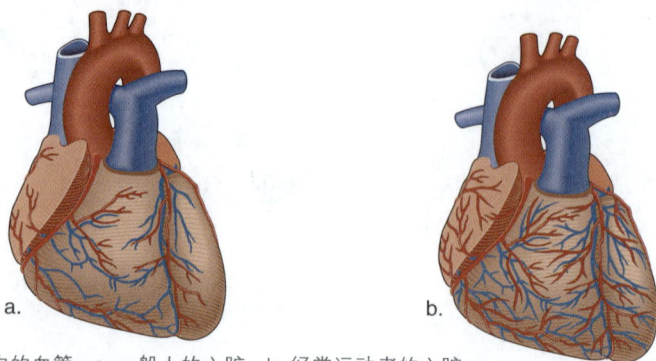

图8.4 心脏内的血管：a.一般人的心脏；b.经常运动者的心脏

压静脉。缺乏体育运动将导致瓣膜，特别是腿部的瓣膜不能高效工作，因此妨碍了腿部的血液循环。

心脏的神经

心肌与手臂和腿部的肌肉不同。当手臂和腿部的肌肉收缩时，肌肉中的神经对大脑的意识部分所发出的信息做出反应。但心脏不受人的意识控制。它不停地跳动但无须你有意识地让它这样做。你的心率由心脏的某一部分所控制，这部分称为起搏点。起搏点发出电流，使心脏不断跳动。经常做剧烈的有氧运动的人常常会形成较慢的心率，因为其心脏每次跳动都可以输送更多的血液。换言之，他们的心脏有更大的每搏输出量，因此其跳动次数可以更少。如果你保持恰当的运动习惯，你的心脏会更高效地工作，因为每次心跳将给身体供应更多的血液和氧。遇到紧急情况或在剧烈运动时，你也能更有效地运作。

肌细胞

为了长时间进行体力活动而不疲劳，就要求肌肉细胞必须也正常、高效地运作。定期的体育运动可增加细胞利用氧和排出代谢物的效率。体力活动也促进肌细胞利用血糖以产生能量，这一过程依赖于胰岛素（一种激素）的作用。肌细胞的这一功能对健康非常重要。

♥ 健身科技：心率监控器

数手腕或颈部的脉搏是测量心率的方法之一。但你在运动时很难这样做，所以通常的做法是在运动后数脉搏。

运动期间数脉搏需要用到一种称为心率监控器的高科技设备。有一种心率监控器要求你在胸部周围佩戴一条带子。胸带中含有传感器，可以探测你心脏神经系统发出的电刺激（类似于心电图的工作方式）。胸带中的发射器向腕表内的接收器发送信号。接收器收取信号并在手表屏幕上显示出你的心率。另一种监控器对脉搏计数并将心率显示在手表上，但这种手表佩戴在胳膊上。这种监控器不需要戴胸带。

你可以对心率表进行设置，让它提示你你的运动心率是否在目标心率区间内。你也可以让它记录你留在目标区间内的时间。心率监控器的价格和质量各有不同，所以在购买之前你应咨询你的老师或

心率手表对运动期间的脉搏计数非常有帮助

参考其他可靠的信息来源。如果你的学校提供心率监控器，你正好可以用它监测你在剧烈运动期间的心率。

科技应用

请使用各种标准来评估若干种心率监视器。请考虑它们的价格、可靠性、易用性，然后决定买哪个最合适。

益处总结

正如以上各章节所述，定期的体育运动对多个身体系统均有益。图8.5对这些益处进行了总结。

心肺评估

你也许想知道自己的心肺耐力如何。它究竟处于什么水平？有若干项测试可以帮你找到答案。

你可以在两种环境中评估你的呼吸循环系统的素质：实验室和运动场（如健身房和田径场）。实验室测试分为两种——最大摄氧量测试（又称VO$_{2max}$测试）和分级运动测试。

最大摄氧量测试被视为评估心血管系统和呼吸系统素质的最佳测试。它衡量你剧烈运动时可以使用的氧气量。测试时，你在跑步机上跑步，同时接上一个特殊的气量计（图8.6）。随着跑步机速度和坡度的增加，运动的难度也会增加。与此同时，气量计测量你每分钟使用的氧气量。在运动难度最高的一分钟内你使用的氧气量视为你的VO$_{2max}$分数（见"科学实践"一节）。

医生和运动生理学家有时使用另一种实验室测试，称为分级运动测试

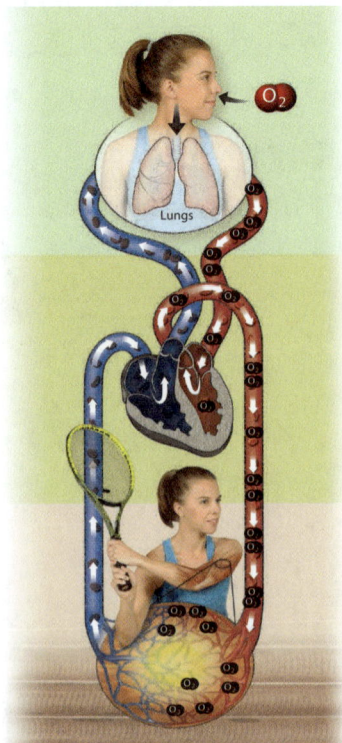

- 肺工作更高效
- 往血液中输送更多氧
- 健康的肺使呼吸更深，呼吸频率更低

- 健康的有弹性的动脉可增加血流量
- 动脉粥样硬化的患病风险更低
- 血压更低
- 血块致心脏病发作的风险更小
- 长出更多的血管
- 健康的静脉及其瓣膜

- 高效用氧
- 排出更多代谢物
- 更有效地使用血糖和胰岛素以产生能量

- 心肌更强壮
- 每次心跳的送血量（心搏量）更大
- 心跳更慢
- 获得更多休息
- 更高效地工作
- 帮助神经降低安静心率
- 强壮肌肉并使其更高效地工作

- 血液中有害胆固醇（LDL）和其他脂肪更少
- 血液中有益胆固醇（HDL）更多
- 减少血液中的炎症标志物
- 血液中导致血块形成的物质更少

图8.5 体育运动对心血管系统和呼吸系统的益处

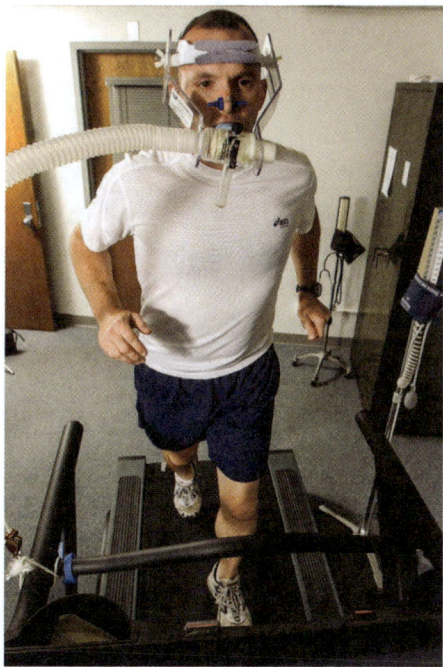

图 8.6 最大摄氧量测试测量你在跑步机上跑步时的用氧量

（或称运动负荷测试）。本测试用于检测潜在的心脏疾病。测试时，你同样在跑步机上跑步，但心电图设备会监测你的心脏。

分级运动测试和最大摄氧量测试都在实验室中进行，而且需要专业设备和人员。而大多数人使用较为实用的非实验室测试来评估他们的心肺耐力，这些测试称为场地测试。场地测试几乎不需要什么设备，可以在家里或学校里完成。测试分数根据你身体运转的能力（功能性体质）来评定，而不是你的用氧量。场地测试的例子包括 PACER、步行测试、台阶测试和 1 英里跑测试。

解读自我评估结果

自我评估不如实验室的体质测试准确，因此，你对心肺耐力的自我评估应不止一项。但自我评估确实也可以很好地估算你的体质水平，而每项评估都有它的优势和劣势。例如，PACER 和 1 英里跑（本章另有讲解）受到你参与测试积极性的影响。如果你不是非常努力去做，你将无法获得准确的分数。由于这些测试需要高强度用力，对于没有不锻炼或者体质差的人来说，它们也许不是最好的测试。

相反，步行测试对大多数人来说是一种很好的测试方式，但用它测试体质很好的人往往效果不佳。步行测试适合初学者。台阶测试（本章另有讲解）会用到心率，所以积极性对测试结果的影响会比其他评估方法小。但是如果你在做台阶测试前做了其他可能增加心率的运动，测试结果会失真。你的心率也会受到情感因素（压力）和营养因素（咖啡因）的影响，这些因素会使心率高于正常水平。此外，你的测试结果可能还会因一天中时间的不同而不同。比如，日常活动造成的疲乏可能会使你在晚些时候测试得分较低。

无论你做哪种测试，你用它们评

科学实践：有氧能力

经过大量的研究，医学研究所建议在描述 PACER 等场地测试的结果时使用"心肺耐力"一词。因此，本书使用"心肺耐力"而不是其他常用术语如"心血管适能"或"有氧适能"。心肺耐力反映一个人的功能性体质，即完成日常生活中事务的能力，包括享受休闲活动的能力和应对紧急状况而不疲劳的能力。

如前文所述，"有氧能力"一词与心肺耐力意义相近，但不是同一个概念。有氧能力的唯一衡量标准是你在实验室的最大摄氧量测试中的得分。最大摄氧量测试（VO_{2max} 测试）的分数用每分钟的氧气升数表示。你可以将体型考虑在内而调整你的有氧能力分数（以升为单位），因为体型较大的人会使用更多的氧气。因此，有氧能力分数常常用每分钟每千克体重的氧气毫升数表示（mL/kg/min）。

你也可以用其他方式了解你的有氧能力。例如，在 Fitnessgram 报告卡中，你的心肺耐力分数会转换成估算的有氧能力分数。

> **学生活动**
>
> 用你的 PACER 分数估算有氧能力分数，以每分钟每千克体重氧气毫升数为单位（mL/kg/min）。

估体质前都应该先做练习。练习使你能在测试时步调正确，而且正确地进行测试，从而得到准确的结果。由于在不同的心肺耐力测试中，你可能获得不同的结果等级，你要考虑每项测试的优势和劣势，才能确定哪个得分最能代表你的体质水平。你坚持定期运动一段时间后，可以再次测试，看看你提高了多少。

心肺耐力应达到什么水平？

为了获得心肺耐力的相关健康益处，你在各项自我评估中都应达到等级表中的良好体质等级。只有从差等级和边缘等级上升到良好等级，你才能获得健康益处。体质在差级的人患上运动缺乏症的风险最高。

有些人以非常高的心肺耐力为练习目标，因为他们希望在运动中取得较高水平或者从事体能要求高的工作，例如海军军官或警察。为了拥有高水平的体质以应对上述挑战，你要比其他人更刻苦地练习。达到优秀体质等级对一些人会很难，而且就获得健康益处而言，这样做也没有必要。但是，你的心肺耐力分数越高，你患上运动缺乏症的风险就越低。

课程回顾

1. 心肺耐力对身心健康的益处有哪些？
2. 体育运动如何影响你心血管系统和呼吸系统的各个部分？
3. 评估心肺耐力和有氧能力的方法有哪些？具体如何操作？
4. 心肺耐力应达到什么水平？

如前文所述，最大摄氧量测试是心血管系统和呼吸系统素质的最佳测试方法。但如果你想用更快捷、更容易和更便宜的测试方法，可以尝试台阶测试和 1 英里跑测试。坚持定期体育运动一段时间后，你可以再次测试，检查自己的改善情况。请在老师的指导下记录你在每一项测试中的分数和体质等级。然后你可以利用该信息制定个人体育运动计划。如果你和同伴一起测试，请记住，自我评估信息是机密的私人信息。未经受测者允许，不得将该信息与其他人分享。

台阶测试

1. 使用 30 厘米高的凳子。右脚踏在凳子上，然后左脚踏上去。

2. 依次将右脚和左脚放回地面。

3. 继续重复上述四步模式（上、上、下、下）。每分钟做完 24 遍，共做 3 分钟。

4. 完成 3 分钟的台阶运动后，坐下并测数你的脉搏。请在完成后 5 秒以内开始计数。测数脉搏 1 分钟。

5. 根据表 8.1 确定你的心肺耐力等级。记录你的心率、踏步分钟数和测试等级。

注意：凳子的高度和踏步的速度对获得准确结果都是至关重要的。测试前静坐数分钟以确保你的安静心率处于正常水平。

台阶测试用于评估心肺耐力

表 8.1 等级表：台阶测试（每分钟心跳次数）

	13 岁		14 ~ 16 岁		17 岁及以上	
	男性	女性	男性	女性	男性	女性
优秀体质	≤ 90	≤ 100	≤ 85	≤ 95	≤ 80	≤ 90
良好体质	91 ~ 98	101 ~ 110	86 ~ 95	96 ~ 105	81 ~ 90	91 ~ 100
边缘体质	99 ~ 120	111 ~ 130	96 ~ 115	106 ~ 125	91 ~ 110	101 ~ 120
差体质	≥ 121	≥ 131	≥ 116	≥ 126	≥ 111	≥ 121

踏步时间不足 3 分钟者属于差体质等级。

1 英里跑测试

另一种心肺耐力测试方法是 1 英里（约 1.6 千米）跑测试。请记住，该测试不是赛跑，而是对心肺耐力的评估。你的目标是达到良好体质等级。良好体质意味着患运动缺乏症的风险较低，而且身体可以高效运转。有些人想达到优秀体质层面。优秀体质可以带来更多的健康益处，使你能够胜任需要较高心肺耐力的运动和工作。

- 在最短时间内跑或慢跑 1 英里（约 1.6 千米）。最好保持速度稳定。试着给自己设定一个全程速度。如果你开始时速度太快，最后你就不得不慢下来，甚至无法跑完全程。你可以使用目标心率或主观体力感觉评分表（RPE）来帮助你设定速度。另一个指标是你能否讲话。如果你在跑步时不能舒适地讲话（比如和朋友说话），你可能跑得太快了。

- 你跑完全程所花时间就是你的得分。得分用分钟数和秒数来表示。请记录下你的得分。

- 在表 8.2 中找到你的等级并做记录。

表 8.2 等级表：1 英里（约 1.6 千米）跑（分钟数：秒数）

	13 岁		14 岁		15 岁		16 岁		17 岁及以上	
	男	女	男	女	男	女	男	女	男	女
优秀体质	≤ 7:45	≤ 8:40	≤ 7:30	≤ 8:25	≤ 7:15	≤ 8:10	≤ 7:00	≤ 7:45	≤ 6:50	≤ 7:35
良好体质	7:46 ~ 10:09	8:41 ~ 10:27	7:31 ~ 9:27	8:26 ~ 10:15	7:16 ~ 9:00	8:11 ~ 9:58	7:01 ~ 8:39	7:46 ~ 9:46	6:51 ~ 8:26	7:36 ~ 9:31
边缘体质	10:10 ~ 12:29	10:28 ~ 13:03	9:28 ~ 11:51	10:16 ~ 12:48	9:01 ~ 11:14	9:59 ~ 12:27	8:40 ~ 10:46	9:47 ~ 12:11	8:27 ~ 10:37	9:32 ~ 11:54
差体质	≥ 12:30	≥ 13:04	≥ 11:52	≥ 12:49	≥ 11:15	≥ 12:28	≥ 10:47	≥ 12:12	≥ 10:38	≥ 11:55

以 G·韦尔克提供的数据为基础。

第 8.2 课
增强心肺耐力

课程目标

学完本课，你将能够：

1. 解释高强度有氧运动并给出几个例子；
2. 描述增强心肺耐力的 FIT 规则；
3. 描述如何测量安静心率和最大心率；
4. 解释如何使用两种方法确定你增强心肺耐力的训练阈值和目标区间。

课程词汇

有氧运动、心率储备（HRR）、最大心率、高强度有氧运动

现在你知道体育运动对心肺耐力来说很重要。但要做多少体育运动才能改善心肺耐力呢？本课中，你将学习增强心肺耐力的最佳运动类型，并确定增强自己的心肺耐力所需的运动量。

体育运动和心肺耐力

"有氧"一词指"带有氧气"，而有氧运动是一种稳定的运动，心脏能够供应肌肉所需的所有的氧。中等强度体力活动被视为有氧运动，因为你可以连续长时间进行这类运动。中等强度运动带来很多健康益处，而且能增强差体质者的心肺耐力，但对大多数人而言，中等强度运动的强度却不足以增强他们的心肺耐力。

高强度有氧运动是青少年运动金字塔第 2 级所代表的运动，是增强心肺耐力的最有效的方式。高强度有氧运动的强度足以将你的心率提高到训练阈值以上和目标区间内，以增强心肺耐力。美国国家青少年体育运动指导建议一周至少三天做高强度运动，因为高强度运动的益处比中等强度运动更多。

高强度竞技运动和休闲运动是青少年运动金字塔（图 8.7）第 3 级代表的运动，它们也可以增强心肺耐力。剧烈的竞技运动常常包括快速的爆发式运动及其后的休息。因此，它们并不完全是有氧的。但是这些运动和剧烈的有氧运动提供相同的益处。只有当竞技运动和休闲运动有足够强度，可以将你的心率提高至训练阈值以上和目标区间内以增强心肺耐力时，其方可称为剧烈运动。

做多少高强度运动才足够？

如你所知，青少年每天应做 60 分钟的体育运动。推荐的体育运动中，有一部分属于高强度运动。特别地，一周应有至少三天做高强度运动，高强度运动时间合计不少于每天 20 分钟。你的高强度运动应具备足够的强度，以将你的心率提高至阈值水平以上和目标区间以内。

图 8.7 第 2 级和第 3 级的高强度运动是增强心肺耐力的最理想运动

增强心肺耐力的 FIT 规则见表 8.3。你可以看到，久坐者和勤运动者的训练阈值和目标区间都不一样。久坐者应进行低强度运动，并使用与勤运动者不同的目标心率区间。

使用表 8.3 时，首先在表的第二行选项中找到你当前的体育运动水平。以下的各行表示运动的频率和时长，分别以天数和分钟数为单位。你运动的强度可通过两种心率测定方法中的任一种进行测定。这两种心率测定方法将在本章下一节描述。学会用任何一种方法测定心率后，你就可以用表 8.3 来确定你的运动强度。

健身小知识

测定运动强度的另一种方法（除心率法外）是用主观体力感觉评分表（RPE）。该方法中，你在运动期间用数字 6（无体力消耗）至 20（最大体力消耗）对体力消耗的强度进行估算。12 至 14 的 RPE 值通常等同于心肺耐力的目标区间（表 8.3）。RPE 也可帮助你确定在剧烈有氧运动中的节奏。

表 8.3　不同运动水平的人的训练阈值和目标心率区间（FIT 规则）

	训练阈值			目标心率区间		
当前运动水平	未做剧烈运动	偶尔做剧烈运动	定期做剧烈运动	未做剧烈运动	偶尔做剧烈运动	定期做剧烈运动
频率	对所有体质水平都为每周 3 天			对所有体质水平都为每周 3～6 天		
强度	百分比			百分比		
HRR*	50	60	70	50～70	60～80	70～89
%HR$_{max}$**	70	80	84	70～85	80～91	84～95
时间	对所有运动水平都为 20 分钟 ***			对所有运动水平都为 20～90 分钟 ***		

* HRR 指心率储备。

** %HR$_{max}$ 指最大心率百分比。

*** 可将训练分为 10 分钟以上的多个时间段以达到时间上的要求。

以美国运动医学学会的运动处方指导为基础。

心率和体育运动的强度

心率监测是确定运动强度的常见技术。这是因为数脉搏以测定心率相对比较简单。但我们数脉搏的目的是什么呢？为了增强心肺耐力，你需要让心血管系统和呼吸系统超负荷运转。计算目标心率区间，包括训练阈值和目标上限，是获得最佳超负荷的科学方法。只要你知道了你的目标心率区间，你就知道你需要把心率提高到什么水平以适应运动节奏和增强心肺耐力。美国运动医学学会推荐了两种确定目标心率区间的方法。第一种方法是心率储备百分比（％HRR）法，第二种方法是最大心率百分比（％HR$_{max}$）法。

本课中，你将学习如何使用这两种方法计算你的目标心率区间。学会两种方法后，你可以择一使用。然后，你可以在运动期间或运动刚结束后测定心率，以确定你的运动强度是否合适，是否在目标区间内。

测定安静心率

确定目标心率区间之前应先测定你的安静心率。安静心率是你在相对静止状态下的心率。请遵从以下指导。

1. 坐下，用手的食指和中指在另一只手的手腕上找到脉搏（桡动脉脉搏）（图 8.8a），数出心率。不要使用拇指。练习此步骤，以便你可以迅速找到脉搏。

2. 数脉搏 1 分钟。记录下你的一分钟心率。

3. 再次测定安静（静坐）心率。但这次你要在颈部数脉搏（颈动脉脉搏）（图 8.8b）。将任一只手的食指和中指放在颈部的一侧。然后移动手指寻找脉搏。以适当的强度按压，以感受到脉搏。但应小心不要按压的太用力。

4. 现在，在站立状态下测定手腕脉搏和颈部脉搏。坐下，然后再次数脉（手腕和颈部）。把结果进行比较。通常你的站立脉搏会比静坐脉搏更快。

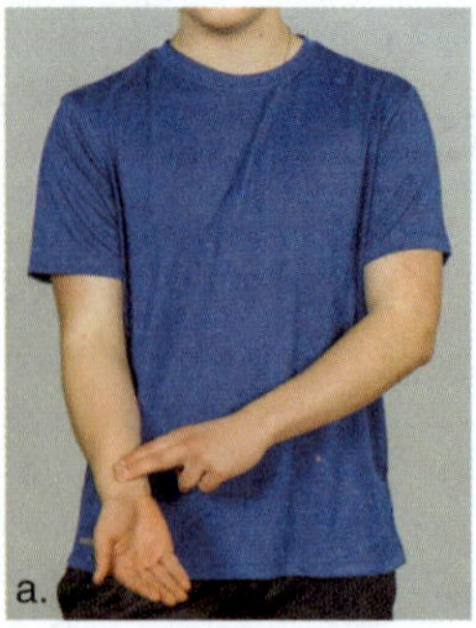

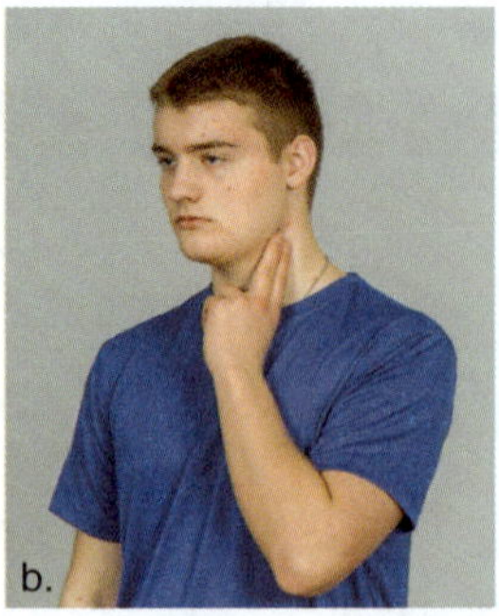

图 8.8 用你的食指和中指在手腕 a. 和颈部 b. 找到脉搏

5. 你和同伴相互数对方的脉搏（都处于站立位）。将你自己数出的心率与同伴数出的心率做对比。你可以使用不同的数脉方法，但在作比较时，你和同伴数脉所用方法应一致。

6. 在老师的指导下用上文所述方法记录你的安静心率。

测定最大心率（HR$_{max}$）

最大心率（HR$_{max}$）是一个人在最剧烈运动期间所能达到的最高心率。你可以在非常剧烈的运动后测定心率，从而估算出最大心率。或者，如果你想更为精确地测定最大心率，可以佩戴一个心率监测器，观察在非常剧烈的运动中你的心率能有多高。但应注意，体质差或不经常运动的人不应当为了测定最大心率而做如此剧烈的运动。

由于测定真实的最大心率要求受测者做非常剧烈的运动，而有些人不适宜做这样剧烈的运动，所以运动生理学家研究出若干个公式，以在无须运动的情况下估算最大心率。美国运动医学学会列出了估算最大心率的五个公式，每个公式都有其各自的优缺点。这里我们使用运动专家们最常使用的公式。它简单易用，而且对年轻人（包括青少年）来说，该公式估算出的最大心率非常接近更为复杂的公式的计算结果。该公式如下所示。当然你也可以用表 8.4 估计你的最大心率。

220 − 年龄 = 最大心率

例如，16 岁青少年：220 − 16 = 204

在老师的指导下记录你估算的最大心率。确定心率目标区间时你将用到该数据。

测定运动心率

在做慢跑这类运动时数脉搏会比较困难，但你可以在运动后马上测定心率，从而估算出自己的运动心率。基于你运动后的脉搏计数估算运动心率时，请遵从以下指导：

1. 运动后立即找到脉搏（5 秒内）。

2. 用腕部或颈部脉搏数心率 15 秒。将 15 秒脉搏次数乘以 4，得到 1 分钟的心率。此方法较为有效，一是因为它可以快速进行，二是因为你在停止运动后心率会迅速下降。这也意

166 健身与生活（全彩图解第 6 版）

味着，如果计数的时间过长，你可能会低估你的运动心率。另一方面，计数时间太短也会导致误差，因为单次计数错误将被成倍放大。你可以使用表 8.5 帮助自己根据 15 秒脉搏数确定 1 分钟心率。

3. 你可以在数心率时继续慢走，因为慢走可帮助你更快地恢复。如果你在走路时无法数心率，应先站立，数完后再运动。

心率储备百分比法
确定目标心率

为增强心肺耐力，你必须将心率提高至训练阈值以下和目标区间以内（表 8.3）。心率储备百分比（% HRR）是确定目标心率的两种方法之一。该方法准确度最高，但相比另一种方法计算起来更复杂。使用该方法

时，你必须知道你的安静心率、最大心率和心率储备（HRR）。表 8.6 以一位 16 岁青少年为例对计算做了说明。该青少年的安静心率为 67，其心肺耐力在良好体质范围内。

1. 首先，按本章上文所述方法测定你的安静心率和最大心率。本例中，安静心率为 67，最大心率为 204。

2. 然后，将最大心率（HR_{max}）减去安静心率，求得你的心率储备。本例中，安静心率为 67，所以心率储备是 137。

3. 将心率储备（HRR）乘以最大心率（HR_{max}）的 60%（在本例中），求得阈值心率。如表 8.3 所示，对不同运动水平的人应使用不同的百分比。请使用适合你当前运动水平的百分比。然后将所得数据与安静心率相加。本例中，阈值心率是 149。

表 8.4　估算的最大心率

年龄（岁）	12	13	14	15	16	17	18	19
最大心率	208	207	206	205	204	203	202	201

在第一行中找出你的年龄，年龄下方的数据就是你的估测最大心率。

表 8.5　15 秒和 1 分钟区间内的心率

15 秒心率	1 分钟心率	15 秒心率	1 分钟心率	15 秒心率	1 分钟心率
15	60	27	108	39	156
16	64	28	112	40	160
17	68	29	116	41	164
18	72	30	120	42	168
19	76	31	124	43	172
20	80	32	128	44	176
21	84	33	132	45	180
22	88	34	136	46	184
23	92	35	140	47	188
24	96	36	144	48	192
25	100	37	148	49	196
26	104	38	152	50	200

在阴影列找到你的 15 秒心率，它右边的白底列数据即为你的 1 分钟心率。

4. 目标上限心率通过重复 1 到 3 的步骤进行计算，但在第 3 步中，应乘以较高的百分比，比如 80%（0.8）。参照表 8.3，并基于你当前的运动水平找到你的目标区间应使用的百分比。然后加上你的安静心率。本例中，目标上限心率是 177。

5. 因此，本例中体质良好的 16 岁青少年的目标心率区间是 149 至 177（HRR 的 60% ~ 80%）。

最大心率百分比法确定目标心率

第二种方法是最大心率百分比（% HR_{max}）法，它不如 HRR 方法准确，但计算较为容易。本方法中无须使用安静心率。表 8.7 以心肺耐力在良好区间的 16 岁青少年为例说明了最大心率百分比法的使用。

1. 估算你的最大心率。本例中，最大心率是 204。

2. 本例中，最大心率（204）乘以 80%（0.8）得到阈值心率。如表 8.3 所示，不同运动水平的人使用的百分比也不同。请使用适合你当前运动水平的百分比。本例中，阈值心率是 163。

3. 重复步骤 1 和步骤 2 以计算目标上限心率。但在第 2 步中，应乘以 91%（0.91）。该数据因运动水平的不同而不同（表 8.3）。本例中，上

表 8.6　计算心率的目标区间（心率储备百分比法）

阈值心率	第 1 步：204（HR_{max}）*	
	第 2 步：$\dfrac{-67（安静 HR）}{137（HRR）}$	
	第 3 步：$\dfrac{-0.6（阈值 \%）}{82}$	$\dfrac{+67（安静 HR）}{149（阈值 HR）}$
目标上限	第 1 步：204（HR_{max}）*	
	第 2 步：$\dfrac{-67（安静 HR）}{137（HRR）}$	
	第 3 步：$\dfrac{\times 0.8（上限 \%）}{110}$	$\dfrac{+67（安静 HR）}{117（目标上限 HR）}$
目标心率区间	149 ~ 177 次 / 分	

* 本例为 16 岁青少年，其安静心率为 67，心肺耐力良好。

表 8.7　计算心率的目标区间（最大心率百分比法）

阈值心率	第 1 步：204（HR_{max}）*
	第 2 步：$\dfrac{\times 0.8（阈值 \%）}{163（阈值 HR）}$
目标上限	第 1 步：204（HR_{max}）*
	第 2 步：$\dfrac{\times 0.91（上限 \%）}{186（目标上限）}$
目标心率区间	163 ~ 186 次 / 分

* 本例为 16 岁青少年，其安静心率为 67，心肺耐力良好。

限心率是 186。

4. 因此，本例中心肺耐力良好的 16 岁青少年的目标心率区间为 163 至 186（最大心率的 80% 至 91%）。应注意，上述数据略高于用心率储备百分比法计算出的数据。

埃伦的运动

埃伦在读高中二年级。她做了 PACER 和步行测试，等级均为边缘体质。她并不感到吃惊，因为她很少做高强度运动。不过，她希望改善自己的心肺耐力。为此，她打算每周做更多的高强度运动。

根据表 8.3 中的信息，埃伦认识到，她每周至少要用 3 天（最多 6 天）做高强度运动。她计划从每周 3 天开始，并选择在这 3 天中每天慢跑 20 分钟，因为表 8.3 建议采用 20 分钟的运动时段。

埃伦在课堂上学到如何使用心率储备百分比法和最大心率百分比法计算她的目标心率区间。她打算使用心率储备百分比法进行计算。首先，她测定了自己的最大心率（204 次/分）和安静心率（67 次/分）。用最大心率减去安静心率，得到心率储备（HRR）为 137（204−67=137）。

接下来，她根据表 8.3 中 50% 至 70% 的百分比计算了自己的目标心率区间。上述百分比是表 8.3 为未做高强度运动的人规定的百分比。具体来讲，她的计算过程如下：心率储备 137 的 50% 是 69，而 137 的 70% 是 96。埃伦随后将她的安静心率 67 加到上述数据中，得到她的阈值心率（69+67=136）和心率上限（96+67=163）。因此，她的目标心率区间是每分钟 139 ～ 163 次。

每次刚做完慢跑运动后，埃伦都测定心率，看它是否在目标心率区间内。有几天她的心率在目标区间以下，所以她逐日增加跑步的速度。埃伦希望她的心肺耐力能逐步得到改善，从而达到良好体质等级。

课程回顾

1. 什么是剧烈的有氧运动？请给出几个例子。
2. 增强心肺耐力的 FIT 规则是什么？
3. 如何确定安静心率和估算最大心率？
4. 如何确定你的训练阈值和目标心率区间以增强心肺耐力？请解释两种方法。

⚡ 自我负责：自信心

自信心意味着你相信自己在任何活动中都能取得成功。当你认为你能成功时，你就是自信的。而当你不确定自己能不能做好时，你就缺乏自信。你自信时就会更愿意参加体育运动。

托尼很少参加体育运动。他在童年时期有过尴尬的经历，所以他认为人们会嘲笑他跑步的样子。我跑步的时候手臂和腿似乎不能协调动作。我觉得我很蠢。

梅喜欢所有的体育运动。每天她都去投篮或者骑自行车，而且她是多个运动团队的成员。虽然她在运动中很出色，但她在陌生人面前容易害羞，她希望自己能多参加社交。"我想不出有什么风趣或机智的话语。每当我想说话时，我都开不了口。对我来说，避免说话会容易些。"

托尼和梅都缺乏自信，但二人的情况不同。托尼希望参加运动，而梅想要有社交活动。二人都因害怕不适而回避相关场合。二人都需要找到建立自信的方法，从而在各自的生活中取得成功。

讨论

像托尼那样的人会因各种原因不敢尝试新运动或提前放弃运动。而像梅那样的人会因缺乏社交自信而回避社交环境。人们缺乏自信的原因是什么呢？他们如何增加自信呢？你能给托尼哪些建议来帮助他尝试新运动和坚持运动？你能给梅哪些建议来帮助她适应社交环境？回答上述讨论问题时请考虑"自我管理"一节中的指导。

➡ 自我管理：建立自信的技巧

近期针对青少年的一项研究表明，自信心是衡量体育运动情况的最好的指标之一。自信的人相信自己能够完成任务，而不是否认自己。就体育运动而言，有的人不太自信，因为他们认为自己不擅长做运动或者别人比自己做得更好。你或许会感到惊讶，自信的人不总是表现最佳，而表现好的人也有可能缺乏自信。实际上，针对学校中青少年的研究表明，所有学生都可以找到某种他们能够成功的运动，无论他们的体能怎么样。

此外，认为自己在运动中能成功的人积极参加运动的概率几乎是不相信自己能成功的人的两倍。

建立自信是一项自我管理技能，而你可以学习和掌握这种技能。你可以用老师提供的工作表评估你的自信水平。然后，如有必要，你可以使用以下指导来提高你的自信。

- 学习新的思考方式。有些人缺乏自信的一个主要原因在于他们认为自己的成功取决于他们与其他人的对比。采用新的思考方式便意味着你设定自己的成功标准，而不是把自己和他人作比较。这些指导用于帮助你培养新的思考方式以建立自信。

- 设定自己的成功标准。评估你自己并设定和自身进步相符的成功标准。把自己和他人做对比并不是成功的必要条件，相反，它会导致你缺乏自信。

- 如果竞争给你带来困扰，就避免竞争。有的人喜欢竞争，但有的人不喜欢。如果竞争会削弱你对体育运动的自信，你就应该找找非竞争性的运动（如步行、慢跑和游泳），从而保持良好心态。

- 设定容易实现的小目标。设定比当前水平更高的目标是很好的，但不要把目标设得太高。你实现一个小目标后，可以设定下一个目标。当你实现了若干个小目标后，你的自信心便会得到增强。而如果目标设定得不切实际，当你不能实现它时，你的自信心会受到打击。

- 积极地（而不是消极地）思考和行动。你参与体育运动时，应该思考自己如何得到提高。告诉自己你在哪些方面做得很好，在哪些方面可以通过练习不断改进。避免消极的自我对话，比如在做得不好的方面指责自己，或者用负面的词语来描述自己。

设定个人的成功标准并获得他人的支持可以帮助你建立自信心

心肺耐力对长寿和健康的生活而言非常重要。它对于你参加喜欢的体育运动、竞技运动和维持健康的体重也是必不可少的。如本章前文所述，你的高强度体育运动必须在训练阈值以上和目标区间内进行，这样才能增强心肺耐力。请行动起来，进行符合 FIT 规则的高强度运动：每周至少运动 3 天（频率，用字母 "F" 表示），心率应在目标心率区间内（强度，用字母 "I" 表示），每次运动至少 20 分钟（时间，用字母 "T" 表示）。进行目标心率运动时，请考虑以下建议。

- 使用心率储备百分比法或最大心率百分比法确定你的目标心率。
- 选择高强度运动之前应考虑你的体质水平。
- 做高强度运动之前应进行 5 分钟的心肺热身运动。
- 定期检查你的脉搏或主观体力感觉评分，以确保你的运动强度维持在目标心率区间内。
- 高强度运动后应进行放松运动。

通过运动将心率提升至目标区间内

章节回顾

概念和词汇回顾

在老师的指导下解答 1 至 5 题。用词汇或短语填写句子的空白。

1. 将血液从肌肉输送回心脏的血管称为_____。

2. 由心脏、血管和血液构成的身体系统称为_____。

3. 血液中帮助其凝结的物质称为_____。

4. 通过估计而不是测量来确定运动强度的方法称为_____评分法。

5. 你心率可达到的最高水平称为_____。

在老师的指导下解答 6 至 10 题。将第 1 列中的每一项与第 2 列中合适的短语配对。

6. 颈动脉　　　　　　　　　　a. 血液中的蜡状、类脂肪物质

7. 胆固醇　　　　　　　　　　b. 颈部脉搏

8. 高密度脂蛋白　　　　　　　c. 有害胆固醇

9. 低密度脂蛋白　　　　　　　d. 有氧能力

10. 最大摄氧量　　　　　　　　e. 将有害胆固醇送出血液

在老师的指导下解答 11 至 15 题。对每条陈述或问题进行回答。

11. 解释心肺耐力如何帮助心血管系统和呼吸系统高效地工作，进而帮助预防心血管疾病。

12. 定义"有氧能力"。它与心肺耐力有什么关系？

13. 描述本章中讨论的心肺耐力的两种现场测试。

14. 描述确定目标心率区间的两种方法。

15. 自信心的建立有哪些相关指导？

批判性思考

用一段话回答以下问题。

苏的安静心率是 76 次 / 分。比尔的安静心率是 54 次 / 分。假设他们二人都没有伤病，他们安静心率相差如此大的可能原因是什么？

项目

制作一幅海报、一个幻灯片演示文稿或者一个视频，描述体育运动对心血管系统和呼吸系统的益处。

9

高强度体育运动

第 9.1 课
高强度有氧运动、
竞技运动和休闲运动

课程目标

学完本课，你将能够：

1. 描述 3 种类型的高强度运动（一种位于运动金字塔第 2 级，两种位于第 3 级）；
2. 描述若干种高强度有氧运动（金字塔第 2 级）；
3. 定义竞技运动并描述高强度竞技运动的 4 大类别（金字塔第 3 级）；
4. 定义休闲和娱乐并描述若干种高强度休闲运动（金字塔第 3 级）。

课程词汇

有氧和无氧运动、无氧能力、循环训练、休闲时间、终身的竞技运动、休闲运动、竞技运动、高强度有氧运动、高强度休闲运动、高强度竞技运动

你多久做一次让你气喘吁吁和出汗的运动呢？你是否知道强健的体质可以让你活得更长久？运动金字塔中包括了两种高强度运动：高强度有氧运动（第 2 级）和高强度竞技运动和休闲运动（第 3 级）（图 9.1）。这两个层级中的运动比第 1 级的中等强度运动更剧烈，而且对增强心肺耐力非常有帮助。它们要求 7MET 或更高，而中等强度运动仅要求 4～7 个 MET（根据"中等强度体育运动"章节所述，1 个 MET 代表你休息时消耗的能量）。运动越剧烈，MET 数就越高。研究表明，剧烈的体育运动（7MET 及以上）提供的健康益处超过中等强度运动。本课中，你将进一步学习多种类型的剧烈运动。

图 9.1 高强度有氧运动、竞技运动和休闲运动（第 2 级和第 3 级）可增强心肺适能并带来很多其他的健康益处

高强度有氧运动

运动金字塔中的大多数运动（包括中等强度运动）都可视为有氧运动。但只有当运动的强度足以将你的心率提高至训练阈值以上和目标区间之内时，运动才可视为高强度运动。有氧运动，

例如慢跑、有氧舞蹈、骑自行车和游泳等，是运动金字塔中最流行和最有益的运动。这些运动广受欢迎的原因如下：

- 它们往往不需要高水平的技能；
- 它们一般不具竞争性；
- 它们常常可在家里或家附近进行；
- 它们一般不需要同伴或团体。

高强度有氧运动分为很多类型。以下章节描述了部分最流行的高强度有氧运动。有些运动可划分至运动金字塔的多个层级。比如，游泳是一种竞技运动，但它同时也是一种高强度有氧运动和一种高强度休闲运动。本书中把它归入高强度有氧运动一类。每种运动在本章中只讨论一次，即使它适合在多处讨论。

有氧舞蹈

有氧舞蹈包括在音乐的伴随下连续地走各种舞步。与交际舞者不同，有氧舞蹈运动员通常跟随着指挥员或视频自己跳舞。有氧舞蹈最初流行于20世纪70年代，现在仍然是有氧运动最流行的形式之一。有氧舞蹈的形式包括低冲击舞蹈、高冲击舞蹈和踏板舞。低冲击有氧舞蹈通常始终要有一只脚接触地面。这种舞蹈形式最适合初学者，因为它受伤的概率比其他形式的舞蹈要小。高冲击有氧舞蹈通常更加剧烈，包括了跳跃动作。而踏板舞要在一个台阶或箱子上走舞步。有些类型的有氧舞蹈使用较轻的重物、橡皮筋或其他运动器材，或者借用了其他运动如武术中的动作。

有氧健身器材

有氧健身器材包括跑步机、踏步机、健身车、划船机和滑雪机等。你可以购买这些器材在家使用，或者在健身俱乐部或学校中使用这些器材。正确使用的话，它们是有效果的，但有些人觉得自由运动会比在器材上运动更有趣。比如，真实的滑雪比使用滑雪机更有趣。但另一方面，运动器材常常更加方便高效地使用。

骑自行车

骑自行车既是竞技类运动也是休闲运动。有的人把骑行当作比赛，也有的人把它当作休闲娱乐方式。慢骑时，该运动属于中等强度运动。本节把自行车运动单列出是因为人们常常连续地、以稳定速度骑自行车，从而提高了心率。有些骑行模式如自行车越野赛和山地自行车速降被视为极限运动。

库珀的有氧运动

肯·库珀博士是得克萨斯州达拉斯市库珀研究所的创始人，他也创造了"有氧运动"一词。由于他为推广体育运动做出了杰出贡献，在巴西和其他一些南美国家，一些形式的有氧运动如慢跑等被称为"库珀运动"。库珀博士还研究出一套可以通过每周的剧烈有氧运动赚取积分的系统。

循环训练

循环训练包括一个接一个地进行一系列的运动。运动者做一项运动一段时间，然后做下一项运动，且两项运动的间隔时间较短。循环训练的目的是将心率保持在目标区间。训练中可以使用运动器材或小型器具，如跳绳、橡皮筋、自由重量器械等，也可以不使用任何器材（例如在健美体操运动中）。做不同的运动可以增强肌肉适能和心肺耐力，并因多样化而增加了运动的乐趣。有时人们用音乐来确定各项运动的时间。音乐中断表示应进行下一项运动。

舞蹈

舞蹈是最古老的艺术之一。在很多文化中，舞蹈也是一种表达方式。有的舞蹈不仅愉悦身心，而且是很好的剧烈有氧运动方式。较为传统的舞蹈运动包括现代舞、芭蕾舞、民间舞蹈和方块舞。另一类舞蹈是交际舞，它包括传统形式（例如华尔兹、乡村舞和拉丁舞）和新形式（例如街舞和线舞）。一些舞蹈运动已经发生了改变，其传统的舞步更为接近有氧舞蹈形式。例如，尊巴舞中的拉丁音乐和拉丁舞步类似于有氧舞蹈。只要你激烈地跳并使心率增加，所有这些舞蹈都可以是很好的有氧运动形式。

慢跑和跑步

慢跑和跑步一直是最流行的剧烈有氧运动形式。慢跑一般视为非竞争性的运动，而跑步是较为严格、正式的慢跑。跑者常常参加竞争性运动项目如 5 千米和 10 千米比赛。本节把慢跑和跑步归为同一类，因为它们很相似。在本课后的自我评估部分，你可以更多地了解慢跑和跑步。

武术运动

柔道和空手道只是全世界数百种武术中的两种。不同的国家有不同的武术形式。武术可增强身体素质的多个方面，但它们不一定对心肺耐力有明显的益处，因为武术可能缺少足够的连续性运动以将心率维持在较高水平。但有些类型的武术与有氧舞蹈相结合，成为武术运动。其中包括跆搏健身和有氧空手道。武术运动可以增强心肺耐力，但在学习防身技术方面不如传统武术有效。

♥ 健身科技：全球定位系统

全球定位系统（GPS）是将准确位置信息传送到世界各地的基于卫星的系统。卫星发送信号至接收器，然后接收器把信号转发给可分析信息的计算机。GPS 由美国政府研发用于国防领域，但该技术现在已民用化。GPS 技术定位非常准确，其用于汽车中以帮助驾驶员找寻路线。现在，自行车手、跑者、徒步旅行者和其他户外运动人士也使用 GPS。GPS 也可以告知你的行进速度、行进距离、海拔的增加和降低以及你运动的平均步速。最初用于体育运动中的 GPS 系统非常复杂，需要在手臂和腿上佩戴装有接收器的带子，并在手

GPS 技术可用于跟踪你的体育运动，比如图中这些手表可以记录你慢跑的距离

臂上佩戴一种类似手表的装置。或者需要在鞋中装入计算机芯片，以接收卫星信号。但技术日新月异，今天用于体育运动的 GPS 设备更加先进。

科技应用

调查 GPS 技术在体育运动中的应用。选择你认为最好的市售设备，并给出理由。

跳绳

跳绳一直是拳击运动员和其他运动员的训练方法之一。因为跳绳需要手腕以及全身的运动，它的运动强度非常高。所以有时人们把跳绳和健美操等其他形式运动相结合，交替进行。目前已研究出很多跳绳动作。跳绳是一种便宜的运动，可以在家和社区内进行。你在旅行时也可以轻松带上跳绳所需器具。

游泳

游泳既是一项运动，也是一种休闲方式。本节单列出游泳是因为游泳是成年人中最流行的身体锻炼活动之一，而且对几乎所有人而言，游泳也是增强心肺耐力的有效方法。与水中有氧运动相似，游泳是超重、年老和有关节疾病的人的极好选择。但要让游泳成为有效的有氧运动，你必须在运动中提高你的心率。换言之，你必须连续游动足够的分钟数。不过，很多游泳者未达到上述任何要求。

游泳是很有益的剧烈有氧运动形式

水中有氧运动

水中有氧运动有时称为戏水运动，指在游泳池中做健美操或跳舞等。这种有氧运动对超重、年老和患有关节炎或其他关节疾病的人来说极为有益，因为水可以减轻关节上的压力。对于强壮的运动者而言，水可以提供阻力，从而增加运动的强度。

高强度竞技运动

竞技运动指竞争性的（有赢家和输家）、遵循既定规则的体育运动。高尔夫和保龄球一类的竞技运动被归类为中等强度体力活动（运动金字塔第1级）。而高强度竞技运动（金字塔第3级）可以将心率提升至阈值水平以上和目标区间以内，从而增强心肺耐力。

高强度竞技运动种类繁多，所以无法在此处全部列出。但我们能举出一般的类别：团队运动、双人运动和单人运动，以及室外运动、挑战性运动和极限运动。其他的竞技运动不在讨论范围内，因为它们不是很流行，或者与个人身体活动无关（如赛车和赛马之类）。

团队运动

对高中生和成年观众而言，橄榄球、曲棍球、英式足球、排球和篮球是最流行的团队运动。这些运动非常有助于增强参与者的身体素质（尽管对观众的身体素质毫无帮助）。学生阶段结束后，你将难以找到团队运动的机会，因为团队运动需要有其他的参与者（队友），以及特殊的器材和设施。棒球和

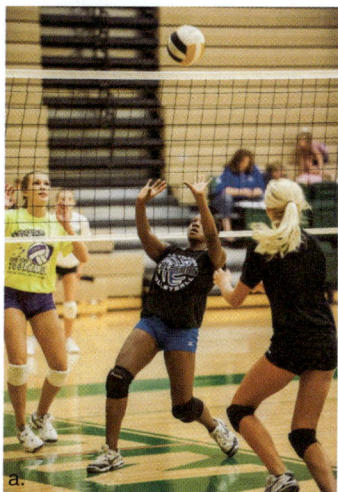

团队运动：a. 排球是美国高中生中最流行的团队运动之一；b. 篮球是美国成年人排名前 20 种体育运动中的少数团队运动之一

垒球运动常常较为激烈，也包含一些激烈的运动和训练形式，但它们常常被视为中等强度运动。

美国成年人最流行的 10 种体育运动中见不到团队运动的身影，但篮球是名列前 20 的少数几种团队运动之一。10 种最流行的体育运动主要是中等强度体育运动和剧烈有氧运动。由于年轻时参加团队运动的人中只有少数人把团队运动当作终身的运动方式，所以如果你希望在年龄大些时仍参加团队运动，你就必须主动寻找这样的机会。坚持运动的另一种方法是学习单人运动、双人运动或者可终身受用的有氧运动。

双人或同伴运动

双人运动是你只能与另外一人（对手）进行，或者与同伴一起对抗其他组（如双人网球）的竞技运动。此类运动包括网球、羽毛球、击剑和柔道。因为

双人运动需要的人数比团队运动少，它可以成为终身的运动，毕竟终身继续这种运动是比较容易的。网球是在美国参与性运动中常常排名在前 10 以内的运动，部分原因是它可以只与另外一个人进行，而且网球场允许大多数人使用。

但有些双人运动并未受到很多成年人的欢迎，比如摔跤。摔跤是双人运动，但不是终身运动，尽管它可以改善健康相关身体素质的很多重要方面。成年参与人不多的双人运动不被视为终身运动。

个人竞技运动

个人竞技运动是你可以自己进行的竞技运动。高尔夫球、体操和保龄球都是个人竞技运动，因为不需要有同伴或团队参与即可进行。很多个人竞技运动也是终身运动，因为它们更有可能终身进行，尽管很多人在后半生不会去做

体操之类的运动（体操常常需要保护人员）。滑雪和滑冰都是剧烈的休闲运动，但有时也视为个人竞技运动。

户外、挑战性或极限运动

很多剧烈的休闲运动都可以看作竞技运动。其中有些剧烈的休闲运动又称为户外运动或挑战性运动，比如山地自行车、攀岩、帆船运动和滑水。其他一些运动有时也称为极限运动，比如单板滑雪、滑板运动、冲浪和自行车越野赛。

高强度休闲运动

高强度休闲运动一般来讲比较有趣，且不具竞争性。休闲是你在空闲时间做的事情，因此休闲运动有时又称娱乐运动。休闲既包括体育运动，也包括其他活动如艺术和音乐等。但本节所述休闲运动涉及大肌肉的运用，而且包含较多的动作。

很多高强度休闲运动都在户外进

行，因为大自然的美和新鲜空气能让参与者身心愉悦。以下是剧烈休闲运动的一些例子。

背包和徒步旅行

徒步旅行非常有趣，因为它在户外进行，而且你可以单独旅行或与他人结队。大多数的县城、州和国家公园都设有供徒步旅行使用的风景道。徒步旅行通常只是一日游，而背包旅行则需要数日，你得携带食物、帐篷和其他必需品。

划船、皮划艇、独木舟和赛艇

划船有多种形式。户外氛围和清澈的流水让你精神舒畅，助你远离日常生活中的纷扰。剧烈的划船运动也可以增强体质和促进身体健康。独木舟和赛艇运动可能非常消耗体力。你要有一定的技能才能安全、成功地进行这类运动。即使划船运动不剧烈，它也能帮助人放松身心和恢复精神。

划船可以是一种很有活力的休闲运动，它可以增强心肺耐力并提供其他益处

科学实践：无氧运动

与长时间持续进行的有氧运动不同，无氧运动更为剧烈，以至于身体供氧维持运动的机制只能持续数秒。非常剧烈的无氧运动如全力冲刺只能维持约 10 秒，依赖于肌肉中储存的高能物质（ATP-CP）。有些剧烈无氧运动并非"全力"运动，但仍然有较高的强度（可以维持 11 ~ 90 秒），这类运动利用糖酵解系统，让肌肉和肝脏中储存的葡萄糖（糖原）供给运动所需的能量。无氧运动通常由短促的爆发性运动组成，随后是休息时间。无氧运动时，你的身体出现氧亏现象，因为身体无法摄取足够的氧来及时补充继续运动所需的能源物质。运动结束后，你的身体便可以摄取足够的氧来补充燃料库存，即偿还氧亏。

身体进行无氧运动的能力称为无氧能力。无氧能力的最常见测试方法是温盖特测试（Wingate Test）。温盖特测试在功率自行车（固定自行车）上进行，要求你用全力蹬车。一般只有想在无氧运动中拥有高水平表现的人才会做这种测试。

篮球、橄榄球和英式足球等运动中，队员有时要在场地中冲刺跑。冲刺跑是无氧运动，因为需要在短时间内发挥最强力量。在这些爆发性无氧运动后一般会有一段恢复时间。队员在进行无氧冲刺时的心率可能会超过目标区间，但在间歇的休息期，心率会降至训练阈值以下（例如篮球中的罚球期间）。实际上，剧烈的竞技运动本来不是真正的有氧运动，但当它们持续时间较长时，它们可视作剧烈的有氧运动，因为剧烈的竞技运动有益于健康并可改善心肺耐力。

上述竞技运动还能增强无氧能力（又称无氧适能）。无氧能力使你能够在爆发性无氧运动后快速恢复，并因此提高你在某些竞技运动中的表现水平。一些剧烈的休闲运动，如皮划艇运动等，相当于剧烈的竞技运动，因为它们要求运动者具有较强的心肺耐力和无氧能力。

参加剧烈竞技运动和休闲运动的人常常使用特殊的无氧训练方法，例如间歇训练法。间歇训练包括重复进行高强度运动，并穿插休息时间或低强度的运动。间歇训练分为很多类型，其中包括高强度间歇训练（HIIT）。高强度间歇训练中，强度和时长各异的运动组合交替进行。最常见的间歇训练的 FIT 规则如下：

· 频率（Frequency）：每周 3 ~ 6 天；
· 强度（Intensity）：目标心率区间的较高水平（因为运动时间较短）；
· 时间（Time）：采用多运动组合，每组进行 10 ~ 60 秒，中间有 1 ~ 2 分钟的休息时间或者中等强度运动（运动总时间至少 10 分钟）。

基于目标的差异，你的运动时长可能与以上规则中的时长有所不同。这类运动适合于心肺耐力已经处于良好等级、而且经常做剧烈运动的人。做这类运动之前，请咨询你的老师、教练或者有资质的运动机能学专家。

学生活动

参加篮球、英式足球或网球等间歇性的运动时，请在若干次剧烈的爆发性运动后测定你的心率。确定你的运动强度是否接近你有氧运动目标心率区间的较高水平。

定向越野运动

定向越野运动结合了步行、慢跑和熟练的地图判读。定向越野运动的场所通常在郊区，但也包括在崎岖地带徒步行进。选手从出发点以交错方式出发，每隔几分钟出发一人，从而选手不能相互追随。每位选手都可以使用指南针和地图。地图标示出长达16千米的路线。指南针可帮助找到由旗帜或其他标志物标记的若干检查点。在每个检查点，选手在卡片上做标记，表示自己已找到位置。如果以尽快走完全程为目标，定向越野运动就属于竞争性运动。城市定向运动使用同样的方法和技能，只不过在市中心举行而不是在郊区。

攀岩和抱石运动

现在很多学校用攀岩墙教授攀岩运动。用攀岩墙学习攀岩，一方面你能获得正确的指导，另一方面可采取有效的保护措施（防跌落）。高级攀岩运动员擅长使用特制安全绳和安全装备。初学者和中级攀岩运动员应始终在专家的帮助下进行。采用正确的方法和装备进行攀岩时，它是一种相对安全的运动。攀岩也有助于增强肌肉适能。

抱石是一种攀岩形式。抱石运动员仅使用手套和专门的鞋子攀爬到巨石的顶部。运动中不使用绳索和其他装备。抱石常常在户外进行，但一些俱乐部也有人造巨石供室内攀爬。攀登高度通常限制在约9米以内。与攀岩一样，抱石要求运动员有特殊的技能，所以初学者应在专业指导下进行。

滑板运动

如你所知，滑板运动是青少年群体中非常流行的一种休闲运动。竞争滑板现在被视为一种极限运动。因此，滑板运动既是休闲运动，也是竞技运动（对于高水平选手而言）。与轮滑一样，滑板运动是一项高风险运动，所以你应当使用安全装备并在正确的指导下进行。滑板运动还需要合适的场地。很多滑板运动的场地都是不安全的，有时还是在禁止滑板运动的场所进行。但一些城市设有滑板公园，以便人们安全地进行滑板运动。

健身小知识

休闲时间并不仅仅是空余时间，它还包含一种自由心态，意味着你在这段时间内把生活上的琐事抛之脑后。类似地，"休闲"（recreation）一词暗指你要恢复精神（refreshing）、自我再造（recreating）。因此，休闲活动是你在休闲或空余时间为恢复精神和自我再造而进行的活动。休闲活动的目的是娱乐和享受。它不要求活动剧烈或有意义。比如，看电视、看书、下象棋和相对轻松的活动都可视为休闲活动。而一些休闲运动，如钓鱼、露营和一些划船运动，都可视为中等强度运动。

滑冰

滑冰分为轮滑、滑旱冰和真实滑冰等类型。轮滑是美国发展最快的运动之一。它原本是夏季越野滑雪运动员的一种训练方法，但它的知名度渐渐提高，而其他单线竞技运动（如曲棍球）也随之发展起来。运动医学小组的研究发现，轮滑是最危险的运动之一，这可能是因为人们没有使用正确的安全装备，或者过早地尝试某些高级技能。鉴于滑冰运动的危险性，你在进行该运动时务必要遵守本章后面的安全指导。

滑雪

滑雪运动分为越野滑雪（北欧式滑雪的一种）、速降滑雪、滑板滑雪和跳台滑雪。越野滑雪通常在相对较远的路程内以稳定的速度进行。因此它被视为剧烈的有氧运动。滑降滑雪通常包括速滑，有时包括雪上技巧（颠簸）和腾跃。滑板滑雪相当于雪上的滑板运动，现在非常流行。它和其他形式的滑雪运动一同成为奥林匹克运动项目，而一些形式的滑板滑雪（半管道滑雪、超级半管道滑雪和障碍滑雪）也可视为极限运动。跳台滑雪也是奥林匹克运动项目，其包括坡道下滑、空中腾跃和远距离着地。所有类型的滑雪运动都可视为竞技运动。本节将其单列出是因为很多人滑雪仅仅为了娱乐。不过，对大多数人而言，跳台滑雪并不是休闲运动。

课程回顾

1. 什么是剧烈的有氧运动？运动金字塔中的剧烈运动分为哪两大类型？
2. 剧烈的有氧运动分为哪些类型？
3. 什么是竞技运动？竞技运动分为哪些类型？请举例说明。
4. 什么是剧烈的休闲运动？请举例说明。

慢跑是一种无须技能和器材的运动方式。你只需要有一双好的跑鞋和一件合适的运动服，便可参与此运动。无论把慢跑作为休闲运动还是竞技性运动，慢跑运动者都不计其数。当把慢跑当作竞技性运动时，参与者应称为跑步运动员，而不是跑步爱好者。慢跑只要方法正确，它就是安全、有趣的。专业人士根据生物力学原理和运动生理学制定了慢跑指导方针。请先了解这两门科学的原理，然后学习表 9.1 中的慢跑指导。

生物力学原理

- 改变速度（加速）不如维持现有速度容易。
- 在运动的方向上用力比在侧面用力更容易。
- 施力和防滑均需借助摩擦阻力。
- 作用力（脚撞击地面）均导致反作用力（脚底或脚跟受到冲击）。
- 较宽的支撑面方可维持稳定。
- 合适的杠杆作用可提高效率。
- 合适的姿势可提高效率。

运动生理学原理

- 不产生动作的肌肉收缩运动是低效的。
- 必须不断超越自我才能提高水平（超负荷原则）。

与同伴一起运动

- 慢跑 90 米。同伴站在你身后检查你的动作。
- 同伴观察你的慢跑运动后回答表 9.1 中的问题。你的教练应该能够提供这份工作表。
- 让同伴慢跑，由你评估他的动作。
- 与同伴讨论你的评估结果。
- 你和同伴都可以再跑一次。
- 纠正你的动作，并让同伴再次观察。你对同伴也要这么做。

自我评估不仅可以提高你的慢跑效率，也会减少损伤风险。不正确的慢跑动作会导致伤病，比如胫骨痛、腓骨痛甚至背痛。而腿脚动作不协调可能导致关节扭伤和肌肉拉伤。

表 9.1 慢跑的自我评估指导和检查清单

指导	原理	检查清单	√
脚部动作要正确。脚跟或者全脚先着地。然后身体前移，脚掌和脚趾用力，把身体向前推进	杠杆原理	你是否先用脚跟或全脚着地？你是否用脚掌和脚趾推进身体？	
腿和脚向正前方迈进。不要往侧面迈步	施力原理	你的腿和脚是否往前迈步和在正前方着地？	
手臂前后甩动。不要横甩或侧甩	施力原理	你的手臂是否向正前方和正后方甩动？	
躯干挺直。慢跑时，不要像加速跑时前倾。抬头挺胸	正确姿势	你的身体是否竖直或者仅略微前倾？你是否抬头挺胸？	
慢跑步长应大于正常行走的步长	杠杆原理	慢跑时你迈步是否比走路时更大？	
手臂在肘部弯曲，手放松。肩部放松。慢跑时不要咬牙，应让上身放松	肌肉的高效使用	肘部是否正确弯曲（90度）？双手是否放松？颌部是否放松？	
以稳定的速度慢跑。避免加速或减速。正确的慢跑速度因人而异。你的速度应能将你的心率提高至目标区间。如果你喘气或呼吸过重，你可能速度太快了	速度超负荷	你的速度是否稳定？慢跑数分钟后，你的心率是否在目标区间？你的速度是否合理，从而防止气喘和呼吸过重？	
跑步鞋应该底部和跟部较宽，跟部带垫，有专为跑步设计的外底	稳定性和摩擦力	你的鞋是否有宽跟和宽底？鞋底是否具有较好的质量？	

初学者的慢跑练习

本练习旨在帮助你了解你要跑多快才能获得健康益处（达到目标心率）。完成慢跑动作练习后，请尝试本练习。

1. 确定你的目标心率。

2. 慢跑 5 分钟，并试着让心率达到目标水平。记录你慢跑的时长，时长比跑过的距离更重要，用时间而不是距离作为标准，你就能在任何地方跑步。设定你自己的路线，试着用一半的时间远离出发地，然后用另一半时间回到出发地。如果在五分钟结束时离出发地还较远，请步行回到出发地。

3. 请注意本节讲过的慢跑动作技巧。

4. 5 分钟结束后，测定你的一分钟运动心率，并确定它是否在你的目标心率区间内。

5. 再次慢跑 5 分钟。如果第一次慢跑中你的运动心率低于目标心率，这次请加快速度。而如果你第一次慢跑中的运动心率高于目标心率，这次请跑得慢一点。只要你第一次慢跑的运动心率在目标心率区间，这次就用相同的速度跑。第二次慢跑后，再次测定你的运动心率。

6. 在老师的指导下记录练习结果。

第 9.2 课

制定安全的高强度运动
计划并予以执行

课程目标

学完本课，你将能够：

1. 说出安全地进行高强度运动有哪些相关指导原则；
2. 收集个人需求信息并建立自己的健身运动档案；
3. 设定剧烈体力活动的目标；
4. 选择高强度运动并为其制定计划。

课程词汇

运动清单、运动过度

你是否已经准备充分，可以开始做高强度运动了呢？本课将告诉你为什么在运动前需要先做好充分准备。你将再次用到方案规划的五步，以制定剧烈运动的个人计划。计划可以帮助你达到国家体力活动指导要求。高强度运动是最有趣的运动之一，能让你的健康大为受益。

高强度有氧、竞技和休闲运动对身体素质的要求

高强度体育运动能够增强人的体质，但剧烈运动本身也是有体质要求的。有些人认为某些竞技运动对体质无要求，特别是那些对增强体质无明显作用的运动。但这种观点是错误的。比如，垒球运动对增强体质无太大帮助，但它要求选手有较好的体质。同样地，有些人一年参加滑雪运动只有一次两次，除此之外他们并没有定期运动。同时他们又认为自己体质很好，可以滑雪。但实际上，这些人应该至少先锻炼几个星期，从而

为滑雪做好充分准备并降低受伤的风险。

高强度运动时的受伤风险比不运动时或做低强度、中等强度运动时的风险更高。即使相对来说较为安全的剧烈有氧运动，如果运动过度的话，也可能导致伤害。慢跑（或赛跑）是最容易受伤的五种运动之一。高冲击舞蹈和踏板舞的职业运动员也常常受伤。常见的运动损伤包括关节扭伤和肌肉拉伤等，但慢跑运动员和有氧舞蹈运动员所受伤害除此之外还包括过度使用——例如脚跟瘀伤、胫骨痛、腿部和脚部的应力性骨折等，有时还包括膝关节和背部受伤。长跑运动员和有氧舞蹈教练的受伤概率甚至会更高。一般来说，最容易受伤的人恰恰是每天都参与训练和一天中参与多项剧烈有氧运动的人。

高强度运动的安全建议

·运动前先热身。根据运动类型的不同，可以在运动前进行 5 ～ 10 分钟

的低强度至中等强度热身，做一系列的动态练习，或者做拉伸练习。如果做拉伸练习来热身，拉伸动作应不超过 30 秒，然后方可进行力量、爆发力和速度方面的运动。

·运动后应放松。放松练习可以帮助你更快恢复体力。

·穿戴合适的安全装备。例如，自行车和滑冰运动的运动员应佩戴头盔。滑冰运动员还应佩戴手套和护膝。运动员所穿衣服应与天气相适应。

·使用安全的器材和装备。自行车必须具备车灯和反光镜。背包应适合身体尺寸，负载不应过重。雪橇等器材应状况良好、尺寸合适并配有合适的保险扣或其他安全装置。划船运动员应穿救生衣。攀岩运动员必须采取安全防护措施。无论进行哪种剧烈运动，运动员都应多喝水，特别是在炎热天气中。

·获得正确的指导。无论是滑雪、轮滑、划船、攀岩还是任何其他运动，参与者都必须先获得正确的指导。很多伤病和意外事故都因运动方法不正确所致。

·只做与技能水平相符的运动。当进行超出自身技能水平的尝试时，更易造成伤病。例如，滑雪初学者不应在高级坡道上滑雪。无论你进行哪种运动，你都要从简单技能开始，然后随着能力的提高，循序渐进地尝试更为困难的练习。

·不要过度运动。每周花至少一天时间休息可以帮助你避免受伤。进行有氧舞蹈、跑步等剧烈有氧运动时更应如此。大多数伤害都可以通过避免过度运动来预防（运动太多会增加受伤风险并带来疼痛）。

·提前计划。比如在徒步旅行之

前，你要先拿到地图并计划好目的地。旅行时带上紧急电话。如果你参加滑雪运动，请确保滑雪道已经开放，并弄清哪些是受限区域。不要在受限区域滑雪。背包旅行时，务必带上足够的食物和水，以便在走失时维持生存。在不熟悉的地域旅行时一定要和团队在一起。

大多数高强度竞技运动和休闲运动都要求运动员有良好的身体素质。比如棒球选手要在全间冲刺、滑入垒中和跳起接球。如果选手没有良好的体质，以上任何一种动作都有可能导致受伤。良好或优秀的体质对于具有以下特征的运动而言尤为重要。

·身体接触（足球、橄榄球、摔跤、冰球）
·冲刺（棒球、垒球、英式足球、极限运动）
·突然快速移动和停止（排球、短柄墙球、田径运动、篮球）
·剧烈跳跃（篮球、跳高、英式足球）
*摔倒风险（滑雪、滑冰、柔道）
·肌肉过度拉伸的风险（网球、足球、壁球）

健身小知识

每年，美国的年轻人中有两百万例伤病由常见的休闲运动所致。医疗机构表示，做体育运动时遵从简单的安全指导便可以大大降低受伤的风险。

找到最适合你的高强度运动

本课中，你将有机会尝试多种高强度运动，例如有氧舞蹈、踏板舞、线

高强度运动的安全建议包括使用安全的装备和获得正确的指导

舞、慢跑、组合运动和跳绳等。请尝试多种运动，看看你喜欢哪种。对于特定运动，请多次尝试，以决定是否继续这种运动。确定自己喜欢的和不喜欢的运动需要时间。要想长期坚持某项运动，兴趣很重要。为增加运动的乐趣，你可以寻求有益的指导、穿戴合适的衣服和装备（如有必要），寻找志同道合者一起运动。

制定高强度体育运动的计划

　　苏琳用方案规划的 5 个步骤制定高强度体育运动的计划。虽然她本来就有定期做中等强度运动的习惯，但她希望参与更为剧烈的体育运动。本章以下几节将对她的计划做详细描述。

健身小知识

　　青少年群体中，男孩比女孩更容易养成每周高强度运动至少 3 次的习惯，而女高中生随着年龄的增长，她们的运动次数通常越来越少。健康专家希望找到方法帮助青少年女孩养成多运动的习惯。

第 1 步：确定你的个人需求

　　在开始阶段，苏琳写下她与高强度运动相关的体质测试结果。她还列出了她在过去一周内进行的高强度运动项目。苏琳的详细情况见图 9.2。

　　苏琳的心肺耐力等级表明，她在各项自我评估中处于边缘等级。她在过去一周内有两天达到了每天 60 分钟的美国国家体力活动指导标准。在周二和周四的体育课上，她都做了 20 分钟的高强度运动。周五她和朋友埃里克进行了

身体素质档案			
自我体质评估	分数	等级	
步行测试	时间：18:30 心率：150	边缘体质	
PACER	37 mL/kg/min	边缘体质	
台阶测试	心率：104	边缘体质	
1 英里（约 1.6 千米）跑	无得分	无等级	
体育运动档案			
周	高强度运动（分钟）	所有运动（分钟）	达到 60 分钟指导标准
周一	0	40	
周二	20	60	√
周三	0	40	
周四	20	60	√
周五	20	40	
周六	0	20	
周日	0	20	

图 9.2 苏琳的高强度体育运动和身体素质档案

20 分钟的慢跑，但她没有定期慢跑的习惯。她走路上下学（单程 20 分钟），算作中等强度运动。步行、体育课内的运动和慢跑时间共计 60 分钟。但在其他日期，她只做了中等强度运动（走路上下学），时间少于 60 分钟。但周五除外，因为她在周五有体育课。苏琳意识到她需要增加运动量，而且她特别想做更多的高强度运动。

第 2 步：考虑你的方案选项

苏琳希望她选择的运动能增强她的心肺耐力并提供其他的健康相关益处。她也更愿意参与她会感兴趣的运动。为了选择合适的高强度运动，她使用了表 9.2。该表格列出了多种高强度运动对健康相关身体素质的益处。但即使这个表格也仅仅包括了最流行的高强度有氧运动、竞技运动和休闲运动的冰山一角，而且它由更完整的运动清单改编而来。

苏琳写下了她喜欢的运动项目。

继续进行当前的运动

· 步行上下学

· 慢跑

· 体育课内的运动

高强度有氧运动

· 增加慢跑运动量

· 有氧舞蹈

高强度休闲运动

· 徒步旅行

· 轮滑

高强度竞技运动

· 网球

· 羽毛球

学校内运动

· 课前休闲运动

· 课后竞技运动

表 9.2 部分高强度运动的健康相关益处

运动	训练心肺耐力	训练力量	训练肌肉耐力	训练柔韧性	控制体脂
有氧舞蹈 *+	极好	尚可	良好	尚可	极好
有氧器械运动 +	极好	尚可	良好	不佳	极好
背包旅行 +	尚可	良好	极好	不佳	良好 / 极好
羽毛球 +	尚可	不佳	尚可	尚可	尚可 / 良好
棒球 / 垒球 *	不佳	不佳	不佳	不佳	不佳 / 尚可
篮球（半场）*+	尚可	不佳	尚可	不佳	不佳 / 尚可
篮球（全场）*+	极好	尚可	良好	不佳	极好
骑自行车 +	良好	尚可	良好	不佳	良好 / 极好
自行车越野赛	良好	良好	极好	尚可	良好
独木舟 +	尚可	尚可	尚可	不佳	尚可 / 良好
循环训练 +	良好	良好	良好	尚可	良好 / 极好
橄榄球 *	尚可	良好	尚可	不佳	尚可
体操运动	尚可	极好	极好	极好	尚可
手球 / 短柄墙球 *+	良好 / 极好	尚可	良好	不佳	良好 / 极好
徒步旅行	尚可	尚可	尚可 / 良好	不佳	良好
街舞	良好 / 极好	尚可	良好	尚可	良好 / 极好
骑马 +	不佳	不佳	不佳	不佳	不佳
皮划艇 *+	良好	良好	良好	尚可	良好
武术 *+	良好	尚可	尚可	尚可	尚可
爬山或攀岩 *+	良好	良好	良好	不佳	良好
短柄墙球 *+	良好 / 极好	尚可	良好	不佳	良好 / 极好
划船（船员）*	极好	尚可	极好	不佳	极好
航海 +	不佳	不佳	不佳	不佳	不佳
滑冰（旱冰或真冰）*+	良好	尚可	良好	尚可	良好
滑雪（越野）*+	极好	尚可	良好	不佳	极好
滑雪（斜坡）*+	尚可 / 良好	尚可	良好	不佳	尚可 / 良好
滑板滑雪 *+	尚可 / 良好	尚可	良好	尚可	尚可 / 良好
英式足球 *	极好	尚可	良好	尚可	极好
交际舞 +	尚可	不佳	尚可	尚可	尚可
冲浪 *+	尚可	不佳	良好	尚可	尚可 / 良好
游泳 +	良好	尚可	良好	尚可	良好 / 极好
乒乓球 *+	不佳	不佳	不佳 / 尚可	不佳	不佳 / 尚可
网球 *+	良好 / 极好	尚可	良好	不佳	良好 / 极好
排球 *+	尚可	尚可	良好	不佳	尚可 / 良好
滑水 *+	尚可	尚可	良好	不佳	尚可 / 良好

* 有体质要求，以防受伤。
+ 可做终身的运动。

第 3 步：设定目标

苏琳把运动计划的期限定为两周。虽然两周对长期目标而言太短了，但她只设定了短期目标。以后当她制定长期计划时，她会设定长期目标，包括一些身体素质目标。但现在，她在设定高强度运动的短期目标时，她参考了第 2 步中她自己的运动偏好。而且她也衡量了自己的能力，以确保自己设定的目标符合 SMART 标准。以下是她的目标。

1. 继续练习慢跑，每周一天，每次 20 分钟。
2. 继续在体育课内做高强度运动，每周两天，每次 20 分钟。
3. 每隔一周选一天打网球 60 分钟（中等强度运动）。
4. 每周一天参加有氧舞蹈 30 分钟。
5. 每隔一周选一天徒步旅行 60 分钟。

第 4 步：梳理计划并写下来

苏琳的两周高强度运动书面计划如图 9.3 所示。她把清单中的大多数运动列入计划。她没打算打羽毛球或去轮滑，而且她不参加课前休闲和课后竞技运动。她的计划满足美国国家体育指导中每周三天做高强度运动，每次至少 20 分钟的要求。实际上，她的计划要求她在每周六天内做高强度运动，而且时间超过 20 分钟。星期天是她的休息日，这天不做高强度运动。此外，她也坚持每天走路上下学。虽然走路是中等强度运动，但她计划坚持下去，从而达到每天 60 分钟中等强度至高强度运动的国家运动目标。

第 5 步：做记录并评估计划

在接下来的两周内，苏琳将对她的运动进行自我监督，并在书面计划中完成的每项运动后打钩。两周结束时，她将评估自己的运动，看是否实现了目标，然后用评估结果帮助自己制定下一份计划。

第 1 周				第 2 周			
周	运动	时间	√	周	运动	时间	√
周一				周一			
周二	体育课	10:30～11:15 a.m.*		周二	体育课 *	10:30～11:15 a.m.*	
周三	有氧舞蹈	4:00～4:30 p.m.		周三	有氧舞蹈	4:00～4:30 p.m.	
周四	体育课	10:30～11:15 a.m.*		周四	体育课	10:30～11:15 a.m.*	
周五	慢跑	4:00～4:20 p.m.		周五	慢跑	4:00～4:20 p.m.	
周六	网球	9:00～10:00 a.m.		周六	徒步旅行	9:00～10:00 a.m.	
周日	无计划运动			周日	无计划运动		

* 45 分钟课程中只有 20 分钟做高强度运动。
图 9.3 苏琳的书面计划

消费者建议：用互联网浏览身心健康相关信息

美国的 2020 年国家健康目标之一是增加与健康相关的高质量网站的数量。健康是网络搜索中热度最高的主题，有 75% 的青少年和年轻的成年人在互联网上查找健康信息。但很多网站，包括知名的网络百科全书，都含有错误的健康信息。这些信息可能导致人们受伤、患病、缺乏护理和在无用的产品与治疗方法上浪费金钱。有鉴于此，本书最重要的目标之一是让你成为有鉴别力的消费者，谨慎对待身心健康的相关信息。你在浏览网页时务必参考以下指导。

· 浏览政府机构网站。这类网站中的信息由专家提供并以科学研究为基础。大多数政府网站的网址以 .gov 为后缀。比如，美国疾病控制与预防中心是你可以获取信息的政府机构之一。

· 浏览大学和专业机构的网站。例如，美国医学会是一家专业机构。专业机构的网址通常以 .org 为后缀，而大学网址通常以 .edu 结尾。

· 小心欺骗性的网址。互联网刚诞生时，只有少数几个扩展名可以用作网址后缀（比如 .gov、.org、.edu 和 .com）。现在可以使用非常多的扩展名，而有的人利用这一功能制作模仿网站，以欺骗公众，让他们认为自己正在浏览可靠的网站。欺骗网站的网址与真实的可靠网站相同或相似，但扩展名不同。比如，它们使用不同的后缀。

在本课随后的"实际行动"一节中，你将用苏琳的规划步骤来制定自己的两周高强度运动计划。请使用她的表格帮助自己做计划。然后将计划付诸实践，看自己是否能实现目标。

今后你在设定健康目标或为特别的体育运动（如 10000 米长跑或越野团队运动）做准备时，可以采用同样的步骤。

课程回顾

1. 你能采用哪些步骤让高强度运动更安全、更有趣？
2. 如何评估个人需求和建立健身与运动档案？
3. 设定高强度运动目标时应考虑哪些因素？
4. 如何选择最合适的高强度运动并制定书面计划？

为培养运动习惯，你不仅要为当前时间段选择合适的运动，也要选择你终身进行的运动。评估运动的方法之一是找出参与者的人数以及他们坚持该运动的时间。以下是一个例子。

最近的同学聚会上，校友们很高兴能再次看到他们曾经的同学。每个人都记得诺尔玛是一位运动员。她曾经参加了英式足球、篮球和垒球运动。但她的同学惊讶地发现，10 年过后，诺尔玛已经很少运动了。她最多是看看她儿子的棒球赛。诺尔玛自己说，"现在很难找到同伴与我一起参加曾经的那些团队运动了。"

金姆·利的情况与诺尔玛完全相反。高中期间，她常常去观看比赛和欢呼呐喊，但她从未想过成为比赛中的一员。实际上她承认自己是久坐者。但现在金姆·利与她的两个孩子一同骑自行车，而且安排社区的有氧运动课程。她是这样说的："每周二和周四早上，我们聚在一起运动和聊天。没人在意我们穿着如何，或者我们是否擅长运动。我们做运动时非常积极活跃。"

讨论

为什么诺尔玛认为她无法继续参加她高中阶段的那些竞技运动？怎样才能帮她重拾运动习惯呢？为什么金姆·利开始参与运动了？你对那些想在后半生参与运动的人有什么建议？回答以上讨论问题时请考虑以下"自我管理"一节中的指导。

研究表明，最常运动的人恰恰是找到了自己喜欢的运动的人。比如，很多人喜欢打网球、高尔夫球，跑步等，他们定期做这些运动。而有些人倾向于多样化的选择，所以他们做多种运动。无论是上述哪种情况，假设他们不喜欢自己的运动方式，他们可能就无法坚持运动习惯。请利用以下指导找到对自己最有益的体育运动。

- 考虑你的身体素质。你在一项运动中的表现取决于身体素质的所有方面——包括健康相关和技能相关的方面。你应当选择与你的两大类身体素质均相符的运动。

也请考虑可帮助你增强健康相关身体素质的运动（表 9.2）。

- 考虑你的兴趣。如果你真正喜欢一项运动并希望参与其中，那就不要因为这项运动与你的身体素质情况不符而放弃它。但请注意，即使你勤加练习，你学习该运动花费的时间仍可能比其他人更长久。不过，找到自己感兴趣的运动是非常重要的，所以请对多种运动进行研究。
- 考虑能与其他人一起参与的运动。试着找找能力水平和你相当的参与者，这样即使你学习的不如你希望的那么快，你也不会沮丧。

- 考虑运动的益处。学习本书过程中，你将了解各种运动的益处。如果你想获得最多的益处，请从运动金字塔的每个层级都选择一些运动来做。

- 练习，练习，再练习。擅长某项运动能够增加你对这项运动的兴趣。如果你选择的运动是你从未做过的，练习可能无从入手。为了更有成效，你可以考虑参加兴趣班。

- 考虑不需要高水平技能的运动。有些运动不需要你在技能相关身体素质的任何方面达到高水平。在运动金字塔的运动中，竞技运动对技能相关的身体素质的益处最大，但它们同时也要求参与者具备较高水平的运动技能和技能相关身体素质。掷球、接球、击球和踢球等体育技能与灵敏性、平衡性和协调性等技能相关身体素质不是同一个概念，尽管技能相关身体素质会帮助你更容易地掌握这些运动技能。运动技能需要大量练习才能良好发挥。一般来说，中等强度和高强度有氧运动比竞技运动需要的技能要少。因此，即使在技能相关身体素质的大多数或全部方面得分较低的人，也能找到自己喜欢的有氧运动，例如慢跑、步行或骑自行车。由于这些运动不需要较高的技能水平，所以它们也不要求你进行大量的练习。如果你不愿意花时间学习复杂运动，那么上述运动可以成为你的选择。

学术关联：形象语言

描述单词和短语的含义是英语语言艺术的一部分，而含义包括比喻意义和字面意义。形象语言通过与其他事物做对比来描述一件事物或一个人，而字面语言按实际形态描述事物或人。

学习身心健康的有关知识时，你有时会遇到形象语言。形象语言分为好几类，如下例所示。

- 她像牛一样强壮（明喻——用"像"对比两件事物）。
- 他是沙发土豆（暗喻——短语本身无字面意义，但利用了两件事物的相似性建立有意义的关联）。
- 球棒的"噼啪"声一响起，他就开始冲刺（拟声——使用模仿声音或与声音有关的词）。
- 我太累了，你用羽毛就能把我击倒（夸张——用夸张法强调要表达的意思）。
- 团队亮丽的制服似乎在呐喊着吸引人们的注意（拟人——给事物或想法赋予人格特征）。

请思考与身心健康有关的形象语言的其他例子。

请使用本章第二节课中的 5 个步骤制定一份高强度体育运动计划。与苏琳一样，请考虑 3 大类别中的运动：高强度有氧运动、高强度竞技运动和高强度休闲运动。你的目标是每周至少有 3 天做高强度运动，每天合计至少 20 分钟。

以书面形式拟定计划并在接下来的两周内执行。你的老师可能会在课堂上给你时间完成你计划中的部分运动。实际行动时请考虑以下建议：

- 做高强度运动之前请进行动态热身练习；
- 考虑本章中的安全运动建议；
- 考虑本章中关于运动选择的指导建议；
- 循序渐进地运动，不要在刚开始时运动过量；
- 运动后做放松练习。

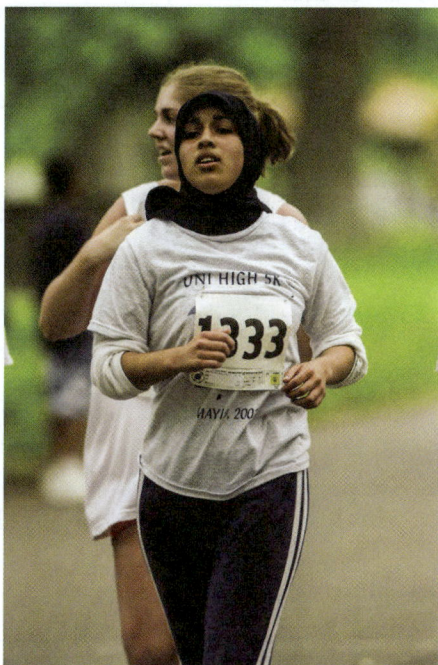

将高强度体育运动计划付诸实践

概念和词汇回顾

在老师的指导下解答 1 至 5 题。用词汇或短语填写句子的空白。

1. 高强度运动是把心率提高至_____以上的运动。

2. 具有竞争性和规则的运动称为_____。

3. 强度相当大、只能持续数秒的运动称为_____运动。

4. 空闲时间，或未工作时间，又称_____。

5. _____是列出各类运动的强度的清单。

在老师的指导下解答 6 至 10 题。将第 1 列中的每一项与第 2 列中合适的短语配对。

6. 水中有氧运动　　　　a. 戏水运动

7. 定向越野运动　　　　b. 若干个运动站点

8. 轮滑　　　　　　　　c. 空闲时间的休闲方式

9. 休闲运动　　　　　　d. 利用读图技能

10. 循环训练　　　　　　e. 受伤风险较高

在老师的指导下解答 11 至 15 题。对每条陈述或问题进行回答。

11. 单人运动和双人运动的区别是什么？

12. 户外、挑战性和极限运动有哪些？这些运动为什么受人欢迎？

13. 什么是间歇训练？请说明间歇训练最佳的频率、强度和时间。

14. 高强度体育运动的安全建议有哪些？

15. 关于有益运动的选择有哪些指导建议？

批判性思考

用一段话回答以下问题。

你的朋友因为以往频繁受伤的经历，希望避免高强度体育运动。你能提供给他哪些建议以帮助他在今后避免此类问题？

项目

制作一首高强度有氧运动的伴奏曲。选择每分钟 100～120 拍的音乐。曲子长度应为 2～3 分钟。你可以制作有氧舞蹈伴奏曲、街舞伴奏曲或其他连续性运动的伴奏曲。设置小组在课堂上演奏你自己的或其他组员的伴奏曲。

第 IV 单元

肌肉适能和柔韧性

● ● ● ● ● ● ● ● ● ● ● ● ● ● ● ● ● ● ● ●

"健康国民 2020"目标
- 增加定期做肌肉适能运动的青少年所占的比例
- 增加达到国家肌肉适能运动指导标准的成年人所占的比例
- 降低不做休闲体育运动的青少年所占的比例
- 增加青少年的课外体育运动量
- 减少青少年对类固醇的使用
- 降低背部疾病发病率
- 降低骨质疏松症发病率
- 减少竞技运动和娱乐运动中的伤害
- 降低超重和肥胖率

本单元的"自我评估"章节
- 肌肉适能测试
- 背部健康测试
- 手臂、腿部和躯干的柔韧性

本单元的"自我负责"章节
- 避免半途而废
- 寻求社会支持
- 克服障碍

本单元的"自我管理"章节
- 避免半途而废的技巧
- 寻求社会支持的技巧
- 克服障碍的技巧

本单元的"实际行动"章节
- 抗阻固定器械运动
- 肌肉适能运动计划
- 柔韧性运动计划

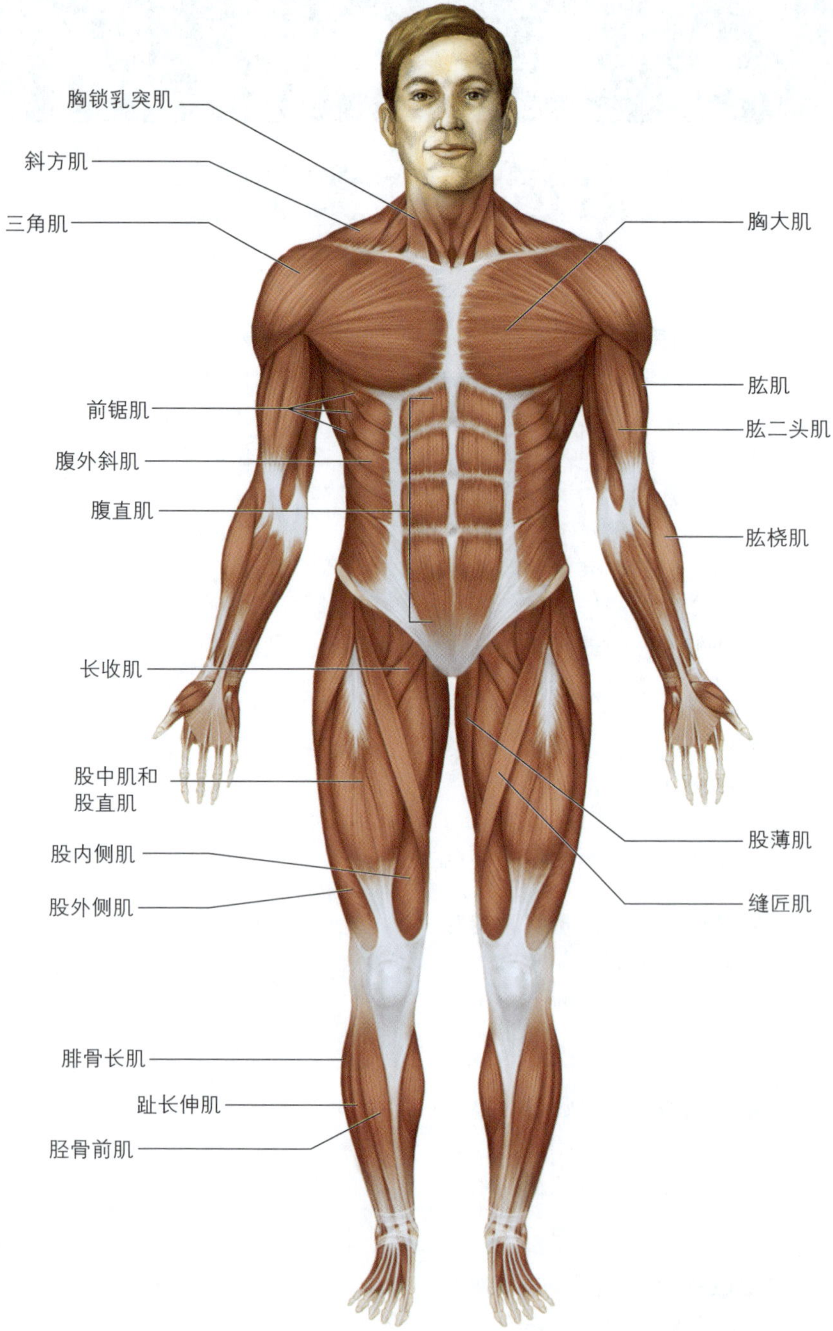

胸锁乳突肌

斜方肌

三角肌

胸大肌

前锯肌

腹外斜肌

腹直肌

肱肌

肱二头肌

肱桡肌

长收肌

股中肌和
股直肌

股内侧肌

股外侧肌

股薄肌

缝匠肌

腓骨长肌

趾长伸肌

胫骨前肌

身体的主要肌肉。章节课程中涉及的相关肌肉将在运动部分予以描述。肌肉具体位置请参考本图
及下图

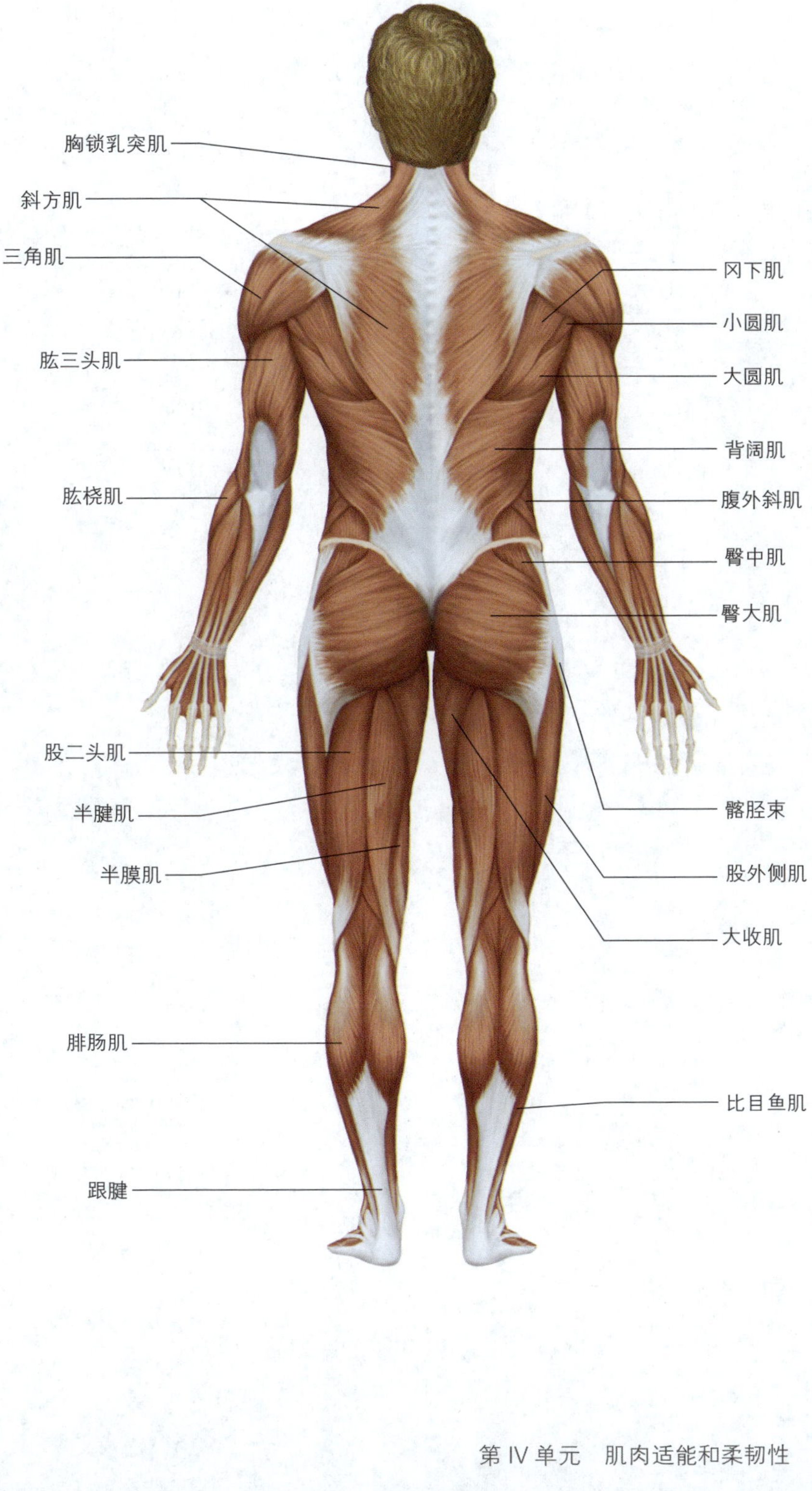

胸锁乳突肌

斜方肌

三角肌

肱三头肌

肱桡肌

股二头肌

半腱肌

半膜肌

腓肠肌

跟腱

冈下肌

小圆肌

大圆肌

背阔肌

腹外斜肌

臀中肌

臀大肌

髂胫束

股外侧肌

大收肌

比目鱼肌

10

肌肉适能基础

本章内容

肌肉适能的基础

课程目标

学完本课，你将能够：

1. 解释力量、肌肉耐力和爆发力的区别；
2. 说明运动原则如何适用于肌肉适能；
3. 描述不同类型的肌肉适能运动；
4. 列举出评估肌肉适能的若干种方法。

课程词汇

绝对力量、健美操、向心收缩、测力计、离心收缩、快肌纤维、肌肉增大、中间肌纤维、等速运动、等长收缩、等长运动、等张收缩、等张运动、一次动作最大值（1RM）、快速伸缩复合训练、休息和恢复原则、渐进式抗阻运动（PRE）、相对力量、次数、组、慢肌纤维

你最喜爱的运动是否对肌肉适能有要求呢？你的肌肉适能是否足够？肌肉适能由健康相关身体素质的 3 个方面组成：力量、肌肉耐力和爆发力。

健身小知识

力量、肌肉耐力、爆发力和柔韧性合称肌肉骨骼适能，因为它们作为身体素质的 4 大方面，与肌肉系统及骨骼系统有关。本书中统一使用"肌肉适能"一词表示肌肉骨骼适能的这 3 大方面，即力量、肌肉耐力和爆发力。这 3 大方面均需要肌肉产生力量。

力量是肌肉可施加的力的大小。一组肌肉一次可举起的重量称为一次动作最大值（1RM），它是施力的指标和力量的最佳衡量标准。强大的力量使你能够在竞技运动（如足球）和需举起重物

的任务中有效地施力（图 10.1a）。

肌肉耐力是多次收缩肌肉或长时间保持肌肉收缩而不疲劳的能力。肌肉耐力使你能够在娱乐运动（如背包旅行）中抵御肌肉疲劳并在工作活动中坚持不懈（如一次性数小时搬运邮包）（图 10.1b）。

肌肉适能的第 3 个方面是爆发力。爆发力是快速用力（产生力）的能力，因此它包括了力量和速度。运用爆发力的例子包括跳高、跳远和远距离掷物。研究表明，爆发力对骨骼健康非常重要，而且青少年时期培养的骨骼健康将终身受用（图 10.1c）。

肌肉适能的 3 大方面——力量、肌肉耐力和爆发力对健康和运动中的良好表现都很重要。本章将讲解运动金字塔（图 10.2）中第 4 级的运动，以便你培养肌肉适能。

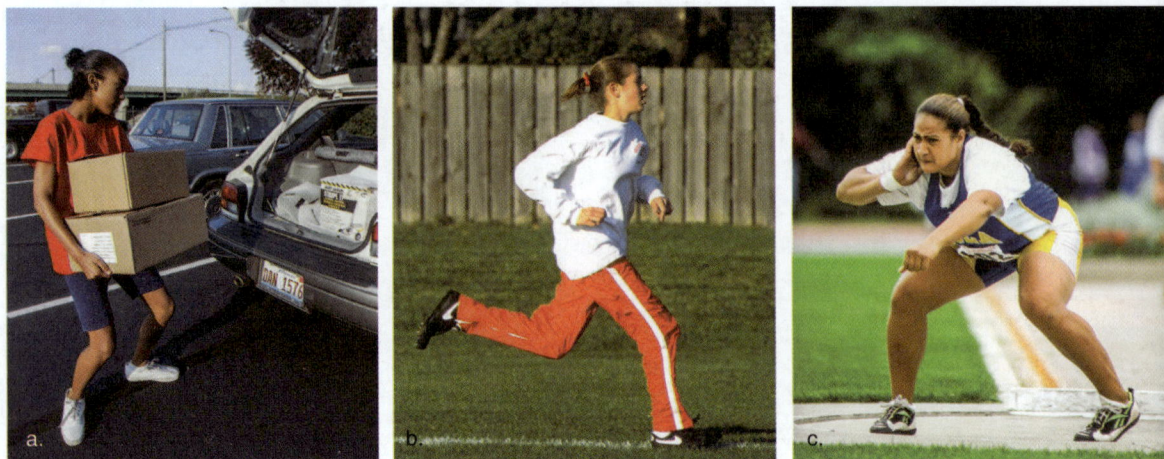

图 10.1　肌肉适能的各方面：a. 举起重物需要力量；b. 长时间地使用肌肉需要肌肉耐力；c. 进行快速施力的运动需要爆发力

图 10.2　运动金字塔第 4 级的运动可培养肌肉适能

肌肉适能术语

肌肉适能练习中，你也许听到过"次"和"组"这两个术语。图 10.3 可以帮助你理解它们。"次"指你连续做练习的次数。"组"指一组次数的重复。例如，你做一项练习 8 次，然后休息；然后再重复 8 次，然后再休息；然后再重复 8 次。你就做了 3 组，每组 8 次。

肌肉耐力——力量连续性

用于增强肌肉耐力和力量的练习彼此之间仅存在次数和阻力方面的差异。耐力和力量之间的关系可以用图 10.4 中的连续性来表示。图中一边是阻力的磅数，另一边是重复的次数。

心肺耐力和肌肉耐力

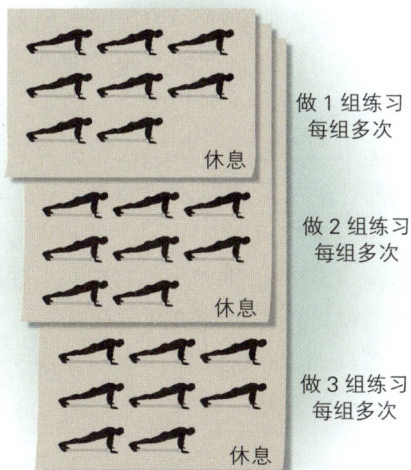

肌肉耐力是肌肉适能的一部分，与另外两部分（力量和爆发力）不同，和心肺耐力也不是一个概念。心肺耐力依赖心血管系统和呼吸系统供给氧，是全身性的（不局限于身体的某一部位），而良好的心肺耐力使整个身体得以正常运作。

但肌肉耐力是多次收缩肌肉或长时间保持肌肉收缩而不疲劳的能力。肌肉耐力取决于肌纤维持续工作而不疲劳的能力。也许你身体的某部分（如腿部）有良好的肌肉耐力，而另一部分（如手臂）则缺乏肌肉耐力。

图 10.3　肌肉适能运动通常分组进行，每组多次

图 10.4　肌肉耐力——力量连续性

连续性显示出一个人的肌肉适能训练所用阻力和重复次数。为了培养力量，你需要使用高阻力和较少的重复次数；而为了培养耐力，你需要使用低阻力和较多的重复次数。如果想培养力量和耐力二者，你需要使用连续性中间位置的阻力和重复次数。该连续性也表明，通常当你进行力量训练时，你也会培养耐力；而当你进行耐力训练时，你也会培养力量。

力量和爆发力

多年以来，爆发力都被视为与技能相关的身体素质的一部分。有时它被称为身体素质的组合部分，因为它既包括力量（施力的能力），也包括速度（短时间内移动一段距离的能力）。力量是爆发力的一部分，爆发力也因此得名。爆发力和力量毫无疑问都对运动表现起着重要作用，但现在我们知道它们对健康也很重要。据医学研究所报告，缺乏爆发力的成年人患上慢性病的风险高于正常水平，他们的寿命会更短，而随着年龄的增加，他们的功能性表现会弱化。运动生理学家证明爆发力以及产生爆发力的运动对于年轻人骨骼的健康非常重要。基于爆发力与健康的紧密联系，它被归类为健康相关身体素质的一部分。

健身原则和肌肉适能

3 大基本健身原则——超负荷原则、渐进原则和专一性原则也适用于肌肉适能运动。它们在本书其他章节已经进行了讨论。本章将再次讨论这 3 大原则以说明它们与肌肉适能的关系。

超负荷原则

为增强肌肉适能，肌肉必须比正常情况下更用力地收缩。换言之，肌肉承受的负荷应超过其在日常生活中的正常负荷。高负荷（高阻力）可增强力量，而适中的负荷加多次重复则可以增强肌肉耐力。爆发力运动要求超负荷，以训练速度和力量。超负荷原则的对立面同样适用：如果你不使用你的肌肉，你的肌肉适能将退化。"要么用它，要么失去它！"

渐进原则

渐进原则指你应当逐渐增加负荷或阻力以获得最佳的肌肉适能训练效果。如果你过快地尝试过多阻力，你会伤害到自己。增加阻力（负荷）直至你达到所需的肌肉适能水平的运动称为"渐进式抗阻运动"（PRE）或"渐进式抗阻训练"（PRT）。后面我们将讨论多种渐进式抗阻运动，例如举重训练、抗阻器材运动和快速伸缩复合训练等。

专一性原则

力量、肌肉耐力和爆发力都有各自的 FIT 规则。你所进行的训练的类型决定了你可以改善的肌肉适能方面。此外，你针对特定肌肉做运动，便可增强这些肌肉。为增强手臂肌

⚛ 科学实践：年轻人的抗阻运动

运动科学家们提出了一些建议，以帮助年轻人，包括青春期前儿童和青少年用 PRE 增强肌肉适能。参与编写这些指导的专家们与美国国家体能协会一起工作，他们包括运动生理学家、医生和运动专家（如运动员教练和力量训练教练）。

不久之前，一些专家认为肌肉适能运动对青春期前儿童和青少年来说不安全、不合适。NSCA 专家现在提供的证据显示，只要方法正确，PRE 对青少年和成年人同样有益，比如降低慢性病的风险，降低伤害或肌肉疼痛的风险，改善肌肉适能和运动表现，促进心理健康等。肌肉适能运动也会增强骨骼适能，降低骨质疏松症（骨骼多孔和脆弱）的风险，降低背部疼痛的风

险，改善姿势并增强不疲劳地工作和娱乐的能力。此外，发达的肌肉可以改善你的外在形象。肌肉比脂肪更致密，所以它占据空间更小。肌肉消耗的热量也比脂肪多，所以增加肌肉质量可帮助身体燃烧热量。

年轻人安全做 PRE 运动的关键在于使用正确的技术以及安全和合适的器材，遵循科学的运动原则，并在专业人员监督下运动。本章将给你提供必要的信息，以帮助你达到 PRE 的安全运动指导要求。

学生活动

方法正确时，PRE 运动对青少年是安全的；但如果方法不正确，这种运动就有一定的风险。请列出青少年安全进行 PRE 运动的要点。考虑把它做成指示牌，设在青少年使用的健身房中。

肉，你必须给手臂肌肉施加超负荷。为增强腿部肌肉，你必须给腿部肌肉施加超负荷。本章后面部分将讨论肌肉适能各方面对应的 PRE 实例以及特定肌肉群的基本练习方法。

休息和恢复原则

根据休息和恢复原则，你在运动后要给肌肉时间休息和恢复。这就是为什么肌肉适能运动通常每周只做两三天。由于需要通过运动增强身体所有重要的肌肉，一些人选择每天运动，但在不同的日期训练不同的肌肉群。比如，他们可能在某一天做上身运动，但第二天做下身运动。为获得最好的结果，你在运动的组间也应休息（本章将提供更多有关休息的知识）。

肌肉和肌肉生物力学

你身体的肌肉产生动作，使你能够进行本书中的各种运动。人体由数百块肌肉组成。体育运动中最常使用到的部分肌肉见图 10.5。本节将讲解肌肉是如何工作的。

肌肉收缩和关节运动

骨骼肌与骨骼相连，使你做出各种动作。你使用这些肌肉做体育运动。它们称为随意肌，因为你可以有意识地控制它们。肌肉协同工作，使身体各部分正确、高效地运行。例如，当你收缩肱二头肌时（图 10.6a），你的手臂在肘部弯曲，把手移至肩膀附近。同时你的肱三头肌舒张，使肱二头肌得以正常收缩。

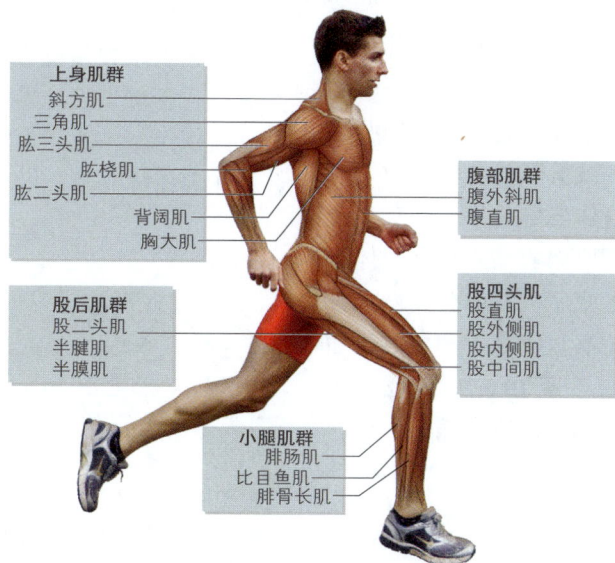

上身肌群
斜方肌
三角肌
肱三头肌
肱桡肌
肱二头肌
背阔肌
胸大肌

腹部肌群
腹外斜肌
腹直肌

股后肌群
股二头肌
半腱肌
半膜肌

股四头肌
股直肌
股外侧肌
股内侧肌
股中间肌

小腿肌群
腓肠肌
比目鱼肌
腓骨长肌

图 10.5 体育运动中使用的主要肌肉

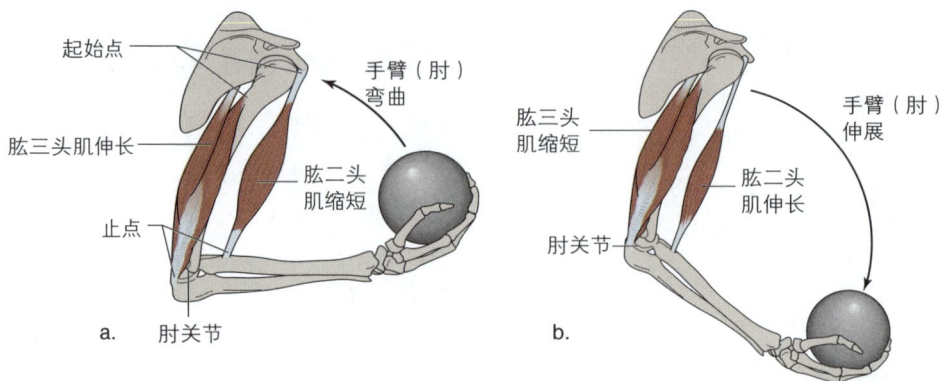

图 10.6 手臂肌肉的起始点、止点和动作：a. 弯曲；b. 伸展

每块肌肉的肌腱在两个位置与骨骼相连——起点和止点。起点连接的骨骼在动作中保持静止，而止点连接的骨骼是动作骨骼。图 10.6 中，肱二头肌的起点位于肩部，而止点位于下臂骨骼上，该骨骼在手臂弯曲和伸展时运动。

肌肉适能运动的类型

如图 10.6 所示，骨骼肌在关节一侧与骨骼相连，骨骼起杠杆作用，而肌肉向骨骼施力。受到神经刺激时，肌纤维被激发而施力。肌肉收缩可能是等张的或等长的。等张收缩拉伸骨骼，使身体各部位发生运动。等张运动是使用肌肉收缩来移动身体部位的运动。等张肌肉收缩分为两类，即向心收缩（缩短收缩）和离心收缩（伸长收缩）。图 10.6a 中，肱二头肌进行向心收缩，该肌肉缩短，使肘部弯曲。而图 10.6b 中，手臂逐渐伸直，肱二头肌进行离心收缩（伸长收缩），使肘部伸展。

与此相比，等长收缩（有时称为静态收缩）指肌肉在相反的两个方向用相等的力收缩和拉伸，因此不产生动作。等长运动包括等长收缩练习，而身体部位在这些练习中没有动作。例如，在身体前方双手合十并推挤，这是一种等长收缩。双手互推并互相施力，但没有任何动作产生。你也可以做等长健美操，比如在俯卧撑姿势保持身体不动。

快速伸缩复合训练是一种肌肉适能练习，对增强爆发力非常有用。这类运动包括爆发性地做等张肌肉收缩（如跳跃）。本章后面将进一步讲解各种肌肉适能运动。

健身小知识

离心收缩有时称为制动收缩，因为肌肉伸长以克服重力，减慢了重物的下落（图 10.6）。例如，肱二头肌弯举训练中，在用向心收缩弯曲肘部和提起重物后，你用离心收缩放下重物。肱二头肌的伸长减慢了重物的下落速度（"制动"），使其不致掉落得太快。

等速运动是一种等张运动，但在整个活动范围内，动作的速度保持恒定。根据"健身科技"一节，等速运动需要使用特殊的器材。

肌纤维

肌纤维是一种较长、较细的圆柱形肌肉细胞。骨骼肌（如手臂和腿部的肌肉）由很多肌纤维构成（图10.7）。骨骼肌的力量和耐力取决于组成它们的肌纤维是慢肌纤维、快肌纤维还是中间肌纤维，以及它们平时做多少运动。

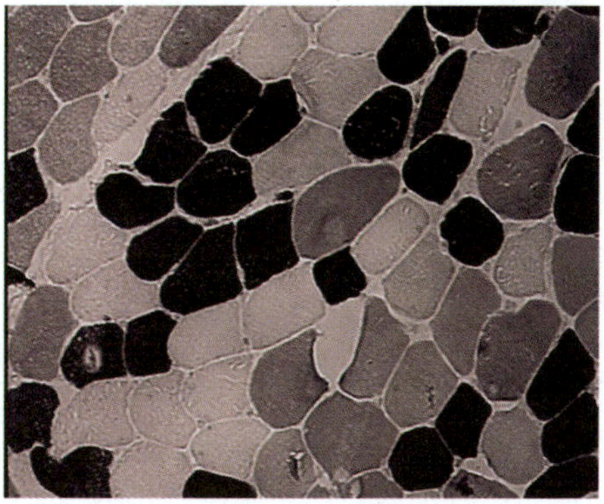

慢缩肌纤维收缩得较慢，通常呈红色，因为其内包含大量的血管，而这些血管将氧输送给肌肉。慢缩肌纤维的力量比快缩肌纤维弱，但不易疲劳。因此，包含较多慢缩肌纤维的肌肉有较好的耐力。长跑等运动中需使用慢缩肌纤维。但快缩肌纤维收缩较

图10.7 显微照片所示为慢缩肌纤维（黑色）和快缩肌纤维（灰色和白色）

源自：Reprinted, by permission, from W.L. Kenney, J.H. Wilmore and D.L. Costill, 2004, *Physiology of sport and exercise*, 5th ed. (Champaign, IL: Human Kinetics), 37.

快，呈白色，因为它们的供氧血流较少。这类肌肉收缩时产生更大的力，因此，包含较多快缩肌纤维的肌肉对于力量运动而言非常重要。

中间肌纤维具有慢缩肌纤维和快缩肌纤维两者的特征。在对肌肉适能两方面以及心肺耐力均有要求的运动中，你会用到中间肌纤维。

健身科技：等速运动器械

近年来，人们在抗阻运动器械领域取得了突出的科技进步。可调节的训练凳和训练椅使器械适合所有体型的人；改变阻力的系统使器械更易于使用；而等速运动器械也是新发明之一。这些器械使用特殊的液压技术或电子技术调节运动速度，让练习者可以在关节运动的各个角度充分施力。与之相比，传统的自由重量或抗阻器材中，动作开始时的阻力常常大于结束时，而且动作的速度也时快时慢。

等速运动使肌肉能在所有关节角度均衡发展，也可通过快速（高速）动作培养爆发力。等速运动器械非常安全，常常由研究员和损伤康复人员使用。但其缺点在于价格贵，而且无法做离心收缩。离心收缩在运动中很常见。

科技应用

如果你的学校提供等速运动器械，你可以让他们给你演示，并亲自尝试使用该器械。如果学校里没有此类器械，你可以在当地或互联网上找找（可要求视频演示）。

遗传对肌肉能力起着一定的作用。天生具备大量的快缩肌纤维的人在需要冲刺或跳跃的运动中表现很好，而继承了大量的慢缩肌纤维的人则更擅长长跑、游泳等持久性的运动。虽然遗传和基因起着重要作用，但我们已经知道，训练也会影响肌纤维的功能。所以无论你的基因如何，你都可以通过正确训练提高你的肌肉力量、耐力和爆发力。

健身小知识

鸟类和人类一样，既有快缩肌纤维，也有慢缩肌纤维。鸭子和鹅的飞行肌肉（胸肌）颜色较暗，因为它们含有很多慢缩肌纤维（通常呈红色）。远距离飞行需要慢缩肌纤维。相比之下，鸡的胸部主要由快缩肌纤维组成（通常呈白色），因为鸡一般不做远距离飞行。

肌肉增大

肌肉增大指肌肉和肌纤维尺寸的生长。肌肉增大受到超负荷及其他因素的影响。你已经知道，我们每个人都继承了某一特定的肌纤维类型，而这种遗传可影响身体对训练的反应。但年龄、成熟度和性别也起一定的作用。

随着我们年龄的增加，我们的肌肉和其他身体组织不断生长。对青春期前儿童和年龄小的青少年而言，他们尚未发育成熟，因此身体不能产生足够的激素促进大肌肉的生长（肌肉增大），而PRE运动也不能改变这种状况。在人完全成熟之前，这些激素都未达到足够的数量。不同的人成熟的年龄不同，但女孩成熟得比男孩更早。成熟前，PRE可改善力量但无法显著增加肌肉尺寸。实际上，人们力量的增加也通常是因为他

们运动技能的提高或者运动中使用的肌纤维数量的增加。大多数运动中，只有部分肌纤维收缩以产生动作，但通过经常做PRE运动，更多肌纤维被使用，因而你可以做更多的运动。

由于青春期前儿童和发育较晚、年龄较大的青少年即使经过训练，也难以实现肌肉尺寸的显著增长，他们可能会失望，认为PRE训练不起作用。但他们应该专注于提升运动技能，并接受现实，即只有当身体产生更多的激素，刺激肌肉尺寸生长时，肌肉才会显著增大。

一般认为只有男性才可以增强肌肉适能并增大肌肉尺寸，这种观念是错误的。男性和女性都需要力量才能让身体健康，避免伤害，拥有美丽外表，并在紧急状况下救助自己和他人。

一些女孩和成年女性担心力量训练会让她们的身体变得男性化。但在女性体内，使肌肉增大的激素比男性少，而且成熟女性的肌肉占总体重的百分比也比男性低。因此，即使女孩和成年女性按本书中的运动量进行运动，她们中大多数人都很难长出大块肌肉。不过，女性进行力量训练是可以强壮肌肉的。无论是男性还是女性，强壮肌肉都使他们看起来更漂亮，因为他们的体态和体型会更好。增强力量也有助于培养自信心。

肌肉适能评估

肌肉适能评估有多种方法。通常认为，力量的最佳测试方法是一次动作最大值（1RM）测试（见本课最后的"自我评估"部分）。1RM测试要求你在一次动作中确定你能提起的重量或能克服的阻力。比如有人一次（而不是两次）可提起100磅，则他受测肌肉群的

1RM 就等于 100 磅。你可以用 1RM 测试法测试你主要的肌肉群。测试结果不仅反映了你的力量，而且可帮助你确定在做运动时使用多大负荷或阻力。

对运动员和普通成年人而言，1RM 测试是一种普遍使用的测试方法。只要正确操作，它对青少年也是安全的，但大多数专家都建议青少年使用改进的 1RM 测试法。改进的 1RM 测试可用于估算真实的 1RM，但不要求你提起最大重量或克服最大阻力。青少年在力量测试和力量训练时最好只使用 1RM 的某个百分比。在本章的"自我评估"部分，你将应用改进的 1RM 测试估算你的 1RM。改进测试采用多次动作和小于最大值的重量（或阻力）。只要方法正确，这种自我评估方法对青少年就是安全的。你可以对多个肌肉群做 1RM 测试，但两项测试最常用——其一是上身测试（手臂推举），其二是下身测试（腿都推举）。

另一种 1RM 测试是握力测试（图10.8）。其测试等长肌力而不是等张肌

图 10.8　握力测试评估等长肌力

力。握力测试简单易做，但需要使用握力计。在等张肌力 1RM 测试中得分较高的人常常在握力测试中表现也不错。该测试用于加拿大、日本和波兰的国家体质评估中。欧洲常见的 ALPHA-FIT 测试组合也使用该测试。测力计也用于测试其他的肌肉群，例如腿部肌肉，但它们比握力计更贵，使用也更困难，因此它们的使用并不广泛。

在常见的体质测试组合中，你已经尝试过肌肉耐力和爆发力的一些自我评估方法。肌肉耐力测试一般要求你重复进行健美操运动，例如俯卧撑、仰卧起坐和躯干抬升。常见的腿部爆发力测试包括跳远和纵跳。上身爆发力的一种常见测试方法是投掷实心球。在本课的"自我评估"部分，你将学习力量、肌肉耐力和爆发力的其他测试方法。

绝对力量和相对力量

你的 1RM 分数是绝对力量的一个指标。它表示你可以克服的重量或阻力，而不考虑你的体型大小。块头大的人通常比瘦小的人有更强的绝对力量。由于男性的体型通常比女性大，他们的平均绝对力量也更高。但相对力量则与体型大小有关。测定相对力量的最常见方法是用你的绝对力量分数除以体重，得到每磅体重的力量。对体型不大的人而言，相对力量分数被视为更公平的力量评估标准，因此本章的"自我评估"一节使用相对力量评定等级。

课程回顾
1. 力量、肌肉耐力和爆发力的区别是什么？
2. 肌肉适能的基本运动原则有哪些？这些原则为什么很重要？
3. 肌肉适能运动有哪些类型？
4. 评估肌肉适能有哪些方法？

自我评估：肌肉适能测试

身体素质任何方面（包括肌肉适能）的自我评估都是相当重要的，因为评估使你能够确定你身体素质的基线水平和需求，设定目标，并确定你是否实现了目标。认证的私人教练让学员们进行基线体质测试（前期测试），然后等学员完成健身计划后，对其进行后续体质测试（后期测试），以确定计划是否有效。本课中你要学习做自己的私人教练。

进行测试前，先做全身的动态热身。如果 1RM 测试导致疲劳，使你无法在第三部分的肌肉适能测试中表现最佳，则改天重复进行相关评估。在教练的指导下记录你在以下自我评估 3 个部分的分数和等级。如果你与同伴一起测试，请记住，自我评估信息是保密的私人信息。未经受测者同意，不得将该信息与他人分享。

第一部分：估测你的 1RM

如上文所述，1RM 指一次动作最大值——肌肉或肌肉群一次能提起的最大重量（或者其能克服的最大阻力）。由于初学者应循序渐进地进行（不宜提重物），他们可以使用改进的方法，在不过度用力的情况下测定 1RM。测试结果表明了你的强壮程度。

改进的 1RM 测试法可用自由重量或固定器械进行，但以下指导仅用于固定器械测试。推荐使用抗阻固定器械进行评估，特别是对于初学者而言，因为抗阻固定器械较为安全。一般需进行两项测试。本评估中用上身测试（手臂推举）和下身测试（腿部推举）。

每项测试都请遵从以下指导。

- 选择你认为你可以举起（移动）5 ～ 10 次的重物（阻力）。不要使用你举不了 5 次或能举起超过 10 次的重物。
- 用正确的方法尽量多次地举起重物。将举重次数记录于表格中。如果你举起重物超过 10 次，则请改天使用更重的重物再次评估，而现在你应开始评估下一个肌肉群。
- 如果你无法举起某个重物 5 次以上，请暂停并选择较轻的重量。

- 能举重 5 ～ 10 次的（不少于 5，也不多于 10），请参见表 10.1 并找出你刚举过的重量。然后找出你举过的次数。你选择的水平重量行与垂直次数列的交叉点的数据便是你的 1RM 分数。
- 将你的两个 1RM 分数（手臂推举和腿部推举）分别除以你的体重，得到你每磅体重的力量分数。该分数与体型有关，因此表示相对力量。例如，一个人体重 150 磅，其手臂推举的 1RM 为 100 磅，则其每磅体重的分数为 0.67 磅。求得相对力量分数后，请用表 10.2 和表 10.3 确定你的体质等级。记录下你的 1RM 分数、相对力量分数和等级。
- 表 10.2 和表 10.3 未包含 1RM 的优秀体质等级。现在你应尽力达到良好体质等级。运动员应咨询其教练以了解自己适合的 1RM 分数。

安全建议：正确的形体动作对安全很重要。做 1RM 测试前，请阅读运动的相关描述和其后的指导。进行各项评估前应先练习并让老师检查你的动作。与同伴一起测试，以获得其反馈并熟悉正确的举重技术。

表 10.1　根据疲劳前动作次数预测的 1RM 分数

重量（磅）	次数						重量（磅）	次数					
	5	6	7	8	9	10		5	6	7	8	9	10
30	34	35	36	37	38	39	140	157	163	168	174	180	187
35	40	41	42	43	44	45	145	163	168	174	180	186	193
40	46	47	49	50	51	53	150	169	174	180	186	193	200
45	51	53	55	56	58	60	155	174	180	186	192	199	207
50	56	58	60	62	64	67	160	180	186	192	199	206	213
55	62	64	66	68	71	73	165	186	192	198	205	212	220
60	67	70	72	74	77	80	170	191	197	204	211	219	227
65	73	75	78	81	84	87	175	197	203	210	217	225	233
70	79	81	84	87	90	93	180	202	209	216	223	231	240
75	84	87	90	93	96	100	185	208	215	222	230	238	247
80	90	93	96	99	103	107	190	214	221	228	236	244	253
85	96	99	102	106	109	113	195	219	226	234	242	251	260
90	101	105	108	112	116	120	200	225	232	240	248	257	267
95	107	110	114	118	122	127	205	231	238	246	254	264	273
100	112	116	120	124	129	133	210	236	244	252	261	270	280
105	118	122	126	130	135	140	215	242	250	258	267	276	287
110	124	128	132	137	141	147	220	247	255	264	273	283	293
115	129	134	138	143	148	153	225	253	261	270	279	289	300
120	135	139	144	149	154	160	230	259	267	276	286	296	307
125	141	145	150	155	161	167	235	264	273	282	292	302	313
130	146	151	158	161	167	173	240	270	279	288	298	309	320
135	152	157	162	168	174	180	245	276	285	294	304	315	327

1 磅约为 0.45 千克。

源自：Adapted, by permission, from M. Brzyck, 1993, "Strength testing – predicting a one–rep max from reps–to–fatigue," *JOPERD* 64(1): 89.

坐姿手臂推举

1. 坐在坐姿推举机的坐凳上，调整自身的位置，使手柄与肩部持平。抓握手柄，手心朝外。腹部肌肉收紧。

2. 握住手柄朝上推举，伸展手臂直至肘部伸直。

注意：背部不可弯曲。不要锁住肘部。

3. 将手柄下放至起始位置。

本测试评估肱三头肌和胸肌的力量

表 10.2　等级表：手臂推举的相对力量

	15 岁及以下		16 ～ 17 岁		18 岁及以上	
	男性	女性	男性	女性	男性	女性
良好体质	≥ 0.80	≥ 0.60	≥ 1.00	≥ 0.70	≥ 1.10	≥ 0.85
边缘体质	0.67 ～ 0.79	0.50 ～ 0.59	0.75 ～ 0.99	0.60 ～ 0.69	0.80 ～ 1.09	0.67 ～ 0.84
差体质	≤ 0.66	≤ 0.49	≤ 0.74	≤ 0.59	≤ 0.79	≤ 0.66

相对力量通过将 1RM 重量除以体重来计算。

坐姿腿部推举

1. 根据你的腿长调整腿部推举机的座位位置。坐下并把脚放在踏板上。

2. 用脚推动踏板直至腿伸直。注意：不要锁住膝盖。

3. 缓缓地回到起始位置。

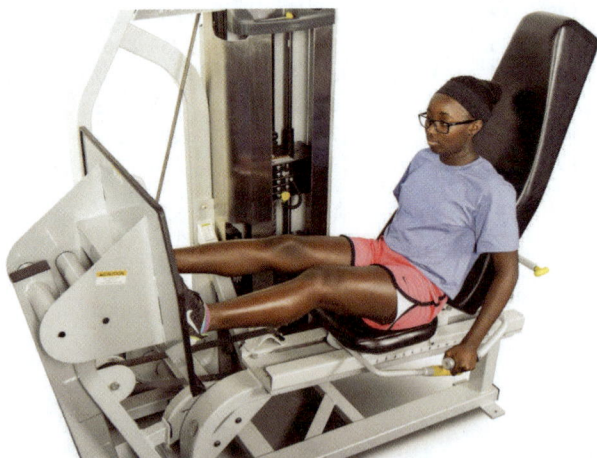

本测试评估股四头肌、臀肌和腓肠肌的力量

表 10.3　等级表：腿部推举的相对力量

	15 岁及以下		16 ～ 17 岁		18 岁及以上	
	男性	女性	男性	女性	男性	女性
良好体质	≥ 1.50	≥ 1.10	≥ 1.75	≥ 1.30	≥ 1.90	≥ 1.40
边缘体质	1.35 ～ 1.49	0.95 ～ 1.09	1.50 ～ 1.74	1.10 ～ 1.29	1.65 ～ 1.89	1.30 ～ 1.39
差体质	≤ 1.34	≤ 0.94	≤ 1.49	≤ 1.09	≤ 1.64	≤ 1.29

相对力量通过将 1RM 重量除以体重来计算。

第二部分：肌肉耐力测试

有很多测试可以用来评估肌肉耐力，但最好的测试是对身体的大肌群进行评估。本评估中，你将进行若干项等张和等长测试。对各项测试，如果你能够坚持标注出的时长或次数，请填写"是"，否则请填写"否"。在表 10.4 中找到你的等级。然后在教练的指导下记录测试结果。

表 10.4　等级表：肌肉耐力

体质等级	通过测试次数
良好体质	5
边缘体质	3～4
差体质	0～2

侧立（等长测试）

1. 取侧卧式。

2. 用双手调整身体姿势，使身体由左手和左脚一侧支撑。身体保持挺直。

3. 右臂和右腿举至空中，保持此姿势不变。测试标准为男性 30 秒，女性 20 秒。如达到标准，计 1 分。

4. 回到起始姿势，然后用身体右侧重复该测试。

本测试评估部分腿部肌肉、手臂肌肉和躯干稳定肌肉的等长肌肉耐力

躯干伸展（等张测试）

1. 俯卧于38～51厘米高的稳定举重椅上或露天看台边缘。你的髋部顶端应与举重椅的末端对齐，上身应悬空于举重椅以外。如果举重椅的表面太硬，请垫上垫子或毛巾。

2. 让同伴用两只手各握住你的一条小腿，抓握位置在踝关节以上30厘米。你双手重叠，置于颌前，手掌朝外。

3. 上身在髋部弯曲，使下巴靠近地面，下方的手掌接触地面。在手和下巴下方的地面上垫一个小垫子。

4. 头颈与上身呈直线，缓缓抬起头部和上身，使其离开地面，直至上身与下身呈直线。

注意：上身躯干抬升不应高于水平位置（应与下身呈直线）。

5. 身体下降至起始位置，使下方的手掌接触地面。

6. 每3秒抬升一次。可以让同伴发"上—下"指令来帮助你。测试标准为男性20次，女性15次。如果你达到标准，则计1分。

本测试评估上身背部肌肉的等张肌肉耐力

坐姿卷身（等张测试）

1. 坐在地上，膝盖弯曲，手臂伸展。

2. 身体后倾（约45度角）并以臀部为支点保持平衡。保持膝盖弯曲并使其贴近胸部（脚离地）。

3. 膝盖伸直，使身体呈"V"形。你可以把手臂摆至体侧以保持平衡。

4. 膝盖再次弯曲并靠近胸部。尽可能多次地重复该动作。数出伸腿的次数。测试标准为男性25次，女性20次。如达到标准，则计1分。

注意：避免重复弯曲下背部。

本测试评估腹肌和部分髋部和腿部肌肉的等张肌肉耐力

换腿（等张测试）

1. 取俯卧撑姿势，由手和脚支撑身体重量。

2. 将右膝拉至胸下，左腿挺直。

3. 换腿。前拉左腿并后推右腿。

注意：不要让下背部松弛。

4. 继续换腿，约2秒换一次。

5. 数出1分钟内换腿的次数。测试标准男性、女性均为25次。如达到标准，则计1分。

本测试评估髋部和腿部肌肉的等张肌肉耐力

屈臂悬垂（等长测试）

1. 在引体向上杆上悬垂，掌心朝外。

2. 站在椅子上，或者在同伴的帮助下抬升下巴至高于杆位。

3. 发出开始信号后，同伴放开你的身体或移除椅子。此时你凭借自身的力量悬垂。数出你能够悬垂的时间。支撑物移除之时，计时开始；你的下巴触碰到杆或落于杆下方，或者头部后倾时，计时结束。测试标准为男性 15 秒，女性 12 秒。如达到标准，则计 1 分。

本测试评估手臂、肩部和胸部肌肉的等长肌肉耐力

第三部分：爆发力测试

本评估通过立定跳远和掷实心球分别测试下身和上身的爆发力。

立定跳远

1. 用遮蔽胶带或其他材料在地面上画线。

2. 站立于线后方，双脚与肩同宽。膝盖弯曲，手臂在体前伸直，与肩同高。

3. 向下向后甩臂，然后再往前用力甩臂的同时跳跃尽可能远的距离，腿伸展。

4. 双脚着地，着地时保持平衡。起跳前不要跑步或单脚跳。

5. 测试两次。记下最高分，然后在表 10.5 中找到你的等级并做记录。

本测试评估下身的爆发力

表 10.5　等级表：以英寸表示的立定跳远成绩

	13 岁		14 岁		15 岁		16 岁		17 岁及以上	
	男	女	男	女	男	女	男	女	男	女
优秀体质	≥ 73	≥ 59	≥ 80	≥ 60	≥ 85	≥ 61	≥ 88	≥ 62	≥ 91	≥ 68
良好体质	67～72	57～58	73～79	58～59	78～84	59～60	82～87	60～61	86～90	63～67
边缘体质	61～66	54～56	67～72	55～57	73～77	56～58	77～81	57～59	80～85	58～62
差体质	≤ 60	≤ 53	≤ 66	≤ 54	≤ 72	≤ 55	≤ 76	≤ 56	≤ 79	≤ 57

1 英寸约为 2.54 厘米。

掷实心球

1. 坐在靠墙的椅子上。尽量向后坐，使下背部和上背部都靠在椅背上。

2. 用双手抱着 14 磅（约 6.5 千克）的实心球，将其放在胸部中央。

3. 双手推球，将其投掷尽可能远的距离。像篮球胸前传球一样投掷实心球。你的背部仍应紧贴椅背。

4. 测量球着地位置离墙（位于椅后）的距离。距离用厘米表示。

5. 测量你手指末端离墙的距离（即手臂长度），用厘米表示。你的分数等于球掷出的距离减去手臂长度。

6. 测试两次，取最高分。

根据最高分在表 10.6 中找到你的等级。然后在教练的指导下记录你的分数和等级。

本测试评估上身的爆发力

表 10.6　等级表：以英寸表示的掷球距离

	15 岁及以下		16～17 岁		18 岁及以上	
	男性	女性	男性	女性	男性	女性
良好体质	≥ 145	≥ 98	≥ 155	≥ 102	≥ 165	≥ 108
边缘体质	130～144	90～97	140～154	94～101	150～164	98～107
差体质	≤ 129	≤ 89	≤ 139	≤ 93	≤ 149	≤ 97

1 英寸约为 2.54 厘米。

第 10.2 课

增强肌肉适能

课程目标

学完本课，你将能够：

1. 解释等张 PRE 运动增强肌肉适能的 FIT 规则；
2. 描述 PRE 运动的双重渐进系统；
3. 举出几种自由重量和抗阻固定器械运动及其优势和劣势；
4. 举出几种增强肌肉适能的其他形式的运动；
5. 描述安全进行 PRE 运动的基本指导；
6. 举出与力量有关的一些错误观念，并解释为什么它们是错误的。

课程词汇

健美运动、肌肉上瘾症、双重渐进系统、间歇训练、肌肉僵硬、力量举重、举重

你是否知道 PRE 和肌肉适能的健康益处？你是否想增强肌肉适能？你对各类抗阻训练是否熟悉？本课中，你将了解用 PRE 增强肌肉适能可以为你带来哪些健康益处，以及如何将 FIT 规则运用于增强肌肉适能的最流行方法中。本课还提供正确进行渐进式抗阻运动（PRE）的指导并介绍与肌肉适能有关的常见错误观念。

PRE 和肌肉适能的健康益处

本书所述的很多健康益处都与肌肉适能运动及良好的肌肉适能有关。大多数人都知道肌肉适能可减少背部疾病，改善体态，降低肌肉受伤的风险，并增强工作能力。但他们可能不知道肌肉适能运动对骨骼健康（预防骨质疏松症）、心脏病和糖尿病的预防以及癌症等慢性病的康复非常重要。肌肉适能运动也能降低你超重或肥胖的风险。此外，它们也对心理健康有益，比如让你气色更好，

感觉更舒服，过上高质量的生活。在老年人中，肌肉适能也降低他们摔倒的风险，并改善他们完成日常任务的能力。

用等张 PRE 增强肌肉适能

本节讲解等张 PRE 的 FIT 规则以及抗阻固定器械和自由重量运动的优势和劣势，并提供等张 PRE 运动的一般性指导。

等张 PRE 的 FIT 规则：抗阻固定器械和自由重量器械

表 10.7 列出了使用抗阻固定器械和自由重量器械的等张运动的 FIT 规则。本课随后将对其进行讲解。同样的 FIT 规则也可用于等速运动。如表中所示，初学者与较高级的训练者相比，他们使用较低的阻力，做更多的次数和更少的组数。

美国运动医学学会建议在组间休息两三分钟。一般来说，在高阻力运动中，

表 10.7　等张肌肉适能的目标区间

	初级训练者		中级训练者		高级训练者	
	门槛	目标	门槛	目标	门槛	目标
频率(每周天数)	2	2～3	2	2～3	3	3～4
强度（1RM 的百分比）	50	50～70	60	60～80	70	70～85
时间	1组，每组10～15次	1～2组，每组10～15次	2组，每组8～12次	2～3组，每组8～12次	3组，每组6～10次	3～4组，每组6～10次

你休息的时间要长一些，而在低阻力运动中，你休息的时间较短。为了让练习更高效，你可以交替进行手臂和腿部练习。这样当你训练手臂时，腿部在休息；反之亦然。

青少年肌肉适能的 FIT 规则与成年人不同，特别是在运动强度方面。美国运动医学学会建议青少年采用类似上表的 FIT 规则。对成年人而言，初学者可以从 1RM 的 60% 开始，而不是从适用于青少年的 50% 开始。而高级训练者可以用 1RM 的 80%～90%，而不是 70%～85%。成年人初学者可以从两组练习开始，而不是从适用于青少年的一组开始。

PRE 的双重渐进系统

如你所知，培养肌肉适能时为达到最佳效果，你需要循序渐进。渐进原则在肌肉适能练习中的最常见应用是双重渐进系统。该系统的第一部分指增加动作次数。如表 10.7 所示，初学者从一组 10 次和 1RM 的 50% 起逐渐增加动作次数，直至其很容易地完成 15 次。

系统的第二部分是阻力或重量的增加。动作次数减回 10，但阻力增加 1RM 的 5%～10%。对青少年而言，它通常意味着 2～5 磅（约 0.9～2.3 千克）的增量。双重渐进，即次数和阻力的增加，将持续进行，直至练习者能做到初学者等级中 1RM 的最大百分比。此时，练习

者可以增加组数，共做 2 组。他可能需要降低动作次数和 1RM 百分比以完成两组练习，每组 10～15 次。

做多组练习时，组间较长的休息时间使你能提起较高的 1RM 百分比的重物。所以你的休息间歇时长应保持一致。

当你能做 2 组，每组 15 次，强度达到 1RM 的 70%（可能需数月才可达此目标）时，你就可以进入中级阶段。中级阶段你将再次运用双重渐进系统。继续按双重渐进系统训练，直至你能够完成 3 组，每组 8～12 次，强度达到 1RM 的 80%。此过程可能需一年或更久。

有些练习者选择留在中级水平，因为在该阶段按 FIT 规则训练已经可以获得很多健康益处（中度的组数和次数，以及中度的阻力）。由于高级练习者的 FIT 规则倾向于较少的次数和较高的阻力，它比初级和中级练习者的 FIT 规则能更多地增强纯粹力量。因此，高级 FIT 规则对打算从事需要较强力量的竞技运动或工作的人以及希望增大肌肉的人来说比较有益。但中级阶段的 FIT 规则已经能让练习者大为受益，因此对大多数青少年来说，它是最合适的选择。

抗阻固定器械和自由重量

抗阻固定器械运动和自由重量运动都要用到专门设备，但它们是等张 PRE 的最流行形式，因为它们也是增强肌肉

适能的最有效方法。这两种练习既能增强你的力量，也能培养你的肌肉耐力，而且通过特定运动可以专门训练你大多数的主要肌群。请比较表 10.8 中这两种 PRE 运动形式的优势和劣势，以更充分地认识它们。使用自由重量和抗阻固定器械的一些基本练习在本课结尾有相应讲解。每项练习中都列出了所用的肌肉，并在图中做出了标示。

健身小知识

除美国国家体能协会外（见本章第 1 课），其他专业机构也表示，抗阻训练在正确操作的情况下，对青少年是安全的。上述机构包括美国运动医学学会、美国儿科学会（由专门治疗儿童和青少年的医生组成）和美国运动医学骨科协会（由专门治疗体育运动引起的骨骼疾病的医生组成）。本书中的自我评估和肌肉适能运动遵循上述机构的指导。

渐进式抗阻运动（PRE）

只要方法正确，抗阻训练是安全的。它可以增强你的肌肉适能，同时让你感觉更舒适，气色更佳。以下指导帮助青少年安全有效地运用 PRE 方法。

* **热身**。用推荐的动态练习进行热身，或者在正常锻炼之前做低阻力练习。

* **学习正确的技术**。在开始阶段应寻求专家指导。在学习基本练习时用极轻的重量或不用重量。请根据下列建议掌握正确的运动方法。

· 用中等速度运动——不要太快或太慢。

· 在各种动作中使用向心收缩和离心收缩两种。例如，做肱二头肌弯举时，不仅全程提升重物（它使用向心收缩），而且全程放下重物（它使用离心收缩）。

· 避免突然或快速的运动。在每

表 10.8 抗阻固定器械和自由重量

	抗阻固定器械	自由重量
安全性	更安全，因为重量不会落到举重者身上 一般不需要安全指导员	重物下落致伤的风险较高 很容易失控，因而需要安全指导员
价格	购买价非常昂贵 如自己没有器械，需要加入俱乐部成为会员方可使用	相对便宜
功能性	易于锻炼特定肌群	需要有更高的平衡性、肌肉协调性和专注能力 需使用更多肌肉；练习动作更类似于在日常生活中搬动重物
便利性	需要较大的占地面积 只能在安装地点使用	所需空间较小 有些重量器材体积小，便于携带 容易四散、丢失或被盗

次动作开始和结束时短暂停止。用你的肌肉而不是身体动作来做练习（例如，在做肱二头肌弯举时，上身不要前后摇摆）。

· 运动时不要屏息。屏息会导致昏厥。一些抗阻练习建议在施力抗阻时呼气，而做回归动作时吸气。

· 遵从生物力学原理。避免可能导致关节以违反本性方式移动或者导致肌肉受伤的体位和动作。

* **确保你的锻炼空间是安全的。**请按正确的操作方法使用器械。将自由重量置于导轨上，而不是散放在地上。练习结束后用毛巾清洁器械。如果前一位练习者没有清洁器械，你可以先清洁再练习。

* **应始终在安全指导员的监督下做自由重量练习。**你可能想自己练习，但与同伴一起做这种练习会安全得多。

* **循序渐进。**年龄较小或无 PRE 经验的青少年在运动中应遵从初学者的 FIT 规则数月，然后方可进入中级阶段。不要以"初学者"为理由违反渐进原则。也请记住，高级 FIT 规则通常专供有 1 年以上经验的练习者或者已经达到生理成熟的青少年使用。

* **为所有的主要肌群选择相关练习。**专家建议进行 8 ～ 10 项肌肉适能练习，以确保所有的主要肌群都得到锻炼。仅做若干项练习可能导致不均衡的肌肉发育。本书介绍 8 ～ 10 项练习，适合多种 PRE 运动。

* **组间要休息。**如需增强纯粹力量，组间应休息 2 ～ 3 分钟。增强肌肉耐力时，组间应休息 1 ～ 2 分钟。

* **留出休息日。**为获得最佳效果，不要连续两天对同一肌群进行 PRE 练习。但你可以交替练习不同的肌群，从而可以每天练习。

* **保持计划的多样性和趣味性。**美国运动医学学会指出运动中循序渐进和运动量的重要性。使用双重渐进法，可以保持练习的多样性，同时让你获得最大益处。在保持总运动量不变的前提下，你也可以让练习多样化。你只需要改变动作重复次数和阻力即可（例如，增加重复次数和降低阻力，可以保持运动量不变）。

* **举起自由重物时避免超过头顶。**只要可行，请使用器械进行推举练习。如果一定要使用自由重量，请务必在安全指导员陪伴下进行。

* **尝试多关节练习或竞技动作前先掌握单关节练习。**比如肱二头肌弯举是单关节练习，因为其中唯一活动的关节是肘关节。本书中促进健康的大多数练习都是单关节练习。而多关节练习如举重运动中的挺举动作，则要求练习者有较好的肌肉适能。它需要通过单关节练习的 PRE 运动来培养。多关节练习对技能水平也有较高要求，因此需要经过专门训练以掌握正确的方法。

* **使用重物时切忌粗心大意。**专注于你的技巧和你的运动。更换自由重物时要小心，并在练习结束后把它们妥善地放回去。

*做抗阻训练时不要竞争。不要进行竞赛以攀比谁举得最重。基因差异对人身体的强壮程度有很大的影响。请关注你自己的训练,循序渐进地增强自己的力量并享受训练过程,而不是计较是否能超过别人。

使用抗阻固定器械和自由重量进行 PRE 运动

专家推荐做 8 ~ 10 项基本练习以增强所有主要的肌群。本课后面将描述 9 项自由重量练习和 10 项抗阻固定器械练习。做这些练习前应先进行实践并熟悉其安全防护技术(见下节)。安全防护指在同伴失去对重物的控制或失去平衡时给予其相应的帮助。你的教练会教给你这些技术。

练习正确的运动和安全防护方法

运动和运动的安全防护都需要练习。在按照 PRE 计划开始训练前,你应先依次按照本节中的 4 个级别进行练习。每项运动从第 1 级开始,完全掌握后进入下一级。运动和安全防护的具体方法在本课的自由重量和抗阻固定器械运动讲解中有相应描述。一些专家用"感觉并不真实"这句话强调仅仅感觉自己方法正确并不意味着你真的就做正确了。很多健身场所都提供镜子,以便你观察自己的姿势。同伴也可以帮你确定你是否正确地使用了防护和推举方法等(图 10.9)。

*第 1 级。专注于推举动作,而不是重量。在无重量情况下练习,可使用手杖或木棍代替杠铃。练习推举时,专注于正确的姿势(身体部位的位置)。如果你在观察你的同伴,请给他正确的建议。

*第 2 级。专注于防护技术,而不是重量。当你的同伴用手杖做练习时,你和另一位同伴练习正确的防护技术。特别注意你的腿和手的位置。

*第 3 级。本级别中,你在推举和防护时使用较轻的重量。每项运动都用轻重量做 5 次动作。继续这样练习推举和防护技术,并和同伴互相辅导。

*第 4 级。本级别中,你用自由重量做正常运动。选择适当的 1RM 百分比以及合适的次数和组数(见表 10.7)。做好每一项基本运动。

图 10.9　自由重量运动必须在安全指导员监督下进行

渐进式抗阻运动的术语澄清

如你所知,PRE 是增强肌肉适能的一种方法。有 3 种运动使用的名称或术语与 PRE 类似,但它们与 PRE 不同。

奥林匹克举

在奥林匹克运动中,运动员尝试举起最大的自由重量。该运动仅包括两个动作:抓举和挺举。对于使用重量进行训练但不参与奥林匹克式举重的人而言,他们所从事运动的正确名称是"重量训练"。

力量举

力量举重是使用自由重量的另一种竞争性运动。它共包含 3 项训练:仰卧推举、深蹲和硬举。此运动的运动员尝试在每一项训练中举起最大重量。

健美运动

健美运动员所关心的主要是他们身体的外形。裁判给他们评分也是根据他们肌肉的体积和轮廓,而不是他们能举起多少重量。该运动也可以成为竞争性运动。

其他类型的等张 PRE

抗阻固定器械和自由重量运动都是流行、有效的运动,但它们不是唯一的等张 PRE 运动。以下各小节介绍了其他的常见运动,包括健美体操、弹力绳运动和自制重量器材运动。

健身小知识

肌电图描记器(EMG)是一种由研究人员测定肌肉收缩用力程度的设备。在 EMG 测试结果中,较小的收缩(如肌肉耐力训练时的收缩)表现为较低的肌肉作用波,而较用力的收缩(如力量训练时的收缩)表现为较大的肌肉作用波。

健美体操

健美体操使用全部或部分体重提供阻力,例如俯卧撑和仰卧起坐等。由于仅使用体重作为阻力,这类 PRE 更有利于增强肌肉耐力而不是力量。因健美体操所用阻力较小,你可以更频繁地进行该运动。等张健美操的 FIT 规则见表 10.9。健美体操基本上无须使用器材,所以在家和在旅途中都可以进行。

用弹力绳、自制重量器材、同伴阻力和球类器材做运动

这些类型的 PRE 与抗阻固定器械和自由重量运动相似,但使用各种其他方式提供阻力。与健美体操一样,弹力绳运动也基本上不需要器械,既可以在家做,也能在旅途中练习。使用稳定球的运动对培养核心适能也非常有效。这些类型的 PRE 所用 FIT 规则见表 10.7。

表 10.9 健美体操运动的目标区间(等张运动)

	门槛	目标区间
频率(每周天数)	3	3 ~ 6
强度	身体各部分的重量	身体各部分或全身的重量
时间	1 组,每组 10 次	1 ~ 4 组,每组 11 ~ 25 次

组间休息 2 分钟。

稳定球运动可帮助你增强核心适能

用等长 PRE 增强肌肉适能

由于所需器械极少或无须器械，等长运动可以很容易地在家中和旅途中进行，甚至可以在有限空间内进行，比如飞机座位上。等长 PRE 的缺点在于，有时很难判断你是否在做最大收缩，而这种不确定性会影响你努力训练的积极性。而在等张运动中，你可以看到你的动作，因而知道你自己的用力情况。此外，专家认为等长运动在增强肌肉适能方面不如等张 PRE。与所有 PRE 运动一样，在做等长运动时你应当保持呼吸而不是屏息。等长运动的 FIT 规则见表 10.10。一些基本的等长运动在本章后面有相应描述和图解。每项运动中使用的肌肉也已列举出来并用图片加以说明。

增强爆发力

如你所知，爆发力是力量和速度的结合。运动生理学家指出，爆发力与儿童和青少年的骨骼成长有关，而且其健康益处与肌肉适能其他部分所提供的健康益处相似。爆发力对各类运动中的良好表现起着重要作用，包括田径运动（如推铅球和掷铁饼）、棒球（远距离击球）和足球（传球冲刺）。因此，运动员提高爆发力不仅是为了健康，而且也为了改善运动表现。

增强爆发力的最常用方法之一是快速伸缩复合训练。快速伸缩复合训练最初是由苏联的奥林匹克田径教练提倡的。快速伸缩复合训练中，肌肉做快速离心收缩，随后做向心收缩。例如，一种常见的低阻力增强式运动是跳绳。跳起后的着地动作要求小腿肌做离心收缩（伸长收缩），而下一次跳起要求小腿肌做向心收缩。阻力由体重产生。快速伸缩复合训练常常包括更剧烈的跳跃运动。

与其他肌肉适能运动一样，快速伸缩复合训练也曾被认为对青少年是有危险的。但近期证据表明，只要方法得当，并在专业监督下循序渐进地训练，快速伸缩复合训练对青少年是安全的，可以改善他们的运动表现，增强爆发力和速度，并减少运动伤害。但快速伸缩复合训练和其他爆发力训练如果运动过度，也会导致伤害。快速伸缩复合训练的 FIT 规则见表 10.11。该规则由专家制定，并根据年龄和体质水平采用渐进式原则。体质好的运动员可以采用高级增强式训练或其他训练方法，但在训练前应咨询父母、监护人、教练或认证的运动指导员的意见。

表 10.10　等长 PRE 的目标区间

	门槛	目标区间
频率（每周天数）	3	3～6
强度	尽量用力收缩肌肉，或者支撑全部或部分体重	尽量用力收缩肌肉，或者支撑全部或部分体重
时间	3 次（1 次 = 保持 7 秒）	3～4 次（1 次 = 保持 7～10 秒）

表 10.11　快速伸缩复合训练的目标区间

	门槛	目标区间
频率（每周天数）	2（非连续）	2 或 3（非连续）
强度（根据年龄，跳跃强度各有不同）	12 岁：低强度（原地） 13 岁：中等强度（移动跳跃和单脚跳跃） 14～15 岁：中等强度（跳箱和障碍跳） 16 岁及以上：高强度（连续跳，即一段距离内多次跳跃，以及跳深）	与门槛相同
时间	1 组，每组 6～10 次 组间休息 1～3 分钟	1～3 组，每组 6～10 次 组间休息 1～3 分钟

各年龄段初学者都应从低强度开始，逐渐进阶至高强度。经常运动、体质好的年轻人可以在比建议年龄更低的年龄段进入更高的训练层级，但应在有资格的专业人士监督下进行训练。该专业人士应对练习者的生理成熟情况和体质状况进行评估。

间歇训练

间歇训练法将高强度运动分为多个回合，回合之间为休息时间。例如，跑步和游泳运动员常常练习高强度冲刺，每组冲刺后都要休息（运动间歇）。这种训练方法用以改善运动员在冲刺、快速游泳等无氧运动以及英式足球、曲棍球、足球和篮球等高强度运动的短促爆发动作中的表现。现在，耐力训练运动员也常使用间歇训练法。想了解有关间歇训练的更多信息，请咨询你的体育老师或教练。

错误观念

保持健康和自由活动所需的肌肉适能取决于你的个人情况和兴趣。比如说，从事搬运类工作的人比在办公桌前工作的人需要更多的力量。虽然肌肉适能运动能带来很多健康益处，但很多人仍然对它有误解。

没有痛苦就没有收获

一些人依然持有"必须有痛苦才能有效果"的错误观念，其中包括一部分做力量训练的运动员。实际上，

你应该留意身体的反应。如果你感觉疼痛，这是你的身体在给你发出某种信息。做 PRE 运动时你可能会非常疲倦，并出现运动"灼热"一样的感觉。你要能区分这种感觉和疼痛。如果有疑虑，请先休息，以避免受伤。

肌肉僵硬

一些人认为力量训练会让他们肌肉僵硬，即肌肉过紧过大而妨碍自由运动。但肌肉僵硬不是由力量训练导致的，而是由不正确的训练所致。有两种错误运动可能导致肌肉僵硬：只训练关节一侧的肌肉，以及训练时未拉伸肌肉。另一种错误训练是在举重或做其他抗阻运动时未在整个活动范围内活动关节。例如，你的肘关节可以弯曲，使手到达肩部位置，也可以使手臂完全伸直。因此，当你使用重量做肱二头肌弯举时，你应当把重量全程送至肩膀位置，然后把重物放下时伸直肘部。注意：肘部或任何其他关节都不能反向超出活动范围。如果你的动作违反了关节本来的活动功能，你会损伤关节。近期研究表明，只要方法正确，PRE 实际上可以增强身体柔韧性。

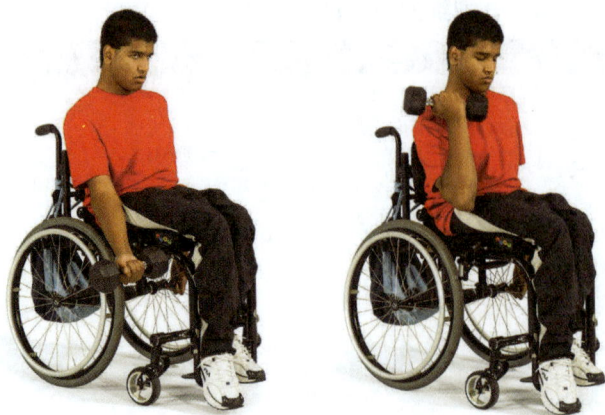

在整个活动范围内活动关节对于其发挥最佳功能非常重要

女性的肌肉适能

如前文所述，有人认为女孩和成年女性无法增强肌肉适能。也有人认为 PRE 会导致女孩和成年女性外表变得男性化。这两种说法都是错误的。

肌肉张力

广告商常常承诺其产品或方案能增强"肌肉张力"。但广告宣传语中的"张力"一词被视为一种虚假术语，因为它不能指代任何可衡量的事物。而力量、肌肉耐力和爆发力都是可衡量的。光凭观察和感觉并不能衡量肌肉适能。因此，"张力"一词不能用于形容肌肉适能，而它在广告中的运用也是无意义的。

肌肉上瘾症

肌肉上瘾症指人对增肌过于痴迷。这种心理障碍有时又称"反厌食症"。患者在开始阶段通过合理的运动量增强肌肉适能，但在某个时间，他希望增加越来越多的肌肉并为之着迷。这种心理障碍是一种强迫症。患者需要由专业人员治疗。在一些案例中，患者采用了不健康的生活方式，比如做不健康的运动。肌肉上瘾症患者有较高的意外伤害率。合理的 PRE 运动可改善你的健康，但痴迷于此反而有损你的健康。

课程回顾

1. 用等张 PRE 增强肌肉适能的 FIT 规则是什么？
2. 什么是双重渐进系统？它对 PRE 有什么帮助？
3. 基本的自由重量运动和抗阻固定器械运动有哪些？它们各有什么优缺点？
4. 增强肌肉适能有哪些其他的运动方式？
5. 安全进行 PRE 运动的指导方针有哪些？
6. 有关肌肉适能的错误观念有哪些？

以下是使用自由重量训练主要肌群的基本运动。运动中的杠铃（由杠和重量片组成）可使用哑铃（短杠和重量片，或者固定重量片）代替。最后两项运动需使用哑铃。你可以使用以下部分运动形式确定你各个肌群的1RM，但由于抗阻固定器械更安全，你应首选抗阻器械。

坐姿头上推举

重量： 杠铃

此运动需要两位安全指导员，他们各站立在举重者双肩的一侧。如果你是安全指导员，请把手置于杠的下方，手心朝上。做好准备在举重者失去控制（尤其在举到最高处时）、杠铃开始后移或举重者出现颤抖时接住杠铃。

1. 坐在举重凳的一端，做前跨步（双脚分开）姿势。

2. 把杠铃托举在胸部高度，准备垂直推举。手握杠铃，手心朝外，双手距离略超肩宽。

3. 收紧腹部、背部和手臂肌肉，头部略朝后倾。

4. 朝正上方推举杠铃，举至头上方。

— 三角肌
— 肱三头肌

此动作锻炼肩膀顶部、肩胛之间和手臂背侧的肌肉

注意：不可让杠铃前移或后移。也不可锁肘或弯曲背部。

仰卧推举

重量： 杠铃

此运动需要两位安全指导员，他们各站立在举重者双肩的一侧。如果你是安全指导员，请将杠铃置于举重者的手中。运动时将你们的手置于杠下，手心朝上。准备好在举重者失去控制时接住杠铃。

1. 仰卧在举重凳上，脚平放在地面上，下背部放平。手臂朝上（与地面垂直）。

2. 手掌朝上抓握杠铃，双手距离略超肩宽，肘部伸直，杠铃大致在锁骨上方。

3. 降下杠铃，直至直杠在腋窝以下触及胸部。直杠触及胸部时，你的前臂应与地面垂直，肘部不应指向脚部或两侧，而是指向脚和两侧之间的方向（45度）。

4. 收紧腹部、背部和手臂肌肉，头略向后倾。

注意：不要锁肘。

5. 手臂与地面垂直，将杠铃推举至起始位置。杠铃的运动轨迹略呈曲线状。

注意：不要锁肘或把杠铃弹离胸部。不要弯曲背部或抬起臀部。如果重量偏移到手臂前方或后方，你会失控。

肱三头肌 ——　　胸大肌

此动作锻炼胸前部的肌肉（胸肌）和上臂后部的肌肉（肱三头肌）

膝关节伸展

重量： 重靴或踝部加重袋

可由一人帮助练习者穿上重靴或踝部加重袋。

1. 将重量加在脚部或踝部。坐在长凳上，小腿悬在长凳边缘外。双手抓住长凳。

2. 伸展膝关节以抬起重靴，直至腿伸直。

注意：缓慢地抬腿。伸展后不要锁住膝盖，也不要往上踢腿。

3. 换另一条腿重复此动作。

股直肌
股外侧肌
股内侧肌

此动作锻炼大腿前部的肌肉（股四头肌）。第四块股四头肌，即股中肌，位于股直肌下方，因此图中未标明

半蹲

重量: 杠铃

注意: 仅在有深蹲练习架的情况下进行此运动。

1. 以侧跨步姿势站立,双脚与肩同宽或略超肩宽。脚趾指向正前方或略微朝外。抬头,背部挺直。

2. 在肩膀后方和颈部基线位置握住杠铃,双手距离略超肩宽,掌心向外。肘部指向地面,前臂与地面垂直。

3. 蹲下直至膝关节呈90度角,然后起身。脚后跟平放在地面。膝盖不可超过脚尖。专注于略高于你站立高度的墙上一点。举重时——下蹲和站起时看着这个点。

注意: 背部不可弯曲。髋部以上不可过于前倾,膝盖也不可超过脚尖。不要蹲得过深。

臀肌

腘绳肌　　　　　　　　股四头肌

此动作锻炼大腿前部的肌肉(股四头肌)和臀部肌肉(臀肌)

腘绳肌弯曲

重量: 重靴或踝部加重袋

可由一人帮助练习者穿上重靴或踝部加重袋。

1. 将重量加在脚部或踝部。俯卧于长凳上,膝盖悬在长凳边缘外。用手抓住长凳。

2. 膝关节弯曲至直角,以抬起重靴。

注意: 伸展时不要锁住膝关节。

3. 换另一条腿做此动作。如需确定此动作中你的1RM,请在抗阻器械上进行此动作。

肌二头肌
半腱肌
半膜肌

此动作锻炼大腿后部的肌肉(腘绳肌)

肱二头肌弯举

重量：杠铃

此动作不需要安全指导员，但安全指导员可以将杠铃放在举重者的手中。举重者手心朝上。

1. 以侧跨步姿势笔直站立。收紧腹部和背部肌肉。

2. 手心朝上抓握直杠，双手距离略超肩宽。手臂完全伸展。

3. 肘部贴近身体两侧，仅通过弯曲肘关节举起杠铃。将杠铃举至靠近下巴位置，然后回到起始姿势。

注意：不要活动其他关节，特别是背部。

4. 也可以手心朝下做此动作。

肱二头肌
肱桡肌

此动作锻炼上臂前部肌肉（肱二头肌）和其他肘部屈肌

提踵运动

重量：杠铃

此动作需要两名安全指导员。安全指导员各站在练习者双肩一侧。

1. 如果重量易于控制，则你可以像在头上推举运动一样将杠铃推举至头部以上（在安全指导员的保护下）。然后把杠铃降至肩部水平。如果重量较难举起，则由安全指导员将其提至你的肩膀水平。

2. 杠铃到达肩部水平后，你用脚掌站立在 5 厘米的厚板条上，脚趾略朝里。

3. 踮起脚尖，然后回到起始位置。

注意：脊柱应保持笔直。

4. 高级练习者可以尝试让脚趾指向正前方（这样更为困难）或者脚趾朝外（比前者更难）。如需确定你在

腓肠肌
比目鱼肌

此动作锻炼小腿肌肉

此动作中的 1RM，请用抗阻固定器械做此动作。

坐姿法式弯举

重量：哑铃

此动作需要一位安全指导员。

1. 坐在长凳末端，手臂伸至头部上方，手掌朝上。

2. 双手握住哑铃一端，使其位于头的后上方。收紧腹部和背部肌肉。缓慢地将哑铃降至颈后，直至手臂在肘部完全弯曲。肘部保持高举。

3. 缓慢回到起始姿势。动作过程中仅活动肘关节。如需确定你在此动作中的1RM，请使用肱三头肌训练器。

肱三头肌

此动作锻炼上臂后部的肌肉（肱三头肌）

俯身哑铃划船

重量：哑铃

此动作无须安全指导员。

1. 用一只手持哑铃，另一只手和膝盖放在长凳上，以支撑躯干体重并保护背部。

2. 上拉哑铃直至其接触胸部一侧靠近腋窝的位置，此时你的上臂应与地面平行。

3. 缓慢降低哑铃。

4. 用另一只手重复该动作。如需确定你在此动作中的1RM，请使用坐姿训练划船。

斜方肌

三角肌后束

肱二头肌

肱桡肌

此动作锻炼肱二头肌、肩部肌肉和肩胛之间的肌肉

以下是使用抗阻固定器械训练主要肌群的基本运动。它们可以用于测定你每个肌群的 1RM。比如你在"自我评估"一节中，已经用坐姿手臂推举和腿部推举测定了自己的 1RM。

坐姿手臂推举

1. 坐在坐姿推举机的坐凳上，调整自身的位置，使手柄与肩部持平。抓握手柄，手心朝外。腹部肌肉收紧。

2. 握住手柄朝上推举，伸展手臂直至肘部伸直。

注意：背部不可弯曲，不可锁肘。

3. 将手柄下拉至起始位置。

胸大肌　肱三头肌

此动作锻炼胸肌和肱三头肌

仰卧推举

1. 仰卧在长凳上，脚平放于地面。握住手柄，手心朝外。背部挺直。如可行，请将双脚平放于地面，以帮助背部挺直并防止背部弯曲。如果脚无法触及地面，则弯曲膝盖，将脚放在长凳上，以实现上述目的。

注意：如果长凳太窄而使脚易于滑落或者长凳不稳定，则不要将脚放在长凳上。

2. 握住手柄向上推举，使手臂完全伸展。

注意：不要锁肘或弯曲背部。

胸大肌　肱三头肌

此动作锻炼胸肌和肱三头肌

3. 回到起始位置。

4. 你可以从此动作和坐姿手臂推举中任选其一。如果你有仰卧推举机但没有坐姿推举机，你可以在自我评估时使用此动作代替坐姿推举。

坐姿腿部推举

1. 根据你的腿长调整腿部推举机的座位位置。坐下并把脚放在踏板上。

2. 用脚推动踏板直至腿伸直。
注意：不要锁住膝关节。

3. 缓缓地回到起始位置。

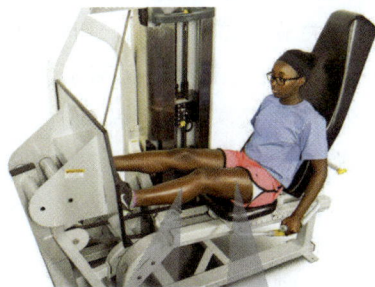

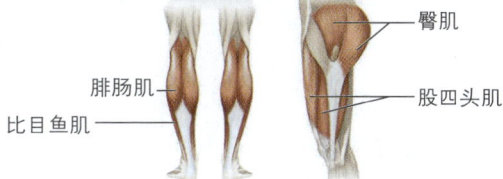

臀肌
腓肠肌
比目鱼肌
股四头肌

此动作锻炼股四头肌、臀肌和小腿肌肉

膝关节伸展

1. 坐在坐凳上，用脚踝勾住垫块。用手抓住坐凳的手柄。

2. 在完整的活动范围内伸展膝关节。

3. 回到起始位置。换另一条腿重复此动作。

4. 你可以从此动作和坐姿腿部推举中任选其一。

股直肌
股内侧肌
股外侧肌

此动作锻炼大腿前部的肌肉（股四头肌）。第四块股四头肌，即股中肌，位于股直肌下方，因此未在图中标示

腘绳肌弯举

1. 俯卧在长凳上，膝盖伸至长凳边缘外。用脚跟勾住圆柱形垫块。握住长凳的手柄。

注意：将脚跟置于垫块下时不要锁住膝关节。如有必要，让同伴抬起垫块，以帮助你避免膝关节锁住。

2. 弯曲膝关节以抬起圆柱形垫块。膝关节应在整个活动范围内弯曲。弯举至顶部时，垫块应差不多触到你的臀部。

3. 双脚下降至起始位置。

股二头肌——
半腱肌——
半膜肌——

此动作锻炼小腿肌肉

肱二头肌弯举

1. 站立在器械前，抓住低位滑轮的手柄，手心朝上。收紧你的腹肌和臀肌。

2. 将手柄从大腿水平拉至胸部水平。弯曲肘关节但使它们紧贴身体两侧。

注意：不要活动其他的身体部位。

3. 回到起始姿势。

肱二头肌——
肱桡肌——

此动作锻炼背部的肌肉

提踵运动

    1. 把5厘米厚的板条置于地面上。用脚掌站立于板条上。此时手柄应与肩齐平。

    2. 抓住手柄，手心向外。提踵时，手和手臂应保持静止。

    3. 提踵，仅用前脚掌支撑身体，然后下降至起始姿势。

腓肠肌

比目鱼肌

此动作锻炼腘绳肌

背阔肌下拉

    1. 坐在坐凳上（或地面上，取决于机械设置）。调整坐凳高度，使你抓住横杆时手臂完全伸展。

    2. 抓住横杆，手心向外。手臂应与肩同宽或比肩宽。

    3. 将横杆下拉至胸部水平。

    4. 回到起始姿势。

斜方肌

大圆肌

背阔肌

此动作锻炼背部肌群

肱三头肌下压

1. 握住手柄，手心朝外。

注意：如取坐姿，则调整坐凳高度，使手柄和手刚好高于肩部。

2. 肘部紧靠身体两侧，避免身体前倾。

3. 背部挺直，手臂往前向下推杆，直至手臂伸直。

4. 回到起始姿势。

肱三头肌

此动作锻炼手臂后部的肌肉（肱三头肌）

坐姿划船

1. 调整机械，使你的手臂基本完全伸展和平行于地面。

2. 握住手柄，拇指朝上。

3. 保持背部挺直，朝胸部拉动手柄。

4. 回到起始姿势。

三角肌
斜方肌
大圆肌
背阔肌

此动作锻炼背部和肩部肌肉

以下为训练你主要肌群的基本等长运动。

推手式

1. 坐在结实的椅子、凳子或地面上，脊背挺直。如果你愿意，也可以盘起双腿。双手合十。

2. 将手和肘都抬至肩膀高度。双手用最大力量互相推挤。保持该姿势 7 秒，然后休息 30 秒。

3. 只要时间允许，重复该练习 2 ～ 3 次。

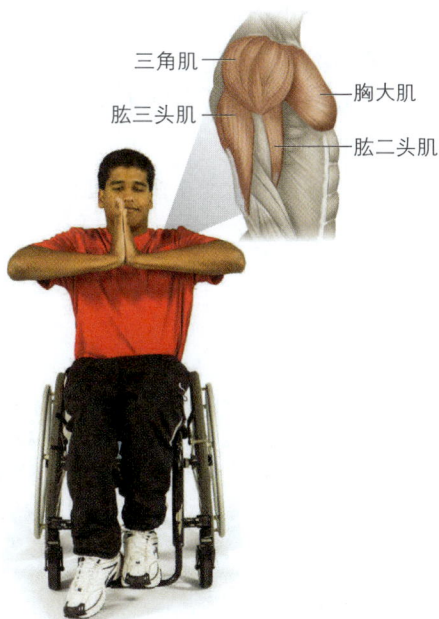

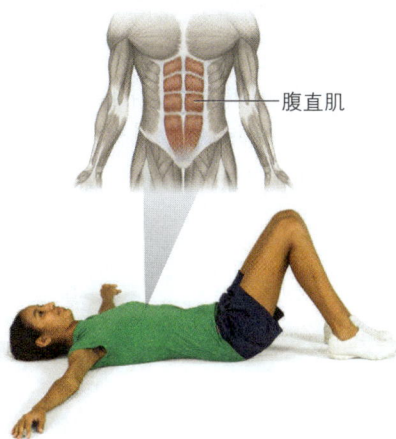

三角肌
肱三头肌
胸大肌
肱二头肌

此动作锻炼手臂和肩部肌肉

背部压平

1. 仰卧，膝弯曲。

2. 尽力收缩腹肌使腹部内收，并使下背部紧紧地平贴于地面。保持该姿势 7 秒，然后休息 30 秒。

3. 只要时间允许，重复该练习 2 ～ 3 次。

腹直肌

此动作锻炼腹肌

膝关节伸展

1. 扶住支撑物，只用右脚站立。在身后抬起左脚，屈膝 90 度角。

2. 把毛巾绕在左踝下，左手握住毛巾末端。

3. 左脚往下推，试着伸直左腿以对抗毛巾的阻力。

4. 只要时间允许，每条腿重复上述动作 2～3 次。

股直肌
股外侧肌
股内侧肌

此动作锻炼大腿前部的肌肉（股四头肌）。第四块股四头肌，即股中肌，位于股直肌下方，因此未在图中标明

推墙式

1. 背部靠墙站立。

2. 身体下降至半蹲姿势，同时脚往外移。使大腿与地面平行。

3. 用最大力气推动双腿，使背部对墙壁形成推挤力。保持姿势 7 秒，然后休息 30 秒。

4. 只要时间允许，重复动作 2～3 次。

腹直肌
臀肌
腘绳肌
股四头肌

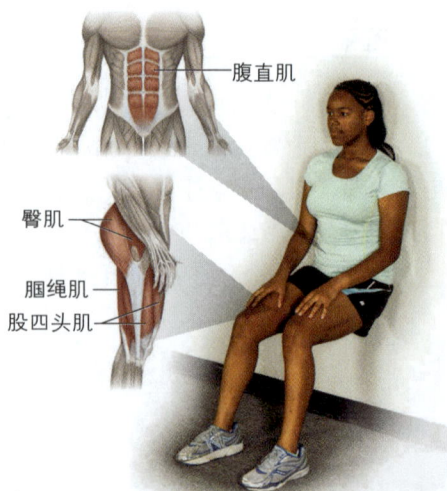

此动作锻炼腿部和腹部肌肉

使用毛巾的肱二头肌弯举

1. 站立，脊背挺直，双膝微屈。

2. 将毛巾绕在大腿后部。

3. 双手抓握住毛巾末端，手心朝上。肘部贴近体侧。

4. 尽量用力上拉毛巾。保持该姿势 7 秒，然后休息 30 秒。

5. 只要时间允许，重复该动作 2 ～ 3 次。

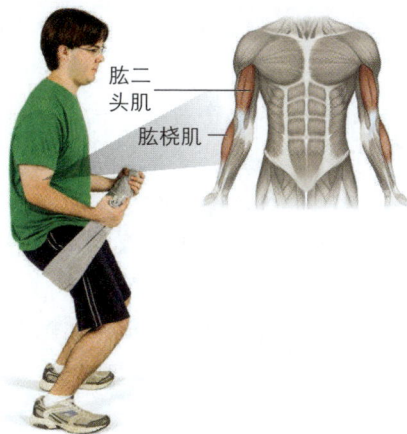

肱二头肌

肱桡肌

此动作锻炼上臂前部的肌肉（肱二头肌）

趾推式

1. 取舒适的坐姿。

2. 双手各握住跳绳或毛巾的一端。将跳绳或毛巾绕过脚掌，拉紧。

3. 手拉跳绳或毛巾，同时前脚掌前推。背部挺直。保持该姿势 7 秒，然后休息 30 秒。

4. 只要时间允许，重复该动作 2 ～ 3 次。

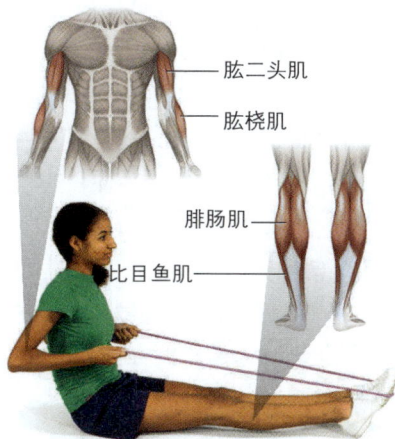

肱二头肌

肱桡肌

腓肠肌

比目鱼肌

此动作锻炼手臂和小腿的肌肉

屈腿式

1. 左脚单脚站立。扶住椅子或墙壁以保持平衡。

2. 将毛巾绕在右脚踝后，左脚踩住毛巾末端。

3. 脊背挺直。试着弯曲膝关节以对抗毛巾的阻力。保持该姿势 7 秒，然后休息 30 秒。

4. 只要时间允许，每条腿做上述动作 2～3 次。

股二头肌
半腱肌
半膜肌

此动作锻炼腘绳肌

射箭式

1. 以弓箭手射箭的姿势站立（或坐下）。

2. 右手握住毛巾，如同握弓。

3. 左手在下巴附近握住毛巾另一端，如同握住弓弦。

4. 右手推，左手拉。保持姿势 7 秒，然后休息 30 秒。

5. 双手换位练习。只要时间允许，每条手臂轮流在前各做 2～3 次。

安全建议：运动时正常呼吸，不要屏息，屏息会导致头晕甚至昏厥。

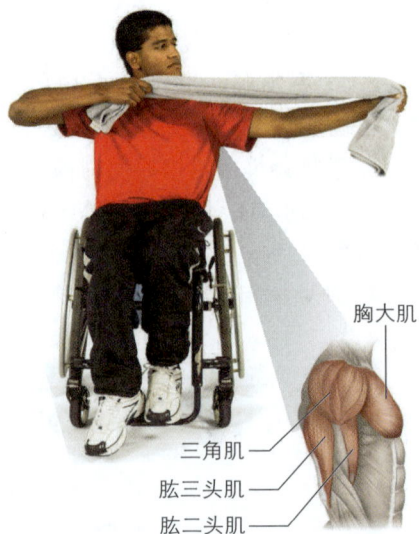

胸大肌
三角肌
肱三头肌
肱二头肌

此动作锻炼手臂和肩部的肌肉

⚡ 自我负责：避免半途而废

任何人都可以开始运动以增强身体素质，但仅仅开始运动还不够。一些人运动一段时间之后就半途而废。终身坚持运动的人知道如何防止半途而废，避免重新成为久坐者。

路易斯想念他以前的学校，特别是他以前的同学。现在他总是放学后径直回家，而不是去社区球场与朋友一起打三对三篮球。搬家后的第一个月内，路易斯吃晚饭后做作业，然后看电视消磨时间。

一天晚上，他妈妈对他说，"路易斯，你为什么整天躺着不动？你本来是喜欢运动的。起来做做运动！"

路易斯打了个哈欠，说到，"我能去哪儿呢？我能和谁一起出去呢？我在这里没有朋友。"

"楼下那个男孩怎么样？我看到他那天背着健身包出去了。他肯定是去你喜欢去的那些运动场所。"

"也许是这样，"路易斯说，"但也许他去做重量训练或类似的练习，而我不会做这些。"

"那你不妨也学学重量训练。它对你打篮球有帮助，不是吗？"

"可以啊，他的门牌号是多少？"路易斯笑着说。

"3B，你去了过后也问问他的母亲，附近有没有适合我这个年龄的运动课程。"

讨论

是什么导致路易斯半途而废？如果他发现楼下的男孩讨厌篮球，他怎么办？导致半途而废的其他原因有哪些？如何防止半途而废？你对路易斯有哪些建议？回答这些讨论问题时请考虑"自我管理"一节中的指导。

➡ 自我管理：避免半途而废的技巧

人停止做自己希望坚持做的事或应该坚持做的事，称为半途而废。比如，你开始做 PRE 运动，但中途停止，因为你觉得时间不够。请遵循以下指导，以帮助自己坚持不懈。

- **做自我评估。** 自我评估使你能够了解你是否有可能坚持某项运动。如果你曾经有过放弃的经历，自我评估能就如何坚持运动给你启发。
- **使用自我评估结果确定你可以改善的方面。** 自我评估帮助你了解你当前的状况（体质、运动、营养等）。你想要提升自己，首先就得知道在哪方面需要提升。
- **写下你的运动目标。** 把目标贴在冰箱上或者你每天都能看到的其他地方。你要有充分的理由实现这些目标，否则你从一开始就会

缺乏动力。请始终专注于你的目标。
- **制作日志或表格来监督自己的行为，然后用它鼓励和嘉奖你自己。** 告诉你自己，你已经坚持了那么久，一定能够继续坚持下去。
- **把你的目标告诉其他人。** 让他们经常性地鼓励你。
- **选择固定的运动时间。** 你培养运动习惯或其他类似习惯时，应选择一天中的某个时间，每天在相同的时间做运动或进行其他习惯性活动。
- **不要让一次挫折成为放弃的理由。** 如果有一天没有按计划做运动，请告诉你自己，"偶尔休息一天也很好。"你应该定期这样安慰自己。
- **考虑做多种运动。** 请考虑不时地尝试多种体育运动。

刚开始做肌肉适能运动时，你可以使用学校或当地健身中心的抗阻固定器械，通过抗阻训练增强肌肉适能。抗阻训练可增大肌肉质量和提高骨骼密度，帮助你获得健康的身体成分。肌肉适能也可以改善你的外表，并让你更容易地完成日常任务，例如爬楼梯、打开罐装食物和携带背包。此外，抗阻训练可以帮助你在你最喜欢的竞技运动以及其他体育运动中取得最佳表现。

请行动起来，尝试你在本章中学到的抗阻固定器械动作。请务必遵守本章中的 PRE 指导。

你可以使用抗阻固定器械做 PRE 运动

概念和词汇回顾

在老师的指导下解答 1 至 5 题。用词汇或短语填写句子的空白。

1. _____是肌肉所能施加的力。

2. _____指肌纤维尺寸的增加。

3. 如果一个人不正确地进行力量训练，增强某些肌肉但忽视其他肌肉，他可能会_____。

4. 做健美体操增强力量时，你把体重用作_____。

5. _____系统指随着肌肉适能的增强而改变动作次数、动作组数和重量。

在老师的指导下解答 6 至 10 题。将第 1 列中的每一项与第 2 列中合适的短语配对。

6. 等速运动　　　　　　　a. 竞技运动，非健身计划

7. 奥林匹克式举重　　　　b. 人一次可以提起的最大重量

8. 1RM　　　　　　　　　c. 需要特殊器械的运动

9. 快速伸缩复合训练　　　d. 包含动作的肌肉适能运动

10. 等张运动　　　　　　　e. 增强爆发力的运动

在老师的指导下解答 11 至 15 题。对每条陈述或问题进行回答。

11. 强健的肌肉如何改善人的气色和预防疾病？

12. 本章中测试肌肉适能的方法有哪些？

13. 举出有关肌肉适能运动的两种错误观念。

14. 防止半途而废有哪些指导性建议？

15. 安全和有效地进行 PRE 运动有哪些指导性建议？

批判性思考

查询网上的信息，结合本章内容，写一篇关于高中生肌肉适能运动的简短文章。在美国国家体能协会、美国运动医学学会和美国健康、运动与营养总统委员会的网站上可以找到更多资料。与同班同学分享你的文章，或者投稿给学校报刊以供发表。

项目

一些学校为老师和其他雇员提供健身项目，包括上学前和放学后的运动课程、身体素质评估、营养和减压课程等。请针对以上主题为老师们制定肌肉适能运动的书面计划，然后与其他学生合作以执行该计划。

11

肌肉适能应用

第 11.1 课
核心适能、体态和背部护理

课程目标

学完本课，你将能够：

1. 列举出若干块核心肌肉以及核心肌肉运动类型，并解释其重要性；
2. 列举出常见的背部和体态问题；
3. 列举出可帮助你改善体态和避免背部问题的生物力学原则。

课程词汇

力、驼背、运动定律、脊柱前凸、普拉提、下垂症

你知道核心适能是什么吗？你是否拥有良好的核心适能？本课将讲解核心肌群的有关知识以及它们对健康和身体正常运行的重要性。你还将学习核心肌肉运动。核心肌肉运动可改善你的体态，并降低背部疼痛和其他肌肉伤害的风险。

核心肌群

核心肌群支撑你的脊柱，保持胸腔和骨盆稳定，并帮助你在站立、坐下和做各项活动时保持健康的姿势。它们也是连接身体上部和下部的肌群。核心肌群包括背部、臀部、骨盆和腹部的肌群（图 11.1）。

很多人忽视了他们的核心肌群，而只专注于手臂、腿部和肩部的肌肉，因为这些肌肉更明显，而且年轻人认为它们很重要。但是，你只有拥有了健康的核心肌肉，你才能过上健康的生活，顺利进行日常生活中各项活动，参加运动和工作相关活动，并预防伤害。核心适能使你能够在做推举等所有动作时保持躯干稳定。基本的核心运动见本课结尾部分。

抗阻固定器械运动和自由重量运动一般不训练你的腹肌和其他核心肌肉。

由于核心运动是总体肌肉适能计划的重要部分，所以除渐进式抗阻运动（PRE）外，你还应该进行核心运动。

很多核心运动都无须特殊器械，而有些核心运动需要便宜的器械。比如你可以用充气大球做练习以改善核心肌肉适能。用这类球体进行的运动有时称为稳定球运动，因为物理治疗师用它们帮助患者增强与身体稳定相关的肌肉。你也可以做实心球运动增强核心肌肉。

健身小知识

普拉提是一种用于增强核心肌肉适能的健身方法。它近年来非常流行。普拉提这一名称源于一位名叫约瑟夫·普拉提的人。约瑟夫描述了核心运动，并发明了特殊的运动器械，用于锻炼核心肌肉。但最近美国一项声明表明，"普拉提"一词是一个类似于"瑜伽"和"空手道"的通用词。这意味着任何人都可以称自己为普拉提专家，即使其未经专门训练。因此，尽管很多普拉提教练对这种运动非常了解，但也有部分教练不具备普拉提知识。有些普拉提计划经过修改，已与普拉提的本来原则不符。只要正确练习，普拉提对增强核心肌肉非常有效。

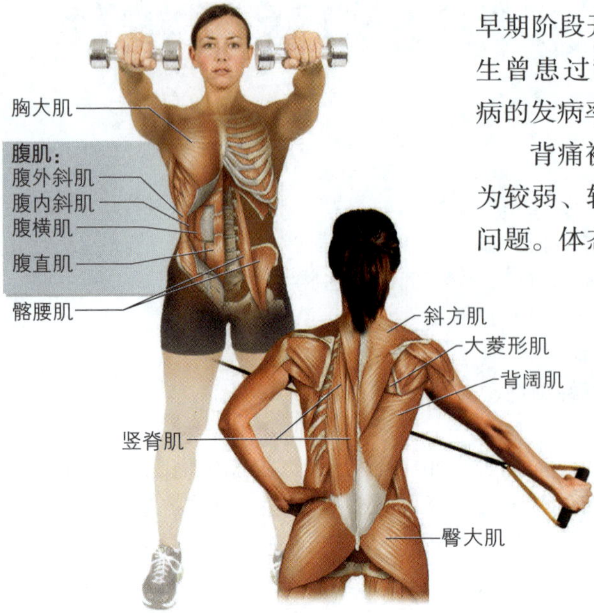

胸大肌
腹肌：
腹外斜肌
腹内斜肌
腹横肌
腹直肌
髂腰肌

斜方肌
大菱形肌
背阔肌
竖脊肌
臀大肌

图 11.1　核心肌群

背部疾病

你长时间静坐或提起重物后是否有过背痛的经历？每年都有将近 2500 万美国人因背痛而寻求治疗。一些专家指出，背痛仅次于感冒已成为美国第二大疾病。有 80% 的成年人在一生中患过背痛。而背部伤害是美国第一大工伤。背部疾病每年的治疗开支高达数十亿美元。

研究表明，背部疾病常常从人生早期阶段开始。约有三分之一的小学生曾患过背痛，而到 18 岁，背部疾病的发病率已接近成年人水平。

背痛被视为一种运动不足病，因为较弱、较短的肌肉会导致一些背部问题。体态不良也和肌肉不够强健、不够修长有关。通过培养健康的肌肉以改善体态，你可以降低患背痛的风险，并让自己看上去更漂亮。即使你从未患过背痛，健康的背部和良好的体态也可以帮助你更高效地进行日常活动。

肌肉适能如何帮助背部高效地工作呢？关键在于良好的生物力学机制。你的身体各部位由腿部支撑，像积木一样保持平衡。你的胸部悬在脊柱上，由骨盆支撑并保持平衡。你的头部位于脊柱顶端，在身体各部位之上保持平衡。由于你的脊柱有良好的柔韧性，可以来回移动，因此肌肉的拉伸使身体各部位保持平衡。如果你一侧的肌肉又弱又长，但另一侧的肌肉又强又短，你的身体各部位将在拉伸作用下失去平衡。

❤ 健身科技：带记忆的运动器械

计算机科技使健身俱乐部的运动器械可以"记忆"你的运动。运动器械存储你每项运动所用阻力，以便你在运动前快速完成准备工作。运动器械还可以存储你每一项运动中动作的组数和次数。你也可以在智能手机、平板电脑和其他个人计算机中安装健身 App，以记录不使用器械的运动的相关信息（如核心运动）。

> **科技应用**
> 举出一种可对肌肉适能运动进行自我监督的器械或 App，并描述它。

青少年群体中常见的一种背部疾病是脊柱前凸，又称凹背。脊柱前凸患者的下背部弯曲度太大。其病因是核心肌肉（特别是腹肌）太弱，且髋部屈肌（髂腰肌）太短（图11.2）。脊柱前凸可导致背痛。

即使在其他方面相对健康的人，也可能在背部疾病相关肌肉中缺乏适能性。原因之一是竞技运动和比赛常常使部分肌肉得到过度锻炼，而其他肌肉被忽视。因此，篮球选手、体操运动员、乐队成员和其他常运动的人却有着虚弱的背部和腹部肌肉（核心肌肉）以及过短的腿后肌和髋部屈肌，这种情况并不罕见。

体态问题

图11.2a展示了不良核心适能导致的一些常见的体态问题。其中最常见的问题包括脊柱前凸、下垂症（腹部突出）和驼背（背部和肩膀变圆）。

你在自己身上或者认识的人身上可能见过这类问题。图11.2b中，你可以看到哪些肌肉在过短和虚弱的情况下会导致体态问题。图11.2c展示了良好的体态以及其依托的修长而强健的肌肉。修长而强健的肌肉不仅促进背部健康，而且对于良好的体态非常重要。

理解良好体态的决定因素可以帮助你改善自己的体态。良好的体态可以增加外表美，预防背部疾病，而且让你更高效地工作和更开心地娱乐。

背部健康及体态的改善和保持

改善背部健康可以分若干个步骤进行。首先，你可以进行自我评估，以确定你当前的背部健康和体态状况。然后你选择可以帮助你增强或保持肌肉适能及柔韧性的运动，以改善背部健康和培养良好的体态。你还可以运用生物力学的关键原理来预防背部疼痛和伤害。

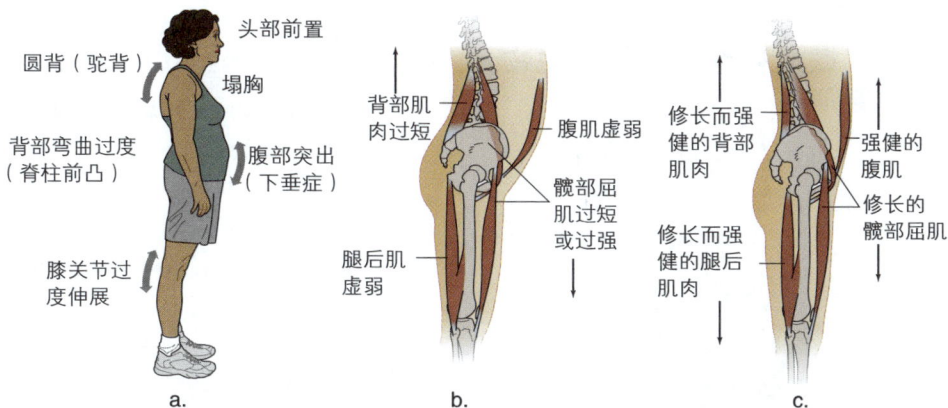

图 11.2　a. 不良体态的相关问题；b. 不良体态中的核心肌肉；c. 良好体态中的核心肌肉

图中标注：
a.
- 圆背（驼背）
- 头部前置
- 塌胸
- 背部弯曲过度（脊柱前凸）
- 腹部突出（下垂症）
- 膝关节过度伸展

b.
- 背部肌肉过短
- 腹肌虚弱
- 髋部屈肌过短或过强
- 腿后肌虚弱

c.
- 修长而强健的背部肌肉
- 强健的腹肌
- 修长的髋部屈肌
- 修长而强健的腿后肌肉

健身小知识

很多青少年都背双肩包。但你需要有足够的力量和肌肉耐力，才能在背上双肩包后行动自如。某年美国消费品安全委员会报告了超过 6000 起背包所致背部伤害，其中大多数都是年轻人。增强肌肉适能可以帮助你降低因背双肩包而受伤的风险。

背部健康测试

在本课末尾的"自我评估"部分，你将进行背部健康测试。它可以帮助你确定如何才能保持背部的健康。核心运动对背部健康和保持良好体态非常有效。拉伸运动也广受欢迎。

如图 11.2c 所示，强健和修长的肌肉帮助你避免体态问题。健康体态不存在图 11.2a 和图 11.2b 所示的问题。健康体态中，头部位于肩的正中，肩部稳定且平衡，下背部曲度柔和，腹部不外凸，且膝关节不后弯。在同伴的帮助下，你可以评估自己的体态，看看是否存在问题，以及身体比例是否协调。请参见"做出明智的消费选择"一章。

提升、搬运和推动物体的生物力学原则

出于健康和安全考虑，你应避免违反生物力学原则的运动。如"科学实践"一节所述，当你使用身体杠杆，即手臂和腿部的骨骼施力以提升、搬运和推动物件时，你的活动遵循生物力学原则和运动定律。当你步行、跑步或使用投掷、跳跃、踢球和击球等技能时，你会频繁地使用身体杠杆。进行抗阻运动时，高效地使用身体杠杆对于施力非常重要。请运用以下生物力学原则来避免伤害和背部问题。

- 举起重物时使用大肌群。请使用你强壮的腿部肌肉，而不是相对较弱的背部肌肉来完成动作。
- 降低重心（臀部）。为了更安全地举起重物，你应下蹲（弯曲膝关节）以保持较低的重心。同时背部挺直，臀部内收。
- 举起重物时核心肌肉应收紧。收紧你的腹部和背部肌肉以稳定身体。
- 利用较大的支撑面保持平衡。双脚分开约同肩宽，以在举起重物时保持平衡。
- 坐下、站立或举起重物时均应避免俯身姿势。你身体的杠杆，例如脊柱，在弯曲时无法高效运作。坐在椅子上运动时，请靠后坐，倚在座位靠背上。在俯身姿势中不要运动太长的时间。
- 分割负荷以便于搬运。比如搬运两个小的行李箱，一手一个，会比由一只手搬运大的行李箱更轻松。双肩包是搬运书籍的高效方式。背双肩包时最好使用两条背带，而不是一条。不要把背包或书包装得过满。如果一定要用手搬运书籍，请每只手都搬一些。如果只用一只手搬书，则应不时地换手。

科学实践：举起重物的力学原则

研究生物力学的运动机能学专家发现，用背部肌肉而不是腿部肌肉举起重物是低效且危险的。举起重物的最高效方式是使用腿部肌肉，并让重物贴近身体（图11.3a）。如果你在举起重物时弯腰，你使用的是背部肌肉而不是更为强壮的腿部肌肉，因而极大地增加了举起重物所需的力（图11.3b）。举起重物时身体前倾（图11.3c）也存在同样的问题。以下示例对此进行了详细说明。

图11.3a中，重物贴近身体。当背部挺直，并使用腿部肌肉举起重物时，举重所需的力仅仅略高于重物本身的重量，因为重物非常靠近身体。在图11.3b中，举起相同的重物需使用多达50倍的力，因为举重人员不得不同时举起自己的上半身，而且当重物在长杠杆末端时，举起该重物所需的力被成倍放大。杠杆越长，力的放大倍数越多。在人身体前倾以举起重物时（图11.3c），所需的力甚至会更大，因为杠杆变得更长了。

错误的举重动作所需的额外力量会对肌肉施加不必要的压力，导致椎间盘和椎骨压缩，特别是在下背部。错误的举重动作（图11.3b和图11.3c）也要求举重人员使用背部肌肉而不是更强壮的腿部肌肉，因而增加了受伤的风险。为降低错误动作导致的伤害风险，请遵守生物力学一节中提供的原则。

如上文所述，在举起重物时最好使用较强壮的腿部肌肉，而不是较弱的背部肌肉。而且，举起重物时应避免腰部弯曲。但你需要增强背部肌肉（背伸肌）适能，以改善背部健康和在日常生活中正常运作。为增强背部肌肉，你可以做躯干抬升和腿部抬升等动作，尽管它们使用低效动作。关键在于合理控制动作并采用合适的阻力。为提高运动的安全性，本书在运动讲解中列出了注意事项。

> **学生活动**
> 现实生活中有哪些活动可能因为错误的身体杠杆运用而导致伤害？

图11.3 为高效地完成重物提举，请a.在举重时让重物靠近身体；b.避免弯腰；c.避免身体前倾，因为长杠杆会增加背部受到的压力

· **举起重物时避免扭动身体。**举起重物后如需转弯，请改变脚的位置。脊柱弯曲或伸直时一定要避免扭曲动作。
· **过重物体请用推拉方法移动。**举起过重的物体会导致受伤。推拉物体比举起它更省力。

拉伸

背部健康护理和良好的体态都依赖于身体的柔韧性。增强柔韧性的运动包括膝靠胸式、单腿悬垂、臀部和大腿拉伸、护背式屈体前伸以及背部和臀部拉伸。学习柔韧性运动时，教练会教给你这些锻炼方法。

健美体操

健美体操是使用全部或部分体重产生阻力的运动。比如，本课前面讨论的核心运动正属于此类型。增强四肢肌肉适能的健美体操将在本课后面部分讲解。健美体操可以增强力量，而且由于它们使用体重并通常涉及动作的多次重复，它们也可以改善肌肉耐力。健美体操的 FIT 规则如下：

· 频率（F）：每周 3 ～ 6 天；
· 强度（I）：提起全部或部分体重；
· 时间（T）：1 ～ 3 组，每组 10 ～ 25 次。

包含爆发性动作如跳跃的健美体操运动可增强爆发力，因此进行这类运动应遵循快速伸缩复合训练的 FIT 规则。

PRE 和受伤

专家认为，只要在专业监督下正确地进行 PRE 运动，这种运动对青少年而言就是安全的。但即使方法正确，PRE 运动和举重类运动中仍然存在受伤的风险。进行 PRE 运动的学生中，最常见的伤害是背部损伤，特别是下背部。但美国国家体能协会指出，"这种风险并没有超过儿童和青少年常参与的其他竞技类和娱乐类运动的风险。"比如，研究表明，青年竞技运动，特别是接触类运动中的平均受伤率远高于 PRE 运动。在家中进行的 PRE 运动的受伤率也远高于学校里的 PRE 运动，这主要是因为在家里做运动缺乏专业监督、专门器材和安全指导员。

PRE 运动中的一些伤害无法被立即发现。因此，有些人被告知其举重方法不正确或者违反了生物力学原则时，他们说，"我以前就这样做，从来没有任何问题。"但我们知道，重复出现的小伤（微伤）以后会导致较大的损伤。忽视生物力学指导的很多人最终受伤，他们后悔地说，"我真希望我没有那样做。"

课程回顾

1. 请举出一些核心肌肉以及增强核心肌肉的运动类型，并说明它们的重要性。
2. 举出一些常见的背部和体态问题。
3. 可以帮助你改善体态和避免背部问题的生物力学原则有哪些？

卷腹

卷腹被认为是最好的腹部运动之一，因为它的风险不像某些腹部运动那样高。卷腹运动有时又称卷卧运动，可以作为直腿仰卧起坐和手置头后的仰卧起坐的替代练习。

1. 仰卧，膝盖弯曲90度角，手臂伸展。

2. 身体向上卷曲，使头部、肩部和上背部离开地面。肩胛离地时，停止卷曲身体。

注意：躯干卷曲时不要抓握双脚，也不要把手交叉在头颈后面。

3. 缓慢地回到起始姿势。

变式

• 手臂在胸前交叉或手放在脸颊

腹直肌

此动作锻炼腹部肌肉

上（更为困难）：双臂在胸前交叉，而不是伸直，或者把手放在脸颊上（而不是在头颈后）。

• 旋转卷卧（增强斜肌）：双臂在胸前交叉，躯干向左转，用右肘触碰左髋。对侧亦然。

躯干抬升（用长凳）

1. 俯卧在41～46厘米高的带垫长凳上（或者用露天看台，但应垫上毛巾）。你的上半身（腰部以上）应伸至长凳外。

2. 让同伴握住你的小腿，刚好在膝盖以下的部位。

3. 双手重叠置于额头处，手掌朝外。肘部抬至两侧，与耳相平。

4. 降下上身，此为起始姿势。缓慢抬起上身直至其与长凳相平（与腿呈直线）。

注意：躯干抬升不得超过水平面。

5. 上身降至起始姿势。

安全建议：做此动作时，应缓慢抬升躯干，并严格按照说明中规定的

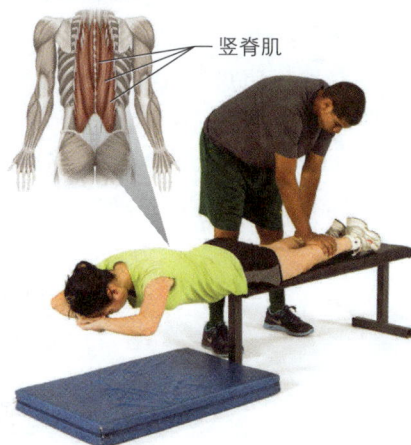

竖脊肌

此动作锻炼背伸肌

范围活动。只要操作正确，此动作是有益的。但如前文所述，使用躯干肌肉举重或搬运是不妥的。

躯干抬升（在地面）

1. 俯卧，手在颈后相扣。

2. 肩胛内夹，肘部抬离地面，然后将头和胸抬离地面。上背部弯曲直至你的胸骨离开地面。你可能需要把脚勾在横杆下方，或由其他人压住你的脚。

注意：下巴抬升高度不要超过地面以上 30 厘米。只要操作得当，此动作是有益的，但如前文所述，使用躯干肌肉举重或搬运是不妥的。

3. 降下躯干并重复上述动作。

竖脊肌

此动作增强上背部的肌肉并预防驼背

四肢抬升

1. 俯卧，手臂在前方伸展。

2. 依次抬起并放下右臂和左臂。最后同时抬起并放下双臂。

3. 依次抬起并放下右腿和左腿。

4. 抬起右臂和右腿，然后放下。

抬起左臂和左腿，然后放下。

5. 抬起左臂和右腿，然后放下。抬起右臂和左腿，然后放下。

注意：做此动作时不要弯曲背部。

斜方肌
三角肌
竖脊肌

臀大肌
半腱肌
股二头肌
半膜肌

此动作预防圆肩、塌胸和驼背

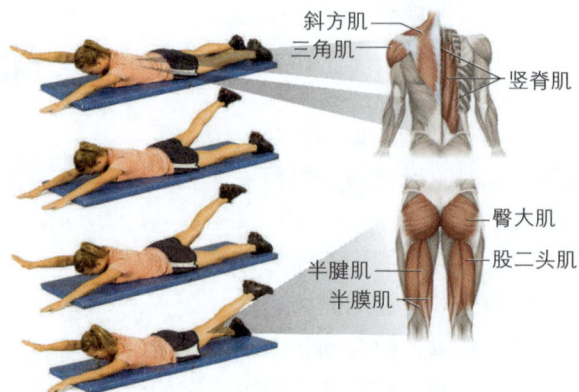

臀桥

1. 仰卧，双膝弯曲，脚靠近臀部。

2. 收缩臀肌。将臀部和背部抬离地面，直至髋关节无弯曲。

注意：不要让下背部过度弯曲。

3. 臀部降至地面，然后重复上述动作。

此动作增强臀部肌肉（臀肌）和大腿后部肌肉（腘绳肌）

臀大肌

半腱肌 — 股二头肌
半膜肌 —

侧桥

1. 在垫子或地毯上取面朝右侧卧位。抬起身体，形成右侧支撑姿势，用右前臂和脚支撑体重。左臂弯曲置于左髋上。收紧腹部和背部肌肉。

2. 使髋部与身体呈直线。保持该姿势 7 ~ 10 秒。

3. 面朝左，重复该动作。

此动作增强腹肌和背部肌肉

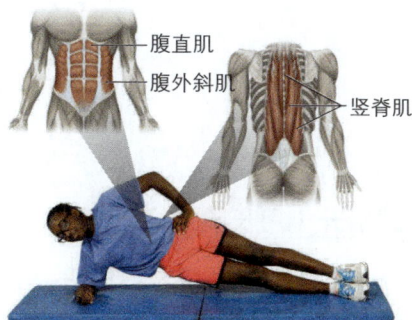

腹直肌
腹外斜肌
竖脊肌

反向卷体

1. 仰卧，双膝弯曲，脚平放于地面，手安放于体侧。

2. 膝盖抬至胸部，臀离地。

3. 返回至起始姿势。重复上述动作最多 10 次。

此动作增强腹肌

腹直肌

平板支撑

1. 在垫子或地毯上用前臂和脚趾支撑身体。

2. 使头部和身体呈直线。保持该姿势 7 ~ 10 秒。

变式

· 较易：用膝盖而不是脚支撑身体。

· 较难：用俯卧撑姿势做该项练习。

竖脊肌

腹直肌
腹外斜肌

此动作增强腹肌、臀肌和背部肌肉

双腿抬升（用长凳或桌子）

1. 俯卧于桌面（或长凳）上，腿伸出桌面边缘。由同伴扶住你的上半身，然后你将腿放至地面。如果没有同伴帮助，你就抓住桌面边缘。

2. 缓慢地抬高双腿，直至其与桌面平行。

注意：双腿抬升不得超过桌面水平。如有必要，请一次抬一条腿，直至你能够同时抬起双腿。

3. 放下双腿至起始位置。

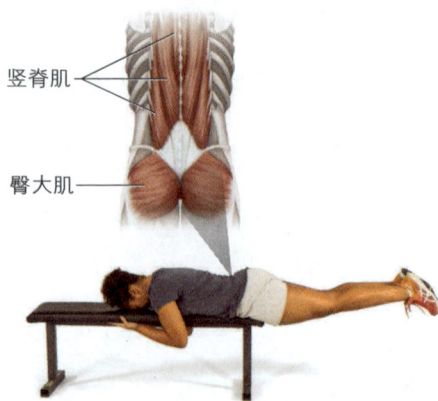

竖脊肌

臀大肌

此动作强壮下背部和臀部的肌肉

俯卧撑

1. 俯卧于垫子或地毯上，双手置于肩部下方，五指伸展，双腿伸直。双腿应略微分开，脚趾在下方折起。

2. 推起身体至手臂伸直。腿和背部应保持笔直——身体呈直线。

3. 弯曲肘部以降低身体，直至上臂与地面平行（肘部呈90度角），然后推起身体直至手臂完全伸展。重复上述动作，在手臂完全伸展和90度姿势之间不断切换。

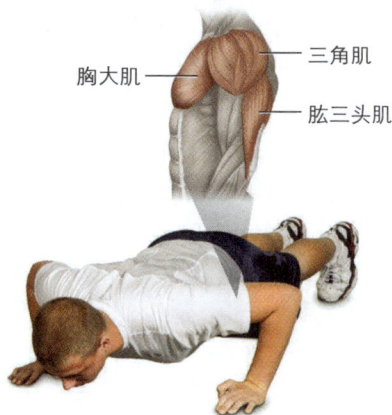

三角肌
胸大肌
肱三头肌

此动作增强胸肌和上臂后部的肌肉（肱三头肌）

跪膝式俯卧撑

1. 如果你不能完成20次的90度俯卧撑，请尝试该项练习。俯卧，双手置于肩部下方。

2. 推起身体直至手臂伸直，此过程中身体保持刚硬。但膝盖仍接触地面。

3. 降下身体直至胸部接触地面，此过程中身体也保持刚硬。

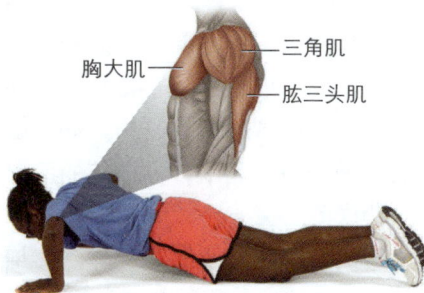

三角肌
胸大肌
肱三头肌

此动作增强胸肌和上臂后部的肌肉（肱三头肌）

俯卧手臂上举

1. 俯卧，手臂伸展并与双耳相贴。

2. 额头和胸部接触地面并抬起双臂，使双手距地面15厘米。

3. 放下双臂，然后重复上述动作。手臂始终接触双耳，肘部伸直。

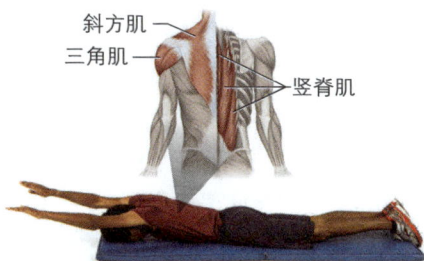

斜方肌
三角肌
竖脊肌

此动作增强背部和肩部肌肉

分腿跳

1. 左腿在前、右腿在后跨步站立。右臂往前伸直，与肩同高。左臂往后伸直。

2. 跳跃，右脚前移，左脚后移。双脚换位同时手臂也互换姿势。双脚间距 45 ～ 60 厘米。

3. 继续跳跃，不断互换双脚和双手。每次左脚前移时，计为 1 次。

胸大肌　　三角肌
肱二头肌　　肱三头肌
臀大肌
股四头肌　　腘绳肌

此动作增强腿部和手臂的肌肉、心肺耐力和爆发力

侧抬腿

1. 朝右侧卧，用手臂平衡身体。

2. 上腿（左腿）抬起 45 度。膝盖指向前方，脚踝指向天花板。如果腿部转动而使膝盖朝上，你锻炼的肌肉就是错误的。

3. 腿放下。重复上述动作。为增加强度，你可以使用踝部加重袋。

4. 翻身至另一侧，用右腿做同样的练习。

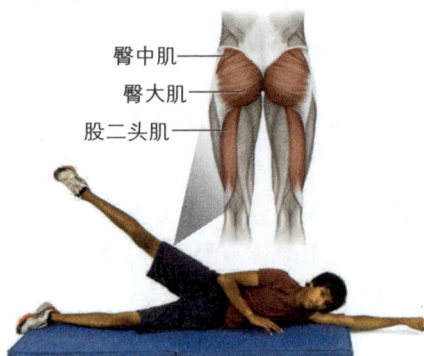

臀中肌
臀大肌
股二头肌

此动作增强臀部和大腿肌肉

鼻触膝式

1. 四肢着地下跪。

2. 将右膝拉至鼻子附近。

3. 伸展右腿直至其与背部和肩部呈一条直线（与地面平行）。头部与肩部、背部及伸直的那条腿呈一条直线。

注意：腿的抬升高度不要超过臀部。不要过度伸展颈部或下背部。

4. 回到起始姿势。用左腿重复该练习。

竖脊肌

股直肌
股外侧肌
股内侧肌

此动作锻炼臀肌、下背部肌肉和股四头肌。第四块四头肌，即股中肌，位于股直肌下方，因此未在图中标明

高膝慢跑

1. 原地慢跑。慢跑时抬起膝盖，使大腿与地面平行。

2. 每次右脚触地时计为 1 次。试着每秒慢跑 1～2 步。

胸大肌
肱二头肌

三角肌
肱三头肌

股四头肌

股二头肌

腓肠肌

比目鱼肌

此动作锻炼手臂和腿部肌肉，并有助于增强心肺耐力

背痛常常由肌肉虚弱或肌肉过短所致。你可以用以下自我评估方法测试你的背部肌肉。每部分评估都侧重于一个特定的肌肉群。如果你在以下评估中表现不错，你的背部应该是健康的。否则你非常需要做运动以改善背部健康。请在同伴的帮助下进行测试。同伴可以纠正你的姿势并记录测试分数。把每项测试的分数加起来就得到总分。然后使用表11.1确定你患背部疾病的风险。在教练的指导下记录你的评估结果。请记住，自我评估信息是机密的私人信息。未经受测者同意，不得将该信息与他人分享。

第一项：单腿抬升（仰卧位）

1. 仰卧在地面上。将左腿抬离地面，并尽量抬高。双腿膝盖均不可弯曲。

2. 用右腿重复上述动作。如果左腿可抬至与地面呈90度角，计1分。如果右腿也可抬至与地面呈90度角，再计1分。

第二项：单膝靠胸

1. 仰卧在地面上。确保下背部放平。

2. 抓住右大腿后部，拉起右膝，使其紧贴胸部。左腿仍伸直，但左腿可离地，以便右膝触到胸部。

3. 用左腿重复上述动作。

4. 如果把右腿拉到胸前时，你仍然能够保持左腿接触地面，计1分。如果把左腿拉到胸前时，你仍然能够保持右腿接触地面，再计1分。

第三项：单腿抬升（俯卧位）

1. 俯卧在地面上。右腿伸直并尽量高举。保持姿势 10 秒。放下右腿。

2. 用左腿重复上述动作。

3. 如果你右腿抬起时，右脚能在地面以上 30 厘米保持 10 秒，计 1 分。如果左腿也能达到此标准，再计 1 分。

第四项：卷腹

1. 仰卧，膝盖弯曲 90 度角，手臂伸展。

2. 身体向上卷曲，使头部、肩部和上背部离开地面。肩胛离地时，停止卷曲身体。

3. 如果能在手臂往前伸直时卷曲身体，并保持该姿势 10 秒且脚不离地，则计 1 分。

4. 如果能在手臂于胸前交叉时卷曲身体，并保持该姿势 10 秒且脚不离地，则再计 1 分。

第五项：躯干抬升和保持

1. 俯卧于 41～46 厘米高的带垫长凳上（或用铺有毛巾的露天看台）。你的上身（腰部以上）应伸出长凳边缘外。

2. 让同伴扶住你小腿，刚好膝盖以下的部位。

3. 双手重叠置于额头下方，手掌向外。肘部于体侧抬至双耳水平。

4. 从上身下沉时开始。缓慢抬起上身，直至其与长凳相平。保持该姿势 10 秒。

5. 如果你能把躯干抬至与长凳相平，计 1 分。如果你能保持上身与长凳相平姿势 10 秒，再计 1 分。

第六项：平板支撑

1. 在垫子或地毯上用前臂和脚趾支撑身体。

2. 使头部和身体呈一条直线。保持该姿势 10 秒。

3. 如果你能使身体笔直并保持 10 秒，计 2 分。

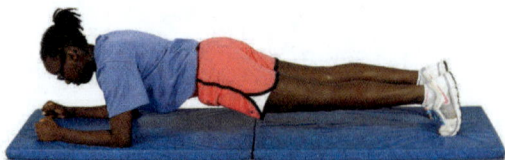

表 11.1　等级表：背部健康测试

等级	分数
良好体质	11～12
边缘体质（存在风险）	9～10
差体质（风险较高）	6～8
高风险	≤ 5

第 11.2 课
增补剂和肌肉适能运动规划

课程目标

学完本课，你将能够：

1. 列出几种增补剂和保健品，并说明它们的使用风险；
2. 收集你的个人需求信息并建立你的肌肉适能和运动档案；
3. 制定肌肉适能运动目标；
4. 选择肌肉适能运动并准备书面的运动计划；
5. 解释周期训练及其使用原因。

课程词汇

合成代谢类固醇、雄烯二酮、肌酸、增补剂、机能抑制药、人体生长激素（HGH）、周期训练、横纹肌溶解

你身边是否有人想走捷径，试图通过吃药来增强肌肉适能？他们的药真的管用吗？你是否想增强自己的肌肉适能？约有 50% 的青少年没有定期做肌肉适能运动，你是不是他们中的一员？本课中，你将了解广告宣传中的所谓增肌品以及它们的相关问题。你也将学习如何制定安全、有效的肌肉适能运动计划。执行好的计划一定能够增强你的肌肉适能，并帮助你达到美国国家体育运动指导要求，无论是现在还是未来。

增补剂

几个世纪以来，很多人都在寻找改善运动表现的方法，而那些致力于达到较高运动水准的人对此尤为积极。除本书中的运动训练外，他们还会尝试一些其他类型的方法。增补剂的英文词中，词缀 "Ergo" 指工作，而 "genic" 指 "产生"（generate）一词。因此，增补剂（ergogenic aid）帮助你做更多工作或增强你的工作能力，包括你做高强度运动的能力。一些增补剂或视为增补

剂的产品被归类为药物，而其他一些又被归类为保健品。在美国，药品必须经过食品及药物管理局（FDA）的批准，方可作为处方药或非处方药出售。但保健品无须 FDA 批准，所以不能保证它们拥有广告中所宣称的效果。

很多增补剂都有危险性。而有些增补剂是假货，因为它们起不到广告中所说的作用。还有些增补剂对健康有害并降低运动表现，因此把它们称为机能抑制药（ergolytic）更合适。机能抑制药的英文词中，词缀 "ergo" 指机能，而 "lytic" 指毁坏。比如酒精、烟草等都是机能抑制物质。下面将介绍市面上的一些增补剂产品。

合成代谢类固醇及其危险性

很多类固醇由医生用来治疗疾病。合成代谢类固醇是类似男性激素睾酮的一种合成药物，可以增加瘦体重及体重并促进骨骼成熟。治疗某些疾病时，医生合法地开处方，提供小剂量的合成代谢类固醇。但有些人非法购买和使用合

成代谢类固醇以增加肌肉尺寸和力量。无处方情况下使用合成代谢类固醇不仅是非法的，而且很危险。因此，美国奥林匹克委员会（USOC）和其他大多数运动协会都禁止在无处方情况下使用合成代谢类固醇。合成代谢类固醇的有害影响如图 11.4 所示。

青少年受到类固醇伤害的风险很高，因为他们的身体还处在生长发育期。合成代谢类固醇可损伤骨骼的生长中心，导致长骨停止生长，进而阻止青少年充分长高。即使停止使用该药物，很多副作用仍然无法消除。比如脱发、粉刺、声音低沉和女性长出面部毛发。对运动员而言，合成代谢类固醇还会增加其肌腱和韧带受伤的风险，因为使用该药物将使肌腱和韧带的弹性减弱。

有些运动员也会使用药物来改善运动表现。竞技比赛的工作人员会对运动员进行体检，以检测这些药物。同类固醇一样，这些药物具有危险性，而且大多数都被运动团队或者法律禁止。

类固醇前体

前体是产生另一种物质的物质。因此类固醇前体是导致类固醇形成的非类固醇物质。一些保健品被称为前体，它们会使身体产生其自身的合成代谢类固醇。前体包括雄烯二酮、DHEA 和雄烯二醇等。

雄烯二酮（androstenedione）的英文常简称为"andro"。它被视为一种类固醇前体，因为它进入体内后会转化为合成代谢类固醇，例如睾酮（雄性激素）。在一些国家，雄烯二酮被视为保健品。雄烯二酮在美国也曾被视为保健品，但由于生产商未能达到营销要求，现在它已经不能作为保健品在美国销售。实际上，FDA 向出售此药的公司发函告知可对其采取强制措施。FDA 发现雄烯二酮的使用"可能增加严重健康问题的风险"时，便采取了上述行动。

健身小知识

横纹肌溶解是肌纤维分解的一种疾病。该疾病导致血流吸收肌纤维元素（如肌红蛋白），进而损伤肾脏。其症状包括肌肉虚弱和疼痛、疲劳、关节疼痛和癫痫（严重情况）。此病的病因包括炎热天气中运动、缺乏饮水和严重过度运动。若干个已报告的病例中，有中学和大学运动员因横纹肌溶解而住院，他们患病的原因是过度的健美体操运动和体育训练。一些运动员认为保健品可以赋予他们接受极限训练的能力，因而服用了这些保健品，突破了健康限度。这种做法也会导致横纹肌溶解等问题。

严重粉刺、秃头、频繁头痛、持续口臭、颜面浮肿

女性声音变低沉、面部出现毛发、乳房缩小、月经周期中断

男性精子数下降、睾丸发黑且缩小、乳房增大、性无能

肝病风险增加

高血压、心脏病和中风、高血脂（LDL）和低 HDL

青少年发育不良

肌腱和韧带受伤

癌症风险增加

易怒、情绪波动、极度愤怒、暴力

图 11.4 使用合成代谢类固醇的危险

👥 消费者建议：健康和健身口服产品

很多作为增补剂销售的产品都归入保健品一类。有很多美国人认为食品及药物管理局会对保健品进行测试以确保它们是安全的。但事实并非如此。药物必须接受测试方可获准使用，但保健品不受政府的规范监督。法律并未要求在保健品销售前测试其有效性或安全性，而且保健品与食品也不同。食品必须贴上营养信息标签，但保健品无须标签。因此，相同名称的不同产品的组成成分可能大不相同。对于保健品，请务必注意以下信息。

- **规范管理**。生产商应该规范管理其产品的生产，但很多生产商不这样做。
- **声明**。生产商不应就其产品发表任何未经证实的声明，但很多生产商仍照做不误。FDA虽然不测试这些产品，但它可以调查生产商的声明，而且已经对发布虚假声明的一些公司进行了处罚。但是，由于调查员人数有限，很多虚假声明都无法被发现。请注意保健品的健康相关声明。

- **成分**。很多保健品都不含有其生产商宣称的成分。有些则是含有的关键成分太多或太少。而有些则包含了不应该包含的成分。这些问题增加了使用者的健康风险。
- **美国药典委员会**。美国药典委员会（USP）是一家非营利机构。该机构对市售的保健品进行检测，以核实其是否达到其宣称的纯度、强度和质量标准。含USP标签的产品比其他产品更有可能符合其自身声明。
- **收回不合格品**。虽然FDA不对保健品进行规范和检测，但它会登记保健品对使用者的副作用。你可以把副作用报告给FDA。FDA曾根据用户报告禁止了若干种保健品。
- **服用剂量**。由于保健品的生产无须像药品一样进行研究，对大多数保健品而言，我们对其合理服用剂量知之甚少。

雄烯二酮等类固醇前体的副作用与类固醇相似。因此，USOC和其他运动机构不仅禁止了类固醇，也禁止运动员使用雄烯二酮、雄烯二醇、DHEA及其他类固醇前体。一些医学协会也就类固醇前体的使用提出了警告，其中包括美国医学会和美国儿科学会。

人体生长激素（HGH）

人体生长激素是一种极其危险的非法药品，特别是对于青少年而言。它导致骨骼停止正常生长，且可能产生致畸作用，严重者甚至危及生命安全。与合成代谢类固醇相似，HGH被几乎所有的高中、大学以及美国和国际运动团体禁止。现在可以用技术检测HGH，而且很多运动团体要求强制检测。很多知名运动员因使用HGH和本课中所述其他物质而毁掉了自己的名望和职业生涯。

肌酸

肌酸是食肉动物（包括人）体内产生的一种自然物质。身体做无氧运动和多种渐进式抗阻运动都需要这种物质。肌酸可作为保健品服用。服用额外的肌酸能够使身体更多地储存它。研究过肌酸的医学和运动机能学专家指出，肌酸对改善运动员在高强度运动（如冲刺）中的表现可能是有效的，这可能是因为它能缩短训练中的休息时间。但肌酸不能改善运动员的有氧运动表现或耐力表现，也不能改善年长者或高级运动员的运动表现。医生也使用肌酸治疗一些疾病。

有证据表明，肌酸"填充"——每天用 20 克，共用 5 天，可能比持续使用更有效。但请记住，对于什么人能够从肌酸"填充"中受益以及合适的剂量是多少，现在仍有一些不确定性。迄今为止，研究只涉及少数人（总共参与者少于 40 位），因而无法从少数受试者的研究中获得可靠的结论。

此外，由于肌酸是一种保健品，它不受 FDA 的规范管理。因此有些宣称是肌酸的产品可能不是真正的肌酸，或者可能含有除肌酸外的其他物质。对于使用肌酸的潜在长期危险，这方面现有信息很少，或者没有相关信息。短期适量服用尚未产生过严重的健康影响，但美国医学研究所指出，高剂量服用可能不安全。也有人担心运动员服用肌酸可能增加脱水的风险。专家认为，青少年考虑使用保健品（包括肌酸）之前应先咨询父母或监护人以及有资格的专业人士，比如医生。

其他保健品

希望改善外表或运动表现的运动员和健美运动者有时也使用一种或多种其他的保健品。有多种保健品因产生健康问题而被运动机构和 FDA 禁止。比如，很多保健品含有麻黄这种物质。这些保健品自称可改善运动表现并促进减肥。但它们被证实导致了一些健康问题，包括心律不齐以及心脏和神经系统的其他危险状况。因此，麻黄被视为一种机能抑制物质。

蛋白质保健品在运动员中也非常常用，因为其属于合法产品，且易于购买。确实，你身体组织的生长发育需要蛋白质。由于蛋白质是肌肉的主要组成部分，很多人相信服用额外的蛋白质会让他们长出额外的肌肉。但大多数人在日常饮食中摄入的蛋白质已经超出他们日常所需。美国政府建议，健康饮食中蛋白质应占 12% ～ 15% 的热量。而医学研究所最近提出了更宽松的蛋白质范围建议——占饮食的 10% ～ 35%，以顾及个人的饮食差异。

运动员和经常运动者确实比不运动的人需要消耗更多热量的蛋白质，但由于他们摄入的总热量非常多，专家认为占饮食 12% ～ 15% 的蛋白质足以满足他们的身体需要。摄入超过饮食 15% 的蛋白质不会进一步促进肌肉生长。只要不过量摄入，饮食中的额外蛋白质相对是安全的，但过多的蛋白质会导致肾脏问题。药片、粉末和蛋白棒形式的蛋白质保健品非常昂贵，价格高达每克蛋白质 50 美分。相比之下，食物中的蛋白质要便宜得多，比如肉类、家禽、鱼、豆类和蛋等。这些食物中的蛋白

图 11.5　a. 蛋白质保健品很贵；b. 含蛋白质的食物通常比保健品便宜

质每克仅数美分（图 11.5）。饮食中额外的蛋白质中的热量（除满足身体需要外）以脂肪的形式保存。脂肪和碳水化合物也是如此。

健身小知识

约 27% 的成年人在做肌肉适能运动。做肌肉适能运动的男性在年轻人群体（18～24 岁）中占 50%，但到 75 岁，该比例降至 16%。年轻女性的上述百分比为 28%，而到 75 岁，比例降至 11%。

制定肌肉适能运动计划

茉莉今年 15 岁。她用方案规划的 5 个步骤制定了一份肌肉适能运动计划。她的计划如下。

第 1 步：确定你的个人需求

茉莉首先列出她在过去一周内做过的肌肉适能运动和其他运动。她还写下了与高强度运动相关的体质测试结果，如图 11.6 所示。

茉莉达到了肌肉适能运动的国家指导要求（每周运动两天）。但除了体育课以外，她没有做肌肉适能运动。而且

茉莉的体质测试分数大都在边缘等级，因此她需要改善。茉莉正打算加入垒球队，而她现在知道她需要增强体质才能成为最好的垒球选手。

第 2 步：考虑你的方案选项

茉莉希望考虑所有类型的肌肉适能运动，所以她列出了可供选择的 PRE 类型。清单如下：

· 抗阻固定器械运动
· 自由重量运动
· 核心运动
· 健美体操
· 弹力绳运动
· 健身球运动
· 自制重物练习
· 等长运动
· 等速器械运动
· 普拉提
· 快速伸缩复合训练（跳绳）

第 3 步：设定目标

茉莉为她的肌肉锻炼计划设定了两周期限。两周对实现长期目标来说太短，所以她只设定了短期运动目标。她以后拟订长期计划时将设定长期目标，包括肌肉适能提升目标。但现在她想尝试一些新

体育运动档案		
周	肌肉适能运动	运动量
周一	卷腹	1 组，每组 10 次
	跪膝式俯卧撑	1 组，每组 10 次
周二	无	
周三	卷腹	1 组，每组 10 次
	跪膝式俯卧撑	1 组，每组 10 次
周四	无	
周五	卷腹	1 组，每组 10 次
	跪膝式俯卧撑	1 组，每组 10 次
周六	无	
周日	无	

身体素质档案		
体质自我评估	分数	等级
1RM手臂推举(分数除以体重)	0.55（每磅体重对应力量）	边缘体质
1RM腿部推举(分数除以体重)	1.10（每磅体重对应力量）	良好体质
握力	105 磅	边缘体质
肌肉耐力测试	4 分	边缘体质
背部测试	9 分	边缘体质
立定跳远	59 英寸	边缘体质
掷实心球	95 英寸	边缘体质

图 11.6 茉莉的肌肉适能运动（体育运动）档案和身体素质档案

运动，以增加自己入选垒球队的机会。

茉莉使用她在第 2 步中收集的信息，帮助自己设定肌肉适能运动（PRE）的短期目标。虽然有多种选择，但她决定做抗阻固定器械运动、核心运动和快速伸缩复合训练（跳绳）。写下目标之前，茉莉先要确定自己所选的目标符合SMART 规则。她的计划如下。

1. 继续在体育课上做两种健美体操运动（1 组，每组 10 次）。

2. 每周两天做 5 种抗阻固定器械运动（1 组，每组 10 次，使用 50% 的 1RM）。

3. 每周有三天做 4 种核心运动（保持 10 秒或做 1 组，每组 10 次）。

4. 每周两天跳绳（5 分钟）。

第 4 步：梳理计划并写下来

茉莉的第 4 步是写下她的两周肌肉适能计划（图 11.7）。她选择抗阻固定器械运动是因为她可以在周二和周四放学后使用学校的健身房，而且她认为这些运动有助于她打垒球。她只打算每周花两天做这些运动，因为她才刚刚开始。另外，她决定在周二和周四跳绳（快速伸缩复合训练）。她还选择了核心运动，因为核心运动对背部健康有好处，能培养良好的体态，而且可以在家进行。她列出了自己在体育课上进行的运动，因为她希望在执行计划的两周内继续做这些运动。茉莉的计划达到了美国国家体育指导标准，即每周选至少两到三天做肌肉适能运动。

周	第1周			第2周		
	运动	时间、组数、次数	√	运动	时间、组数、次数	√
周一	卷腹 * 跪膝式俯卧撑 * **核心运动** 　平板支撑 　侧桥（左） 　侧桥（右） 　反向卷体	1组，每组10次 1组，每组10次 保持10秒 保持10秒 保持10秒 1组，每组10次		卷腹 * 跪膝式俯卧撑 * **核心运动** 　平板支撑 　侧桥（左） 　侧桥（右） 　反向卷体	1组，每组10次 1组，每组10次 保持10秒 保持10秒 保持10秒 1组，每组10次	
周二	跳绳 **抗阻固定器械运动** 　手臂推举 　膝关节伸展 　腘绳肌弯曲 　肱二头肌弯举 　提踵	3:30—3:35 p.m. 3:35—4:30 p.m. 1组 10次 各项均为1RM的50%		跳绳 **抗阻固定器械运动** 　手臂推举 　膝关节伸展 　腘绳肌弯曲 　肱二头肌弯举 　提踵	3:30—3:35 p.m. 3:35—4:30 p.m. 1组 10次 各项均为1RM的50%	
周三	卷腹 * 跪膝式俯卧撑 * **核心运动** 　平板支撑 　侧桥（左） 　侧桥（右） 　反向卷体	1组，每组10次 1组，每组10次 保持10秒 保持10秒 保持10秒 1组，每组10次		卷腹 * 跪膝式俯卧撑 * **核心运动** 　平板支撑 　侧桥（左） 　侧桥（右） 　反向卷体	1组，每组10次 1组，每组10次 保持10秒 保持10秒 保持10秒 1组，每组10次	
周四	跳绳 **抗阻固定器械运动** 　手臂推举 　膝关节伸展 　腘绳肌弯曲 　肱二头肌弯举 　提踵	3:30—3:35 p.m. 3:35—4:45 p.m. 1组 10次 各项均为1RM的50%		跳绳 **抗阻固定器械运动** 　手臂推举 　膝关节伸展 　腘绳肌弯曲 　肱二头肌弯举 　提踵	3:30—3:35 p.m. 3:35—4:45 p.m. 1组 10次 各项均为1RM的50%	
周五	卷腹 * 跪膝式俯卧撑 * **核心运动** 　平板支撑 　侧桥（左） 　侧桥（右） 　反向卷体	1组，每组10次 1组，每组10次 保持10秒 保持10秒 保持10秒 1组，每组10次		卷腹 * 跪膝式俯卧撑 * **核心运动** 　平板支撑 　侧桥（左） 　侧桥（右） 　反向卷体	1组，每组10次 1组，每组10次 保持10秒 保持10秒 保持10秒 1组，每组10次	
周六						
周日						

* 体育课内运动

图 11.7　茉莉的书面计划

第5步：做记录并评估你的计划

在接下来的两周内，茉莉将监督自己的运动情况，并在计划中已完成的每项运动后打钩。然后她将对完成情况做评估，看看自己是否实现了目标。

周期训练

计划的多样性和娱乐性是很重要的，因为它们帮助你坚持执行计划。专家发现，不时地变更计划能增加你的运动兴趣和提高你的积极性。周期训练是一种对肌肉适能训练做规划的系统性方法，适合长期的健身计划（数月至数年）。将训练分期，你便可以根据自己的阶段性需求，采用多样化的训练方法。

例如，超过 15 周的训练可以分为 3 个周期，每个周期为 5 周。在某个周期，你可以专注于肌肉耐力培养，使用较多的动作次数和较小的阻力。而在另一个周期，你更多地专注于力量，因而使用较大的阻力和较少的动作次数。而第 3 个周期可以结合力量和肌肉耐力，或者通过快速伸缩复合训练培养爆发力。周期训练有多种选择方式，因而这 3 个周期因人而异。

运动员通过周期训练逐渐提升运动表现，从而在合适的时间达到最佳水平。比如，奥林匹克运动员希望在奥林匹克运动会上取得最佳成绩，而高中生运动员希望在某个关键比赛或运动会上发挥出最高水平。非运动员采用周期训练更多的是为了运动多样化和保持兴趣，而不是为某个比赛项目做准备。

课程回顾

1. 增补剂和保健品有哪些？使用它们有什么风险？
2. 你如何评估你的个人需求并建立肌肉适能和运动档案？
3. 设定肌肉适能运动目标时，你应该考虑哪些因素？
4. 你如何选择肌肉适能运动并制定肌肉适能运动的书面计划？
5. 什么是周期训练？采用周期训练的目的是什么？

⚡ 自我负责：寻求社会支持

社会支持指来自家人、朋友、老师和社区成员的支持。他们鼓励你参与体育运动，或者与你一起运动。如果你周围的人也在做运动，那么对你来说，开始运动和坚持下去都会更容易。

香农的家人都喜欢骑自行车。在幼童时期，香农就坐在她母亲自行车的儿童座位上。每天晚上，他们一家都骑车穿越社区。上学后，香农有了自己的自行车。现在香农已经是一位青少年，她仍然喜爱骑自行车，但学校活动使她无法与家人一起骑车。她希望能继续骑行运动，但不想单独一个人去做。

吉姆的家人没有勤运动的习惯。他的大多数朋友都整天看电视、玩计算机游戏或出去闲逛，而不花时间做运动。有时当同学放学后打排球时，吉姆会去观看。同学常常邀请他一起打。他也想参加，但有些犹豫，因为选手们都不是他的朋友。他曾经也尝试过体育运动，但没有坚持多久。

香农和吉姆两人都需要社会支持。香农需要社会支持以继续进行她喜欢的运动，而吉姆需要社会支持以开始运动并坚持下去。

讨论

香农可以找谁和她一起骑车呢？吉姆要怎样做才能参与体育运动呢？就寻找社会支持而言，你能给出哪些建议？香农和吉姆可以加入哪些团队以寻找社会支持？回答以上讨论问题时请考虑"自我管理"一节中的指导。

➡ 自我管理：寻求社会支持的技巧

专家指出，在其他人的支持下，人更容易定期进行体育运动并让运动成为终身的习惯。社会支持也可帮助人们减肥、增强肌肉适能和改善其饮食习惯。请参考以下指导，以帮助自己在体育运动方面获得他人的支持。

- **对你当前的社会支持状况进行评估**。向老师索取用于自我评估的社会支持表格。通过自我评估来确定你在哪些方面可以增加社会支持。
- **物以类聚，人以群分**。寻找和你有共同运动兴趣的朋友，或者鼓励你现在的朋友和你一起做运动。
- **加入俱乐部或团队**。如果你所选运动没有相关的俱乐部或团队，请与老师、家人或社区娱乐项目负责人沟通，从而自建一个俱乐部或团队。
- **与家人和老师讨论你感兴趣的运动**。让他们支持你和帮助你学习这些运动。
- **参加课程（如果可行的话）**。除了正式的课程外，你也可以让老师和其他人帮助你掌握运动的正确要领。
- **让家人参与运动**。鼓励你的家人也参与运动。
- **获得合适的运动器材**。在你的生日或其他特殊时间获得运动器材。

用本章第二课中的5个步骤制定一份肌肉适能运动计划。与茉莉一样，请考虑多种PRE运动。你的目标是每周至少两天（初学者）或三天（高级运动员）做肌肉适能运动。书面计划应包括两周时间。你的老师可能会在课堂中给你留出时间做计划中的部分运动。请遵循以下建议，并行动起来。

- 做PRE运动前进行动态热身。
- 遵循PRE运动的安全建议。
- 循序渐进，不要过早地加大运动量。
- 每次运动后做放松练习。

按计划做肌肉适能运动

概念和词汇回顾

在老师的指导下解答 1 至 5 题。用词汇或短语填写句子的空白。

1. 支撑脊柱并保持胸腔和脊柱稳定的肌肉称为_____肌肉。

2. 约有_____% 的成年人曾患过背痛。

3. _____是使用全部或部分体重来提供阻力的运动。

4. _____是一种有时简称为 "andro" 的保健品的实际名称。

5. 简称为 HGH 的物质的全名是_____。

在老师的指导下解答 6 至 10 题。将第 1 列中的每一项与第 2 列中合适的短语配对。

6. 横纹肌溶解　　　　　a. 凹背

7. 周期训练　　　　　　b. 圆肩

8. 脊柱前凸　　　　　　c. 肌纤维分解

9. 驼背　　　　　　　　d. 增加肌肉适能计划的多样性

10. 下垂症　　　　　　　e. 腹部突出

在老师的指导下解答 11 至 15 题。对每条陈述或问题进行回答。

11. 增强核心肌肉的最佳运动有哪些？

12. 正确地提升、搬运和移动物件的 3 项指导要求是什么？

13. 确定你是否存在背痛风险的自我评估方法有哪些？

14. 类固醇的有害作用有哪些？

15. 寻找社会支持的策略有哪些？

批判性思考

请用一段话回答以下问题。

你的朋友对增肌杂志上的一则广告非常感兴趣。广告中声称有一种药片"保证可在两周内增加肌肉大小，无须运动。"你会给你的朋友什么建议呢？

项目

假设你受雇成为当地一家报社的记者。请写一篇关于预防背部疾病或伤害的报道。请采访相关人士，比如物理治疗师、体育老师、运动防护师和曾经患过背部疼痛或受过背部伤害的人。在课堂上朗读你的文章或者把它提交给报社以供发表。

12

柔韧性

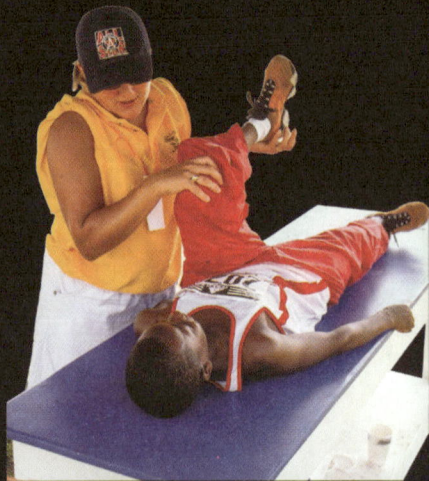

柔韧性的基础

课程目标

学完本课，你将能够：

1. 解释热身运动和柔韧性运动的区别；
2. 描述柔韧性及其影响因素；
3. 解释良好的柔韧性的益处；
4. 举出不同种类的柔韧性运动及其各自的 FIT 规则；
5. 说明为什么要在力量和柔韧性运动间寻求平衡。

课程词汇

主动拉伸、对抗肌、弹振拉伸、CRAC、动态动作练习、动态拉伸、过度活动、肌肉肌腱单位（MTU）、被动拉伸、PNF 拉伸、活动范围（ROM）、ROM运动、静态拉伸

你是否具有良好的柔韧性？你是否经常做拉伸运动以增强柔韧性？本课将介绍身体保持柔韧性的重要性以及运用健身原则增强柔韧性的方法。另外，本课还将指导你评估自己的柔韧性。

有时人们把热身运动和柔韧性练习相混淆，但它们是截然不同的两种运动。热身运动是为准备特定运动或比赛而进行的一组练习，而柔韧性运动是用于增强柔韧性的一组练习。现在热身运动中的柔韧性练习比以往更少，特别是在准备涉及力量、速度、爆发力的特定类型的运动时。但这并不意味着柔韧性运动（包括拉伸）不重要，毕竟柔韧性是与健康相关的身体素质的关键要素。

什么是柔韧性？

柔韧性是在整个活动范围（ROM）内活动关节的能力。关节是身体中骨骼相连的部位。常见关节包括膝、踝、肘、腕、指节、肩、髋和脊柱椎骨之间的关节。一些关节，如膝和肘像铰链一样工作，只允许在两个方向上活动。而其他关节如髋和肩像球窝一样工作，允许在所有方向活动。ROM是关节可活动的范围（图 12.1）。

骨骼在关节处由非弹性的连接带相连，称为韧带。后面你将会知道，韧带不可拉伸。你的骨骼通过肌腱与肌肉相连。肌肉收缩时，它们拉动肌腱以带动骨骼活动。与韧带不同，肌肉和肌腱需要拉伸以维持健康的长度。肌肉和肌腱合称为肌肉肌腱单位（MTU）（图12.1）。做柔韧性运动时，MTU 的两部分都得到拉伸，但出于简便起见，我们常常只说"拉伸肌肉"。如果你的肌肉和肌腱太短，它们会限制关节的活动范围。

良好的柔韧性的益处

柔韧性有时被称为与健康相关的身体素质中被遗忘的方面，因为很多人只关注身体素质的其他方面。但我们知道，良好的柔韧性可以带来很多益处，包括健康益处，特别是当你进入中老年时期后。

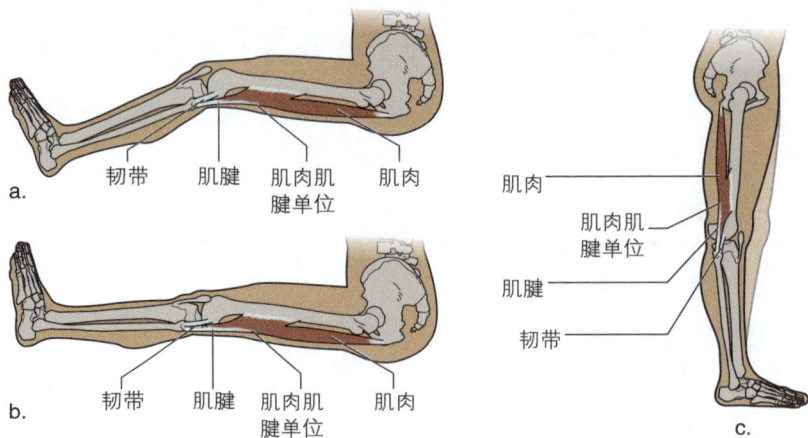

图 12.1　a. 关节活动范围过小——过短的腘绳肌使膝关节无法完全伸展；b. 关节活动范围适中——修长的腘绳肌使膝关节得以完全伸展；c. 关节活动范围过大——膝关节反向弯曲

功能的改善

每个人都需要一定的柔韧性方可维持健康和活动能力。日常活动所需的柔韧性大小取决于活动本身的具体要求。例如，水管工、画家和牙科医生常常需要做弯曲和伸展活动，而音乐家需要有非常灵活的手指和手腕。随着年龄的增加，人体的柔韧性会下降，因而一些简单活动会受到限制，比如驾驶时侧向观察受限。因此，中老年人极有必要做运动以增强并维持完整的关节活动范围。

柔韧性对很多运动员也很重要，特别是在一些竞技运动中。舞蹈演员和体操运动员必须非常柔韧灵活，才能完成其例行表演任务。游泳运动员和足球选手都需要有良好的柔韧性以提升其运动表现。良好的柔韧性使球手在掷球和击球时可以做出更大幅度的后挥杆动作，因而前挥杆时速度更快。这对于高尔夫球、网球和棒球的发球或投球环节至关重要。虽然一些研究就比赛或运动前临时做拉伸运动的有效性提出质疑，但修

长的肌肉甚至对举重和推铅球等运动都有益处。

身心健康的改善

良好的柔韧性对背部健康和体态都很重要。例如，过短的腘绳肌和髋部屈肌会导致背部疼痛和姿势不良。此外，过短的肌肉也存在过度拉伸和受伤的风险。在某些情况下，拉伸运动还有一些额外益处。柔韧性较好的音乐家不大容易产生关节疼痛。拉伸运动也常常可缓解女性痛经。它们还能预防或缓解腿抽筋和外胫夹（过度

体育运动都需要良好的柔韧性

使用导致的胫骨前部疼痛）。拉伸动作可以帮助肌肉放松，而某些拉伸练习也可以帮你舒缓减压。

伤害和疾病的康复

柔韧性运动可用作多种伤害和疾病的康复练习。物理治疗师（PT）和运动防护师（AT）在其工作中会使用多种技术，其中包括拉伸和肌肉适能练习。物理治疗师给术后患者和患有关节炎、背痛、中风和骨质疏松症的患者进行治疗。而运动防护师帮助运动员进行训练，以预防伤害和从伤害中恢复。

健身小知识

物理治疗师（PT）是医疗保健的专业人员，他们对患有疾病或进行过手术的患者进行治疗，以帮助患者控制疼痛和增强活动能力。物理治疗师也可以指导人们定期运动以预防肌肉相关疾病，并且维持或恢复正常活动的能力。物理治疗师接受过多年的高级教育，而且在美国，他们必须获得所在州的执业许可方可工作。物理治疗师在多种环境下工作，包括私人诊所、医院、养老院、门诊诊所、学校以及运动和健身场所。有超过75000名物理治疗师属于美国物理治疗协会会员。该协会是物理治疗的专业机构，旨在帮助人们改善健康状况和生活质量。

影响柔韧性的因素

现在你已经知道，过短的肌肉和肌腱会降低柔韧性，而拉伸它们可以增强柔韧性。你身体的柔韧性会受到以下因素的影响。

遗传

我们身体天生的解剖学差异决定了我们的活动能力。一些人的关节天生就不具备较大的活动范围。这些人需要经常锻炼以培养健康的活动范围。而有些人部分关节的活动范围超过正常水平——这种状况有时称为双关节，但正式的称法是关节过度活动症。关节过度活动症的患者在柔韧性测试中表现出色，其膝关节、肘关节、拇指或腕关节的伸展可以超过直线水平，似乎这些关节可以反向弯曲。但也有些患者关节容易损伤，因而更容易患上关节炎。关节炎患者的关节处于炎症状态。不过，在大多数情况下，关节过度活动症患者不会出现问题，只是在一些运动中略显劣势。比如在做俯卧撑时，关节过度活动症患者的肘部会在手臂伸直时锁住，因而难以在执行下降动作时弯曲。

体格

身材矮小的人是不是比身材高大的人更容易触摸到自己的脚趾？大多数情况下，答案是否定的。因为身材矮小的人不仅腿和躯干较短，而且手臂也较短（虽然有例外情况）。相比之下，身材高大的人的腿、躯干和手臂都比较长。有些人的手臂和腿都很长，而这些特征使他们在柔韧性测试中更容易或更难取得高分。不过，以上为例外情况，不是一般规则。

性别和年龄

一般来说，女性的柔韧性比男性更好。女性中患有关节过度活动症的人数是男性的两倍，而且在大多数年龄段，达到最低柔韧性体质标准的女性人数超过男性。一般来说，年轻人的柔韧性比老年人更好。随着年龄的增长，人的肌肉一般会因使用得太少而缩短，而他们的关节活动范围也可能因关节炎等病症而缩小。因此，在年轻时定期做柔韧性运动的一个重要收益是降低你年老时患上关节疾病的风险。良好的柔韧性也会提升各年龄段人群在各种任务中的表现。

不同类型的柔韧性运动

以下各节讨论增强和维持柔韧性的方法。为获得最佳效果，你应该做专门改善柔韧性的运动（运动金字塔第 5 级，见图 12.2）。增强柔韧性的 4 大类运动包括 ROM 运动、静态拉伸、弹振拉伸和动态拉伸。

ROM 运动

从技术上讲，所有的柔韧性运动都是 ROM 运动，因为它们都用于培养关节健康的活动范围。但具体来说，"ROM 运动"指要求关节在完整活动范围内活动的运动方法。这种运动可以由练习者自身的肌肉用力完成，或在同伴或治疗师的帮助下完成。物理治疗中常常使用这种运动来治疗已丧失活动范围的患者以及受伤或患病后希望避免丧失活动范围的患者。这种运动中，活动通常是连续

图 12.2 增强柔韧性的运动位于运动金字塔的第 5 级

的，以慢速至中等速度进行。

每个关节都有其正常或健康的活动范围，因此各项运动都专门用于锻炼某个特定关节。例如，肩旋转运动用于帮助肩部受伤的患者（如棒球投手），而膝盖弯曲和手指伸展运动用于治疗关节炎。

虽然身体部位的重量和动作的动量可以导致肌肉和结缔组织的拉伸，但这些运动的拉伸强度通常与本书下一节中描述的运动有所不同。因此，关节活动范围运动在改善柔韧性方面不如拉伸运动有效。

肌肉常常会起拮抗肌的作用，即发挥相反的功能，以允许肢体在完整的活动范围内做多种动作。比如说，如果你躺下收缩大腿前部的股四头肌，它们会把腿抬离地面；同时，你大腿后部的肌肉作为拮抗肌会舒张，以允许股四头肌把腿抬起来。

关节活动范围运动常常用于物理治疗中，以治疗因伤害或疾病而丧失关节活动范围的患者

静态拉伸

静态拉伸指尽最大限度无疼痛地缓慢拉伸，直至出现牵拉感。为获得最佳效果，静态拉伸应保持 10～30 秒。静态拉伸的 FIT 规则见表 12.1。只要正确操作，静态拉伸可增强柔韧性和放松身体。一些专家认为静态拉伸比弹振拉伸更安全，因为你不太容易拉伸过度而造成伤害。

静态拉伸可以采用主动拉伸或被动拉伸的方法。静态拉伸需要外力的辅助，例如重力、同伴（图 12.3b）等。主动静态拉伸通过收缩你自己的拮抗肌完成，比如收缩胫部肌肉以向前移动脚趾，从而拉伸腓肠肌（图 12.3a）。而被动静态拉伸无须使用拮抗肌。比如腓肠肌拉伸可以由同伴轻柔地推动你的脚，或者用你自己的双手把脚往上拉动来完成（图 12.3b）。

一些专家认为主动静态拉伸比其他类型的拉伸更安全，因为你无须担心外力过度拉伸肌肉（比如同伴推得太用力）。而被动静态拉伸的优势在于它更容易充分拉伸肌肉，从而增加肌肉的长度。

PNF 拉伸

PNF 拉伸（PNF 代指本体感觉神经肌肉促进法）是最初由物理治疗师和职业治疗师用来治疗受伤士兵的拉伸技术。现在该方法已得到普及，有很多希望改善自身柔韧性的人使用该方法，比如运动员等。PNF 拉伸是静态拉伸的一种变体方法。一些专家认为，PNF 拉伸是改善柔韧性的最有效练习，尽管它与静态拉伸相比会产生更多的疼痛。在 PNF 拉伸中，你拉伸肌肉之前先收缩它，以帮助它放松，使它更容易拉伸。主动拉伸有时称为

图 12.3　拉伸腓肠肌：a. 主动拉伸；b. 被动拉伸（在同伴协助下）

主动分离式拉伸，因为在分离或辨别被拉伸肌肉之前要先收缩肌肉。PNF拉伸的一种常见形式是CRAC（收缩－舒张－对抗－收缩）。你收缩你想拉伸的肌肉后，该肌肉会自动舒张。在拉伸时收缩相对（对抗）的肌肉也会使被拉伸的肌肉舒张。CRAC包括这两种做法。

静态拉伸如图 12.3b 所示。如果在拉伸前用脚趾推动同伴的手以收缩腓肠肌，该拉伸法就转变成PNF的CRAC形式。

PNF拉伸的FIT规则见表 12.1。

弹振拉伸

弹振拉伸包括一系列轻柔的反弹和振动动作，这些动作不会持续太长时间。弹振拉伸的FIT规则见表12.1。与静态拉伸和PNF相似，弹振拉伸也在整个关节活动范围内使用关节，并使肌肉和肌腱拉伸超过其正常长度。本章中大多数的静态拉伸运动可以转变为弹振拉伸。比如，腘绳肌拉伸运动中，可以使用大腿肌肉往前踢腿，从而形成主动弹振拉伸。如果由同伴交替将大腿前推和后拉以产生弹振动作，则形成被动弹振拉伸。

竞技动作拉伸模拟竞技运动中的动作进行拉伸。比如棒球击球员挥动加重的球棒，高尔夫球手开始打高尔夫球之前先挥杆数次。这类热身运动也被称为竞技型弹振拉伸。无论其采用何种名称，竞技动作拉伸都使用肌肉产生竞技型动作，从而使肌肉在正常活动范围外活动。请咨询你的指导老师或教练，以了解特定竞技运动的推荐练习方法。

表 12.1　拉伸运动的 FIT 规则和体质目标区间

	静态拉伸和 PNF 拉伸	弹振拉伸
频率	训练门槛：每个肌肉群每周拉伸2天或3天 目标区间：每个肌肉群每周拉伸2～7天	训练门槛：每个肌肉群每周拉伸2天或3天 目标区间：每个肌肉群每周拉伸2～7天
强度	训练门槛：超出肌肉的正常长度进行拉伸，直至出现牵拉感，然后保持 目标区间：超出肌肉的正常长度进行拉伸，牵拉感出现后继续拉伸，直至出现中度不适（非疼痛），然后保持	训练门槛：超出肌肉的正常长度进行拉伸，直至出现牵拉感。缓慢、轻柔地进行反弹或振动。使用身体部位的动作来拉伸特定肌肉 目标区间：超出肌肉的正常长度进行拉伸，牵拉感出现后继续拉伸，直至出现中度不适（非疼痛）。使用与训练门槛中相同的轻柔反弹拉伸法 注意：拉伸不应导致疼痛，尤其不可产生剧痛。做弹振拉伸时应非常注意
时间	训练门槛：每个肌肉群做2次拉伸，每次10～30秒 目标区间：每个肌肉群做2～4次拉伸，争取每个肌肉群总共拉伸60秒（6×10、4×15或2×30）。每次拉伸后休息15秒	训练门槛：每个肌肉群做2组拉伸。缓慢、轻柔地对肌肉进行反弹。做15次。组间休息10秒。 目标区间：每个肌肉群做2～4组，每组15次。组间休息10秒。从2组开始，逐渐增加至4组

健身科技：测角器

在做柔韧性自我评估时通常会使用低技术的测量工具，例如码尺或直尺。部分情况下，你可以使用装有内置量尺的柔韧性测量箱。但专家对柔韧性进行研究时，他们使用更精密的仪器如测角器。测角器测量关节角度。一些测角器是电子仪器。你的学校可能提供便宜的测角器，如图所示。你可以用它评估关节的活动范围。

科技应用

请做一些调查以更多地了解测角器和测量柔韧性的其他器械。

测角器可用于评估关节活动范围及柔韧性

健身小知识

美国运动医学学会把动态拉伸视为增强柔韧性的附加方法。动态拉伸与静态拉伸相似，但其拉伸动作是缓慢、柔和、连续的。拉伸将持续至肌肉完全伸展为止。渐进拉伸是专家推荐的另一种柔韧性练习方法。它像动态拉伸一样缓慢进行，但拉伸将保持 10～30 秒（与静态拉伸相同）。但区别在于，做渐进拉伸时，你感觉到轻微的拉力时就减弱拉伸程度 3～5 秒。随后将拉伸程度增加至略高于前次拉伸。重复上述步骤（拉伸、减弱拉伸、拉伸）直至达到表 12.1 中的完全伸展水平。对于受伤患者和刚开始做拉伸运动的人而言，动态拉伸和渐进拉伸都是有效的替代方法。

一些老师和教练对弹振拉伸比较担心，因为进行这种拉伸运动时如果不注意，则可能会过度拉伸并损伤肌肉。但研究表明，只要操作正确，弹振式拉伸也是安全的，而且它产生的肌肉疼痛比静态拉伸更少。治疗师认为，刚做完肌肉或肌腱手术的患者切忌进行弹振拉伸。此类患者应咨询专家，以确定最佳的拉伸康复方法。

在肌肉适能和柔韧性之间找到平衡

你应当同时进行肌肉适能运动和柔韧性运动。我们知道，在方法正确的前提下，肌肉适能运动不会限制柔韧性。实际上，在整个关节活动范围内运动时，它们甚至可以帮助你增强柔韧性。但肌肉适能运动对增强肌肉适能效果最佳，而柔韧性运动才是专门增强柔韧性的运动。

因此，均衡的运动计划应同时包括肌肉适能运动和柔韧性运动，而且两种运动都要锻炼全部的肌肉，从而使关节的每一面都承受相同的力。人们常常大量使用屈肌（身体前部的肌肉），因为很多日常活动都要用到这些肌肉。例如，大多数人都拥有强

⚛ 科学实践：动态动作练习

动态动作练习包括跳绳、跳跃和健美体操等。热身时偶尔也会做这类运动。动态动作练习使关节活动超出正常休息时的活动范围，从而使肌肉和肌腱得到拉伸。动态动作练习产生拉伸后，被拉伸肌肉随后会收缩。例如，跳跃拉伸小腿肌肉，而在着地产生拉伸后，肌肉再次收缩以提供下次起跳的力。这类练习又称动态健美体操。动态动作练习不可与动态拉伸练习相混淆（参见介绍动态拉伸的"健身小知识"部分）。

倡导动态动作练习的专家们指出，动态动作练习与弹振拉伸不同，因为它们不包括肌肉的反弹或振动。动态动作练习方案中包含了多种运动，例如肌肉适能健美体操（俯卧撑、仰卧起坐、半蹲式等）和其他类型的肌肉适能运动（弹力绳运动等）。

动态拉伸练习主要用于增强柔韧性，但增强柔韧性并不是动态动作练习（健美体操）的首要目的。因此本章未提供此类运动的 FIT 规则。不过，

动态动作练习常常包括在热身运动和其他运动回路中，而且它的确可以增加柔韧性、肌肉适能和爆发力。一般来说，热身时的动态动作练习会针对不同的肌肉群进行安排，其运动总时间在 5 ～ 10 分钟。

动态动作练习（如向后单脚跳）可拉伸肌肉和肌腱

学生活动

制作一本手册，解释动态动作练习及其益处。

壮的肱二头肌（位于手臂前部）、胸肌（位于胸的前部）和股四头肌（位于大腿前部）。这些强壮肌肉的拉力使得身体前弓。为了避免永久性的驼背，你需要确保身体前部的这些强壮但短小的肌肉得到拉伸。同时，你要强化身体背部虚弱的、不常使用的肌肉。表 12.2 列出了大多数人需要着重进行柔韧性锻炼的肌肉。

拉伸运动的专一性

你有没有一些不需要拉伸的肌肉？对大多数人来说，答案是肯定的。例如，有的人出现了弓背体态，即人们常说的驼背。由于他们的上背部肌肉被过度拉伸，他们应避免继续拉伸这些肌肉。腹肌是另一个例子。你确实需要保持腹肌强壮，但多数人不需要拉伸腹肌。实际上，当腹肌被

表 12.2 最需要拉伸的肌肉

肌肉（身体部位）	拉伸的益处
胸部	预防不良体态
肩膀前部	预防不良体态
髋关节前部	预防凹背、背痛和肌肉拉伤
大腿后部（腘绳肌）	预防凹背、背痛和肌肉拉伤
大腿内侧	预防背部、腿部和足部拉伤
小腿	避免疼痛和跟腱伤害（可能由跑步和跳跃所致）
下背部	预防疼痛和背部伤害

拉伸时，它们会开始松弛，腹部会突出，导致不良体态。

每个人都应该评估其自身的需求，以避免拉伸本已过度拉伸的肌肉以及避免增强本已很强壮的肌肉，从而防止这些肌肉与对侧肌肉失衡。保持关节两侧肌肉的平衡有助于使它们在各个方向上施加相同的拉力。这种平衡使你身体各部位的位置恰到好处，从而保证良好的体态。

课程回顾

1. 热身运动中的拉伸与柔韧性运动有何区别？
2. 什么是柔韧性？它的影响因素有哪些？
3. 良好的柔韧性的益处有哪些？
4. 柔韧性运动有哪几种？它们的 FIT 规则分别是什么？
5. 为什么应该在力量运动和柔韧性运动之间实现平衡？

本节中你将评估你身体若干部位的柔韧性。请在测试中应用以下一般指导原则，然后根据表 12.3 确定自己的等级。

- 按本节的描述做各项运动。
- 拉伸并保持拉伸姿势 2 秒，同时由同伴检查你的表现。
- 在每项测试中，你如果达到标准，则计 1 分。算出你所有测试的总分。
- 根据表 12.3 确定你的等级。在教练的指导下记录你的结果。

除非教练另有要求，你在课堂中做这些测试时应只做一次。但你也可以定期再次测试自己。重复测试可帮助你掌握你的进步情况和设定新的目标。如果你与同伴一同测试，请记住，自我评估信息是个人信息，应当保密。未经受测者允许，不得将该信息与他人分享。

安全建议：做柔韧性测试前，请先做一般热身练习，然后练习每种运动两三次。

表 12.3　等级表：柔韧性

体质等级	分数（通过项目数）
良好体质	8～11
边缘体质	5～7
差体质	0～4

手臂抬升

1. 俯卧位，双手持直尺或木棍。双拳紧握，手心朝下。

2. 尽量高地抬升手臂和木棍。额头始终触地，手臂和手腕伸直。

3. 保持上述姿势。同伴持直尺检查你手中木棍和地面的距离。

4. 测试标准为 25 厘米及以上。达标则计 1 分。

本测试评估胸部和肩部的柔韧性

拉链式

1. 左手和左臂经左肩沿脊柱往下伸展，仿佛你正试图拉上背部的拉链。

2. 保持以上姿势，同时右手和右臂在背部沿脊柱往上伸展，试着触摸你左手的手指或与之重叠。

3. 保持以上姿势，并由同伴进行检查。

4. 重复以上步骤，但用右臂和右手经右肩往下伸展，而左臂和左手沿脊柱往上伸展。

5. 本测试以手指的接触和重叠为标准。每侧达标各计 1 分。

本测试评估肩部、手臂和胸部的柔韧性

躯干旋转

1. 站立，脚趾刚好位于地面的画线处。你的左肩距墙壁应一臂远（握拳），并与墙臂上的目标点在同一直线上。

2. 放下左臂，在体侧伸展右臂，使其与肩同高。右手握拳，手心朝下。

3. 在不移动双脚的情况下尽量向右旋转躯干。你的膝盖可以略微弯曲，以增加转身幅度，但不要移动双脚。请用手心朝下的右拳试着触碰目标点，或超过它。

4. 保持该姿势，并让同伴来检查。

5. 重复上述步骤，但这次朝左转。

6. 本测试以触及或超过目标中心为标准。每侧达标各计 1 分。

本测试评估脊柱、肩部和髋部的柔韧性

环绕式

1. 举起右臂伸至脑后。试着用手触摸你左边的嘴角。你可以向左转头。

2. 保持以上姿势，并让同伴来检查。

3. 用左臂重复以上步骤。

4. 本测试以触及嘴角为标准。每侧达标各计 1 分。

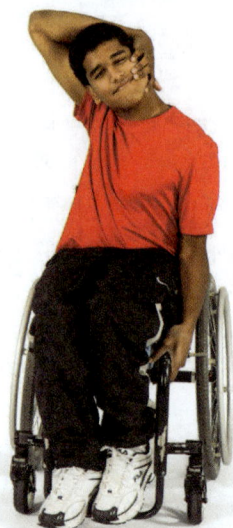

本测试评估肩部和颈部的柔韧性

单膝靠胸

1. 仰卧并伸展右腿。把手放在左大腿后面，朝身体拉伸，使膝盖靠近胸部。不要把手放在膝盖上。

2. 右腿始终伸直。如可行，应使右腿接触地面。下背部应放平。

3. 保持上述姿势。让同伴检查你的左大腿上部和膝盖是否靠在胸部，以及你的右腿是否笔直并接触地面。

4. 换腿并重复上述步骤。

5. 测试标准为大腿和膝盖均靠在胸部，另一条腿的小腿部位接触地面。每侧达标各计 1 分。

本测试评估腘绳肌、下背部和髋部屈肌的柔韧性

踝部屈曲

1. 脊背挺直坐在地上，双腿伸直且并拢。如有必要，你可以稍向后倾，用手支撑身体。

2. 开始时你的脚底与地面呈 90 度角（垂直）。

3. 把脚趾尽量朝胫骨方向拉动，以弯曲脚踝。保持该姿势并由同伴查看你每只脚脚底与地面的角度是否为 75 度（你可以使用量角器在纸上画出 75 度角）。

4. 测试标准为脚底与地面角度大于等于 75 度。每只踝达标各计 1 分。

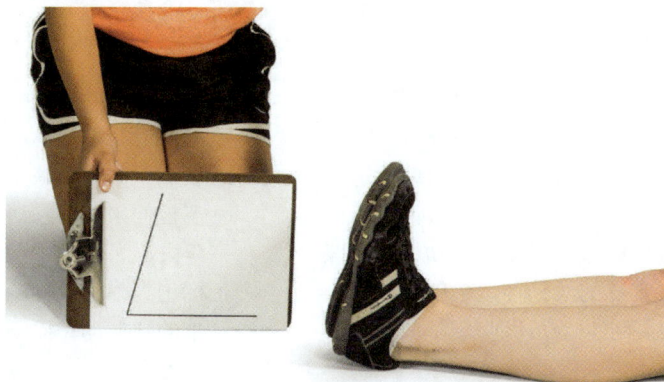

本测试评估小腿肌肉的柔韧性以及踝关节的活动范围

第 12.2 课
制定柔韧性运动计划

课程目标

学完本课，你将能够：
1. 描述几种基本的柔韧性运动；
2. 描述可增强柔韧性的其他运动类型；
3. 解释如何运用基本拉伸指导原则；
4. 选择柔韧性运动并制定柔韧性运动的书面计划。

课程词汇

太极拳、瑜伽

哪些运动采用不同的拉伸技术并对增强柔韧性最有效？你进行柔韧性运动时是否考虑过安全问题？上节课中，你学习了各种类型的柔韧性运动。而本课将讲解最常见的柔韧性运动以及如何制定个人的柔韧性运动计划。

增强柔韧性的运动选择

你选择什么样的运动来增强柔韧性，取决于你有什么样的目标。以下各节描述了几种最流行的柔韧性运动。

基本的柔韧性运动

美国运动医学学会建议你拉伸所有的主要肌肉群。本课后面讲解的 12 种运动中，你只需任选 8 ~ 10 种，便可实现上述目的。这 12 种运动都可以使用静态拉伸法进行，其中有些也可以采用 PNF 拉伸或弹振拉伸。以下指导建议将帮助你有效地进行这些运动。

- 请考虑表 12.1 中的 FIT 规则，也请考虑本课运动讲解中就合适的次数、组数和时间提出的建议。

- 标记为 PNF 的运动要求在拉伸前收缩肌肉。如果要把它们作为静态拉伸来练习，请忽略肌肉收缩阶段。
- 标记为弹振拉伸的运动可采用轻柔的弹振动作而不是静态拉伸来练习。

ROM 运动

如本章第一课所述，ROM 运动在物理治疗中很常用，可每天进行以维持健康的活动范围。受伤康复人群和初学者也可以做动态拉伸和渐进拉伸。此处不提供这些运动的细节，因为对健康的青少年而言，静态拉伸、PNF 拉伸和弹振拉伸是更好的选择。不过，本课所列大多数基础运动可以用动态拉伸或渐进拉伸的方式来完成。

瑜伽、太极拳和普拉提

除本章描述的静态拉伸、PNF 拉伸和弹振拉伸运动外，还有其他流行的运动可以有效增强柔韧性。美国运动医学学会把这些运动称为功能性体质训练，因为它们帮助人们（特别是老年人）更高效地完成日常任务，而且这些运动也对健康有益（参见"健身小知识"部分）。太极拳和瑜伽有时被称为神经运动练习，因为它们需要增强技能相关身体素质，例如灵敏性和平衡性。这些素质都要求神经和肌肉协调配合。

太极拳是源自中国的一种古老的健身方法。它被视为一种武术，而且有多种形式。现在世界各地的人们习练太极拳，他们把太极拳当作一种健身方法而不是武术来练习。太极拳的基本动作被证明可增强柔韧性并缓解部分人群的关节炎症状。经常练习太极拳有助于增强肌肉适能，预防背部疼痛以及改善体态和平衡性。

健身小知识

研究表明，习练太极拳可以带来多方面的益处，比如促进骨骼健康，改善功能性体质，提升生活质量以及降低老年人摔倒的风险。

瑜伽起源于印度。传统的瑜伽练习方法包括冥想、体位和调息。如今，这些练习衍生出的现代形式较为常见。瑜伽体式，类似于很多柔韧性运动，可改善柔韧性并带来与太极拳相似的健康益处。数百万年轻人习练瑜伽，将其作为一种放松和训练方法，而且很多学校创办了瑜伽社团。但另一方面，瑜伽练习应特别小心。物理治疗师和其他健康专家针对某些高风险的瑜伽体式提出警告。此外，瑜伽初学者应循序渐进。没有经过数周乃至数月的练习就贸然尝试高级体式的话，它不仅对身体没有帮助，反而是有害的。

普拉提最初是一种治疗方法，但现在已成为增强肌肉适能和柔韧性的运动形式。普拉提侧重于增强核心肌肉适能，但也包含了柔韧性运动。在正确练习的情况下，普拉提可以预防背部疼痛，改善体态并助力日常生活中的功能性运动。

如果你在考虑习练太极拳、瑜伽或普拉提，你应该寻求专业指导，并遵循本章中有关柔韧性练习的指导性建议。

柔韧性运动指导

为从运动中获得最大益处并享受运动过程，你应当正确地进行每项运动，并注意避免伤害。开始拉伸前，请遵从以下指导和注意事项，以安全地培养和保持柔韧性。

· **拉伸前做一般热身运动。** 温热的肌肉比较冷的肌肉对运动有更好的回应。美国运动医学学会建议做 5 ～ 10 分钟的一般热身，然后再做拉伸练习。

· **进行专门的柔韧性运动。** 不要只

靠热身运动来培养柔韧性。应选择合适的运动类型并遵循该运动的 FIT 规则。

- **针对所有主要的肌群选择相关运动。** 本课后面将讲解 12 种运动，它们锻炼所有的肌群。

- **在初习阶段（或者出于一般健康目的时），请使用静态拉伸或 PNF 拉伸。** 达到良好体质等级后再考虑做弹振拉伸。动态拉伸和渐进拉伸也是有益的。

- **循序渐进。** 无论你选择哪种柔韧性运动，你都应该循序渐进地练习。一些运动看起来简单，但与肌肉耐力运动一样，它们很快就会让你的肌肉疼痛。请逐渐增加练习的时间、动作次数和组数。

- **避免危险的运动。** 过度弯曲或过度伸展关节的运动以及导致关节扭曲和压迫的运动都应当避免。

- **不要拉伸过度活动、不稳定、肿胀或感染的关节。** 具有这些疾病或症状的人容易因过度拉伸而受伤。

5～10 分钟的一般热身后进行拉伸效果最好

- **不要拉伸至疼痛程度。** "没有痛苦就没有收获"的老旧说法是错误的。拉伸应进行至肌肉感觉拉紧和略有不适为止。

- **避免拉伸已经因不良姿势而过度拉伸的肌肉。** 比如腹肌通常不需要拉伸。

- **在进行力量和爆发力运动前不要做持续 30 秒及以上的拉伸。** 研究表明，持续 30 秒以上的拉伸可能会对竞技运动和其他运动中的力量和爆发力表现造成不良影响。因此，一些专家建议，在力量和爆发力运动前做动态动作练习而不是拉伸练习。

健身小知识

你的肌肉柔韧性达到合格水平后，你必须经常在新的活动范围内继续活动你的关节和肌肉。如果你不这样做，你的肌肉会再次缩短，而你会再次丧失柔韧性。本课中所有的运动都可以帮助你保持柔韧性。

制定柔韧性运动计划

16 岁的以利亚用方案规划的 5 个步骤制定柔韧性运动计划。详见下文。

第 1 步：确定你的个人需求

以利亚首先制作了一张表格，列出了他在过去两周内做过的（或没做的）柔韧性运动，以及他的柔韧性测试分数（他在暑期离校期间把计划写了出来）。在过去两周内他没有做柔韧性运动，如图 12.4 所示。而且他近期未做过任何柔韧性测试，但他在上个学期

周	柔韧性运动	运动量
周一	无	无
周二	无	无
周三	无	无
周四	无	无
周五	无	无
周六	无	无
周日	无	无
体质的自我评估	**分数**	**等级**
手臂抬升	8 英寸（约 20 厘米）	仍需改善
拉链式		
右	手指相触	达标
左	手指未相触	仍需改善
躯干旋转		
右	接触到目标	达标
左	未接触到目标	仍需改善
环绕式		
右	触摸到嘴	达标
左	触摸到嘴	达标
单膝靠胸		
右	小腿抬起大于 1 英寸（约 2.5 厘米）	仍需改善
左	小腿抬起大于 1 英寸（约 2.5 厘米）	仍需改善
踝部屈曲		
右	75 度	达标
左	80 度	仍需改善
总分	通过 6 项	边缘体质
护背式屈体前伸	5 英寸（约 13 厘米）	差体质

图 12.4 以利亚的柔韧性运动（体育运动）档案和身体素质档案

在学校里做过柔韧性测试，而且记下了分数。

很明显，以利亚没有达到美国运动医学会的推荐标准，即每周至少两天对主要肌群进行柔韧性锻炼。即便如此，他还是通过了若干项近期的柔韧性测试（而且他也在做一些柔韧性运动）。

第 2 步：考虑你的方案选项

以利亚列出了他希望考虑的 7 种柔韧性运动。他先研究了多种运动，然后开出了一个清单，列出了以下他认为对自己有益而且自己最感兴趣的运动。

· 静态拉伸运动
· PNF 运动
· 弹振拉伸运动
· 瑜伽
· 太极拳
· 普拉提
· 动态动作练习（用于热身）

周	运动类型	√	时间、组数、次数
周一	静态拉伸 护背式屈体前伸 单膝靠胸 侧伸展式 坐姿拉伸 拉链式 髋部拉伸 胸部拉伸 小腿拉伸		3:00 p.m.，每日慢跑后 每项运动做 1 组，每组 2 次。拉伸动作保持 15 秒
周二	动态动作热身运动 高膝行进 站立振臂 直角回转恰恰舞 百叶窗式 葡萄树式 弗兰肯斯坦式 高膝跳 双腿前屈跳 慢跑和快速冲刺		1:00 p.m.，英式足球运动前 约 10 分钟。每项运动做 5 次，然后接着做下一项运动。慢跑和快速冲刺练习包括 30 秒慢跑和 10 秒的快速冲刺，并重复 3 次
周三	静态拉伸 护背式屈体前伸 单膝靠胸 侧伸展式 坐姿拉伸 拉链式 髋部拉伸 胸部拉伸 小腿拉伸		3:00 p.m.，每日慢跑后 每项运动做 1 组，每组 2 次。拉伸动作保持 15 秒
周四	动态动作热身运动 高膝行进 站立振臂 直角回转恰恰舞 百叶窗式 葡萄树式 弗兰肯斯坦式 高膝跳 双腿前屈跳 慢跑和快速冲刺		1:00 p.m.，英式足球运动前 约 10 分钟。每项运动做 5 次，然后接着做下一项运动。慢跑和快速冲刺练习包括 30 秒慢跑和 10 秒的快速冲刺，并重复 3 次
周五	静态拉伸 护背式屈体前伸 单膝靠胸 侧伸展式 坐姿拉伸 拉链式 髋部拉伸 胸部拉伸 小腿拉伸		3:00 p.m.，每日慢跑后 每项运动做 1 组，每组 2 次。拉伸动作保持 15 秒
周六	瑜伽课		10:00 ～ 10:30 a.m.，与姐姐一起参加
周日	无		无

图 12.5 以利亚的柔韧性运动计划

第 3 步：设定目标

以利亚为他的柔韧性运动计划（图 12.5）设定了两周的期限。两周对设定长期目标来说太短了，因此他只设定了短期的体育运动目标。以后当他制定长期计划时，他将设定长期目标，包括柔韧性提升目标。但现在他只想先开始尝试新运动。而且现在是暑假，他无法使用学校的健身场所，他也不是健身俱乐部的会员。所以他针对自身的情况设定了 SMART 目标，并把它们写了下来。

1. 每周 3 天各做 1 组由 8 种静态拉伸组成的练习，包括护背式屈体前伸、单膝靠胸、侧伸展式、坐姿拉伸、拉链式、髋部拉伸、胸部拉伸和小腿拉伸。

2. 参与竞技运动之前，做动态动作热身运动 10 分钟，包括 9 种基本运动。

3. 每周一天练 30 分钟瑜伽。

第 4 步：梳理你的方案 并写下来

以利亚的下一步是写下他的两周柔韧性运动计划（图 12.5）。他选择了可以每周 3 天在家练习的静态拉伸练习。由于他每周有两天去踢英式足球，他也决定在参加足球运动之前做动态动作练习以进行热身。他并不期待热身运动成为他增强柔韧性的主要运动，但他认为热身运动可以作为其他柔韧性运动的补充。他还同意与姐姐尼科尔一起去参加瑜伽课程。瑜伽课程允许尼科尔带其他客人参加两次免费课程学习。

第 5 步：做记录并评估 你的计划

接下来的两周内，以利亚将监督自己的运动情况，并在他实际完成的运动旁打钩。两周结束时，以利亚将评估他的运动情况，看看自己是否实现了目标。随后他可以使用评估结果帮助自己拟定今后的运动计划。

课程回顾

1. 描述几种基本的柔韧性运动。
2. 增强柔韧性的其他运动形式有哪些？
3. 关于拉伸运动有哪些基本指导方针？
4. 你的柔韧性运动计划中应包括哪些运动？为什么？

护背式屈体前伸（PNF 或静态拉伸）

1. 取右膝弯曲、左腿伸直的护背式屈体前伸姿势。

2. 略微弯曲左膝，脚跟下压并使劲收缩腘绳肌 3 秒。放松。

   注意: 做静态拉伸时忽略第 2 步。

3. 立即用双手抓住脚踝，并轻柔地把胸部朝膝盖方向拉动。保持该姿势 15 秒。

4. 换另一条腿重复同样的动作。

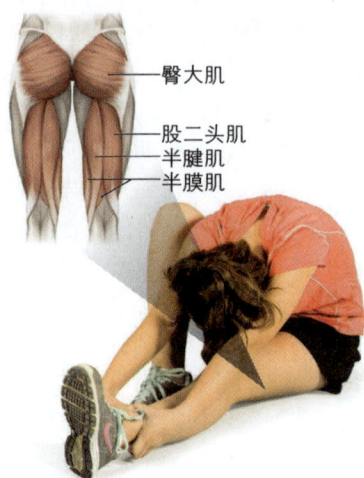

臀大肌

股二头肌
半腱肌
半膜肌

此动作拉伸你的腘绳肌和下背部肌肉

单膝靠胸

1. 仰卧并伸展右腿。把手放在左大腿后面，朝身体拉动，使膝盖靠近胸部。不要把手放在膝盖上。

2. 右腿始终伸直。如果可行，应使右腿接触地面。下背部应放平。

3. 保持上述姿势 15 秒。

4. 换腿并重复上述动作。

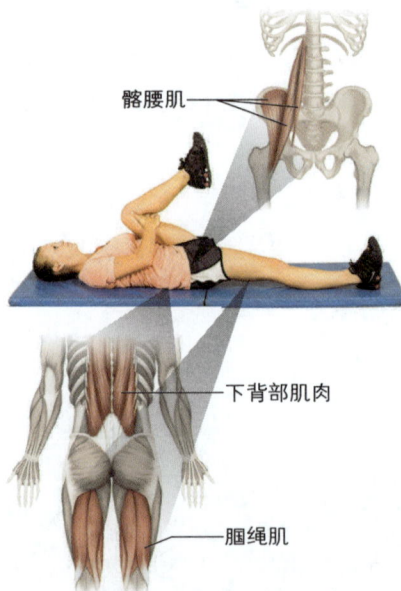

髂腰肌

下背部肌肉

腘绳肌

此动作拉伸腘绳肌、下背部肌肉和髋部屈肌

背部和髋部拉伸（PNF 或静态拉伸）

1. 仰卧，双膝弯曲，手臂放在体侧。

2. 抬起臀部，使髋关节无弯曲。用力挤压臀部肌肉 3 秒，然后放松并放下臀部。

注意：做静态拉伸时忽略第 2 步。

3. 立即将双手置于膝下，并轻柔地将膝盖拉向胸部。保持该姿势 15 秒或以上。

下背部肌肉

臀大肌

此动作拉伸下背部肌肉和臀肌

侧伸展（静态或弹振拉伸）

1. 站立，双脚略超肩宽。

2. 身体向右倾斜。

3. 右手下探至右脚。左臂绕至头上方。保持该姿势 10 ～ 30 秒。

注意：不要扭曲身体或使身体前倾。

4. 在左侧重复此动作。

注意：做弹振拉伸时，请轻微地反弹身体。

斜方肌
三角肌
大圆肌
背阔肌

三角肌
肱三头肌
胸大肌

此动作拉伸手臂、肩膀和身体侧面的肌肉群

躯干和髋部拉伸（静态拉伸）

1. 仰卧，双膝弯曲，手臂伸展，与肩膀水平。

2. 将右腿与左腿交叉，右腿在上。

3. 双肩和手臂贴于地面，同时下身向右旋转，左膝触地。保持该拉伸姿势 10～30 秒。

4. 拉伸后交换腿的位置（左腿在上），然后向左旋转下身并保持姿势。

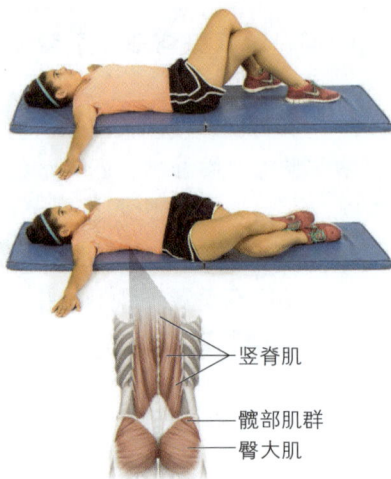

竖脊肌
髋部肌群
臀大肌

此动作拉伸髋部和下背部的肌肉

坐姿拉伸（PNF 或静态拉伸）

1. 取坐姿，双脚脚底彼此贴近。肘或手安放在膝上。

2. 收缩大腿内侧的肌肉，把腿向上拉，同时用手臂把腿向下压，二力互相对抗。保持该姿势 3 秒。放松双腿。

注意：做静态拉伸时请忽略第 2 步。

3. 立即使躯干前倾，并用手臂下压膝盖以拉伸大腿。保持该姿势 10～30 秒。

长收肌
大收肌
耻骨肌
股薄肌

此动作拉伸大腿内侧的肌肉

拉链式（PNF 或静态拉伸）

1. 取站姿或坐姿。右臂经右肩沿脊柱下探。

2. 左手按压右肘。抬肘以对抗压力，收缩拮抗肌。保持该姿势3秒。放松。

注意：做静态拉伸时应忽略第2步。

3. 立即用右臂沿脊柱下探以进行拉伸，左手按压右肘以辅助此过程。保持该姿势10～30秒。

4. 换手并重复上述动作。

肱三头肌

此动作拉伸肱三头肌和背阔肌

手臂卷饼（静态或弹振拉伸）

1. 取站姿或坐姿。弯曲肘部，两手相握如握手状。将左手交叉到右手背面，使两手手背相对且相距约5厘米。左手手掌转向上，其拇指沿右手指向下。

2. 用右手握住左手拇指并轻柔地往下拉。保持该姿势10～30秒。

3. 交换双手位置并拉伸右肩。

注意：弹振拉伸时请轻柔地反弹肢体。

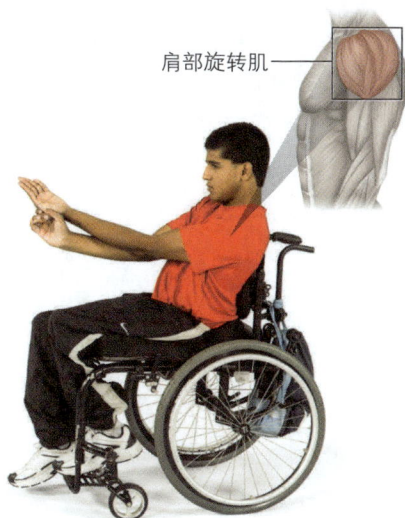

肩部旋转肌

此动作拉伸肩部旋转肌

髋部拉伸（静态或弹振拉伸）

1. 右脚向前迈一大步，左膝跪地。你的右膝应位于右脚踝部的正上方，并呈直角弯曲。

2. 你的左髋关节前部和大腿肌肉前部应有拉伸感。

3. 将手置于右膝上以保持平衡。让重心前移，同时骨盆和躯干略微后倾以产生拉伸感。拉伸你的髋部和大腿肌肉时，你的后腿膝盖应留在原位。保持该姿势 10～30 秒。

4. 换腿并重复上述动作。

注意：在弹振拉伸中，你的骨盆后倾时身体要轻柔地往前弹动。

缝匠肌
阔筋膜张肌
股直肌

此动作拉伸大腿前部的股四头肌以及髋部前部的肌肉

手臂拉伸（静态拉伸）

1. 取站姿或坐姿。双臂在头顶上方交叉，手掌相对，手指相扣。

2. 肘部伸直以尽量高举双臂（上臂接触双耳）。保持该姿势 10～30 秒。

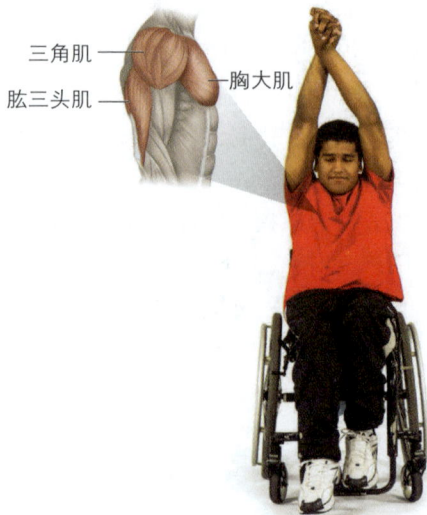

三角肌
肱三头肌
胸大肌

此动作拉伸肩部、手臂和胸部的肌肉

胸部拉伸（PNF、静态或弹振拉伸）

1. 以前跨步姿势站立在门口。手臂举至略超肩膀高度。双手各置于门口的一侧。

2. 身体前倾至门内。同时收缩手臂和胸部肌肉以对抗身体前倾。保持该姿势 3 秒。放松。

3. 立即进一步前倾，让体重拉伸肌肉。保持该姿势 10 ～ 30 秒。

4. 在弹振拉伸中，轻柔地向前弹动身体。

注意：做静态拉伸时应忽略第 2 步和第 4 步。

胸大肌　三角肌

此动作拉伸胸部和肩部的肌肉

小腿拉伸（静态或弹振拉伸）

1. 右腿往前迈出呈弓步。双脚都指向正前方，前腿膝盖位于前脚的正上方。双手置于右腿上以保持平衡。

2. 左腿伸直，脚跟接触地面。调整弓步的步长直至你的左小腿和跟腱产生拉伸感。保持该姿势 10 ～ 30 秒。

3. 换腿并重复上述动作。

注意：在弹振拉伸中，应轻柔地朝地面弹动脚跟。

腓肠肌　比目鱼肌　跟腱

此动作拉伸小腿肌肉和跟腱

⚡ 自我负责：克服障碍

有些人总把无法解决的难题当作自己不努力的借口。比如有人说："我长得太矮，没法打篮球，所以我不会尝试任何竞技运动。"要想培养体育运动的习惯，你得专注于你能实现的目标，而不是你无法改变的事实。

康妮站在窗前说："雨这么大，我们怎么可能去徒步旅行？"

布里奇特叹气说："我看我们今天下午只有待在这里了。"

昨天太热，没法去徒步旅行；而今天下雨，也没法去。感觉好像天气永远都不好。但对他们来说，天气不是唯一的问题。上次他们尝试徒步旅行是在州立公园。当时是晴天，但路上太拥挤。

"我敢打赌阿朗索现在在运动俱乐部，"布里奇特说，"无论天气如何，他都能去运动。我希望我们也有钱去运动俱乐部。"

康妮看了看她的运动服，说道："要去那儿，不只是需要购买会员。他们穿着很贵的运动服。我穿现在这身衣服过去会被笑话的。"

布里奇特笑着说："你看上去也不差。现在天气开始放晴了。我们可以穿点旧衣服，带上雨具，在公园徒步旅行一阵子。"

"你说得对！但如果我们身上湿了怎么办？"

讨论

据康妮和布里奇特所言，她们不运动的原因是什么？有哪些难题是可以解决的？她们最终还是决定不为天气所阻，迎难而上。她们还能采用哪些其他策略应对面临的难题？回答以上讨论问题时请考虑"自我管理"一节中的指导。

➡ 自我管理：克服障碍的技巧

人们培养和保持运动习惯时会遇到很多障碍。有些障碍与环境有关，比如运动场所不安全，住所附近没有健身房，天气不好，开支太大等。有些障碍属于身体特征障碍，比如体型太小或技能太弱。而有些障碍是心理方面的，比如缺乏自信和认为时间不够。终身保持运动习惯的人能够战胜这些障碍，也有一些方案可以帮助人们战胜障碍。请使用以下策略帮助你克服面临的障碍。

- **想办法在家或在学校里做运动。** 如果公园、健身房和其他运动场所费用太高，距离太远或不安全，请寻找其他的运动方式。购买一些器材以便在家练习。如果可行，请使用学校的健身设施在上课前和放学后练习。在学校里创办健身社团，并让学校领导帮助你寻找健身设施和器材。

- **制定替代性的计划。** 制定多份运动计划。比如，你计划打网球但下雨了，你就可以采用替代计划，进行室内运动。如果有事干扰了你计划中的运动，就请另找时间。

- **参与社区或学校的体育活动。** 很多社区都设立了社区中心，有骑行、步行和慢跑小径，以及其他的运动设施如网球场、篮球场和运动场等。如果你的社区没有这些条件，你可以联系相关部门，建议其设立运动设施。

- **利用自我管理技能制定你可以坚持执行的现实计划。** 请练习目标设定、方案规划、自我监督和时间管理等技能。

- **拓展新的思维方式。** 接受你自己。如果你有负面的自我对话，请用本书中的策略调整你的自我感知并提升你的自信。

请制定两周的肌肉适能和柔韧性运动计划。在老师的指导下制作与以利亚所用表格相似的表格，并用方案规划的 5 步做计划。执行你的计划，看看你能否实现目标。柔韧性运动应每周做 3 天，请在两周内按计划进行运动。你的老师可能会在课堂中给你留出时间进行你计划中的部分运动。

请考虑以下建议，并行动起来。

- 做拉伸运动前先做一般性热身练习。
- 请考虑本章第 2 课中关于柔韧性运动的指导。
- 如果你已经参与团队竞技运动或体育运动，请在你运动结束后的放松阶段做柔韧性练习。

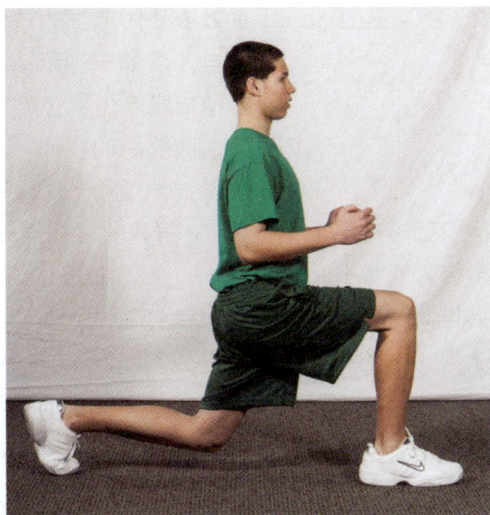

按计划进行柔韧性运动

概念和词汇回顾

在老师的指导下解答 1 至 5 题。用词汇或短语填写句子的空白。

1. 你关节活动的幅度称为_____。

2. 跳跃、跳绳和健美体操（如在热身练习中）等运动称为_____。

3. 可超过正常、健康的活动范围进行活动的状况称为_____。

4. _____是一种源自中国的古老运动。

5. 轻柔的反弹动作是_____的一部分。

在老师的指导下解答 6 至 10 题。将第 1 列中的每一项与第 2 列中合适的短语配对。

6. 拉链式   a. 重力或外力产生的拉伸

7. 被动拉伸   b. 源自印度的一种运动形式

8. 主动拉伸   c. 由拮抗肌产生的拉伸

9. PNF   d. 肌肉收缩后的拉伸

10. 瑜伽   e. 手臂拉伸运动

在老师的指导下解答 11 至 15 题。对每条陈述或问题进行回答。

11. 良好的柔韧性有哪些益处？

12. 影响柔韧性而不是拉伸的因素有哪些？

13. 本章所述柔韧性的测试方法有哪些？

14. 主要肌肉群的基本柔韧性（静态拉伸）运动有哪些？

15. 关于克服障碍有哪些指导性建议？

批判性思考

请用一段话回答以下问题。

肖恩的父亲在髋部受伤后去物理治疗师处寻求治疗。治疗师建议他在助手的帮助下做被动静态拉伸。肖恩的父亲希望肖恩能帮这个忙。肖恩在帮助他父亲做拉伸运动时应考虑哪些安全问题？

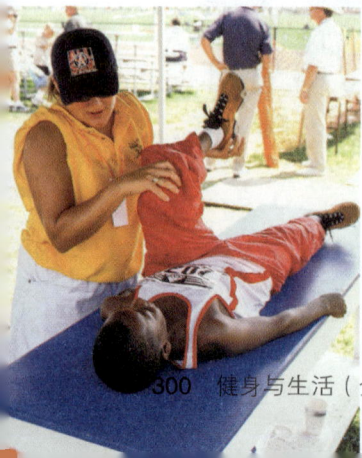

项目

年轻人的身体柔韧性通常比年长的人更好。所以，父母和祖父母的身体很可能不如他们的子女和孙辈灵活。请制作一份由 5 个问题组成的清单，采访一位父母或祖父母，了解其现在的身体柔韧性情况、以往的柔韧性情况（年轻时）、为保持柔韧性所采取的步骤以及其柔韧性运动计划。准备一份报告以陈述你的调查结果。

第 V 单元

健康生活选择

● ● ● ● ● ● ● ● ● ● ● ● ● ● ● ● ● ● ●

"健康国民 2020"目标
- 减少青少年超重和肥胖
- 预防青少年体重的不当增长
- 增加体重指数（BMI）的测量
- 减少青少年的饮食失调
- 降低在休闲时间不做运动的青少年的百分比
- 增加达到有氧运动和肌肉适能训练指导标准的成年人的百分比
- 增加青少年日常体育教育的参与度
- 增加青少年在课外运动和校外运动中的参与度
- 增加非学习时间可以使用运动场所的学校数目
- 增加步行和骑行的次数
- 减少沉迷电子设备的青少年的百分比
- 改善公众的健康认知
- 增加互联网上健康信息的访问和运用
- 增加提供健康相关信息的高质量网站的数目
- 增加在过去 12 个月内进行过健康检查的青少年的百分比
- 增加拥有良好社会支持的人群所占的百分比

本单元的"自我评估"章节
- 身体测量
- 个人体质测试组合
- 评估你的体态

本单元的"自我负责"章节
- 改善对身体的自我感知
- 改变态度
- 学习批判性思考

本单元的"自我管理"章节
- 提高自我感知的技巧
- 培养积极态度的技巧
- 批判性思考的技巧

本单元的"实际行动"章节
- 弹力绳运动
- 体育运动计划
- 健康和健身俱乐部

13

身体成分

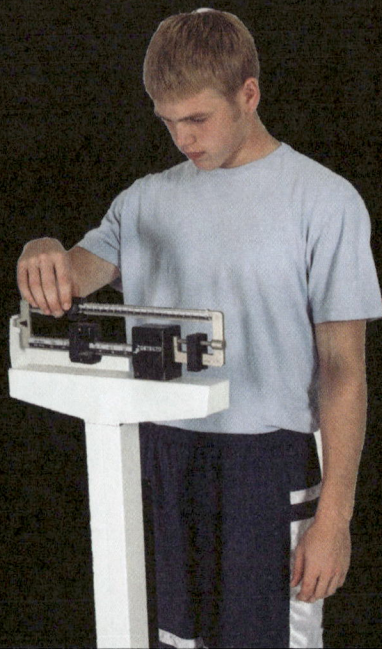

第 13.1 课
身体成分的基础

课程目标

学完本课，你将能够：

1. 定义身体成分、超重和肥胖；
2. 举出影响身体成分的因素；
3. 定义神经性厌食症、暴食症和运动性厌食症；
4. 解释身体成分和体脂水平与健康的关系；
5. 举出测量身体成分的几种实验室和非实验室测试。

课程词汇

运动性厌食症、神经性厌食症、基础代谢、身体成分、体脂水平、暴食症、必需体脂、瘦组织、代谢综合征、肥胖症、超重、皮褶、低体重

身体成分是与健康相关的身体素质的一部分。它指构成身体的所有组织。本课中，你将学习构成身体的各类组织以及身体成分的关键术语。你也将学习如何评估你当前的身体成分并确定它是否对健康有益。

身体成分的定义

你的身体由两大类组织构成。健康人的身体中，瘦组织占大部分比重。瘦组织包括肌肉、骨骼、皮肤和身体器官如心脏、肝、肾和肺。运动金字塔中所有类型的运动都能增加瘦组织，但肌肉适能运动最有效，因为它们不仅可以增肌，而且也会促进骨骼生长。

另一大类身体组织是脂肪。你的体脂水平指脂肪组织在你身体中所占的百分比。健康人的体脂水平适当——不会太高也不会太低。

约有一半的体脂位于你身体的深处，其余的位于皮肤和肌肉之间。经常运动的人的瘦体重（特别是肌肉和骨骼）所占百分比通常高于不运动的人，而他们的体脂也比不运动的人更少。脂肪占总体重比例相对较小是一种比较好的情况。但健康也需要一些脂肪。测定你的体脂需要使用特殊的设备和专业技术。后面你将学习如何测量你的皮肤和肌肉之间的脂肪，以估算你的整体体脂水平。

"低体重"和"超重"两词常用于描述健康范围以外的体重——低于或高于健康范围。这些术语有自身的局限性，因为体重，或者体重和身高的综合评价，并不能总是准确地反映体内的脂肪和瘦组织的含量。本章后面将详细讲解低体重和超重。"肥胖症"一词指过于超重或体脂过高的一种疾病。

健身小知识

有三分之二以上的美国成年人被认为超重或肥胖。超重或肥胖的儿童和青少年相对较少，但其比例因年龄、性别和种族不同而不同。拉美裔、非洲裔美国人的年轻人中肥胖率较高。在所有族群中，约18%的年轻人和青少年被视为肥胖。该比例超过30年前的3倍。

影响体脂的因素

有很多因素影响人的体脂水平。下面列出了部分因素。

遗传

你从父母那里遗传了你的体型。有些人天生就具有精瘦、肌肉发达或体重超重的倾向。遗传倾向使有些人较容易或较难将体脂水平保持在良好水平。你不能控制你的遗传因素，但你应关注你家庭的遗传倾向。

新陈代谢

基础代谢率是你的身体仅用以维持生存所消耗的热量。基础代谢率不包括你工作、娱乐、学习甚至看电视所消耗的热量。一些人的基础代谢率比其他人高，这意味着他们的身体在完全休息的状态下比基础代谢率较低的人燃烧更多的热量。肌肉含量较多的人比肌肉含量较少的人的代谢率更高。基础代谢率较高的人可以比其他人消耗更多的热量，而不会增加自身的体脂水平。

基础代谢率受到遗传因素、年龄和成熟度的影响。大多数年轻人拥有较高的基础代谢率，因为他们的身体仍在成长和增加肌肉。随着年龄的增加和肌肉含量的下降，你的基础代谢通常会减慢。这意味着大多数人都需要减少他们食物中的热量含量，以避免增加脂肪。

成熟度

随着年龄的增长和激素水平的改变，你的体脂水平也会发生变化。在青春期，雌性激素使女性比男性长出更多的脂肪。而青春期男孩在雄性激素的作用下，他们比女孩长出更多的肌肉。

生命早期的体脂水平

太胖的儿童长出更多额外的脂肪细胞，使他们在以后的生活中更难以控制自己的体脂水平。因此，在儿童和青少年阶段使体脂保持在良好水平，将帮助你在一生中更好地控制它。

饮食

食物中所含的热量以焦耳数来衡量。青少年一般比成年人需要更多的热量。普通男青年每天需要消耗约 2500 ～ 3000 卡路里以维持理想的体脂水平。普通女青年每天需要约 2000 ～ 2500 卡路里。大多数男性比女性需要更多的热量，因为他们的体型更大，肌肉含量更高。

体育运动

身体燃烧热量以获得能量。因此，你的体育运动越剧烈（即身体使用越多的能量），你就需要越多的热量。不运动的人每天需要的能量比勤运动的人少，因此消耗的热量也少。参加体育运动的青少年比运动较少的青少年需要消耗更多的热量。

体脂、健康和幸福感

脂肪太多是不健康的。据科学家报告，体脂高的人患上心脏病、高血压、糖尿病、癌症和其他疾病的风险也较高。II型糖尿病一直被视为成年人的疾病，但近期青少年的患病人数也增加了，因为青少年的体脂水平有所上升。高体脂也会导致代谢综合征。具有代谢综合征的患者具有高体脂、大腰围和其他的健康风险，例如高血压、高血脂和高血糖。

此外，肥胖者的健康开支比体脂健康的人每年高出数千美元，而且体脂高会降低手术成功的概率。体脂过高的人会比瘦人更快、更容易疲倦，因此他们在工作和娱乐方面的效率更低。很多专家认为，很多成年人体脂过高的原因在于他们试图达到不现实的体重或脂肪水平。比如，很多人想变得像广告中的电影明星或运动员一样瘦。当他们无法达到或维持这种极低的体脂水平时，他们就放弃努力，因而他们的体脂开始增加。专家们建议设定可实现的非极端目标，这样的目标可以帮助人们终身维持健康的体脂水平。

体脂过低

体脂过低也是健康的一大风险。饮食失调症如神经性厌食症、运动性厌食症和暴食症对健康有很多负面影响，有的甚至是致命的。尽早发现饮食失调的症状是极其重要的。过度渴望减脂或保持极低的体脂水平，将会导致严重的健康问题。

身体健康运转所需的最少体脂称为必需体脂。体脂过低会导致各器官的功能失常。实际上，极低的体脂会导致严重的健康问题，特别是在青少年群体中。体脂过低的女性存在与生殖系统有关的健康问题，并有骨密度流失的风险。下面列出了你身体需要脂肪的若干原因。

体脂的重要性

· 脂肪是一种隔热物质，它帮助你的身体适应冷热环境。
· 脂肪起到减震缓冲的作用，它保护你的器官和骨骼不受伤害。
· 脂肪帮助你的身体更有效地利用维生素。
· 脂肪储存能量，以供身体不时之需。
· 含量适中的脂肪可以让你的外表更好看，从而增加你的幸福感。

神经性厌食症

神经性厌食症是一种严重的饮食失调。患有此种疾病的人严格地限制自己摄入的食物量，以获得超低的体脂水平。此外，很多厌食症患者进行过量的体育运动，因此他们的体脂会降至极其危险的水平。

厌食症在青春期女孩中最为常见，但青春期男孩患厌食症者也越来越多。厌食症患者通常是工作非常勤奋的人，而且有远大的目标。他们对自己的身体有着扭曲的看法，即使他们已经很瘦，但仍然认为自己很胖。厌食症患者常常害怕成熟以及成年时体重的增加。他们常常穿宽松的衣物，假装吃饭并私下里运动，以试图掩饰自己的状况。厌食症是一种危及生命的疾病。患有厌食症的人需要立即接受专业治疗。

运动性厌食症

运动性厌食症和神经性厌食症有很多相似的症状。它在从事体操、摔跤、啦啦队等竞技运动的运动员中最为常见。在这些运动中，低体重更为有利。运动性厌食症会导致神经性厌食症。据称，运动性厌食症是由保持低体重的心理压力以及对节食和运动减肥的过度执着所导致的。

暴食症

暴食症是一种饮食失调疾病。暴食症患者在短时间内摄入大量的食物。暴食后又想方设法排空胃肠，患者可能呕吐或用泻药把食物从身体中排出并防止食物消化。暴食症会导致严重的消化疾病和其他健康问题，例如牙齿缺失和齿龈病。

健身小知识

研究表明，认为自己超重的青少年人数是真正超重者的 4～5 倍。同时，对真正超重的青少年的采访表明，他们当中有 44% 的人因体重曾被嘲笑过或者正在遭受嘲笑。因超重受嘲笑，或者感觉自己超重，都会造成较低的身体自我感知。青少年们可为同龄的超重者提供帮助，而不是批评他们，这样可以改善超重者的自我感知。

评估身体成分的实验室测定方法

测定身体成分最准确的方法都需要特殊的设备和专业人员。测定通常在实验室进行。3 种最佳方法分别是 DXA、水下称重法和 Bod Pod 测定法（图 13.1）。这 3 种方法均可测定体重中脂肪和瘦组织各占多少。

⚛ 科学实践：媒体的误导

多年以来，运动生理学家和营养学家都对自我身体感知进行过调研。他们发现所有年龄段的人群都对自己的外表比较在意。实际上，大多数人对自己身体的看法比其他人更挑剔。其中一个原因是我们常常把自己和电影明星以及其他名人做对比。专家指出，我们看到的这些人的照片经过精心设计和润色修改，从而改善了照片中他们的外表，使他们看起来魅力四射。比如，可以用计算机程序把电影女明星的腰围缩小、把男明星的肌肉增大。一些杂志承诺对照片的修改进行限制，但这方面没有相关的法规，因此各杂志社都可以自行其是。

网站也使用假照片或修改的照片。广告常常展示所谓的"使用前"和"使用后"照片以推广产品。但"使用前"的照片常常是在较差的照明条件和环境下拍摄的。而"使用后"的照片拍摄时照明较好，有的做了修改。电子游戏也呈现人体的不现实图像。比如游戏角色中的男性和女性的身体比例在现实生活中几乎是不可能的。

很多专家认为，媒体关于人体的误导信息导致公众痴迷于瘦身。统计数据表明，很多青少年，特别是女孩，

杂志和网站常常修改模特与名人的照片，让他们的身体看起来比实际上更苗条

在评价自己的身体成分时设定了不现实的标准。他们印象中自己的体脂水平超出实际水平，而且他们进行了不必要的减肥尝试。由于我们都有点在乎自我形象，当他人对我们的外表做评价时，我们很容易做出过度反应。因此，专家们指出了不负面评价他人的重要性。同时，也应对自我评估结果等个人信息进行保密。你在本章下一课的"自我负责"一节可了解更多关于自我感知的信息。

学生活动
查找各种媒体信息，找到有关人体的误导性信息。

双能 X 线吸收计量法

双能 X 线吸收计量法（DXA）现在被视为评估身体成分的最佳方法（图 13.1a），因为它可以准确地测定体脂、骨骼、肌肉和其他身体组织。首先，高科技 X 射线机对全身拍摄 3D 图片。然后，计算机对图片进

行分析以确定不同组织的含量，包括脂肪、骨骼和肌肉。

水下称重法

直到最近，水下称重法一直被视为评估体脂水平的最佳方法。现在它依然是一种相当好的实验室方法。使

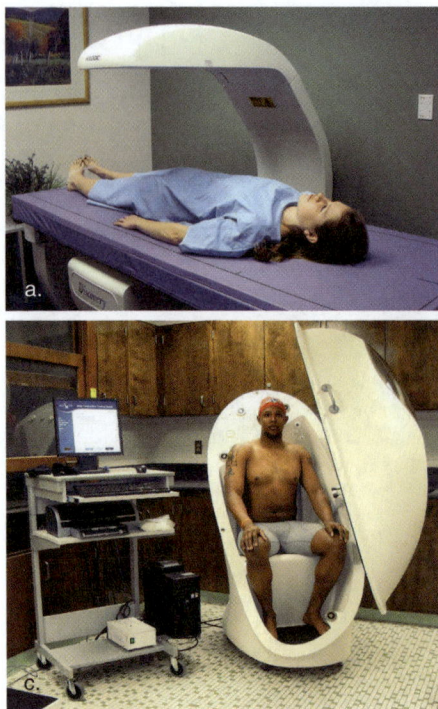

图 13.1 评估身体成分的实验室方法：a.DXA；b. 水下称重法；c.Bod Pod

用此方法时，你先在陆地上称重，然后浸入一箱水中，再次称重（图13.1b）。同时也会测定你的肺活量，因为你肺中的空气会影响你在水中的重量。然后会用公式根据你的陆上体重、水下体重和肺活量确定你的体脂水平。

Bod Pod 测量法

身体成分的第 3 种实验室评估方法使用一种称为 Bod Pod 的设备。受测者坐在一个蛋形的小室或隔舱中（图 13.1c）。受测者的身体必然占据隔舱中的空间，从而导致空气从隔舱中排出。将隔舱中空气改变的相关信息导入特殊的公式，从而确定受测者的体脂。

非实验室方法

由于实验室方法需要特殊设备和专门培训，它们在学校中很少使用。学校和家庭可以使用非实验室的方法。本节描述了几种实用的评估方法。但并非其中的所有方法都能准确地测定脂肪和瘦组织含量。因此，它们通常被称为"身体测量法"。身体测量比实验室方法更易用，可以在家中和学校里使用。由于你在生活中可能会用到所有这些方法，所以每一种你都应当尝试。

皮褶测量

你的体脂水平也可以通过测量皮褶厚度（皮下脂肪含量）来确定。皮褶厚度通过一种称为卡尺的特殊仪器来测量（图 13.2）。皮褶测量可用于估计身体中脂肪的总量。如前文所述，高体脂会导致多种健康问题，比如糖尿病、心脏病和其他慢性病。在本章的"自我评估"一节中，你将学习做皮褶测量。

身高－体重比例表和 BMI

身高和体重数据通常有两种用法。其一是使用身高－体重比例表列出不同年龄、身高和性别的人的"正常"体重范围。这些表指示出某一性别的普通人拥有特定身高时应有的体重。但由于美国有将近三分之二的成年人超重或肥胖，很多被分类为"正常"或"平均水平"的人其实是超重或肥胖的。所以身高－体重比例表与本章中其他方法相比并不适用。在本课后面的"自我评估"部分，你有机会用到身高－体重比例表。

身高和体重也用于计算人的体重指数（BMI）。与单独的身高和体重数据相比，体重指数是更好的衡量标准，但它对体脂的评估仍然不如DXA、水下称重法、Bod Pod 测定法和皮褶测量法准确。BMI 和身高－体重比例表都不能为肌肉较多的人（如运动员）提供精确的测量数据，因为肌肉比脂肪重得多。肌肉非常发达的

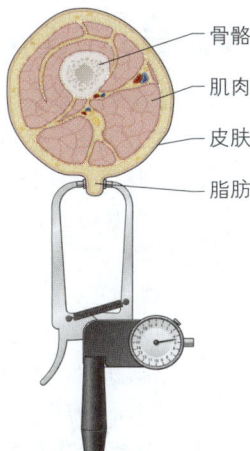

图 13.2　卡尺测量皮褶

人可能体重较重，但并不太胖。类似地，一个人也许有正常的身高－体重和 BMI 指标，但他的体脂可能处于不健康水平。因此，皮褶测量和实验室技术被认为是更好的测量方法。

除去 BMI 指数的局限性，过高的BMI 会导致青少年和成年人的多种健康问题。而且 BMI 是一个经常使用的指标，因为它易于测量，特别是在大群体中。

身体测量：腰臀比

腰臀比并不用于测定体脂，而是用于评估健康风险。科学家认为，身体腰部脂肪较多的人比身体下部（腿和臀）脂肪较多的人更容易患病。腰部脂肪较多被认为是苹果体形，而臀部脂肪较多被认为是鸭梨体形。一般来说，女性更可能是鸭梨体形，而男性更可能是苹果体形。

腰臀比是评估与体形相关风险的

❤️ 健身科技：生物电阻抗法

现在有计算机和其他设备可以用来测定体脂水平。例如，生物电阻抗法（BIA）需要使用特殊设备和专业技术，但近年来 BIA 设备因其价格的下降和易用性的提高，在学校中使用得更为广泛。只要使用方法正确，BIA 设备可以可靠和准确地估算体脂。但这种设备的一大限制在于，不同的设备会给出不同的结果，因此你应使用同一台设备，并确保该设备已经正确校准（经测试以保证准确）。此外，每次你做测试时，都应在相似条件下进行，例如在每天的同一时间，而不是在你可能脱水的时间进行测试。目前一些健康和健身俱乐部以及诊所已配有 BIA 设备。BIA 测试的结果可帮你确定本章其他技术所做测量的准确性。

科技应用

如果条件允许，请进行一次 BIA 测试。将 BIA 测试结果与本章其他自我评估的结果进行比较。如果没有条件做 BIA 测试，那么请对 BIA 测试做一些研究，并报告你的发现。

一种简单方法。进行本章的自我评估时，你将会看到，腰臀比通过使用卷尺测量你的腰围和臀围来确定。我们希望的状况是腰围比臀围小。

身体测量：腰围（周长）

腰围本身可作为健康风险的指标。有证据表明，腰围过大的人存在健康问题的风险。随着年龄的增长，人的腰部尺寸常常增大，导致更高的健康风险。因此，腰围是你可以终身使用的健康风险指标。

我的理想体重是多少？

学习了各种评估方法后，很多人都想知道自己的理想体重是多少。专家认为，不存在对所有人均适用的理想体重。换言之，不存在某种表格或测试为每个人提供最佳体重值。最好的方法是设定长期目标，努力让体脂水平保持在良好体质等级。一旦你的体脂达到自己满意的水平，请保持在良好体质等级，且经常测量体重，并保持现有体重（它有时称为"目标体重"）。保持目标体重并将体脂水平保持在良好体质等级，是你终身的健康目标。

如果你处于边缘体质或差体质，请制定计划，逐渐提升自己的体质等级。当你的体质很差时，试图直接达到良好体质等级是不现实的。差体质的人应试着上升到边缘体质水平。边缘体质者应试着上升至良好体质水平。如果你的体质已经处于良好等级，保持在该等级是比较合理的目标。

一些运动员和对体质有较高要求的职业从业人员可能处在"非常瘦"的等级，而一些人非常瘦是因为遗传。虽然一个非常瘦的人可能也是健康的，并拥有良好的体质，但过度瘦削并不一定是健康的迹象，而且对大多数人而言也不切实际。如本章前文所述，你的身体需要一定量的体脂（必需体脂），体脂过少会导致健康问题。体脂过少也可能是饮食失调的表现。饮食失调者虽然已经体脂过少，处于不健康的状态，但他们仍然试着减脂。如果你的脂肪过少，请通过增加脂肪来增重。所有人都应当保持健康的饮食习惯，特别是希望成为运动员或者从事对体质要求较高的工作的人。

作为终身自我评估计划的一部分，你可以监测自己的腰臀比和腰围，特别是在你难以准确测量体脂水平的情况下。这些测量数据是健康风险的有效指标。你也可以跟踪自己的BMI，因为医生常使用此标准。高分值意味着健康风险，但由于BMI并不能估算体脂量或瘦体重量，它可能把某些不超重、不肥胖的人误列为超重和肥胖者。BMI也有可能把体脂高于健康值的人列为体重"正常"者。身高－体重比例表也存在同样的问题。

评估的保密性

自我评估获得的信息可帮助受测者建立准确的个人档案并制定计划，使生活积极健康。自我评估的结果属于个人信息。在很多评估中，你会和同伴一起进行，而你和同伴应达成一致，对测试结果保密。在保密的前提下，评估信息可提交给教练、父母或监护人。未经受测者同意，不得将评估信息与他人分享。

脂肪有利于身体在水中产生浮力，因此残疾人可以在水中进行他们在陆地上无法进行的运动

课程回顾

1. 身体成分、超重和肥胖的含义分别是什么？
2. 影响身体成分的因素有哪些？
3. 神经性厌食症、暴食症和运动性厌食症的含义是什么？
4. 身体成分和体脂水平与健康有什么关系？
5. 测定身体成分的实验室和非实验室方法有哪些？

在前面的章节你学习了测定身体成分的方法。实验室方法最为准确，但它们通常需要昂贵的设备以及掌握如何正确使用设备的人。测量身高和体重是最常使用的非实验室方法，因为它们易于测量，而且对设备的要求不高。

此外，身体围度（如腰臀比和腰围）可用于评定健康风险，而皮褶厚度可用于估算体脂和评估健康风险。私下里测量是比较妥当的做法。你的体质分数属于个人信息，因此应当保密。你在给别人测量体脂时也应考虑他们的感受。请在教练的指导下记录你的结果。

身高－体重比例表

1. 在表 13.1 中找到你的性别对应部分。在左栏找到你的身高（最接近的英寸数），并在顶行找到你的年龄。身高行和年龄列相交处即为你的性别、身高和年龄所对应的"正常"体重范围。

2. 记录与你的性别、年龄和身高对应的体重范围。

表 13.1　用磅表示的正常体重范围

男性					女性				
身高		年龄（岁）			身高		年龄（岁）		
英尺	英寸	13～14	15～16	17～20	英尺	英寸	13～14	15～16	17～20
4	6	69～72			4	6	73～76		
4	7	73～76			4	7	76～79		
4	8	78～81			4	8	79～82		
4	9	82～85	82～85		4	9	86～89	91～94	
4	10	87～90	87～90		4	10	91～94	98～101	99～102
4	11	88～91	88～91		4	11	96～99	102～105	104～107
5	0	89～92	97～100	101～104	5	0	104～107	106～109	109～112
5	1	97～100	101～104	106～109	5	1	105～108	109～112	113～116
5	2	100～103	106～109	114～117	5	2	106～109	112～115	116～119
5	3	106～109	111～114	121～124	5	3	110～113	115～118	120～123
5	4	113～116	115～118	124～127	5	4	115～118	120～123	125～128
5	5	116～119	120～123	129～132	5	5	119～122	124～127	129～132
5	6	120～123	126～129	134～137	5	6	126～129	128～131	134～137
5	7	126～129	132～135	137～140	5	7	127～130	131～134	137～140
5	8	130～133	135～138	140～143	5	8	128～131	135～138	143～146
5	9	135～138	139～142	147～150	5	9	129～132	137～140	148～151
5	10	141～144	142～145	149～152	5	10	130～133	139～142	153～156
5	11	146～149	149～152	152～155	5	11		142～145	158～161
6	0	151～154	152～155	156～159	6	0		146～149	163～166
6	1		158～161	162～165					
6	2		160～163	167～170					
6	3			177～180					

英寸转换为厘米请乘以 2.54（1 英尺 = 12 英寸）。磅转换为千克请乘以 0.45。

腰臀比（男性和女性）

1. 在臀部最宽的位置测量（臀部的最大周长）。确保卷尺在前部、后部和侧面都处于同一水平（与地面平行）。卷尺应贴身，但不应太紧，否则会产生皮肤压痕（不要使用松紧带来测量）。测量时双脚并拢。

2. 在腰部最细的位置测量（称为"自然腰"）。如果没有自然腰，请在肚脐水平测量。在正常吸气后测量（正常吸气结束时）。不要为了让腰部更细而收腹。这种测量方法与单独测量腰围所用方法略有不同。

3. 将腰围除以臀围得到腰臀比。

4. 在表13.2中找到你的腰臀比，以确定你的等级。

5. 记录下你的臀部和腰部的测量结果以及等级。

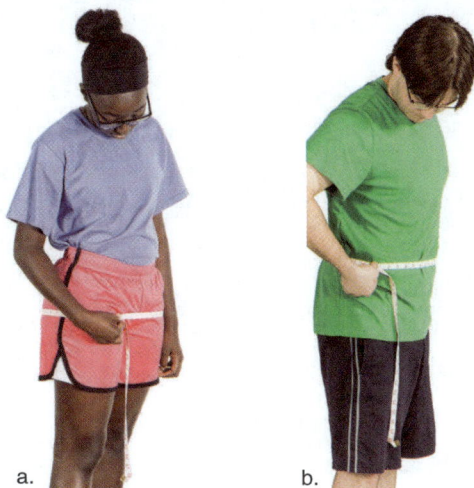

测定腰臀比时请测量 a. 你的臀部和 b. 你的腰部

表 13.2　等级表：腰臀比

	男性	女性
良好体质	≤ 0.90	≤ 0.79
边缘体质	0.91 ～ 1.0	0.80 ～ 0.85
差体质	≥ 1.1	≥ 0.86

腰围（周长）

1. 刚好在髋骨顶端以上位置测量你的腰部。在你每侧的髋骨顶端做记号，并刚好在记号上方持卷尺测量。

2. 正常吸气后测量（正常吸气结束时）。不要为了让腰更细而收腹。测量时卷尺应与地面平行。

3. 用表 13.3 确定你的等级。

4. 记录下你的腰围和等级。

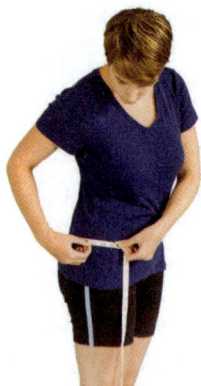

通过测量髋骨以上的腰部来确定腰围

表 13.3　等级表：用英寸表示的腰围

年龄(岁)	12	13	14	15	16	17	≥ 18
男性							
良好体质	≤ 28.9	≤ 29.9	≤ 30.9	≤ 31.9	≤ 32.9	≤ 33.9	≤ 34.9
边缘体质	29.0～33.4	30.0～34.4	31.0～35.9	32.0～37.4	33.0～38.4	34.0～39.9	35.0～41.4
差体质	≥ 33.5	≥ 34.5	≥ 36.0	≥ 37.5	≥ 38.5	≥ 40.0	≥ 41.5
女性							
良好体质	≤ 28.9	≤ 29.9	≤ 30.9	≤ 31.9	≤ 32.4	≤ 33.4	≤ 34.4
边缘体质	29.0～32.4	30.0～33.9	31.0～34.9	32.0～35.9	32.5～38.4	33.5～38.4	34.5～39.9
差体质	≥ 32.5	≥ 34.0	≥ 35.0	≥ 36.0	≥ 38.5	≥ 38.5	≥ 40.0

英寸换算为厘米应乘以 2.54（1 英尺 = 12 英寸）。

皮褶测量

皮褶测量需要使用特殊的卡尺，卡尺的使用需要专门的培训。由专业人士正确进行的皮褶测量可以提供体脂水平的准确估测数据。为获得最佳结果，我们使用较贵的卡尺；但研究表明，便宜的塑料卡尺（这里图中使用的即是）只要由训练有素的专业人员正确使用，也可以测量得十分准确。可以在身体的多个部位进行测量，而本书中选择测量小腿肌肉和肱三头肌，因为测量它们较为容易。

请根据以下步骤完成各项测量，并确定你在每项评估中的等级。你可以用皮褶测量来估算你的体脂百分比并确定你的目标体重。青少年的上臂后侧（肱三头肌）和小腿的测量数据可用于准确估计体脂百分比。如可行，请由专业人士进行测量，否则请和同伴互相测试。通过练习，你和同伴都可以提高自己的测量技术。将你的测量结果与专家的测量结果相比较，可以帮助你确定你测量的准确度。如果你与同伴一起进行测量，请记住，自我评估信息是保密的个人信息；未经受测者同意，不得将该信息与他人分享。

测量肱三头肌皮褶时，请在右臂后侧中间，即肘部和肩部连线的中点处拿捏皮褶。手臂应悬垂并在体侧放松。

测量小腿皮褶时，受测者应站立并将其右脚放在椅子上。在右小腿内侧拿捏皮褶，位置在胫骨和小腿后方之间的中点，此处小腿围度最大。

1. 用你的左手拇指和食指拿捏皮褶，但不要用力挤压它。

2. 左手捏住皮褶，右手使用卡尺进行测量。

3. 将卡尺置于皮褶上，在你拇指和食指下约1.3厘米处。卡尺在皮褶上保持3秒，然后记下读数。如可

行，卡尺读数精确到0.5毫米。

4. 对肱三头肌和小腿皮褶各做3次测量。每次测量的间隔至少10秒。取3次测量的中间测量值作为分数。例如，如果测量值是8、9和10，则应取9。如果3次测量值的差异超过2毫米，则再做一组甚至两组各3次的测量。

5. 现在确定你的体脂百分比和体脂等级。把你的肱三头肌和小腿测量的分数加在一起，得到以毫米计的总分数，然后根据该总分数参照表13.4估算你的体脂百分比。请使用与你的性别对应的表格，找到你的皮褶总分数。右边的数字是你的体脂百分比。例如，如果你是男性，而你的皮褶总分是26，那么你的体脂百分比是21。

6. 确定你的体脂百分比后，请根据表13.5确定你的体脂等级。

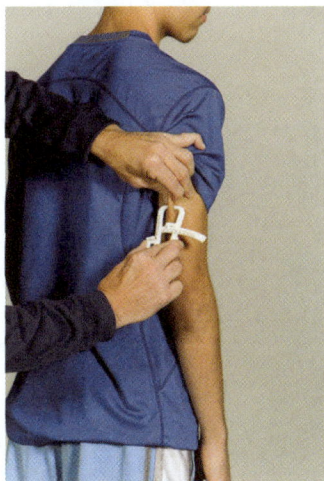

a.

b.

皮褶测量：a. 肱三头肌；b. 小腿

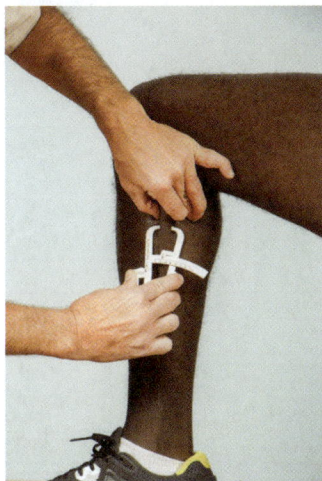

表 13.4　皮褶与体脂百分比

总分（毫米）	体脂百分比	总分（毫米）	体脂百分比	总分（毫米）	体脂百分比	总分（毫米）	体脂百分比	总分（毫米）	体脂百分比	总分（毫米）	体脂百分比
男性											
5	6	15	13	25	20	35	28	45	35	55	42
6	7	16	14	26	21	36	28.5	46	36	56	43
7	7.5	17	14.5	27	21.5	37	29	47	36.5	57	43.5
8	8	18	15	28	22	38	30	48	37	58	44
9	9	19	16	29	23	39	30.5	49	37.5	59	44.5
10	10	20	17	30	24	40	31	50	38	60	45
11	10.5	21	17.5	31	25	41	32	51	39		
12	11	22	18	32	26	42	33	52	39.5		
13	11.5	23	18.5	33	26.5	43	33.5	53	40		
14	12	24	19	34	27	44	34	54	41		
女性											
5	7	15	14	25	21	35	29	45	36	55	43
6	8	16	15	26	22	36	29.5	46	37	56	44
7	8.5	17	15.5	27	22.5	37	30	47	37.5	57	44.5
8	9	18	16	28	23	38	30.5	48	38	58	45
9	10	19	17	29	24	39	31	49	38.5	59	45.5
10	11	20	18	30	24.5	40	32	50	39	60	46
11	12	21	18.5	31	25	41	33	51	40		
12	12.5	22	19	32	26	42	34	52	40.5		
13	13	23	19.5	33	27	43	34.5	53	41		
14	13.5	24	20	34	28	44	35	54	42		

源自：Reprinted by permission, from Dr. Tim G. Lohman, Department of Exercise and Sport Science, University of Arizona.

表 13.5　等级表：体脂

	年龄（岁）					
等级	13	14	15	16	17	18 及以上
男性						
非常瘦	≤ 7.7	≤ 7.0	≤ 6.5	≤ 6.4	≤ 6.6	≤ 6.9
良好体质	7.8 ～ 22.8	7.1 ～ 21.3	6.6 ～ 20.1	6.5 ～ 20.1	6.7 ～ 20.9	7.0 ～ 22.2
边缘体质	22.9 ～ 34.9	21.4 ～ 33.1	20.2 ～ 31.4	20.2 ～ 31.5	21.0 ～ 32.9	22.3 ～ 35.0
差体质	≥ 35.0	≥ 33.2	≥ 31.5	≥ 31.6	≥ 33.0	≥ 35.1
女性						
非常瘦	≤ 13.3	≤ 13.9	≤ 14.5	≤ 15.2	≤ 15.8	≤ 16.5
良好体质	13.4 ～ 27.7	14.0 ～ 28.5	14.6 ～ 29.1	15.3 ～ 29.7	15.9 ～ 30.4	16.6 ～ 31.3
边缘体质	27.8 ～ 36.2	28.6 ～ 36.7	29.2 ～ 37.0	29.8 ～ 37.3	30.5 ～ 37.8	31.4 ～ 38.5
差体质	≥ 36.3	≥ 36.8	≥ 37.1	≥ 37.4	≥ 37.9	≥ 38.6

能量平衡

课程目标

学完本课，你将能够：

1. 解释如何使用 FIT 规则控制脂肪；
2. 描述做各种体育运动分别消耗多少热量；
3. 解释体育运动如何帮助人们保持健康的体脂水平；
4. 列举出有关脂肪控制的一些常见错误观念。

课程词汇

热量、热量消耗、热量摄入、能量平衡

你平常一天中消耗和摄入多少热量？人的主要健康目标之一便是在一生中达到并维持可接受的体脂水平。为此，你必须平衡摄入和消耗的热量。本课中，你将学习脂肪控制的 FIT 规则以及增重和减脂的合适运动。

能量平衡

"卡路里"一词仅为过去的热量单位。实际术语是"卡"或"千卡"（描述食物中的热量），当谈到饮食及营养时，通常用"卡路里"一词。能量平衡指平

摄入能量　　　　消耗能量

图 13.3　平衡能量摄入和能量消耗对于维持健康体重至关重要

健身小知识

1 磅脂肪含有 3500 卡路里。因此，在特定时间段内比正常情况少吃 3500 卡路里或者通过体育运动比正常情况多燃烧 3500 卡路里，都可以使你减重 1 磅（约 0.5 千克）。摄入食物中的卡路里多于身体消耗的卡路里将导致增重。因此，在特定时间段内比正常情况多吃 3500 卡路里或者体育运动比正常情况少消耗 3500 卡路里，都可以使你长出 1 磅的脂肪。

衡热量的摄入和消耗（图 13.3；又见图 13.4，并注意运动金字塔顶端的能量天平）。热量摄入是你摄入食物中的焦耳数或总能量，热量消耗是你在身体活动中消耗的焦耳数。如果你从食物中摄入的热量多于活动中消耗的热量，你的体重会增加，因为多余的热量以脂肪的形式储存在体内。如果你消耗的热量多于摄入的热量，你的体重会下降。当你平衡摄入和消耗的热量时，你便可维持当前的体重。

FIT 规则

饮食和体育运动对脂肪的控制都很重要。因此，这两种活动都存在目标区间，如表 13.6 所示。

增重

正确的体育运动与饮食相结合，是增重的最佳方法。力量运动和肌肉耐力运动可以帮助你增重。用于增肌的抗阻运动对增重非常有效，因为肌肉的重量大于脂肪。

每一种体育运动都可以燃烧热量。因此，当你经常运动时，你需要增加热量摄入才能增重。但你不需要什么特别的饮食或者服用蛋白质补品。你只需采取含更多热量的均衡饮食即可。

体育运动和热量

你也许想知道各种运动可以燃烧多少热量。表 13.7 列出了做某些高强度的休闲运动时每小时燃烧的大致热量数。依据该表格，找出与你自身体重最接近的体重值。如果你的体重超过最接近的体重值，请就超出部分每 10 磅（约 4.5 千克）在所列热量数的基础上增加 5%。如果你的体重低于最接近的体重值，请就不足部分每 10 磅从所列热量数中减去 5%。依据该表格，确定哪些体育运动最适合燃烧热量，然后看看你对哪些运动比较感兴趣。

表 13.6　脂肪控制的 FIT 规则

	饮食 *	体育运动 **
频率	每天吃三餐主食或四至五餐小食。有规律的适度饮食对减脂最有帮助。不吃饭和吃零食一般没有效果	每天参加体育运动。经常性的体育锻炼对减脂最有帮助。体育运动时间过短或无规律对控制体脂效果甚微
强度	为减去 1 磅（约 0.5 千克）脂肪，你需要在特定时间段内比正常情况下少吃 3500 卡路里。 为增加 1 磅（约 0.5 千克）脂肪，你需要在特定时间段内比正常情况下多吃 3500 卡路里。 为保持体重，你必须在特定时间段内保持相同的热量摄入量	为减去 1 磅（约 0.5 千克）脂肪，你需要在特定时间段内比正常情况下多消耗 3500 卡路里。 为增加 1 磅（约 0.5 千克）脂肪，你需要在特定时间段内比正常情况下少消耗 3500 卡路里。 为保持体重，你必须在特定时间段内保持相同的运动量
时间	单一的饮食改变或体育运动对减脂都没有立竿见影的效果。医学专家建议人们在无医学监督的情况下每周减重不超过 2 磅（约 1 千克）	饮食与体育运动相结合，可以安全地每周减重 1～2 磅（约 0.5～1.0 千克）

* 假定饮食习惯保持连续性。
** 假定体育运动保持连续性。

表 13.7　热量消耗

	基于体重的每小时热量消耗（单位：卡）				
	100 磅 （45 千克）	120 磅 （54 千克）	150 磅 （68 千克）	180 磅 （82 千克）	220 磅 （91 千克）
背包 / 徒步旅行	307	348	410	472	513
羽毛球	255	289	340	391	425
棒球	210	238	280	322	350
篮球（半场）	225	240	300	345	375
骑自行车（常速）	157	178	210	242	263
保龄球	155	176	208	240	261
独木舟（6.5 kph）	276	344	414	504	558
循环训练	247	280	330	380	413
舞蹈（芭蕾 / 现代）	240	300	360	432	480
舞蹈（有氧）	300	360	450	540	600
舞蹈（交际）	174	222	264	318	348
健美体操	232	263	310	357	388
美式足球	225	255	300	345	375
高尔夫球（步行）	187	212	250	288	313
体操运动	232	263	310	357	388
骑马	180	204	240	276	300
间歇训练	487	552	650	748	833
慢跑（9 kph）	487	552	650	748	833
柔道 / 空手道	232	263	310	357	388
短柄墙球 / 手球	450	510	600	690	750
跳绳（连续）	525	595	700	805	875
跑步（16 kph）	625	765	900	1035	1125
滑冰（真冰或旱冰）	262	297	350	403	438
滑雪（越野）	525	595	700	805	875
滑雪（滑降）	450	510	600	690	750
英式足球	405	459	540	575	621
垒球（快掷）	210	238	280	322	350
游泳（慢游）	240	272	320	368	400
游泳（快游）	420	530	630	768	846
网球	315	357	420	483	525
排球	262	297	350	403	483
步行	204	258	318	372	426
负重训练	352	399	470	541	558

体育运动和减脂

减脂的最佳方法是在定期做体育运动的同时保持健康的饮食习惯。研究表明，减少热量摄入但不增加运动的人不仅会减脂，也会使肌肉含量下降。而既加强体育运动又减少热量摄入的人主要减去的是脂肪。运动金字塔（图 13.4）所有层级的体育运动对控制体脂水平和保持能量平衡都是有用的。

中等强度体育运动

中等强度体育运动对长期的脂肪控制非常有效。实际上，研究表明，中等强度运动在减脂方面与有组织的竞技运动及比赛一样有效，而且对永久减脂甚至更有效。你可以相对长时间地做中等强度运动，因而可消耗很多热量。

高强度有氧运动

由于高强度有氧运动比中等强度运动的强度更高，在这种运动中，你可以在短时间内消耗更多的热量。高强度有氧运动一般是连续性的，因此整个运动期间你都在消耗热量。高强度有氧运动可以维持相对较长的时间，所以其潜在消耗的热量非常可观。

高强度竞技运动和休闲运动

与高强度有氧运动类似，高强度竞技运动和休闲运动比中等强度运动的强度更高，因此在单位时间内比中等强度运动消耗的热量更多。你的运动方式不同，消耗的热量也不同。例如，投篮运动消耗的热量通常比打全场篮球要少。运动的强度越大，在同等时间内消耗的热量就越多。

肌肉适能训练

肌肉适能训练消耗的热量非常可观，因此对维持健康的体脂水平很有帮助。此外，你在这些运动中增加的额外的肌肉组织可以在你休息时帮助你消耗更多的热量。

柔韧性练习

柔韧性练习消耗的热量少于运动金字塔中其他4类运动，但其比休息时消耗的热量多，而任何高于正常水平的热量消耗都可以帮助你控制体脂。

图 13.4 运动金字塔中的运动可消耗热量，促进能量平衡

计算你的每日热量消耗

如果记录下你每天做的所有运动，你就能确定你每天总的热量消耗量。请在老师的指导下每天做记录。记录下你一整天的运动后，就可以计算出每天的热量消耗量，并将其与每天的热量摄入量做对比。为了保持体重，你消耗的热量应等于摄入的热量；为了减肥，你消耗的热量必须多于摄入；而为了增重，你摄入的热量必须大于消耗。

关于减脂的错误观念

一些人对体育运动和减脂持有错误的观念。请阅读表 13.8 了解这些错

健身小知识

如果你保持正常的热量摄入并每天打 30 分钟网球以增加运动量，一年里将减肥 16 磅（约 7 千克）。如果你每天快步走 15 分钟，而不是整天看电视，一年里将减去 5～6 磅（约 2.5 千克）。相反，如果你每天坐 15 分钟，而不是用 15 分钟步行，一年里将增加 5～6 磅。

误观念并学习关于减脂的真相。无论你现在的身体状况怎样，经常性的体育运动和正确的饮食习惯将帮助你控制体脂。身体健康时，你会更漂亮，自我感觉更佳，而且你的健康问题会比体脂高、不健康的人更少。

表 13.8　关于减脂的错误观念和真相

错误观念	真相
运动对减脂没有效果，因为减去 1 磅（约 0.5 千克）的脂肪就需要很多小时的运动	在热量摄入保持不变的情况下，通过经常性的体育运动，你可以逐渐减掉身体的脂肪。通过体育运动实现的减脂效果往往比仅仅通过饮食实现的减脂更持久
运动不能帮助你减脂，因为它让你更饥饿，吃得更多	如果你适度运动，而不是久坐不动，你的饥饿感不会增加。即使中等强度甚至高强度的体育运动，也不会使饥饿感增加到使你过度饮食的程度。过度饮食往往是由于其他原因，比如习惯、焦虑、无营养垃圾食品等
体脂过高的大多数人都存在腺体疾病	虽然确实有部分人存在腺体疾病，但大多数人体脂高是因为吃得太多或运动太少，或两者都有
你可以定点减肥，即运动某一个身体部位以减掉该部位的脂肪	任何消耗热量的运动都会使身体的总体脂肪堆积量减小。特定运动不会使某部位的脂肪比另一个部位减得更快

课程回顾

1. 你如何使用 FIT 规则控制体脂水平？
2. 你最常进行的 5 种体育运动能消耗多少热量？
3. 体育运动如何帮助你保持健康的体脂水平？
4. 关于脂肪控制有哪些常见的错误观念？实际情况又是怎样的？

自我负责：改善对身体的自我感知

每个人对自己都有心理印象。如果你认为你在某类运动中表现很好，你就有可能参加该运动。但如果你对做某一运动时的表现或能力水平感到尴尬，你可能会避免再参与该运动。以下是自我身体感知的两个不同的例子。

暑假后，迈克尔不太想回到学校。在过去几个月他所有的朋友似乎都长高了，但他没有。迈克尔觉得尴尬，也有点嫉妒，尽管他的朋友好像都没有注意到他的情况。当然，他的身高没有影响他打网球的水平。实际上，他的朋友们仍然称他为"球场国王"，因为他总是赢。

劳尔是班上最矮的学生之一，但他的身高没有影响他参加活动。他知道自己不是一个优秀的篮球选手，但他仍然喜欢在学校里与朋友一起打篮球。他还发现身高对他的徒步旅行无影响，也不会妨碍他成为一名优秀的摔跤手。

讨论

迈克尔因为他的身高而对自己形成负面的感知。他如何才能改变对自己的负面感知呢？劳尔是怎样保持积极的自我感知的？还有哪些方法可以帮助人培养积极的自我感知？回答以上讨论问题时请考虑"自我管理"一节中的指导。

自我管理：提高自我感知的技巧

自我感知是对自己的思想、行为或外表的见解。它与你认为其他人如何看待你有关。自我感知分为多种，包括学术感知、社交感知和艺术感知等。本书讨论自我身体感知，即你对自己身体的看法。

力量、健康水平、技能和外表吸引力是自我身体感知的 4 大方面。自我身体感知良好的人对他们当前的力量和健康水平感到满意。他们觉得自己的技能也达到一定水平，而且对自己的外表充满自信。我们知道，自我身体感知较为积极的人比不积极的人更有可能养成多运动的习惯。你可以使用以下指导原则保持或改善自己的身体感知。

- **评估你的自我身体感知。** 评估时可以使用老师提供的工作表。

- **考虑你的自我评估结果。** 使用自我评估工作表确定你的自我身体感知是否在某些方面非常低，比如在力量、健康水平、技能或外表吸引力方面。

- **定期进行体育运动以改善身体素质或者定期练习以提高运动技能。** 定期的体育运动可以让你的外表更精神，而学习技能可以帮助你取得最佳运动表现。

- **考虑用新的方式看待你自己。** 人们常常给自己设定不现实的标准，例如想变得像电视或电影中的某某人一样。但你应明白，电视或电影中的那些人在现实生活中是另一种形象。实际上，他们的外表经特殊照相机和计算机程序的处理而得到了改观。而且你不知道电影明星是否有饮食失调问题或者不良的健康习惯。请考虑你的遗传因素，并给自己设定现实的标准。

- **积极地思考。** 几乎所有人都有他们想改变的一些外表特征。但研究表明，人们在自己身上不喜欢的地方在别人眼里却往往不是问题。你是自己最坏的批评家，而积极思考可以帮助你以更积极的方式看待自己。

- **不要因为少数冷漠无情的人的行为而对自己持负面消极感。** 有些人总是不考虑他人的感受。这种人常常对自己印象很差，所以想通过贬低别人来增强自己的自信。你应明白，这些人对你的批评其实是他们的问题，而不是你的。

- **考虑你自己的行为和行动如何影响他人对你的看法。** 开朗和友好的态度与你的外表特征一样可以提升他人对你的印象。

- **意识到没有人是完美的。** 应尝试着发扬自己的优点并克服自己的缺点。

- **寻找现实的榜样角色，并成为他人的榜样。** 与其试着成为与你完全不同的人，不如找到你钦佩的人。这样的人应具有你在现实生活中需要培养的品质。而且你要知道，你把他人当作榜样，他人也会把你当作榜样。成为他人的积极榜样，能让你对自己的看法更积极乐观。

⚙️ 学术关联：四分位数

有多种统计学方法可用于描述一群人的分数。"四分位数"一词用于描述一个集群的每一等分的分数。下例中，每个数字代表36名15岁女孩的腰围测量中每人的测量分数（以英寸表示）。这些数据分布被分为多组四分位数（每组占25%，用不同的颜色表示）。

15岁女孩腰围的良好等级是32英寸及以下。哪种颜色的四分位数包括了良好等级的分数？腰围处于良好等级的女孩所占百分比是多少？腰围分数不在良好等级的女孩所占百分比又是多少？

15岁女孩的腰围分数（英寸）分布

						34									
					33	34	35								
				32	33	34	35	36							
		28		30	32	33	34	35	36	37	38	39	40		
27	28	29	30	32	33	34	35	36	37	38	39	40	41	42	43

核对你的答案

红色四分位数包括了良好体质等级的分数，因此有 25% 的女孩处于良好体质等级。这也意味着有 75% 即三组四分位数的女孩不在良好体质等级。

肌肉适能运动可以在三个方面帮助你保持健康的身体成分比例。第一，它能增强肌肉，改善你的体形。第二，它能消耗热量，帮助你实现能量平衡。第三，通过抗阻运动增加的额外肌肉，使你即使在休息时也能消耗更多热量。

请行动起来，完成弹力绳抗阻运动组合。弹力绳价格便宜且易于携带，而且使你轻松锻炼身体各处肌肉。弹力绳适合所有体质水平的人，而且能帮助你改善整体的协调性和肌肉适能。做弹力绳运动时请考虑以下指导建议。

- 选择弹力绳时请确保它的长度适合你的身高，而且不存在裂纹或其他磨损痕迹。
- 选择阻力合适的弹力绳，以便你按照推荐的组数和次数进行运动。
- 你也可以做利用自重的抗阻运动，以增加运动的多样性并建立有效的运动组合。

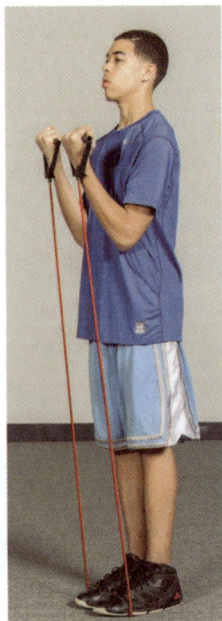

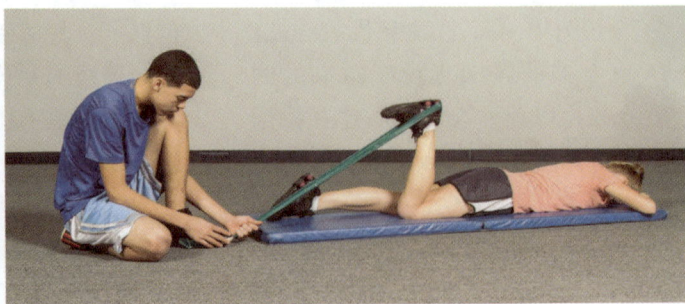

做弹力绳运动

概念和词汇回顾

在老师的指导下解答 1 至 5 题。用词汇或短语填写句子的空白。

1. 用于描述体脂水平过高者的术语是_____。

2. 一种被称为暴食的进食障碍称为_____。

3. 健康所需最小体脂含量称为_____。

4. 患有_____的人认为自己太胖，即使他们非常瘦。

5. 保持摄入的热量与消耗的热量相等称为_____。

在老师的指导下解答 6 至 10 题。将第 1 列中的每一项与第 2 列中合适的短语配对。

6. 代谢综合征   a. 身体成分的最佳衡量标准

7. 卡尺   b. 用于测量皮褶

8. DXA   c. 与健康风险因素相关的疾病

9. 运动性厌食症   d. 你的身体用以维持生存的能量

10. 基础代谢率   e. 在运动员中最常见的饮食失调

在老师的指导下解答 11 至 15 题。对每条陈述或问题进行回答。

11. 讨论 3500 卡路里对于保持健康的身体成分而言的重要性。

12. 进行身体成分评估时为什么需要保密？

13. 维持必需体脂的重要性在哪里？

14. 举出有关减脂的一种错误观念，并解释为什么它是错误的或误导性的。

15. 改善自我身体感知的指导性建议有哪些？

批判性思考

每年人们在无效的减肥和增肌产品上花费数十亿美元。请在报纸、流行杂志或网站上找到一则减肥产品的广告。阅读该广告并列出其声明。在与本章提供信息相符的声明旁打钩，看起来虚假或可疑的声明旁打叉。写一段话评价该广告。

项目

美国政府为每一个州和部分城市提供了肥胖率的排名信息。请制作一张海报，将你所在城市或州的肥胖率与美国平均的肥胖率做对比。请列出你所在州当前排名的 5 大决定因素。

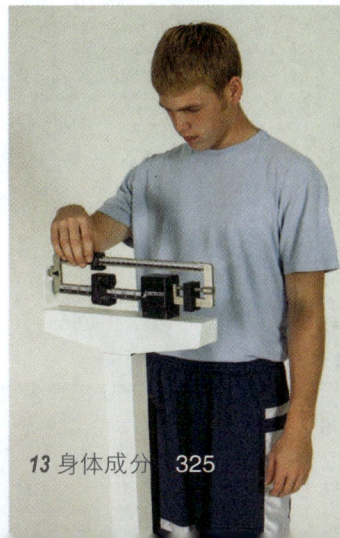

14

体育运动方案的规划

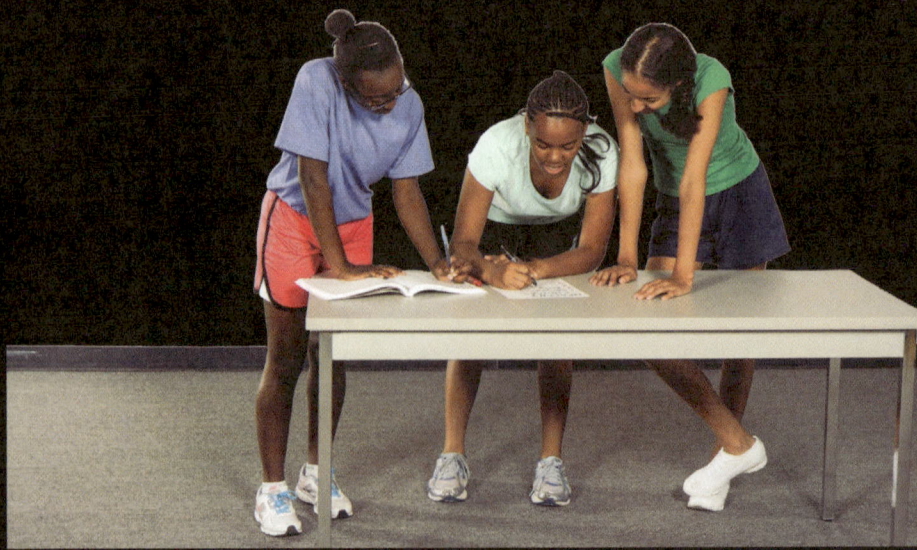

第 14.1 课
体育运动和身体素质评估

课程目标

学完本课，你将能够：

1. 解释如何使用体质档案制定个人健身计划；
2. 列出制定全面的个人健身计划的 5 个步骤；
3. 列出体育运动提高学习成绩的若干原因。

课程词汇

认知技能、体质档案

你有没有制定个人健身和体育运动计划？在其他章节中，你了解了方案规划的 5 个步骤，学习了对增强各项身体素质所适合的运动方式，并对运动金字塔中 5 类运动都分别制定了计划。在本章第一部分，你将使用你曾经的计划来制定全面的个人健身计划。首先，请阅读艾丽西娅制定的全面计划，然后参考老师提供的工作表制定你自己的计划。

第 1 步：确定你的个人需求

根据之前的方案规划过程，收集信息是做出正确决定和制定有效计划的第 1 步。现在你要建立全面的体质档案和运动档案来帮助自己确定需求和兴趣。请参照你在课程中所做的多项自我评估。

体质档案是对自我评估结果的简要总结，它帮助你确定个人需求。图 14.1 是 15 岁的艾丽西娅的体质档案。要建立体质档案，应首先列出你做过的所有的体质自我评估，然后记录你各项评估的分数和等级。你的档案格式应与艾丽西娅的类似。

艾丽西娅认为自己已达到中等强度

和高强度运动的美国国家运动目标，并已在这些目标旁打钩（图 14.2）。她步行上学，每周两天慢跑，以帮助自己实现目标。艾丽西娅没有定期做任何肌肉适能训练和柔韧性练习，而且在过去一周内也未做上述运动。在肌肉适能训练和柔韧性练习方面，她没有达到美国国家运动目标，因此她没有在这些目标旁打钩。她也没有参加体育课，所以在学校里未做过任何 10 分钟以上的体育运动。请使用类似于艾丽西娅所用的表格制作书面的运动档案。列出你定期进行的运动并回答与美国国家运动目标相关的问题。

健身小知识

每年都有专业机构对高中生进行调查以确定他们的运动水平。调查人员询问青少年是否达到了中等强度运动、高强度运动和肌肉适能训练的国家运动目标。这些问题类似于你制作运动档案时询问你自己的问题。

第 2 步：考虑你的方案选项

艾丽西娅制作了一份运动清单，列出了她制定计划时要考虑的若干种运

自我评估	等级
心肺耐力	
PACER	良好体质
踏步测试	良好体质
步行测试	良好体质
1 英里跑	边缘体质
肌肉适能	
仰卧起坐	良好体质
俯卧撑	边缘体质
1RM 手臂推举（每磅体重）	良好体质
1RM 腿部推举（每磅体重）	边缘体质
肌肉耐力	
握力（左手）	边缘体质
握力（右手）	良好体质
立定跳远	边缘体质
掷实心球	良好体质
身体成分	
体重指数（BMI）	良好体质
身高－体重	良好体质
皮褶厚度	良好体质
腰臀比	良好体质
腰围	良好体质
柔韧性	
护背式屈体前伸	差体质
躯干抬升	边缘体质
手臂、腿和躯干柔韧性	边缘体质

图 14.1 艾丽西娅的体质档案

动。她已经在做一些步行和慢跑运动，但她没有做任何肌肉适能训练和柔韧性练习。她的清单中包括了她当前的运动以及她认为自己喜欢的并有可能定期进行的运动金字塔中的其他运动。清单如下：

中等强度体育运动
- 步行上下学
- 额外的步行运动
- 庭院劳动
- 骑自行车

高强度有氧运动
- 继续当前的慢跑运动
- 额外的慢跑运动
- 有氧舞蹈课程

高强度竞技运动和休闲运动
- 排球
- 网球

肌肉适能训练
- 弹力绳运动
- 跳绳

柔韧性练习
- 静态拉伸
- 瑜伽

请做一份与艾丽西娅所做的相似的清单。你当前已经在做的运动以及其他类型的中等强度运动、高强度运动（包括高强度的有氧运动、竞技运动和休闲运动）、肌肉适能训练和柔韧性练习都应纳入考虑范围。在选择运动方式时，应考虑各项运动对健康以及身体素质的益处。

第3步：设定目标

设定 SMART 目标可以帮助你制定全面的健身和体育运动计划，以满足个人需求。首先，请考虑你为什么制定计划？你的主要兴趣在哪里？是改善身心健康还是提高体质水平以参加某种竞技运动？

例如，艾丽西娅对健康感兴趣，但也想加入排球队。她首先要加入排球俱乐部练习技能，从而在排球季到来时能成功加入该团队。

接下来，请考虑你的体质和运动档案。如果你身体素质的某一方面较差，你可以在该方面努力改善。如果你在某一类运动项目上未达到国家运动指导标准，你可以增加该运动的运动量。艾丽西娅在柔韧性和肌肉适能方面只达到边缘等级，而且她的柔韧性练习和肌肉适能训练都未达到美国国家指导标准。

在前面的计划中，你只专注于体育运动目标，因为你仅仅在学习如何做计划，只为短期目标制定短期计划。但现在你更有经验了，可以针对长期目标，包括身体素质目标制定长期计划。

如图 14.3 所示，艾丽西娅选择了改善其弱项的体育运动（过程）和体质目标（成果）。具体来说，柔韧性练习改善她的柔韧性，肌肉适能训练改善她的肌肉适能和排球竞技表现。艾丽西娅想继续走路上学，因为这是她的中等强度运动，而她在以后的人生中也能坚持下去。她打算放弃每周两天的慢跑，从而可以在周二和周四参加排球俱乐部。她感觉排球俱乐部的高强度运动可以达到和慢跑一样的效果。另外她还计划把网球运动作为一种休闲娱乐。跳绳是她的热身活动，在她做肌肉适能训练之前进行，而且跳绳可以增强她腿部的爆发力。

艾丽西娅把她的部分运动目标设为八周的长期目标。她这样做是因为她一直走路上学，她有信心自己能坚持这一习惯。她还给自己的排球俱乐部活动设

	是	否
你是否每周 2～3 天做增强柔韧性的拉伸运动？	☐	☑
你是否每周 2～3 天做肌肉适能训练？	☐	☑
你是否每周 3 天做高强度竞技运动和娱乐运动？	☑	☐
你是否每周 3 天做高强度有氧运动？	☑	☐
你是否每周 5 天做中等强度的体育运动？	☑	☐

图 14.2　艾丽西娅的体育运动档案

能量平衡

第5级
柔韧性练习

第4级
肌肉适能训练

第3级
高强度竞技运动和休闲运动

第2级
高强度有氧运动

第1级
中等强度体育运动

体育运动目标	天数		周数
长期目标			
1. 上下学快步走	3	每天30分钟（单程15分钟）	8
2. 排球俱乐部活动	2	放学后60分钟	8
3. 拉伸	2	做2组，每组2次，保持拉伸姿势30秒（排球俱乐部活动后，在肌肉仍温热时进行）	8
短期目标			
1. 跳绳热身	3	5分钟，每跳30秒后步行15秒	2
2. 抗阻固定器械运动	3	2组，每组10次，1RM的60%	2
3. 放松练习	3	5分钟步行	2
4. 跳绳热身	1	5分钟，每跳30秒后步行30秒	2
5. 网球	1	60分钟	2
6. 放松练习	1	5分钟步行	2

身体素质部分	目标	完成日期
1. 提高俯卧撑得分	8个	11月15日（8周）
2. 提高腿部推举得分	每磅体重1.75磅（约0.8千克）	11月15日（8周）
3. 提高护背式屈体前伸得分	12英寸（约30厘米）	11月15日（8周）
4. 提高手臂、腿和躯干的柔韧性得分	得8分	11月15日（8周）

图14.3 艾丽西娅的运动和体质目标

定了八周的目标。她认为自己能坚持该活动八周，因为该活动对于她增强技能和加入排球队很重要。她为肌肉适能、柔韧性和网球运动设定了两周的短期目标。她希望按计划进行这些新的运动，以判定计划是否合理。如有必要，她打算两周后修改她的短期运动目标。她把跳绳也包含在计划中，作为肌肉适能训练前的热身活动。艾丽西娅并没有在计划中包括她运动清单中的所有运动，因为她希望现实一点。她为两项肌肉适能评估和两项柔韧性评估设定了体质目标，并希望在八周内达到这些体质目标（长期目标），因为她知道改善体质需要数周才能见效。请使用类似于艾丽西娅所用的表格（图14.3）设定你自己的SMART体育运动目标和身体素质目标，包括短期和长期目标。

第4步：梳理你的计划并写下来

艾丽西娅设定目标后制作了一张日程表。日程表中包括了她在第3步中列为目标的所有运动项目（图14.4）。艾丽西娅选择了一周中最适合她运动的日期。她选择在周一、周三和周五跳绳和做肌肉适能训练，因为那些天放学后学校的健身中心开放。排球俱乐部活动在周二和周四进行，她计划在排球俱乐部活动后，当肌肉仍温热时做柔韧性练习。而且，柔韧性练习也是排球俱乐部活动后很好的放松练习。她还计划在周六早晨打网球，但周日不做运动。

在另一张表格中，艾丽西娅列出了她的柔韧性练习和肌肉适能训练（图14.5）。由于每次运动内容都是相同的，她只需要列出一次以帮助自己记住。

健身小知识

步行或骑自行车去上学可以帮助青少年每天平均增加16分钟的运动时间。据报道，如果成年人增加体育运动，每年将约有20万人的生命获得拯救。

第5步：做记录并评估你的计划

本章的"实际行动"一节中，你将执行你的计划，但你没有时间在本课中完成整个计划。因此，你需要自己将计划付诸实践。在接下来的数周内，请执行你的计划并用日志记录你的运动。日志将帮助你检查自己是否达到目标。

执行计划一段时间后（具体时间取决于你的目标），请对执行情况进行评估。列出你的计划中已完成和未完成

周	运动	时间	运动时长
周一	步行上学	7:15～7:30 a.m.	15分钟
	跳绳热身	3:35～3:40 p.m.	5分钟
	肌肉适能训练	3:40～4:25 p.m.	45分钟
	步行放松	4:25～4:30 p.m.	5分钟
周二	步行上学	7:15～7:30 a.m.	15分钟
	参加排球俱乐部的活动	3:45～4:45 p.m.	60分钟
	放松运动和柔韧性练习	4:45～5:00 p.m.	15分钟
周三	步行上学	7:15～7:30 a.m.	15分钟
	跳绳热身	3:35～3:40 p.m.	5分钟
	肌肉适能训练	3:40～4:25 p.m.	45分钟
	步行放松	4:25～4:30 p.m.	5分钟
周四	步行上学	7:15～7:30 a.m.	15分钟
	排球俱乐部	3:45～4:45 p.m.	60分钟
	放松和柔韧性练习	4:45～5:00 p.m.	15分钟
周五	步行上学	7:15～7:30 a.m.	15分钟
	跳绳热身	3:35～3:40 p.m.	5分钟
	肌肉适能训练	3:40～4:25 p.m.	45分钟
	步行放松	4:25～4:30 p.m.	5分钟
周六	跳绳热身	9:00～9:05 a.m.	5分钟
	打网球	9:05～10:05 a.m.	60分钟
	步行放松	10:05～10:10 a.m.	5分钟
周日	无		

图14.4 艾丽西娅的运动计划日程表

放松和柔韧性练习	次数	时间
护背式屈体前伸	2 组，每组 2 次	15 秒
单膝靠胸	2 组，每组 2 次	15 秒
坐姿拉伸	2 组，每组 2 次	15 秒
拉链式	2 组，每组 2 次	15 秒
髋部拉伸	2 组，每组 2 次	15 秒
小腿拉伸	2 组，每组 2 次	15 秒
肌肉适能训练	**次数**	**阻力**
仰卧推举	2 组，每组 2 次	1RM 的 60%
膝关节伸展	2 组，每组 2 次	1RM 的 60%
腘绳肌弯曲	2 组，每组 2 次	1RM 的 60%
肱二头肌弯举	2 组，每组 2 次	1RM 的 60%
肱三头肌下压	2 组，每组 2 次	1RM 的 60%

图 14.5 艾丽西娅的肌肉适能训练和柔韧性练习

科学实践：运动和学业

美国疾病控制与预防中心（CDC）是政府机构，旨在"通过健康推广活动帮助个人和团体保持健康，预防疾病、伤害和残疾，并应对新的健康威胁。"CDC 认为定期的体育运动对于个人和团体的健康非常重要。CDC 科学家审核了 400 多项研究后发现，除有助于健康外，定期的体育运动还能"提高学业表现，包括分数和标准测试成绩。"CDC 还总结到，体育运动可改善认知技能，例如专注度和注意力，以及学业情况（包括课堂表现）。

伊利诺伊大学的人体运动学家所做的研究证明了体育运动可以帮助学生专注于学业任务。他们发现步行刺激大脑的某些区域，从而提高课堂中的专注度和注意力。

CDC 报告和伊利诺伊大学的研究表明，基于课堂的体育运动，包括课间运动，可以帮助学生在考试和学业上都取得良好的成绩。

学生活动
根据体育运动和学业成绩的关系制定一份在高中课堂内介绍体育运动的计划。

健身科技：游泳手表

你可以在个人运动计划中包含游泳项目。游泳是一种有效的全身性运动。大多数人，包括有关节疾病的人、处在康复期的人、体脂高的人以及难以参加其他类运动的人，都可以参与游泳。要对你的游泳运动进行自我监测，你可以使用游泳手表。这种防水设备戴在手腕上，它装有内置的加速计，采用的技术与运动手表监测走路或跑步中的步数所用技术相似。大多数游泳手表可提供每次游泳的总时长、已完成圈数、游泳速度和每圈时长、总路程、划水类型和划水长度。你可以将上述信息下载到计算机中，保存

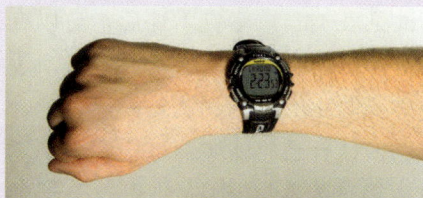
防水游泳手表可以帮助你监测自己的游泳运动

或打印每次运动的记录。游泳手表还能估算你每次游泳中消耗的热量数。

科技应用

调查了解不同类型的游泳手表并写一篇评论文章。把评论文章提交给学校报纸或博客。

的项目。对于未完成的部分，请列出你未完成的原因（如天气不好或家庭作业）。做体质测试以评估自己是否达到体质目标。接下来写一份书面的评估报告。评估报告中请回答以下问题：

· 你的日常计划是否可以定期完成？
· 你是否需要对计划做出变更？
· 你能对计划做哪些变更？原因是什么？

对计划的评估将帮助你确定计划的效果。如果你没有实现目标，请修改计划，以便你通过运动实现目标。

课程回顾

1. 你如何建立体质档案和体育运动档案？
2. 制定个人健身计划包括哪几步？请描述每一步。
3. 体育运动如何改善学业表现？

学习本书的过程中，你有机会做很多项身体素质测试。你可以进行的测试见表 14.1。学完本课后，可以继续对自己的身体素质进行评估，但没有必要做完所有的测试。简单来说，可以设计自己的体质测试组合。测试组合包括表 14.1 中所列 4 大类别中每一类别的测试（心肺耐力、身体成分、肌肉适能和柔韧性），以衡量身体素质的所有方面。选择测试组成测试组合时请参考以下指导建议。

- 至少选一种测试以评估心肺耐力。
- 从三种测试中选择至少两种来评估柔韧性。
- 至少选一种测试评估身体成分。
- 评估肌肉适能时，至少选一种

测试评估手臂和上肢，一种测试评估躯干和腹肌，一种测试评估下肢。考虑肌肉适能的三项测试（肌肉耐力、力量和爆发力）。

- 选择你拥有适当器材的测试。
- 选择对你来说切实可行的测试。
- 使用类似于表 14.1 的表格选择测试，构成测试组合。

在课堂中做测试，然后不时再次测试自己，看看自己的进步情况，并帮助自己设定未来的身体素质和体育运动目标。如果你与同伴一起进行测试，请记住，自我评估信息是保密的私人信息。未经受测者同意，不得将此信息与他人分享。

建立你自己的体质测试组合以跟踪你的体质状况并帮助你制定未来的个人计划

表 14.1　个人体质测试组合选项

自我评估	打√选择测试
心肺耐力	
PACER	
踏步测试	
步行测试	
1 英里跑	
肌肉适能	
卷腹	
俯卧撑	
侧立	
坐姿卷身	
手臂推举 1RM（每磅体重）	
腿部推举 1RM（每磅体重）	
握力（右手）	
握力（左手）	
立定跳远	
掷实心球	
身体成分	
身高体重（基于 BMI）	
皮褶厚度	
腰臀比	
腰围	
柔韧性	
坐位体前屈	
躯干抬升	
手臂、腿和躯干柔韧性测试	

保持积极运动的生活方式

课程目标

学完本课，你将能够：

1. 列出并描述可帮你终身坚持体育运动的若干种自我管理技能；
2. 解释什么是态度并描述人们对体育运动的若干种积极和消极态度；
3. 描述培养体育运动积极态度和减少消极态度的方法。

课程词汇

态度

你已经学习了如何制定全面的体育运动计划。你认为自己能否有规律地执行计划？请参考以下信息，督促自己坚持按计划运动。

改变生活方式的各个阶段和自我管理技能

你在前面已经学到，人们培养健康的生活方式，例如积极运动等，需经过 5 个阶段。现在你可能已经完成了前 3 个阶段（表 14.2），并且正处于行动阶段或维持阶段。你的目标是达到并留在维持阶段。你可以采取一些行动来帮助自己终身保持积极运动的生活方式。其一是应用你在本书每章中学到的自我管理技能。表 14.3 归纳了不同的自我管理技能。研究表明，应用自我管理技能的人会更积极地进行体育运动，而且他们会长时间处于培养生活方式的最后阶段（维持阶段）。

强化积极态度并避免消极态度

你可以采取的另一项重要行动是培养对体育运动的积极态度。只有当你执行计划时，计划才是有价值的，而能否执行计划则主要取决于你的态度。"态度"一词指你对某件事的感觉。我们对食物、学科、音乐、衣服和很多其他主题（包括运动）都有自己的态度。积极

表 14.2 培养体育运动习惯的 5 个阶段

体育运动阶段	描述
5. 积极运动者（维持阶段）	定期做体育运动，可以战胜那些使他人气馁的障碍
4. 行动者（行动阶段）	偶尔运动，未形成定期运动的习惯
3. 计划者（正在计划改变）	已采取步骤准备运动，例如购买特殊的衣服和器材
2. 认识阶段（正在思考改变）	不运动，但在考虑培养运动习惯
1. 认识前阶段（尚未思考改变）	久坐不动，无体育运动

表 14.3　实现身心健康的自我管理技能

技能	描述
自我评估	该技能帮助你意识到你当前的状况，以及你需要做出哪些改变以达到你的目标
增进知识和理解	你可以用改进的科学方法来解决问题，例如如何在生活中做出健康的改变
识别风险因素	你识别了健康风险，便能够评估和降低它们
积极心态	该技能有助于你成功培养健康的生活方式
自信心	该技能使你相信你能够对生活方式做出健康的改变
目标设定和自我规划	这两项技能帮助你设定 SMART（明确的、可衡量的、可实现的、现实的和及时的）目标和制作书面日程表，因而是你制定个人计划的基础
时间管理	该技能让你变得更高效，从而你可以腾出时间做重要的事情
选择有益活动	该技能指选择对你个人最有益的活动，你将享受这些活动并从中受益
学习实用技能	该技能让你做事情更出色、更自信。例如，学习运动技能可以激励你多运动，学习压力管理技能可以帮你避免和减轻压力，而学习营养技能可以帮你吃得更健康
改善自我感知	该技能让你能够积极地看待你自己，从而你会做出更健康的生活方式的选择，并感觉到这些选择能为你带来真正的改变
压力管理	该技能包括预防和应对日常生活中的压力
自我监督	该技能包括做记录，以检查自己是否认真地执行了计划
克服障碍	该技能帮助你在有障碍时仍坚持运动。障碍包括缺少时间、临时受伤、缺少安全场地、天气恶劣和不知道如何选择健康食物等
寻求社会支持	该技能帮助你在培养并坚持健康生活方式过程中从他人（如朋友和家人）处获取帮助和支持
懂得说"不"	该技能使你能够避免做自己不想做的事，特别是面临朋友或其他人的压力时
防止退步	该技能帮助你在积极性减退时仍坚持健康的生活习惯
批判性思考	该技能帮助你在遵守健康生活方式时查找和解释相关信息，以做出正确决定和解决问题
解决冲突	该技能帮助你解决问题和避免压力
积极的自我对话	该技能使你能够保持思想的积极性，避免影响成功的消极思想，从而使你取得最佳表现并选择健康的生活方式（如多运动）
建立优良策略	该技能使你能专注于特定的行动计划并成功执行此类计划
寻求成功	"寻求成功"从技术上讲并不算是技能，但它指的是使用多种自我管理技能改变行为习惯。如果你运用本表中描述的自我管理技能并相信它们会帮你实现成功，你真正成功的概率会高很多

运动的人对运动有更多积极的态度，而不是消极态度。通过遵循特定指导，你可以强化你的积极态度并消除消极态度（参见本章后面的"自我管理"部分）。

健身小知识

勤运动的青少年有更多的积极态度而不是消极态度。这种心理状态称为积极的心态平衡。

积极运动者的积极态度多于消极态度。以下是人们热爱运动的一些理由。请思考这些态度以及你如何拥有这些态度。

- "体育运动是结交朋友的一种很好的方法。"很多运动都能提供交友和巩固友谊的机会。例如，有氧舞蹈和团队竞技运动都是很好的社交活动。
- "我觉得体育运动非常有趣。"很多青少年运动仅仅是因为运动有趣。参加你喜欢的运动也能减轻你的压力。
- "我喜欢挑战。"当著名的登山运动员乔治·马洛里被问到他为什么攀登珠穆朗玛峰时，他回答说，"因为它就在那里。"海伦·凯勒双目失明、双耳失聪，但成为一位著名的作家。她在书中写道，"生活要么是大胆的冒险，要么什么也不是。"有些人从挑战中便能获得快乐。你是他们中的一员吗？
- "我喜欢训练的严格性。"一些人享受高强度的训练。对他们来说，训练比竞争和取胜更重要。
- "我喜欢比赛。"如果你享受比赛，那么竞技运动和其他的体育

运动可以给你提供与他人比赛的机会。你也可以试着提高你在运动中的得分或延长运动时间来与自己较量。

- "体育运动是我放松的方式。"体育运动可以帮助你在辛苦一天后获得精神和情感上的放松。比如你做完一天的功课后，可以做运动放松自己。
- "我认为体育运动可以改善我的外表。"体育运动可以帮助你增肌和控制体脂。但请记住，即使定期运动也不能完全改变你的外表。
- "体育运动是改善我的身心健康的好方法。"正如你在本书中学到的，定期的体育运动帮助你抵御疾病和增强幸福感。
- "体育运动让我感觉更好。"很多人因为运动而心情愉悦。也有很多人在不运动时会有失落感或不适感。

改变消极的态度

下面列出一些消极态度以及把它们转化为积极态度的建议。请对这些建议进行思考，以减少你的消极态度。

消极态度： "我没有时间。"

积极态度： "我要安排时间进行体育运动。"如果你为体育运动安排好时间，你将感觉更开心，行动更高效，也会因此有更多时间做其他你想做的事。

消极态度： "我不想出太多汗。"

积极态度： "运动结束后我就洗澡。"汗水是有效运动的天然副产品。你在运动前应换好衣服，运动后洗澡淋浴，再

换衣服。请专注于运动能给你带来的愉悦感。

消极态度："人们会嘲笑我。"

积极态度："当他们看到我多么健康，他们会希望自己也做运动。"寻找对健身感兴趣的朋友。嘲笑你的人可能只是嫉妒你付出的努力和取得的成果。

消极态度："我的朋友都不运动，我也不想运动。"

积极态度："我要让朋友也参加运动，或许我们能一起运动。"与朋友交谈，他们中有些人可能会对一起锻炼身体或做其他生活类活动感兴趣。

消极态度："我觉得紧张。当我参加竞技运动或比赛时，我会感到压力。"

积极态度："每个人都会紧张。我会尽量冷静，发挥出最佳水平。"很多运动员会学习减压技巧。你也可以学。

消极态度："我的状况已经很不错了。"

积极态度："体育运动可以帮助我保持良好的状态。"请进行本书中的自我评估，更客观地看待自己。你真的是自己想的那样健康吗？体育运动可以帮助你拥有并保持良好状态。"

消极态度："我太累了。"

积极态度："我要从做少量运动开始，随着体质的提高，我会做更多的运动。"你可能会发现，只要你开始运动，

体育运动有趣且具有挑战性

体力的消耗反而让你精力更充沛。从合理的运动量开始，然后逐渐增加。

健身小知识

美国青少年运动指导建议要求青少年每天做 60 分钟的体育运动。只有 29% 的高中生达到此目标，而 14% 的高中生没有一天能达到 60 分钟的运动要求。

课程回顾

1. 你终身坚持体育运动所用的自我管理技能有哪些？
2. 什么是态度？关于体育运动的常见积极态度和消极态度有哪些？
3. 你能采取哪些行动培养积极的态度和减少消极的态度？

⚡ 自我负责：改变态度

艾伦和马特是好朋友。他们常常一起玩，比如一起运动。他们有时在周末一起打网球。但最近艾伦赢的次数比较多。

"准备好打球了吗？"艾伦拿起网球拍时问了马特一句。

"我今天不太想打球，"马特说，"现在有好看的电视节目。"他走进起居室，坐在沙发上。

艾伦跟着他。"我认为你只是不想再输了。"

"你说得对，"马特承认道，"我讨厌输球。"

"但你有时候也会赢。竞争是网球的趣味所在。"

"但我输了就没趣了，"马特回答说。

艾伦想了想，问道，"在街区慢跑一会儿怎么样？"

"慢跑没有输赢。"

"我不想出太多汗，"马特回答道，"我宁愿放松，看看电视。"

"来啊，马特。慢跑可以帮你放松。我们需要保持身材。"

马特看了看艾伦说，"我也是这么想的。"

讨论

艾伦喜欢体育运动的哪些方面？而马特分别喜欢和不喜欢体育运动的哪些方面？马特该如何改变他的消极态度，从而多参加运动呢？妨碍人们经常运动的其他消极态度有哪些？如何才能改变它们？帮助人们保持运动习惯的积极态度有哪些？回答以上讨论问题时请考虑"自我管理"一节中的信息。

➡ 自我管理：培养积极态度的技巧

大多数人对体育运动都曾持有积极和消极的态度。专家表示，对体育运动保持积极态度的人比态度消极的人更有可能养成积极运动的习惯。请参考以下指导建议培养积极态度、摈弃消极态度。

- **评估你的态度**。请参考本课中所列各种态度，列出你的积极态度和消极态度。
- **确定你持有消极态度的原因。** 自我评估将帮助你确定你持有的任何消极态度。询问你自己为什么对体育运动持消极看法。你如果能找到原因，就更

容易改变。比如，你年轻时不喜欢某项竞技运动的原因可能是你不喜欢某位教练或选手。也许你现在可以找到能让运动更有趣的场合。请参考本章前面的建议，将消极态度转化为积极态度。
- **寻找较少产生消极态度的运动。** 人们对不同的运动往往持有不同的态度和感觉。例如，你可能不喜欢团队竞技运动但很享受休闲运动。列出你的消极态度，然后问问你自己，你选择的运动是不是你喜欢的。如果

是，就请尝试接受它们。

- **选择能产生积极态度的运动。** 如果你真的喜爱某些运动并对它们感觉不错，就请专注于这些运动，而不是你不喜欢的运动。

- **改变场所。** 你对运动的消极感受可能是因为那些与运动无关的事物。比如，你讨厌打篮球，因为开场前你没有时间穿衣服和做准备。找一个合适的场所，以便你在打篮球之前有更多时间洗浴和穿衣。

- **与朋友一起运动。** 与朋友一起运动能让运动更有趣。有时仅仅与自己喜欢的人一起运动，便足以改变你对运动的感受。

- **讨论你的态度。** 谈论你的态度有时会起作用。有时在某些情况下，人们会认为自己是唯一有问题的人。与他人谈论可以帮助你改变情况，让运动变得更有趣。

- **帮助他人建立积极态度。** 一个人对体育运动的感觉会受到其他人的影响。你的积极反应可以帮助其他人改变他们对体育运动的消极感受。你与其他人在运动中互动时，可以考虑以下建议。

- **不要嘲笑别人，而是给予他们鼓励。** 你是否记得自己尝试新鲜事物时有多困难？你可以鼓励别人，比如你可以说："很高兴看到你也在运动。加油！"

- **通过参加体育运动结交新朋友。** 向他人介绍你自己并恰当地主动帮助他人。

- **不要犹豫向他人寻求帮助。** 在学校创办运动社团，或者加入现有的社团。运动社团是把社交和体育运动相结合的最好方式。如果你在考虑创办社团，请先与学校的运动协调员协商。

- **关心有特殊需要的人。** 一些人需要对运动做适当调整或改变。没有特殊需要的人可以与有特殊挑战的人一起运动，照顾他们的需要，来帮助他们。

- **体谅人与人之间的差异。** 体育运动在不同的文化中有不同的流行度。在一种文化中流行的运动，在另一种文化中不一定流行。比如，陆上曲棍球和冰壶游戏在美国不流行，但在其他国家很流行。类似地，一个人喜欢的运动，另一个人不一定喜欢。学会接受文化和个体的差异，可以帮助人们享受运动并增进人与人之间的理解。

你已经学习了如何制定体育运动计划，而且已经为运动金字塔中部分运动制定了计划。现在你要为自己制定一份全面的书面计划，包括多种体育运动。虽然你无法在课堂中完成全部计划，但可以先从课堂运动开始执行计划。请行动起来，按计划进行一天的课堂运动。从计划中选择一天，这一天应包含足够多的运动项目以完成相应的课时。如果单日运动的总时长不足一节课，就在这节课中加入另一天的运动。如果所选运动缺少相关器材，则选择效果类似而且是你喜欢的其他运动。

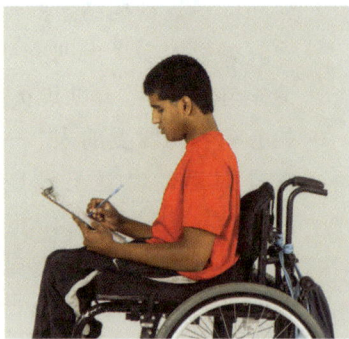

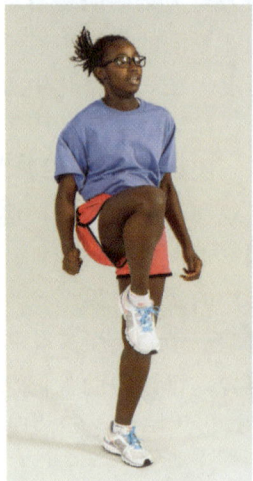

执行你的运动计划

概念和词汇回顾

在老师的指导下解答 1 至 5 题。用词汇或短语填写句子的空白。

1. _____是你的体质自我评估结果的简要总结。

2. _____是描述你计划中有效目标的首字母缩略词。

3. 可在水中使用以监测体育运动的设备称为_____。

4. 帮助你看到你的当前水平和所需改变的自我管理技能称为_____。

5. _____指你对某件事的感受。

在老师的指导下解答 6 至 10 题。将第 1 列中的每一项与第 2 列中合适的短语配对。

6. 培养运动习惯的第 1 阶段　　　　　　a. 偶尔运动

7. 培养运动习惯的第 2 阶段　　　　　　b. 久坐不动

8. 培养运动习惯的第 3 阶段　　　　　　c. 考虑开始运动

9. 培养运动习惯的第 4 阶段　　　　　　d. 保持运动习惯

10. 培养运动习惯的第 5 阶段　　　　　　e. 做运动计划

在老师的指导下解答 11 至 15 题。对每条陈述或问题进行回答。

11. 解释为什么建立体质档案是收集信息和规划方案的重要部分。

12. 解释学业成绩和定期的体育运动之间的关联。

13. 描述建立体育运动测试组合的步骤。

14. 描述关于体育运动的最常见的积极态度。

15. 描述将消极态度转变为积极态度的若干指导建议。

批判性思考

请用一段话回答以下问题。

为什么要制定你自己的健身计划而不是使用别人的计划？

项目

Fitnessgram 是"总统青少年健身计划"所用的美国国家青少年体质测试组合。你在本书中所做的很多自我评估都出自 Fitnessgram。

对你的 Fitnessgram 自我评估结果进行归纳，以建立体质档案。使用老师提供的工作表，或者在 Fitnessgram 网站输入你的评估结果（你的学校必须是注册单位，你才能使用网站功能）。如果你愿意，你也可以把你的体质档案与父母或监护人分享。你可能也想鼓励他们进行健康相关的体质评估。

15

做出明智的消费选择

健康和健身行业欺诈

课程目标

学完本课，你将能够：
1. 解释欺诈和诈骗的区别；
2. 解释在身心健康领域成为知情消费者的重要性；
3. 举出一些可靠的与健康和体质相关的信息来源；
4. 举出有关健康和健身的错误观念和欺诈案例。

课程词汇

电解质、诈骗、被动运动、欺诈者、欺诈行为

你可能在报纸、杂志、收音机、电视和互联网上看到或听到过健康和健身产品及服务的广告。产品或服务仅仅因为做了广告就说明它有效吗？你是否会购买图 15.1 中推销的产品？本课中，你将学习如何成为健康和健身产品的明智的消费者（购买者）。

什么是欺诈？

有些人希望快速减脂或增肌。想一蹴而就的人常常被说服购买无用的健康或健身产品及服务。换言之，他们是欺诈行为的受害者。欺诈是一种使用虚假声明引诱消费者购买无用或有害产品的广告推销方法。有些欺诈行为实施者相信他们的产品真实有效，因而好心办了坏事。欺诈行为实施者有时又称欺诈者。

有些欺诈者也实施了诈骗。诈骗实施者欺骗你购买他们自己知道无效或有害的产品或服务。诈骗实施者又称骗子。由于这种行为是非法的，骗子可能被定罪。俗话说，"如果看起来太好而有失真实，那就可能不是真实的。"这

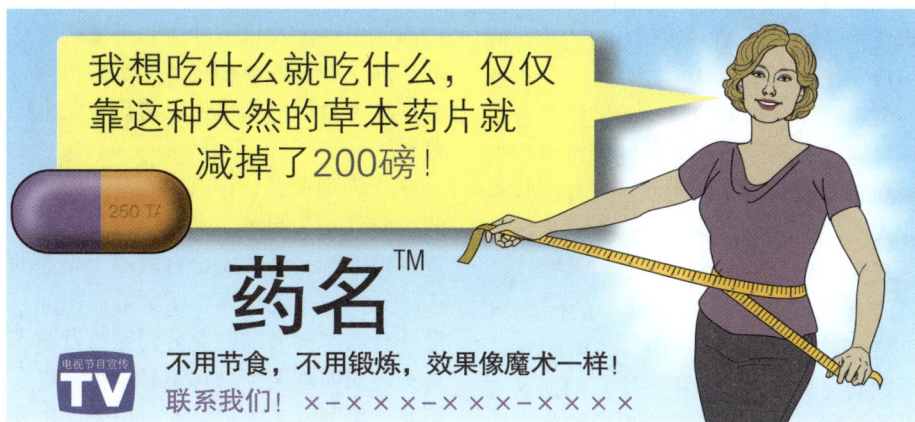

我想吃什么就吃什么，仅仅靠这种天然的草本药片就减掉了200磅！

250 TA

药名™

不用节食，不用锻炼，效果像魔术一样！
TV 联系我们！×-×××-×××-××××

图 15.1 一些电视广告对健身产品和保健品进行虚假宣传

句话警告你，骗子很擅长让你相信他们给了你划算的交易。但看起来太划算的交易往往并不划算。

识别欺诈和诈骗行为

欺诈者和骗子使用多种欺骗手段诱使你购买他们的产品或服务或者使用他们代理的产品。区分事实和谎言是比较困难的。请参考以下各节的指导建议识别健康和健身行业的欺诈和诈骗行为。

核实资质

请确认你眼中的专家真的是专家。骗子可以声称自己是医生，或者有专科或本科学历。但他们的学历可能与健康和身体素质领域无关，也可能由非公认的学校颁发，甚至是伪造的。请与当地或上一级的健康主管部门或专业机构来核实他们的资历。

如果你对健康或健身存有疑问，请咨询真正的专家。比如，体育老师持有大学学历，他们学习过所有的运动机能学分支课程。有些健身专家拥有美国运动医学学会等专业机构的认证。如需要医学建议，请与内科医生（MD 或 DO）或注册护士（RN）沟通。一般性的健康问题可以询问认证的健康教育老师。通过锻炼促进康复的问题可以咨询注册物理治疗师（RPT）。所有这些专业人士都拥有大学学历，并在其专业领域接受过相关培训。

有关饮食、食物和营养的问题可以咨询注册营养师（RD）。请注意，有营养学家称号的人不一定真的是这方面的专家。类似地，健康俱乐部的员工

常常不需要有大学文凭。由权威机构认证的执业人员比没有认证的人员更有资格。仅有认证但没有学历也不能视为专家。除非拥有上述资质，否则营养学家和健康俱乐部员工都不能视为可靠的健康和健身信息来源。

健身小知识

"买方自慎"（caveat emptor）是一个拉丁语词组，意思是"购买者应谨慎购买"。诈骗实施者会许下他们知道无法履行的承诺，而购买者必须提防那些销售欺诈产品的人。另一方面，卖方就产品许下承诺（保证）后，必须履行它。

核实专家的所属机构

欺诈者和骗子有时试图让你相信他们比知名机构的专家懂得更多。"消费者建议"小节中列出了一些知名机构。请小心那些声称自己比知名专家懂得更多或者贬低权威机构的人。

欺诈者和骗子也会使用虚假的机构名称和首字母缩写，这些名称听起来很权威，甚至与知名机构名称相似。但任何人都可以组建机构并用它来推销自己的产品。如有人声称自己属于某机构，而你从未听说过该机构，请核查此人的背景。

作为消费者，你需要充分了解你所使用的产品和服务。不要假想每件由广告推销的产品都是安全有效的。企业的产品并不总是能达到声明标准。比如，最近有两家知名的鞋业公司因为发布不真实声明而被美国联邦贸易委员会责令停业。美国运动委员会的一项研究也发

现，很多著名运动员常戴的"全息手镯"是无效的。"全息手镯"的制造商虚假地宣称他们的产品可增强运动员的力量、柔韧性和平衡性。

因此请记住：名人使用某件产品并不意味着这种产品是安全或有效的。专门机构，例如"消费者建议"小节所列的机构，可以提供准确的信息，但它们无法监督所有的产品。在多数情况下，你自己要为产品或服务的购买做出最终决定。成为知情消费者可以确保你自身的安全，并避免在无用的产品上浪费金钱。

如何防止欺诈和诈骗？

购买一件产品或一项服务前请考虑以下建议。

请提防产品的销售顾问

卖方通过出售产品获得利润，而销售员常常在身心健康领域知之甚少。比如，出售运动器材或保健品的销售员对他们产品的了解可能还不如消费者多。此外，销售员常常为了达成销售而扭曲事实。因此，你在决定购买之前应该咨询真正的专家。

对听起来太好而有失真实的推销言辞持怀疑态度

请注意诸如"奇迹""秘密疗法""科学突破""电影明星代言"的词组和词语。欺诈者或骗子在推销言辞中可能使用这些词或类似的词语来包装实际上无用的产品。如果推销员承诺立即见效、无须努力或保证有效，请对此持怀疑态度。

消费者建议：把科技付诸实践

有很多机构致力于保护消费者免受虚假广告和欺诈行为的误导。其中，美国政府机构包括美国疾病控制与预防中心、美国消费者产品安全委员会、联邦贸易委员会、食品及药物管理局、美国农业部和美国邮政署。信誉良好的私人机构包括美国健康和体育教育协会、美国运动医学学会、美国医学会、美国牙科协会、美国营养和饮食学会、优良商业局、消费者报告、库珀研究所、梅约诊所以及全国反医疗诈骗委员会。

上述机构的官方网站都提供可靠的健康信息。但有些其他的流行网站是不可靠的。作为消费者，你需要准确地评估健康和健身信息的潜在来源，以及相关产品和服务的质量。

15 做出明智的消费选择　**347**

小心邮购和网络销售的产品

你在购买邮购和网络销售的产品之前无法检查它们是否有效。退款保证可能会为你提供保障，但任何保证都依赖于公司的诚信度。你从实体店购买商品时，可以亲自接触商品，与店员交谈。但邮购和网络销售商品的公司不提供这种机会。一些公司安排员工处理退货和回答问题，但很多公司都不提供这些服务。也有些公司要求你支付退货邮费。从任何商家购买产品前，请先了解商家的退货政策。顾客一般根据可靠性和服务质量给互联网公司评分。你在购买商品前应查看商家的评分。

科学实践：运动和能量饮料

运动生理学家、营养学家和医学家一起对体育运动可能导致的热病进行了研究。这类疾病多发生于炎热天气中，但实际上，无论天气如何，在运动期间你都需要合理补液以预防热应激和中暑。为了补充能量，研究人员发明了"加料"的"运动饮料"。运动饮料中含有称为电解质的重要矿物质。只要使用了合适的原料，这些饮料能帮助成年人在运动时保持身体的水分供应。"能量饮料"也很流行，但它们主要不是用于补充运动中失去的水分。它们所含的原料可能与运动饮料相似，但它们常常含有大量的糖类和含量相对较高的咖啡因。

美国儿科学会（AAP）对运动饮料和能量饮料表示担忧，因为这些饮料常常通过电视、杂志和网络推销给儿童和青少年。美国儿科学会反对儿童和青少年饮用这些饮料，并表示，高咖啡因的能量饮料"不应出现在儿童和青少年的饮食中"。据该机构声明，这些饮料中的糖类可能导致体重的增加和肥胖。运动饮料（不是带咖啡因的能量饮料）对于参加长时间剧烈运动的年轻运动员可能有帮助，但在运动场和学校餐厅内，运动饮料大多数情况下都是没有必要的。对于运动量符合美国国家运动指导标准的大多数青少年而言，普通的水是最好的饮料。

一家独立的医生团体请求美国食品及药物管理局（FDA）限制能量饮料中的咖啡因含量，以保护年轻人群体，避免使他们患上医学疾病。实际上，每年有20000例以上的急诊病人的健康问题或多或少由能量饮料所致。过多咖啡因导致的常见问题包括心动过速、失眠、肠胃不适、焦虑和头痛。FDA在其警告中指出，酒精和咖啡因共用是非常危险的。

学生活动

请对一种运动饮料或能量饮料进行调查。找出它的关键成分，然后就该饮料可能的益处和危险写一份报告。

小心产品宣传

骗子的惯用骗术之一是宣称他们的产品是"全新产品",或者是"首次提供"。也有些骗子称他们的产品"首次在美国销售"。他们试图让你相信你面前的产品是特别的。欺诈者和骗子也可能试图让你相信他们的产品在欧洲、亚洲或其他地区很流行。这种技巧通常是为了加深你的印象,但实际上它无法提供任何有用的信息。

小心未经测试的产品

使用未经测试的产品是有风险的。欺诈者没有对产品进行彻底的科学测试。他们的产品常常是匆忙赶制后投入市场,以尽快获得利润。辨别产品或服务是否优良的一种方法是看它的相关信息是否已在知名期刊上发表。如果已经发表,则表明产品经过了有资质的专家的测试研究。

健康行业欺诈

市场中充斥着健康产品,但其中很多都是无用的。尽管有些产品是有害的,但虚假广告使人们对产品能带来的益处怀有不现实的预期。实际上,很多广告商所宣传的健康和健身观念都是错误的。

健身小知识

脂肪团是指使皮肤看起来呈波纹状或凹凸状的脂肪。骗子想让你相信脂肪团是一种特殊的脂肪,可以用乳膏或其他特殊产品消除。实际上,脂肪团在脂肪细胞增大时出现。减少脂肪团的最好方法是消耗比摄入更多的热量。

保健品

保健品不是一种饮食。保健品常常以糖浆、粉末或片剂的形式出现(图15.2)。一般来说,保健品在健康食品店销售,或通过邮寄销售。常见的保健品包括蛋白质(氨基酸)、维生素、矿物质和草药。包装食品如罐头、盒装食品和冷冻食品等必须贴有标签告知消费者产品的成分。但保健品未被要求粘贴标签。

大多数美国人认为保健品和食品、药品一样受到政府的监管。但事实并非如此。1994年通过的一项法律,把保健品的监管制度由政府监管改为制造商

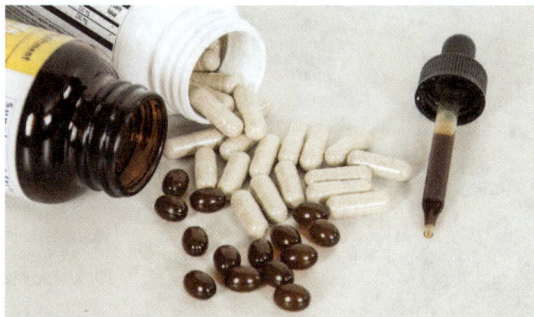

图 15.2　保健品不受政府监管

监管。制造商在出售保健品之前无须证明其有效，而且法律对保健品的成分不做要求。因此，在购买保健品时，你不能确保你买的正是你想要的。有不少人因服用受污染的或含不当原料的保健品而致死。也有很多人因服用据称有减肥或改善运动效果的保健品而生病甚至死亡。尽管保健品未受监管，如果 FDA 收到的投诉太多，他们将进行调查。比如麻黄保健品曾导致数起死亡案例，经调查后，麻黄被 FDA 禁止。

其他的一些保健品是无害的，但并不能提供销售方所承诺的益处。自从 1994 年变更保健品的监管法规后，保健品的销量大幅上升。很多人在无效的产品上浪费了金钱。

有些保健品如果根据医生的建议使用，将会是有益的。比如严格的素食者被建议服用维生素 B_{12} 保健品，孕妇则被建议服用一种叶酸保健品。但如果大量服用，即使维生素也是危险的。服用任何保健品之前，请咨询你的父母或监护人以及你的家庭医生。

运动补剂

运动补剂或运动维生素的使用是当下的一种时尚。这些保健品用来改善运动表现，又称增补剂。很多作为增补剂出售的保健品实际上是欺诈产品。其中有很多保健品对健康有害。

时尚饮食

"吃冰激凌饮食，一天减好几磅！""大米饮食带来奇迹！""水果饮食融解脂肪！"你见到过多少类似的减肥宣传语呢？上述说法全是虚假的，而这些饮食方式又称"时尚饮食"。虽然时尚饮食因承诺速效而流行起来，但它们几乎全都造成营养失衡。时尚饮食常常把饮食限制在一种或两种食物内，甚至只吃一种特定的食物。如你所知，减少体脂和减肥的唯一安全和有效的方法是结合体育运动和低热量摄入。吃健康、低热量的食物可以帮助你控制热量摄入。

限制饮水

通过脱水可以在短时间内减肥。如果你没有饮用足够的水，或者因出汗而失去过多的水分，你就会脱水，因而减轻体重。有些人认为这种减重效果是永久的。事实绝非如此！限制饮水和使用导致失水的产品不会帮助你减少体脂。一旦你补充了水分，你的体重会回到正常时的水平。此外，这些做法对健康可能很危险。脱水会导致身体问题、精神问题和热病，例如头痛、疲劳、专注力下降、情绪改变、热衰竭和中暑等。

❤️ 健身科技：欺诈的器械类产品

在前面的章节中，你了解了很多改善我们生活的技术发明。但并非所有的技术设备都是安全有效的。一些别有用心的人也在销售无效甚至危险的器械。

例如，有一种置于腹肌上的带电极的器械。电极传导电流以刺激肌肉。推销这种器械的商家宣称该器械适用于培养强壮的腹肌，而且无须你定期做卷腹和仰卧起坐等腹部运动。但研究表明，这些器械不会增强体质。此外，由于电极置于腹部，可能导致心律不齐，进而引发严重的健康问题。

物理治疗师使用肌肉刺激器帮助受伤或从疾病中康复的人恢复正常的肌肉功能。由专家用于特定的治疗用途时，这些器械是有效的。它们不同于宣称用来增强腹肌的肌肉刺激器。请提防承诺无须运动即可增强体质的卖家。

> **科技应用**
>
> 请与物理治疗师沟通，以了解肌肉刺激器的工作原理，以及它如何帮助伤者或患者。也请询问使用腹肌刺激器的危险性。

健身行业欺诈

很多无用的产品都声称可以改善体质和减少体脂。这些产品声明是虚假的。请警惕以下所列的无用的健身器械和方法。

被动运动器械

被动运动指使用器械或设备使身体运动，以达到所谓的减脂和减肥效果。比如有带滚筒的器械，其滚筒在你的臀部或腿部滚动。振动器械振动特定的身体部位，据称可"破碎"脂肪细胞。还有电动腰带、自行车、健身桌和划船器械等。但这些产品的声明全部都是虚假的。被动运动是无效的，因为你的身体在外力作用下运动，而不是肌肉主动发力。

包裹身体

包裹身体指使用绷带或无孔隙的衣物压迫身体部位。包裹后身体有时浸泡在液体中，或者在浴盆中沐浴。包裹物据称可以减肥或者缩小身体围度。但实际上，它们无论对减脂还是缩小围度都没有效果。相反，这么做会导致过热和脱水，对人的健康非常危险。

无资质的健身教练可能建议你进行"定点"减脂运动。他们声称对特定身体部位进行运动可以减掉该部位的脂肪。但研究表明，没有任何一种运动可以只在某个部位减脂。

课程回顾

1. 什么是欺诈和诈骗？它们的区别是什么？
2. 为什么在身心健康领域应该做一位知情的消费者？
3. 健康相关和体质相关信息的可靠来源有哪些？
4. 健康和健身相关的错误观念和欺诈行为有哪些？

体态评估可以帮助你拥有并保持良好的体态，并防止上当受骗。

你可以使用以下自我评估方法来确定你的体态是否处于良好水平。如果你发现你的体态需要改善，你可以在坐位、站位和步行时运用正确的生物力学原理实现这一目标。

本评估中请穿着运动服或泳装。与同伴一起进行评估以确定彼此的得分。在教练的指导下记录你的评估结果。

1. 侧向站在细绳旁，细绳从头顶上方至少 30 厘米处悬垂。细绳底部应添加重量，使其保持笔直并几乎到达地面。调整你的位置，使细绳与你的踝骨侧面对齐。

- 头部：耳朵是否位于细绳的前方？
- 肩部：是否存在圆肩？肩部顶端是否超过胸部？
- 上背部：上背部是否向前突出，呈驼背状？
- 下背部：下背部是否过度弯曲？
- 腹部：腹部是否凸出超过骨盆？
- 膝盖：膝盖是否锁固或后弯？

2. 现在背对细绳站立，使细绳与背部中线对齐。

- 头部：是否超过一半的头部位于细绳的一侧？
- 肩部：双肩是否一高一低？
- 臀部：两侧臀部是否一高一低？

3. 回答"是"的问题数目即为总得分。然后根据表 15.1 确定你的等级。

表 15.1　等级表：体态测试

分数（回答"是"的问题个数）	等级
0～1	良好体态
2～4	有改善空间
≥5	亟须改善

体态测试可以帮助你拥有和保持良好的体态

第 15.2 课
评估健康俱乐部、器材、媒体和网络资料

课程目标

学完本课，你将能够：
1. 评估与健康、体质相关的设施；
2. 描述适合体育运动的衣着和器械；
3. 评估与健康和健身有关的印刷材料和视频资源；
4. 列出选择获得健康和健身信息的有益网站的指导建议。

课程词汇

温泉疗养地、网络扩展名

你从哪里获得身心健康的有关信息？你是否考虑过这些信息是如何出笼的？人们现在比以往任何时期都对健康和健身感兴趣。他们通过各种渠道了解相关信息。因此，很多杂志专门提供健康和健身信息，但全世界健康信息的主要来源仍然是互联网。实际上，健康和健身信息已经出现了大爆炸，但并非所有信息都是准确的。本课中，你将学习如何评估印刷材料和网络资源。首先你要了解健康和健身俱乐部。俱乐部中，很多人面对面传递信息。然后你还将了解运动服装和器材。

评估健康俱乐部

想要培养和保持良好体质，你并不需要加入健康俱乐部、温泉疗养地或健身房。健康俱乐部为会员提供特殊的器材和专业教练。现代温泉疗养地提供桑拿、漩涡浴和其他服务如按摩、头发护理和皮肤护理。此外，一些人发现加入俱乐部可以激励他们多运动和保持运动习惯。但这些服务很昂贵，而受过良好

教育的人可以设计自己的健身和运动方案，而不使用特殊的设施或器材，从而既能省钱，又能获得健身的效果。

社区中心、大学、教堂和其他团体提供价格较为低廉的运动项目。而且你的学校可能和很多学校一样，设有自己的健身中心，有时又称康乐中心。这些项目与昂贵的俱乐部项目一样可以激励你运动并为你提供服务。但如果你觉得加入商业俱乐部、温泉疗养地或健身房会对你保持运动习惯有帮助，你也可以加入。一些学校与健身俱乐部签订了合作协议，以允许其学生以优惠价格参加

请选择经营时间较长、提供你喜欢的运动项目的俱乐部

运动，或者允许学校课堂使用俱乐部的设施。决定是否加入健康俱乐部时请参考以下指导建议。

·如果可能的话，加入俱乐部时选择现收现付的付款方式。如果要签合同，请确保其为短期合同。请仔细阅读合同细则。不要在没阅读合同内容的情况下匆忙签字。人们总是一次付很多钱签订长期合同，但过后却不再去该健身俱乐部。最好是购买短期会员，直至你确保你能坚持下去为止。合同细则可能包含与费用相关的特殊条款。比如你搬家后是否还需要支付会员费？销售人员常常催促你在第一次参观时就签订合同，但在签字之前你最好先考虑清楚。

·选择经营时间较长的俱乐部。经营时间较长的俱乐部破产的可能性较低。请确保该俱乐部雇用了有资质的健身专家，例如本章所描述的专家。请留意健身行业的欺诈迹象。如果发现欺诈行为，请考虑另选一家俱乐部。

·提前参观俱乐部。请在正常健身时间参观俱乐部，并确定你对俱乐部的雇员和其他会员感到满意。你也应确保参观时可以试用俱乐部的器材和设施。

·选择符合个人需求的俱乐部。例如，患有关节疼痛的人可能想避免高强度的运动，而是通过游泳增强心肺耐力。他们应选择带游泳池的健身俱乐部。

·回避以成年人健美运动为主的俱乐部。调查发现，做健美运动的成年人经常光顾的俱乐部更有可能出售未经验证的保健品甚至非法产品。经常光顾这种俱乐部的一些人宁愿相信自己的理论，也不愿相信专家提供的科学证据。此外，成年人可接受的运动常常对青少年并不合适。请寻找适合家庭与青少年

并雇用有资质的专业人员的俱乐部。如果所谓专家的理论与本书提供的信息不符，请不要相信他们的建议。

·考虑你的医学需要。如果减肥是你的首要目标，请考虑参加你的医生推荐的项目或医院赞助的项目，而不是加入健康俱乐部。如果你有特殊的医学需要，你应寻求物理治疗师的帮助。

运动器材

一些人不愿加入俱乐部，而是购买家用运动器材。如果你打算购买家用运动器材，请参考以下指导建议。

·考虑便宜的家用器材。抗阻运动可以使用自身的重量、橡皮带或乳胶带。增强心肺耐力可以使用跳绳、踏步凳或台阶。如果你以身心健康为目的而运动，上述器材已经可以满足你的需要。

·购买器材前考虑你的个人需要。如果你为了参加竞技运动或高强度工作而希望拥有较高的体质水平，你可以购买器械在家里练习。如果你打算增强肌肉适能，你可以使用自由重量和家用运动器械。而增强心肺耐力则可以使用跑步机、自行车和踏步机等。如果有安全场所骑行，普通的自行车也是一种很好的选择。运动器材一般非常贵，所以一定要选好。与其依赖于销售员的建议，不如咨询专家，浏览美国运动医学学会的网站，或者查阅消费者报告。请从经营时间较长的公司购买产品，而此类公司应当能够履行保证，维修产品和出售替换部件。

·购买器材前应确定自己将会使用它。很多人购买了器材后几个月就不再使用，因此要购买你确定自己将来会使

用的运动器材。在很多较新二手器材的广告中，你可以发现这种行为模式的证据。本书中描述的一些高科技设备如计步器和心率手表等都非常实用。但有些器材是非常昂贵的，而且你可能会发现自己不常使用它。你最好先试用朋友或学校的器材，再决定是否购买。此外，一些高科技产品根本与其实际价格不符。例如用于测量体脂水平的昂贵的电子设备根本不值得个人购买，因为较便

增强体质无须使用昂贵的器材

宜的卡尺就能实现同样的目的。

·确保你有足够的空间放置器材。有的人不使用他们购买的运动器材的主要原因之一是他们没有空间放置器材。如果你每次使用都要把器材搬出去或者来来回回地移动它，你就不太愿意使用器材。所以你最好有空间或场所可以长期放置运动器材。

评估图书和文章

随着健康和健身流行度的日益增加，有很多关于体重控制和运动的图书和文章被出版和发布。但遗憾的是，媒体发布的很多信息是误导性的或错误的。你如何评估阅读、浏览和听说到的健康和健身信息呢？请参考以下指导建议，帮助你确定哪些信息源是可靠的。

·考虑作者的资历。作者或咨询师应当是一位注册营养师，应当已完成营养学的高级阶段学习，或者持有运动相关领域的高级学位，例如运动科学、运动机能学和体育教育等领域的学位。

·寻找有益的信息。图书或文章所提供的关于平衡饮食和体育运动的信息应当与本书中的信息保持一致。承诺速效健身或减肥的图书并不是有益的信息源。图书或文章中的信息不应支持欺诈者和骗子使用的技巧（见本章第 1课）。与运动相关的讨论不应仅提供身体素质各部分的 FIT 规则，还应涉及超负荷、渐进性和专一性的运动原则。

·推荐的运动应安全有效。运动应要求你的肌肉主动收缩（不应推荐让人不费力的器械）。请确保运动符合正确的生物力学原则。

评估运动视频

你可能看到过零售的运动视频或者以你能参与的运动为特色的电视节目。运动视频在互联网上也可以找到。请参考以下指导建议，帮助自己评估运动视频或电视节目。

·核实制作者的资历。视频制作者是视频中做运动的人。视频制作好后，其他人会把视频中的运动作为示范来模

仿。请确认制作者是否拥有信誉良好的协会或机构的学位或认证，并确认运动者是否在以正确的方式做运动。

·选择包括合适的热身和放松练习的视频。视频中的热身和放松练习应与本书中的指导建议相一致。

·确保视频中的运动都是安全的。本书提供了有关安全运动的信息并列举了应避免的危险运动。

·选择轮换练习各肌肉群并涉及身体素质所有方面的视频。比如在运动中依次锻炼到手臂、腿、背部和腹部肌肉等。如果视频声称其运动方案是完整的健身方案，请确保它涵盖了身体素质的所有方面并轮换进行各方面的练习。

·选择适合你的视频。确保视频中的运动适合你的技能和体质水平。比如，假如视频声称供初学者使用，你要注意视频中的运动是否真的适合初学者。

·确保运动缓慢地开始并逐渐增加强度。如果运动方案的第一部分仅采用中等运动强度，那它可以作为热身练习。

·选择含有有趣的运动方案的视频。观看视频以确定它是否包含你会长时间喜欢的运动项目。

·如果视频未达到上述所有指导要求，请修改运动方案。比如你可以变更各种运动的次序，从而让运动更有效。

评估互联网资源

搜索健康和健身信息时，我们对互联网的依赖超过任何其他信息源。但研究表明，很多互联网资源提供了错误的信息。如果你正在使用互联网获得有关身心健康的信息，请询问自己以下问题。

·谁制作的网站？提供最好的信息的网站由政府机构、专业机构和教育机构制作。政府健康机构的网站网址以 .gov 结尾，专业机构的网址以 .org 结尾，而教育机构的网址以 .edu 结尾。请选择知名机构、组织和协会提供的网站。网址后缀为 .gov、org 或 .edu 的网站所提供的信息一般都比网址后缀为 .com 或 .net 的网站更可靠。但请记住，现在任何机构都可以获得 .org 网址，所以单凭此网址特征不能保证网站信息的可靠性。同时，一些采用 .com 或 .net 网址后缀的网站确实也提供有益的信息。

·你是否真的在访问你想要访问的网站？2013 年，互联网名称与数字地址分配机构被授权提供新的网络扩展名（网址后缀）。因此现在除最常见的扩展名（.gov、org 和 .com）外，网站

视频运动方案应适合你的技能和体质水平

还可以使用其他的扩展名。较新的扩展名包括 .book、.movie 和 .app 等。但最终将推出 2000 个新的扩展名。扩展名的多样性使我们更难以了解哪些网站提供有益的信息。别有用心的公司可能会使用与合法公司相似的网址，只是扩展名不同而已。一些欺诈者或骗子使用与合法网站非常相似的网站名称。于是，当人们输错网址时，便进入这些欺诈网站。所以在输入健康相关网址时，你要避免出错。

· 你阅读的网络文章是研究文档还是广告？美国联邦贸易委员会对发布假冒科研文章的公司予以打击。这些"假新闻"实际上是广告。它们不以真正的科学为基础，而是推销无效的产品，例如膳食补充剂、宣称无须运动即可增强体质的产品以及减肥产品等。一些公司因欺骗性行为而被罚款和禁止从事推广活动。但遗憾的是，此类公司往往在被查处前已经获得了大量的利润，而他们支付的罚款比利润少很多。因此，你需要确保自己从可靠的新闻来源和科学期刊中获取信息，而不是阅读出现在广告和弹出窗口中的假新闻。你也可以访问联邦贸易委员会的网站以查看哪些公司因发布假新闻被查处。

健身小知识

请提防声称可增强肌肉张力的润肤露或乳霜的广告。"张力"一词是广告商炮制的，它不是一个可测量的指标。因此，虽然商家很容易宣称其润肤露或乳霜可以增强肌肉张力，但无法证实其说法。任何润肤露或乳霜都不能增强正规测试所评估的肌肉适能水平。请相信通过有效运动方案帮助你增强肌肉适能的专家，而不是欺诈性产品。

为了降低被不良网站欺骗的可能性，访问网站时请询问自己以下问题。

· 该网站是否销售产品？销售产品的网站比不销售产品的网站更有可能提供虚假信息。

· 你是否发现任何可疑的技巧？如果网站使用类似于本章描述的欺诈和诈骗技巧，请当心。

· 该网站是否受到专家认可？网站应受到真正的健康和健身专家的推荐或高度评价。

课程回顾

1. 评估健康和健身俱乐部的指导建议有哪些？
2. 你在购买运动器材前应考虑哪些因素？
3. 你评估与健康和健身有关的运动视频、图书和文章时应遵从哪些指导？
4. 有哪些指导帮助你选择有益的网站以获得健康和健身信息？

⚡ 自我负责：学习批判性思考

错误观念是基于错误或误解的或缺乏事实依据的观念。消除错误观念的最好方法是增长知识，从而能够正确地认识和解释事实。请参见下例。

玛丽·卢尝试过多种运动方案，但还没有找到能帮助她实现肌肉适能目标的方案。她从未考虑过渐进式抗阻运动（PRE），因为她认为这种运动会使她长出大块肌肉。

有一天，玛丽·卢的体育老师在健身房给全班学生上课。在健身房中，老师解释了如何使用自身重量和抗阻固定器械进行健身。在接下来的几个星期内，学生们练习了如何正确使用 PRE 器材。作为课堂作业，玛丽·卢的老师让全班每一位学生找一篇关于 PRE 的新闻文章，并就此写一篇报告。准备报告的过程中，玛丽·卢了解到，正确地进行抗阻训练并不会使她的肌肉变得过于突出。

于是，玛丽·卢认识到正确的 PRE 运动方案正好可以为她带来她想要的效果。她开始每周 3 天做 PRE 运动。她获得的关于 PRE 的知识消除了她原本的错误观念。现在玛丽·卢正尝试着帮助其他人改变他们对 PRE 的非理性看法。当朋友们问她为什么在培养大肌肉时，她告诉他们，"如果你想要增强肌肉适能，你应该尝试做抗阻训练。"

讨论

玛丽·卢曾持有哪些错误观念？她是怎样增加知识和消除错误观念的？人们对于体育运动还有哪些其他的错误观念？你为什么认为人们对 PRE 持有错误观念？回答以上讨论问题时请考虑"自我管理"一节中的指导。

➡ 自我管理：批判性思考的技巧

批判性思考指使用问题解决流程做出重要决定。你可以通过若干步骤来解决问题，做出正确的选择。这些步骤类似于你运用科学方法时使用的步骤。本节列出了这些步骤以及相关实例，以帮助你选择运动器材。你在其他重要领域也可以使用本节的步骤来解决问题和做出决定。

- **第 1 步**：明确需解决的问题或者需做出的决定。如果你想要改善肌肉适能，但不确定如何改善它，你就需要更清楚地明确该问题。你想在学校运动，还是想加入健康和健身俱乐部，

是购买运动器材还是使用便宜的器材？你也需要弄清你想增强肌肉适能的原因。你是想增进健康，改善外表还是增强体质以提高运动表现？本讨论中，我们假设你想确定使用什么器材来增强肌肉适能和改善健康。因此需要解决的问题已明确。

- **第 2 步**：收集信息并进行调查。收集与上述问题相关的信息的一种方法是进行肌肉适能的自我评估。知道你现在的状态有助于你了解个人需求，进而选择合适的运动以满足需求。你也可以咨询专家和访问可靠的网站，例如本章"消费者建议"一节或本书

的学生板块中讨论的网站。本例中，为了亲自体验不同的器械，你可以使用学校健身房，参观当地的健康和健身俱乐部或者试用体育用品店中展览的器械。你也可以尝试本书中描述的较便宜的几种器材。请努力寻找可以帮助你解决第 1 步中所定义问题的信息。

- **第 3 步**：制定行动计划。请使用你通过调查获得的信息制定计划。比如，在第 2 步中，你可能发现学校的健身房没有在你的空闲时间开放，又或许健康和健身俱乐部离你家太远或价格太贵。此外，商店里的运动器材可能非常昂贵。排除掉这些选项后，你可能想做弹力绳运动。弹力绳并

不贵，而且你可以用它做所有的必要练习以实现目标。你可能从本书描述的运动中选择若干种，然后制作书面计划，规定你每周做各项运动的日期以及你每天做的组数和次数。

- **第 4 步**：把计划付诸实践。要想让计划有效，你必须实践它。制定计划后越早开始行动，你就越有可能改变你的行为。本例中，你将使用第 3 步中制定的计划，开始做弹力绳运动。

- **第 5 步**：评估你计划的有效性。请使用自我监督方法做记录并通过自我评估（再评估）跟踪你的进步。在取得进步的过程中，你可以继续使用本节的 5 个批判性思考步骤来解决出现的问题和就身心健康做出有效的决策。

✪ 学术关联：批判性思考的技巧

准备工作或上大学需要批判性思考的技巧。教育专家对英语语言艺术的学习标准进行了描述，从而帮助你做好准备。以下是你在工作场合和大学中取得成功所需的部分技巧。

- 展示独立精神。除了理解其他人的见解外，独立精神要求你对其他人的见解进行补充，并表达你自己的想法和看法。

- 拓展学科知识。在健康、体育教育等各个学科拓宽知识面需要进行一定的研究工作，包括大量阅读和专注地聆听。

- 理解和知悉事实。知悉指获

悉信息或事实。理解指掌握信息或事实的意义。

- 重视证据。证据指有形或可见的事物。科学方法的一个步骤是收集数据（有形证据）。该证据可用于做决定或解决问题。

- 熟练使用科学技术。现代科技使你能在短时间内获取大量的信息。对科技的熟练运用包括评估你从互联网和其他技术来源获得的信息的质量并深思熟虑地使用这些信息。

请练习本章中的自我管理技巧，以帮助自己达到上述的重要标准。

实际行动：健康和健身俱乐部

你已经学习了如何制定个人体育运动计划，而且你正在定期履行计划。但你可能也喜欢与其他人一起运动。你可以使用学校的设施和器材创办你自己的健康和健身俱乐部，并在课上发挥俱乐部的作用。请与同班同学一起研究大家喜欢的运动类型。

为其他人制定运动方案时应考虑他们当前的状况、技能水平和兴趣。根据可用的器材设定若干个运动站点。平衡运动计划以提供多项运动，提高健康相关的身体素质的各个方面。让一位学生向班上其他学生讲解各个运动站点的目的，就像健身教练在营业性健康或健身俱乐部讲解一样。请行动起来，鼓励班上所有学生利用健康和健身俱乐部履行体育运动计划以实现个人目标。最后请评估你的健康和健身俱乐部的工作效率。

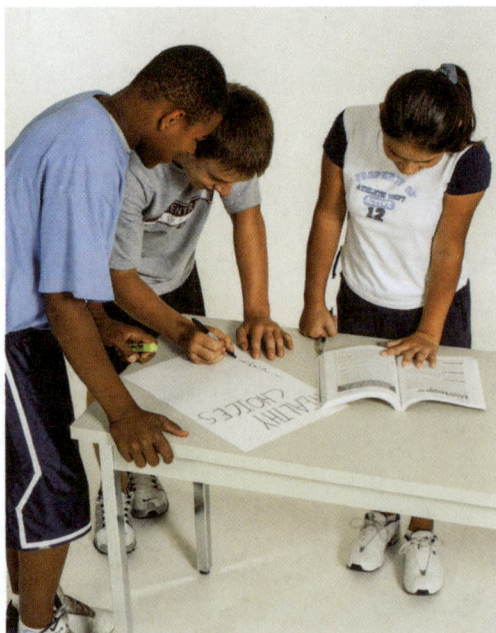

创办你自己的健康和健身俱乐部

概念和词汇回顾

在老师的指导下解答 1 至 5 题。用词汇或短语填写句子的空白。

1. _____是推销或销售含虚假声明的健康产品或服务的一种方法。

2. 推销自己明知无效的健康产品的行为称为_____。

3. _____是补充到饮食中而不是日常饮食一部分的产品。

4. _____运动使用器械或外力运动肌肉。

5. 扩展名 .gov 表示网站与_____相关。

在老师的指导下解答 6 至 10 题。将第 1 列中的每一项与第 2 列中合适的短语配对。

6. 医生   a. 可能不是专家

7. 认证的体育老师   b. 提供医学建议

8. 注册物理治疗师   c. 提供关于饮食及营养的建议

9. 饮食学家   d. 掌握运动的相关信息

10. 营养学家   e. 提供一般的健康信息

在老师的指导下解答 11 至 15 题。对每条陈述或问题进行回答。

11. 请举出识别欺诈行为的 3 种方法。

12. 请描述体态测试并说明其重要性。

13. 请举出选择健身或健康俱乐部的 3 条指导建议。

14. 请举出在互联网上寻找有益的健康信息的 3 条指导建议。

15. 请举出你用来解决问题和做出体育运动和健康相关决定的批判性思考的 5 个步骤。

批判性思考

请用一段话回答以下问题。

参观健康食品店后，你的朋友李开始对服用保健品感兴趣。他说他可以自己做出购买决定，因为店里的产品一定是安全有效的，否则不会摆在货架上。你会给你的朋友什么建议呢？请说明原因。

项目

请在以下活动选择一项：参观当地的健康俱乐部；从流行杂志中选取一篇关于运动的文章；浏览一个运动视频；访问一个健康或健身网站。请使用本章中的指导原则评估上述内容或设施的质量，然后写一份评估简报。

第 VI 单元

康乐视角

"健康国民 2020"目标
- 增加人们对水果、蔬菜和全谷类的摄入量
- 减少人们饮食中的盐、饱和脂肪和添加的糖类
- 减少学校内糖果和加糖饮料的销售
- 增加日常饮食中钙摄入量足够的人群所占比例
- 增加健康小吃的供应
- 提供更多的心理健康服务和减压计划
- 降低青少年的自杀率和未遂自杀率
- 提供更多的抑郁和焦虑治疗服务
- 提供更多的营养咨询和康乐检查服务
- 提高人们的健康素养，加强学校的全面健康教育
- 减少学生欺凌事件
- 提高资源回收率
- 增加制定了校内健康环境促进政策的学校所占比例
- 减少可预防疾病、伤害和早逝以实现高质量的长寿生活

本单元的"自我评估"章节
- 能量平衡
- 识别压力迹象
- 健康生活方式问卷

本单元的"自我负责"章节
- 学会说"不"
- 管理竞争性压力
- 培养成功思维

本单元的"自我管理"章节
- 说"不"的技巧
- 管理竞争性压力的技巧
- 培养成功思维的技巧

本单元的"实际行动"章节
- 燃脂运动
- 放松运动
- 健康生活方式计划

16

选择营养食品

本章内容

健康的饮食

课程目标

学完本课，你将能够：

1. 列出 3 种提供能量的营养物以及健康所需的各种营养物摄入量；
2. 解释维生素、矿物质和水对健康的必要性；
3. 列出 5 大食物群并解释食物群相关知识将如何帮助你为健康饮食做规划。

课程词汇

适宜摄入量（AI）、氨基酸、基础代谢率、碳水化合物、完全蛋白质、逐渐肥胖、膳食参考摄入量（DRI）、饮食学家、空热量、脂肪、纤维、不完全蛋白质、宏量营养素、微量营养素、蛋白质、推荐膳食容许量（RDA）、静息代谢率、饱和脂肪、可耐受最高摄入量（UL）、反式脂肪酸、不饱和脂肪

什么样的食物对你的健康是重要的呢？你需要吃多少食物呢？本课中，你将学习健康食物以及如何选择食物以实现均衡饮食。

你身体需要的营养物

科学家确定了 45 ～ 50 种营养物。营养物是人体细胞生长和生存所需的食物类物质。这些营养物被分为 6 组——碳水化合物、蛋白质、脂肪、维生素、矿物质和水。本章将对每一组进行讨论。

提供能量的营养物

有 3 种营养物提供身体日常所需的能量：脂肪、碳水化合物和蛋白质，它们被称为宏量营养素。脂肪每单位重量所含的热量多于蛋白质和碳水化合物。1 克脂肪含 9 卡路里，而 1 克碳水化合物或蛋白质含 4 卡路里。美国农业部（USDA）和美国医学研究所建议人的饮食中大部分热量由碳水化合物提供。而

图 16.1 医学研究所食品与营养委员会推荐的碳水化合物、蛋白质和脂肪的热量百分比

脂肪和蛋白质提供的热量通常较少。图 16.1 展示了来自 3 种供能营养物的推荐热量百分比。

碳水化合物

碳水化合物是主要的能量来源，它分为两种类型：单一碳水化合物和复合碳水化合物。单一碳水化合物包括糖类，如食糖、果糖和蔗糖。果糖和蔗糖常见于无酒精饮料和其他甜食中。单一碳水

化合物是快速的能量来源，但所含营养物较少。大部分碳水化合物热量都来自复合碳水化合物。复合碳水化合物有着更为复杂的化学结构，因此它的消化所需时间较长。复合碳水化合物比单一碳水化合物含有更多的营养物，而且常常富含纤维。纤维常见于全谷类和蔬菜等食物中。你应当尽量减少单一碳水化合物的摄入，尽管有些单一碳水化合物来源比其他的更好。比如香蕉和橘子虽含有单一碳水化合物，但也含有必需营养素，如维生素、矿物质和纤维。含单一碳水化合物的食物如糖果、点心和加糖无酒精饮料等含有空热量。它们提供能量但很少提供或不提供其他营养物如维生素和矿物质。

纤维是你的身体无法消化的一种复合碳水化合物。它不提供能量。纤维来源包括水果、蔬菜和全谷类的叶、茎、根和种子包层。高纤维含量的食物包括全麦面包、谷物、新鲜水果皮、生鲜蔬菜、坚果和种子等。纤维帮助你避免肠道问题并降低你患癌症的风险。

蛋白质

蛋白质是构成、修复和维持身体细胞的营养物群。它们是身体的结构单元。蛋白质存在于动物产品（如牛奶、蛋、肉和鱼）和一些植物（如豆类和谷物）中。蛋白质也供应能量，但其焦耳数低于脂肪。如果你摄入的蛋白质多于构成身体组织所需，额外的热量将用于产生日常活动的能量或者以脂肪形式储存。

消化期间，你的身体将蛋白质分解为称为氨基酸的简单物质并由小肠吸收。你的身体可以合成20种已知氨基酸中的11种。因此你需要从食物中获取另外9种，即必需氨基酸。

含有全部9种必需氨基酸的食物被称为提供完全蛋白质的食物。动物食物如肉、奶制品和鱼提供完全蛋白质。一种称为藜麦的谷物和一些大豆含有全部9种必需氨基酸。藜麦可以像米饭一样热食，或者制成冷食，如沙拉。

含有部分（非全部）必需氨基酸的食物称为含有不完全蛋白质的食物。这类食物包括豆类、坚果、大米和其他一些植物。你从日常饮食中通常可以获得足够的必需氨基酸，其中部分食物含完全蛋白质，部分食物含不完全蛋白质。不吃肉类的人需要摄入多种含不完全蛋白质的食物。这些食物加在一起可以提供所有的必需氨基酸。

脂肪

脂肪见于一些动物产品和植物产品中，例如坚果和植物油。人体细胞的生长和修复需要脂肪。脂肪溶解某些维生素并把它们输送到细胞中。此外，脂肪改善了很多食物的风味和质地。脂肪分为饱和脂肪和不饱和脂肪。一般来说，饱和脂肪在室温下呈固态，而不饱和脂肪呈液态。饱和脂肪主要来自动物产品，例如猪油、黄油、牛奶和肉类脂肪。而不饱和脂肪主要来自植物，例如瓜子、玉米、大豆、橄榄、杏仁和花生。此外，鱼类可以在它们的细胞中合成不饱和脂肪。

你摄入的总热量中来自脂肪的部分不应超过35%。而很多专家建议将该比例降至20%左右。你饮食中的大部分脂肪应来自不饱和脂肪，例如鱼油。你应该尽量减少从饱和脂肪中摄入的热量。饮食中不应包含反式脂肪酸（又称反式脂肪）。反式脂肪酸产生于使不饱和脂肪在室温下呈固态的一种过程中，比如固态人造黄油中的反式脂肪酸。美国食品及药物管理局（FDA）指出，反式脂肪酸是"不安全的"，因而不可以添加到食物中。

健身小知识

在 FDA 禁止在食物中使用反式脂肪的数年以前，纽约市通过了一项法规，限制饭店使用反式脂肪。健康和营养科学家研究了该法规的影响后发现，它减少了采购食品中的反式脂肪，同时未增加饱和脂肪的用量。科学家指出，"高度贫困和低度贫困的社区居民都从这项法规中受益。"销售汉堡的饭店食物中的反式脂肪酸含量降幅最大。

胆固醇是动物细胞包括人体细胞的饱和脂肪中的一种蜡状、类脂肪物质。富含饱和脂肪的食物如肉类中可以摄取胆固醇。由于人也是动物，人也可以合成自身的胆固醇。摄入大量饱和脂肪的人比摄入饱和脂肪较少的人合成更多的胆固醇。高水平的血胆固醇会导致动脉粥样硬化（动脉堵塞）和其他心脏疾病。医学专家建议食用含较少胆固醇和饱和脂肪的食物。反式脂肪酸也会影响胆固醇水平，这也是它们被禁止食用的主要原因。一些类型的脂肪如鱼油等被认为比其他脂肪更健康。

不提供能量的营养物

矿物质、维生素和水不含热量，因而不提供能量，但它们对人的体质和健康起着至关重要的作用。矿物质和维生素被称为微量营养素，因为与碳水化合物、蛋白质和脂肪相比，身体对它们的需要量相对较小。

膳食参考摄入量（DRI）是医学研究所食品与营养委员会用来描述每种微量营养素的推荐摄入量的系统。三种 DRI 帮助你了解你应摄入各种维生素和矿物质的量。第一，推荐膳食容许量（RDA）是满足大多数人健康所需的某种营养物的最少摄入量。第二，适宜摄入量（AI）用于无充足证据确定某种微量营养素的 RDA 时。第三，可耐受最高摄入量（UL）指不产生健康风险情况下某种维生素或矿物质的最大摄入量。

矿物质

矿物质是帮助调节细胞活动的必需营养物。矿物质来自地壳元素，存在于所有植物和动物中。你需要数量各异的 25 种矿物质。表 16.1 列出了最重要矿物质的一些主要功能和食物来源。

一些矿物质对年轻人而言尤其重要，比如钙。钙构成并维持骨骼。在青春期，你的身体需要钙来构建骨骼。在成年阶段，你的骨骼从食物中获取钙的效率下降，并开始失去钙。而在 55 岁左右，女性会发生激素变化，使她们的骨质流失远多于男性。实际上有高比例的年长女性患上骨质疏松症，她们的骨骼多孔且易断。男性也会患上此疾病，但患病率较女性低，而且患病年龄远晚于女性。通过摄入足够的钙以及终身做负重运动（如步行和慢跑）和抗阻运动，你可以降低患上骨质疏松症的风险。

另一种重要的矿物质是铁。红细胞

表 16.1　矿物质的功能和来源

矿物质	功能	食物来源
钙	构建和维护牙齿及骨骼；辅助凝血功能；帮助神经和肌肉工作	奶酪、牛奶、深绿色蔬菜、沙丁鱼、豆类
铁	帮助红细胞和其他细胞输送氧	肝脏、红色肉类、深绿色蔬菜、贝类海鲜、整粒谷物
镁	辅助葡萄糖和蛋白质的分解；调节体液	绿色蔬菜、谷物、坚果、豆类、酵母
磷	构建和维护牙齿及骨骼；帮助释放营养物中的能量	肉类、家禽、鱼类、蛋、豆类、奶制品
钾	调节细胞中液体的平衡；帮助神经工作	橘子、香蕉、肉类、米糠、土豆、干豆
钠	调节体内水分的平衡；帮助神经工作	大多数食物、食盐
锌	辅助二氧化碳的运输；辅助伤口的愈合	肉类、贝类海鲜、全谷类、牛奶、豆类

的正常形成和工作需要铁。这些细胞将氧输送到你的肌肉和其他身体组织。缺铁在女孩和成年女性中很常见。如果身体缺乏足够的铁，就易患有缺铁性贫血。这种疾病使你始终感觉疲惫。动物性食品中的铁比植物中的铁更容易吸收。铁的最佳食物来源是肉类（特别是红色肉类）、家禽和鱼类。你也可以摄取足量的维生素 C 以帮助身体吸收铁。

钠是帮助你的身体细胞正常工作的一种矿物质。钠存在于多种食物中，而在某些食物中含量很高，例如小吃、加工食品、快餐和咸肉（如火腿）。对很多人来说，膳食钠主要来自食盐（氯化钠）。大多数人摄入的钠都超过所需，而近期的美国营养指导建议限制饮食中钠的含量。高血压患者需对钠的摄入特别加以限制，因为钠促使他们的身体保持水分，进而使血压维持在较高水平。

维生素

身体细胞的生长和修复需要维生素。维生素 C 和 B 族维生素都可溶于水，因此它们溶于血液并输送到全身各处的细胞中。由于身体无法储存多余的维生素 C 和 B 族维生素，所以需要每天食用含有这些维生素的食物。相比之下，维生素 A、维生素 D、维生素 E 和维生素 K 可溶于脂肪，因而多余的这些维生素储存于肝脏和其他部位的脂肪细胞中。叶酸对女孩和年轻妇女来说非常重要。研究表明，缺少叶酸的妇女所生婴儿存在先天性缺陷的风险。表 16.2 给出了关于特定维生素的更多信息。

水

饮食学家通常说水是最重要的营养物。水将其他的营养物输送到细胞，运走废物，并帮助调节体温。大多数食物都含水。实际上你有 50% ～ 60% 的体重都是水。你每天通过呼吸、出汗、排泄失去的水有 2 ～ 3 夸脱（约 1.9 ～ 2.8 升）。在炎热天气中和在剧烈运动时你失去的水比平常更多，所以这种情况下你应该大量饮水。

炎热天气中和剧烈运动时补充水分的最佳途径是饮用水、果汁和牛奶。不同类型的果汁和牛奶会产生不同的效果。

表 16.2 维生素的功能和来源

维生素	功能	食物来源
A（视黄醇）	帮助合成正常黏液；视力必需的化学物质之一	黄油、人造黄油、肝脏、蛋、绿色或黄色蔬菜
B$_1$（硫胺）	帮助从碳水化合物中释放能量	猪肉、器官肉、豆类、绿色蔬菜
B$_2$（核黄素）	帮助分解碳水化合物和蛋白质	肉类、奶制品、蛋、绿色或黄色蔬菜
B$_6$（吡哆醇）	帮助分解蛋白质和葡萄糖	酵母、坚果、豆类、肝脏、鱼类、大米
B$_{12}$（钴胺素）	辅助核酸和氨基酸的形成	肉类、奶制品、蛋、鱼类
生物素	辅助氨基酸、核酸、脂肪酸和糖原的形成	蛋、肝脏、酵母
C（抗坏血酸）	辅助激素、骨骼组织和胶原蛋白的形成	水果、西红柿、土豆、绿叶蔬菜
D	辅助钙和磷的吸收	肝脏、强化牛乳、多脂鱼
E（生育酚）	预防细胞膜和维生素 A 的损伤	植物油
叶酸	帮助建构 DNA 和蛋白质	酵母、小麦胚芽、肝脏、绿叶蔬菜
K	辅助血液凝结	叶类蔬菜
烟酸	帮助从碳水化合物和蛋白质中释放能量	牛奶、肉类、整粒或强化谷物、豆类
泛酸	为食物产生能量所需，并帮助神经系统正常工作	大多数非加工食品

⚛ 科学实践：维生素和矿物质保健品

研究营养和医学的科学家对维生素和矿物质保健品的价值进行了研究。最常见的保健品是每日服用的含推荐每日摄入量的维生素和矿物质的保健品。但如果你饮食均衡，你很可能无须服用保健品就能获得足够的维生素和矿物质。饮食学家担心人们会误以为保健品可以替代正常的饮食。但有一些医学和营养学专家推荐了多维生素保健品，供那些饮食不规律、无法获得所需的维生素和矿物质的人服用。但其他专家，包括美国疾病控制与预防中心的科学家指出，没有足够证据表明每日服用保健品对大多数人都是有益的。

服用维生素或矿物质保健品之前应征求营养学或医学专家的意见。他们需根据你的病史和个人营养习惯给你提供建议。除非专家另有说明，否则保健品所含的每种矿物质和维生素都不应超过 RDA 或 AI 值。过量摄入可能导致健康问题。

学生活动

调查一种多维生素保健品。确定它所含的每种维生素是否超过了推荐摄入量。

图 16.2 MyPlate 展示了构成健康饮食的 5 大基本食物群，而右边的建议提醒你思考自己的饮食习惯
源自：USDA's Center for Nutrition Policy and Promotion.

纯果汁含有维生素、矿物质以及一些纤维（如橘子汁）。一些果汁饮料只含有少量的果汁，其余部分为单糖。脱脂牛奶提供与全脂牛奶相同的基本营养物，但不含脂肪。

含咖啡因的无酒精饮料不如水有效。运动饮料常含有钠和其他成分，但除非你连续运动数小时，否则你不需要这些成分。

食物群

美国农业部使用一种称为 MyPlate（我之前曾尝试把这个翻作"菜篮子计划"）的方法图解 5 大基本食物群（图 16.2）。MyPlate 看起来像一个菜盘，其彩色区域代表基本的食物类型——谷物、蔬菜、水果和蛋白质食物。这些都是你日常食用的食物类型。菜盘旁是一个玻璃杯状的圆圈。它代表乳制品，比如一杯牛奶。

每个食物群中的食物都含有宏量营养素（碳水化合物、蛋白质和脂肪）、微量营养素（维生素和矿物质）和水。有些食物比其他食物含有更多的营养物。你的目标是食用更多高营养价值的食物和较少的含空热量的食物。含空热量的食物通常含有较多的脂肪、单糖或两者兼有。

菜盘的橙色区域代表谷物。该区域相对较大，因为谷物构成健康饮食的一大部分。你食用的谷物中至少应有一半是全谷物。在面包、谷类和其他谷物产品上寻找"全谷类"标签。菜盘的绿色区域代表蔬菜，红色区域代表水果。蔬菜和水果加在一起应构成约一半的总膳食量。蔬菜共分 5 类：深绿色蔬菜、橙色蔬菜、干豌豆和干豆、含淀粉蔬菜及其他蔬菜。营养指导强调你摄入的大部分蔬菜应属于深绿色蔬菜和橙色蔬菜类。水果可以食用新鲜的、罐装的、冷冻的和制干的。100% 的果汁是水果的合法食物来源，但营养指导建议你不要饮用太多的果汁，因为果汁中的单糖含量很高。

健身小知识

美国农业部定期发布营养指导，以普及对健康有益膳食的相关信息。以前，营养指导使用类似于运动金字塔的金字塔形状（称为 MyPyramid）图解基本的食物群。但现在的营养指导使用称为 MyPlate 的方法。

菜盘的紫色区域代表蛋白质食物。这一类食物你不需要摄入得像其他食物那样多（MyPlate 中以较小的尺寸表示），但它们对于健康是必需的。蛋白质食物包括肉类（如牛肉、家禽和猪肉）、海鲜（新鲜和罐装）、豆类和豌豆、坚果和种子。你应当限制加工肉制品的摄入，例如热狗和一些午餐肉。它们所含盐分过高。推荐的蛋白质食物包括瘦肉、家禽肉（去皮）以及富含 ω-3 脂肪酸的鱼类（如鲑鱼和鳟鱼）。你的烹饪方法也应避免往食物中添加脂肪。例如，烧烤可以使脂肪流失，而油炸，特别是深油炸会往食物中添加很多额外的热量和脂肪。油炸蔬菜时也是如此（如炸薯条）。

豆类、豌豆、坚果和种子被分入蛋白质食物和蔬菜食物群，因为它们既是蔬菜，又含高蛋白。这些食物对素食主义者以及吃肉不多的人尤其重要。

靠近菜盘的蓝色圆圈代表乳制品。圆圈看起来像一杯牛奶，但该食物群中的其他食物也会出现在你的餐桌上。乳制品包括牛奶、奶酪、甜点和酸奶。它们都是钙的优良食物来源。选择乳制品时请考虑低脂肪和无脂肪的产品。

理想的饮食？

根据饮食指导，没有任何一种饮食方式对所有人来说都是最好的。每个食物群中食物的合理摄入量取决于各种因素，如年龄、性别和运动水平。美国心脏协会、美国糖尿病协会等机构针对心脏病患者和希望降低心脏病风险的人制定了替代性膳食指导。此外，食品金字塔为饮食提供了指导。

以下是美国农业部、MyPlate 和国家营养目标（"健康国民 2020"）提供的

健康膳食一般指导。

- 一半膳食由水果和蔬菜组成；
- 增加饮食中的复合碳水化合物；
- 膳食中至少一半谷物为全谷物；
- 减少从蔗糖中摄入的热量；
- 喝水，而不是含糖饮料；
- 饮用脱脂牛奶或 1% 牛奶；
- 减少膳食中的脂肪，特别是饱和脂肪，且不食用反式脂肪；
- 减少日常盐分（钠）摄入；
- 膳食中摄入足够的钙；
- 避免过大的食物分量。

前文中列出的一些指导因其对健康饮食的重要性而需要详细阐述。请考虑以下建议。

避免空热量

尽量减少食用含有较多空热量的食物。这类食物包括蛋糕、糖果、甜甜圈、加糖饮料（包括苏打和多种能量饮料及运动饮料）、加工肉类（如热狗、咸肉和香肠）、由天然奶油和添加糖制成的冰激凌以及调味品（如番茄酱和蛋黄酱）。营养科学家发现，20 ～ 40 岁年龄段的普通美国人每年增重 1 磅。这种体重缓慢增加的状况称为"逐渐肥胖"——肥胖慢慢到来。在成年阶段早期，空热量的摄入是体重逐渐增加的主要原因之一。

谨慎地选择食用油

食用油是室温下呈液态的脂肪。食用油不构成独立的食物群，但它们提供重要的营养物。由于食用油本身是脂肪，其摄入应受到限制，但有些食用油比其他种类的要好。比如含 ω-3 脂肪酸的鱼油被视为健康膳食的一部分。其他食用

油应选择单一不饱和油（如菜籽油）。与黄油、猪油和人造黄油中的饱和脂肪相比，多不饱和油（如玉米油）是更佳的选项。即使一些用植物制成的食用油（如椰子油和棕榈油）也含有饱和脂肪，因而不是健康的膳食选择。

要 2000 ～ 2500 卡路里，而青春期男孩一般需要 2500 ～ 3000 卡路里。静坐时间较长的青少年适合摄入较少的热量，而运动较多的青少年应摄入较多的热量。久坐的成年人需要的热量较少（2000 卡路里或以下）。

注意食物的份数和分量

如你所知，你应该从 5 大食物群中摄入适量的宏量营养素和微量营养素。但你在每个食物群中需要吃下多少份食物呢？表 16.3 列出了每个食物群的推荐份数以及合适的分量。某一食物群的推荐份数取决于你每日的热量摄入量。一般来说，男孩比女孩需要吃下更多的份数，因为他们体型更大，有更多的肌肉质量。大多数青春期女孩每天需

多运动以平衡热量

为终身维持健康的身体成分，你必须平衡你摄入和消耗的热量。营养指导认为，体育运动和健康膳食都很重要。但研究表明，大多数人都高估了他们的运动量并低估了他们每天摄入的热量。久而久之，这种误判会导致不必要的体重增加。本章中的自我评估帮助你确定你每天摄入和消耗多少热量。

表 16.3　食物的推荐份数和分量

食物群	热量范围			分量示例
	<2200	2200 ～ 2800	>2800	
谷物	6 份	9 份	11 份	1 片面包；1/2 杯煮熟的麦片、米饭或意大利面；1 杯冷麦片；1/4 杯小麦胚芽；1 个 6 英寸（约 15 厘米）玉米粉圆饼
蔬菜	3 份	4 份	5 份	1 杯生鲜叶类蔬菜；1/2 杯其他蔬菜（切碎或烹煮）；3/4 杯蔬菜汁；1/2 杯煮熟蔬菜
水果	2 份	2 ～ 3 份	3 ～ 4 份	1 个橘子；3/4 杯汁；1 杯熟制水果
乳制品	2 ～ 3 份	2 ～ 3 份	2 ～ 3 份	1 杯牛奶或酸奶；3/2 杯冰激凌；3/2 盎司（约 43 克）奶酪
蛋白质	2 份	3 份	3 份	2 ～ 3 盎司（约 57 ～ 85 克）熟肉、熟家禽肉或熟鱼肉；1/2 杯熟干豆；2 汤匙花生酱；1/4 杯坚果或种子；1 个蛋

课程回顾

1. 膳食中多少碳水化合物、蛋白质和脂肪对健康是有益的？
2. 维生素、矿物质和水对健康的必要性在哪里？
3. 请列出 5 大基本食物群并解释它们的重要性。

本评估旨在帮助你确定你每天摄入和消耗的热量。请按照文中的指导在教练提供的工作表上记录所需的信息。请记住，自我评估信息是保密的个人信息。未经受测者同意，不得将该信息与他人分享。

第 1 步：确定热量摄入

制作一张表格，记录你每天摄入食物的类型、名称和数量。图 16.3 是九年级的 15 岁男生桑迪制作的膳食记录表。桑迪记录了他一天的膳食情况，以确定他摄入的热量和他在每个食物群中摄入食物的份数。他记录了每种食物的份数并在所属食物群下打钩，以检查自己的膳食是否包括了每个食物群。他使用了表 16.3 帮助自己确定食物份数。然后他用食物计算器软件确定每种食物中的热量。最终，他把热量和每种食物的份数进行累加以确定他的总热量摄入，并查看自己是否达到的每个食物群的推荐指导标准。桑迪周三的总热量摄入是 2551，正好处于男性青少年的推荐范围内。

请制作与桑迪的记录表类似的单日膳食记录表，以统计你自己的热量摄入。检查表中是否包含了所有的食物群。使用食物计算器软件确定你吃的食物中的热量。

第 2 步：估算热量消耗

首先确定你的静息代谢率——你的身体一天中为发挥基本功能和完成轻体力活动消耗的热量。换言之，静息代谢率包括你的基础代谢率（睡眠、消化和其他非活动行为所需的热量）和你做日常轻体力活动如刷牙、吃饭、阅读和打字所使用的热量。桑迪使用表 16.4 并根据他的性别、年龄（15 岁）、体重（150 磅或 68 千克）和身高（70 英寸或 1.8 米）确定他的静息代谢率。表格显示出每天 1800 卡路里的静息代谢率。桑迪将该数值记录在他的运动日志中。

请使用合适的表格确定你的静息代谢率。男孩应使用表 16.4（12 ～ 15 岁）或表 16.5（16 岁及以上）。女孩应使用表 16.6（12 ～ 15 岁）或表 16.7（16 岁及以上）。记录下你的静息代谢率。

接下来，请制作你一天体育运动的日志。与桑迪一样，记录你做的每项运动及其时长。以下是桑迪的计算过程。

- 桑迪查看了体育运动纲要后发现体重 150 磅（约 68 千克）的人步行 1 小时消耗 318 卡路里。因此，桑迪每步行 1 分钟消耗 5.3 卡路里（318 卡路里 ÷60 分钟 =5.3 卡路里 / 分钟）。因此，他在 10 分钟步行中消耗 53 卡路里（5.3×10=53）。

- 桑迪在体育课上也做了 30 分钟的燃脂运动。该运动使体重 150 磅的人每小时消耗 340 卡路里，或每分钟消耗 5.7 卡路里（340÷60=5.7）。因此，30 分钟内桑迪消耗约 170 卡路里（5.7×30=170）。

食物	份数	卡路里	谷物	蔬菜	水果	蛋白质	牛奶	其他
早餐								
炒蛋	1	104				√		
炸火腿片	1	82				√		
全麦面包片	2	138（69×2）	√					
8 盎司橘子汁	1	112			√			
早餐总量		436						
午餐								
芝士比萨片	3	693（231×3）	√			√	√	
小份沙拉	1	33		√				
沙拉酱	1	71						√
12 盎司汽水	1	150						√
午餐总量		947						
晚餐								
青豆	2	88（44×2）		√				
烤土豆	2	242（121×2）		√				
土豆用酸奶油	1	62					√	
烤鸡胸	2	282（141×2）				√		
16 盎司脱脂牛奶（两份，每份 8 盎司）	2	166（83×2）					√	
沙拉	1	33		√				
沙拉酱	1	71						√
晚餐总量		944						
小吃								
薯条（包）	1	152		√				√
苹果	1	72			√			
小吃总量		224						
每日总量		2551						

图 16.3 桑迪周三的膳食记录表

表 16.4 12～15 岁男孩的静息代谢率（卡路里）

	体重（磅）					
身高（英寸）	100	120	150	180	200	≥ 220
60～64	1380	1500	1700	1900	2000	2100
65～68	1430	1550	1750	1950	2050	2200
69～72	1480	1600	1800	2000	2100	2230
≥ 73	1500	1630	1820	2010	2130	2240

英寸转换为厘米应乘以 2.54。磅转换为千克应乘以 0.45。

表 16.5   16 岁及以上男性的静息代谢率（卡路里）

身高（英寸）	体重（磅）					
	100	120	150	180	200	≥ 220
60 ～ 64	1360	1480	1670	1860	1980	2110
65 ～ 68	1410	1540	1720	1910	2035	2160
69 ～ 72	1460	1590	1770	1960	2085	2210
≥ 73	1490	1610	1800	1985	2110	2235

英寸转换为厘米应乘以 2.54。磅转换为千克应乘以 0.45。

表 16.6   12 ～ 15 岁女孩的静息代谢率（卡路里）

身高（英寸）	体重（磅）					
	90	100	120	150	180	≥ 200
60 ～ 64	1275	1320	1410	1540	1670	1755
65 ～ 68	1295	1340	1425	1560	1690	1775
69 ～ 72	1315	1360	1445	1575	1705	1795
≥ 73	1325	1370	1455	1585	1715	1800

英寸转换为厘米应乘以 2.54。磅转换为千克应乘以 0.45。

表 16.7   16 岁及以上女性的静息代谢率（卡路里）

身高（英寸）	体重（磅）					
	90	100	120	150	180	≥ 200
60 ～ 64	1260	1300	1390	1520	1650	1740
65 ～ 68	1275	1320	1405	1540	1670	1755
69 ～ 72	1295	1340	1425	1555	1685	1775
≥ 73	1305	1350	1440	1565	1700	1785

英寸转换为厘米应乘以 2.54。磅转换为千克应乘以 0.45。

• 修剪草坪对于桑迪这样体型的人来说每小时消耗 316 卡路里，或每分钟消耗 5.27 卡路里（316÷60=5.27）。因此桑迪修剪草坪 15 分钟消耗约 79 卡路里（5.27×15=79）。

桑迪在他的运动日志（图 16.4）中记录了他消耗的热量。他在体育运动中共消耗 355 卡路里。他将该数值与他 1800 的静息代谢率相加，得到他一天中的总能量消耗 2155 卡路里（355 + 1800=2155）。

请参照桑迪的运动日志为自己制作相似的日志。记录下你当天做的每项运动。使用体育运动纲要或运动计算器软件确定你每项运动中消耗的热量。将这些运动消耗的卡路里数累加求和，再加上静息代谢率的卡路里数，求得你当天消耗的总卡路里数。

运动	分钟数	每小时卡路里数	卡路里数
上午			
体育课：燃脂运动	30	340	170
步行上下学	10	318	53
下午			
步行上下学	10	318	53
晚上			
修剪草坪	15	316	79
每日运动总量	65		355
静息代谢率			1800
每日消耗的总卡路里数			2155

图 16.4　桑迪周三的各项运动

第 3 步：评估热量平衡

将你的热量消耗与摄入相比较，判断你每天的热量收支是否平衡。桑迪每天消耗 2155 卡路里但摄入了 2551 卡路里，差值为 396 卡路里（2551 − 2155 = 396）。每天摄入的热量偶尔多于或少于消耗的热量并不是一件罕见的事。但如果桑迪一天内摄入的热量经常比消耗的热量多出 396 卡路里，他的体脂久而久之会增加。

请确定你的能量是否平衡（热量摄入是否等于消耗）。热量用较大的数值减去较小的数值（热量摄入或消耗值），即可得出结果。

第 16.2 课

选择健康的食品

课程目标

学完本课，你将能够：
1. 描述满足营养需求的 FIT 规则；
2. 列出食品标签的若干重要元素并描述其提供的信息；
3. 列出在饮食中应加以限制的营养物；
4. 列出关于营养的一些常见错误观念并解释它们为什么是错误的。

课程词汇

热量计、食品标签、保健品

你知道如何阅读营养标签吗？你获得的食物分量是否与营养标签上列出的分量相同？上一节课中，你学习了如何从各大食物群中选择食物以构成营养膳食，以及如何遵循饮食指导以拥有并维持良好的健康状况。本课将进一步讲解如何选择健康的食品以保持膳食均衡。

FIT 规则和营养

表 16.8 说明了如何以 FIT 规则为指导实现营养健康。青少年常常违反 FIT 规则。比如有些青少年不吃早餐或午餐，这常常导致他们在晚些时间过量饮食。不按时吃饭会让你整天疲倦，难以集中注意力，因而学习成绩下降。如果你参加了竞技运动队，不按时吃饭会对你的运动表现产生不良影响。

此外，很多人不知道他们每天应摄入多少热量。实际上这一数据很容易获

得（参见本章的"自我评估"部分）。如你所知，人的营养需求因年龄、性别、身高、体重和日常活动的不同而有所不同。处于青春期或生长期的年轻人对营养有特殊的需要。他们需要食用富含矿物质（钾、钙、铁）的食物以辅助骨骼的生长和血液的输送。如果你按照每个食物群的推荐份数进食，你的膳食便能够满足你的营养需求。

推荐分量和实际分量

推荐分量和实际分量不一定等同。表 16.3 给出了推荐的食物分量。而实际分量是你自己或饭店摆上餐桌的食物分量。因此，实际分量可大可小。大分量所含营养可能远多于推荐分量，而小分量所含营养可能少于推荐分量。请使用以下方法控制你的实际分量，从而保证合理的食物摄入量。

表 16.8　健康目标区间和营养

营养目标区间	
频率	一日三餐。计划中的健康小吃也可以是健康膳食的一部分
强度	你每日摄入的热量应处于根据本章"自我评估"所述因素确定的范围内 热量应来自每个食物群中推荐份数的食物（表 16.3）
时间	应有规律地定期进食，例如在早晨、中午和晚上

· 知晓推荐分量（表 16.3）。
· 选择与推荐分量相同的实际分量。
· 大分量应只部分食用；将剩余部分留至下一餐。
· 仔细阅读食品标签。食品标签（图 16.5）所列总热量通常表示一份的热量，但一包食品常常含多份。为摄入标签所列热量，请只从包装中选择等于推荐分量的实际分量。

健身小知识

近年来美国人食物分量增大的原因之一是大餐的营销。这些大餐有时称为"超大份餐食"。比如大多数炸薯条食品的原本分量是 450 卡路里，但现在很多快餐店推销的大份炸薯条超过 600 卡路里。再如，"随便吃"的自助餐以固定价格出售，因而激励消费者吃更大的分量来让消费更划算。请使用上一节课表 16.3 中提供的信息帮助你确定适合你的食物量。你可能会发现一份实际分量等于多份推荐分量。

你可以参考家里一些常见物品的大小来大致了解合适的食物分量。以下清单提供了一些简单食物的分量示例。

· 烤土豆：鼠标大小
· 百吉饼：金枪鱼罐头大小
· 苹果：棒球大小
· 硬质奶酪：三个骰子大小
· 瘦牛肉：一张扑克牌大小

食品标签

很多青少年不购买食品杂货、做饮食规划或为家人做饭。但现在你要开始学做这些事情，因为你在人生中迟早需要用到这些技能。阅读和理解食品标签可以帮助你做膳食计划并购买健康食品。根据法律要求，生产商必须使用标准格式的食品标签。请注意，政府要求提供的食品标签有时与生产商在食品包装（如麦片盒）前部提供的食品标签不同。包装前部标签不受监管，因此可能不准确。实际上，营养专家对这些标签持批评态度，因为它们常常具有欺骗性。它们是生产商销售食品的策略之一，而没有提供真实的营养信息。专家担心消费者会看包装前部标签而不是受监管的包装侧面标签。而只有包装侧面标签才提供了科学合理的信息。

你可能曾经阅读过包装侧面的营养标签，但你可能不知道如何最有效地阅读它们。阅读食品标签时，应从顶部开始，通过以下 6 个步骤进行阅读。图 16.5 是通心面和奶酪包装上的标签示例（食品包装上的标签通常全部采用白色，但本例中添加了彩色以方便你定位标签的每个区域）。

阅读食品标签可帮助你选择健康的食品

第 1 步：分量和份数

包装内的食物份数见绿色区域。本例中，食物有两份，每份的分量是 1 杯。所以包装中的总分量是 2 杯。

第 2 步：热量

白色区域标示出每份所含卡路里数。本例中为 250 卡路里。因此，包装内食品的总热量是 500（250 卡路里 ×2 份 = 500 卡路里）。一些食品标签列出了总热量和每份热量这两项数据，但很多标签只列出每份的热量。消费者可能会将所列卡路里数（250）误当作总热量，而实际的热量含量是 500（2×250 = 500）。

第 3 步：应限制摄入的营养物

黄色区域表示膳食中应限制摄入的营养物，例如脂肪和盐。每种营养物旁的数字是以克（g）或毫克（mg）表示

通心面和奶酪的标签示例

① 分量
② 卡路里
③ 限制摄入的营养物
④ 碳水化合物和蛋白质
⑤ 微量营养素
⑥ 脚注

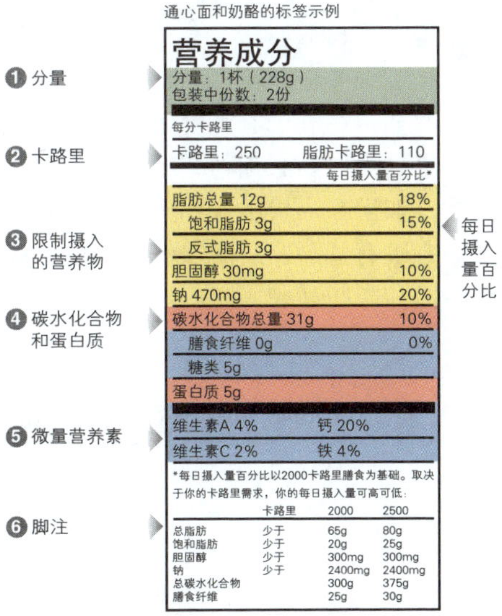

图 16.5　食品标签示例
源自：From USDA.

的含量以及一份食物提供的营养物每日摄入量百分比。本例中，一份通心面和奶酪提供你每日应摄入脂肪的 18% 和盐分的 20%。如果你吃两份，将所列数字加倍后，你便可知道自己摄入了多少脂肪和盐。反式脂肪含量也出现在图 16.5 中，尽管你以后应在膳食中排除此物质。FDA 禁令完全实施前，反式脂肪的克数仍应包含在食品标签中。

第 4 步：碳水化合物和蛋白质

有 3 种宏量营养素给身体提供能量，其中包括碳水化合物和蛋白质。标签中列出了两类碳水化合物（蓝色表示）：膳食纤维和糖类。如粉色区域所示，每份食物提供每日碳化水合物需求量的 10%。膳食纤维也是一种有益的碳水化合物，而标签可以帮助确定你是否食用了足量的膳食纤维。与脂肪和钠一样，膳食中也应限制糖类的摄入。蛋白质的克数列于标签的粉色区域内。FDA 推荐每日摄入至少每磅体重 0.3 克的蛋白质（150 磅重的人应摄入 45 克蛋白质）。

第 5 步：微量营养素

维生素和矿物质等微量营养素对膳食健康非常重要。你每天摄入的微量营养素应完全达到推荐标准。标签中蓝色区域标明了 4 种微量营养素，包括两种维生素和两种矿物质。如图 16.5 的标签所示，一份通心面和奶酪提供每日钙摄入量的 20%，但其他微量营养素仅提供 2% ～ 4%。

第6步：脚注

请使用标签底部白色区域的信息调整你摄入的总热量。每天所需的总热量因人而异，且取决于年龄和体型。需要更多热量的人应借助标签底部的信息调整营养物摄入量。例如，每天需要2200卡路里的人比每天需要2000卡路里的人容许摄入更多的脂肪，且应摄入更多的纤维。

健身小知识

从汽水中获得的热量可以迅速累积。大多数无酒精饮料每罐12盎司（约0.4升）含约150卡路里——3罐就含有450卡路里。而很多青少年每天喝好几罐。很多快餐店和便利店出售的约1.8升饮料含有约800卡路里。研究表明，无酒精饮料的过度饮用是发达国家居民超重高发率的原因之一。实际上，如果你饮食的其他方面保持不变，每天喝一罐无酒精饮料会导致你一年增加15磅（约7千克）脂肪。喝水是很好的解决方法。水可以解渴，而且水中不含热量。

其他食品标签

你已经知道，包装侧面标签可提供有用的信息，而包装前部标签可能具有欺骗性。但你还应了解其他的食品标签。有一种标签标明了食品的脂肪含量。在美国，仅当食品达到政府的法定标准时，才可以在包装上设置"无脂肪"标签。表16.9中的术语用于防止虚假广告。但即使有标准的术语规范，你仍然可能被有关食品脂肪含量的广告误导。一些食物，如牛奶和包装肉品，在广告中宣称含2%的脂肪，换言之，它们的脱脂程度达到98%。如果用食品重量来衡量，上述声明属实，但如果用食品中的总热量来衡量，上述声明则为不实声明。比如，一杯2%牛奶中仅有2%的重量是脂肪，但它有超过30%的热量都来自脂肪。

你可以自己计算食品中真实的脂肪热量百分比。只需将每份的脂肪热量除以每份的总热量即可。对于图16.5所示的食品标签，每份总热量是250，而每份脂肪热量是110，因此食品中的脂肪热量百分比是44%（110卡路里÷250卡路里＝0.44）。

你也许在一些食品标签中读到健康声明如"有利于心脏健康"。对于此类标签，生产商必须遵守政府的法规。例如，如果在广告中宣称产品的脂肪含量对心脏有益，产品必须仅含少量的脂肪、饱和脂肪和胆固醇。如果附带此类

表16.9 食品标签中的关键词及其意义

关键词	含义
无脂肪	脂肪含量小于等于0.5克
低脂肪	每份脂肪含量小于等于3克
精益（Lean）	脂肪、饱和脂肪和胆固醇含量分别小于等于10克、4克和95毫克
低热量	卡路里数低于高热量食物的1/3，或者脂肪含量低于高脂肪食物的一半，或者钠含量低于高钠食物的一半
无胆固醇	每份胆固醇含量小于等于2毫克，饱和脂肪含量小于等于2克

💟 健身科技：食物中的营养成分

热量计（calorimeter）是测定化学反应所产生热量的仪器。拉丁语中，"calor"指热量，"metron"指测量，因此热量计（calorimeter）用来测量热量。一种特殊的热量计用于测定各类食物燃烧时产生的热量。营养科学家用该热量计测定了各类食物的热量数值。你在很多网站上都可以找到各类食物的热量数值，包括美国农业部的 Food Tracker（食物跟踪器），它是 MyPlate 网站的 SuperTracker 的一部分。

互联网也帮助你找到关于食品成分的其他信息。例如，一些营养网站列出了各类食物的特定营养物含量（碳水化合物、蛋白质、脂肪、维生素和矿物质）。一些网站列出了所有类型的食物，而一些网站只提供快餐食品的信息。库珀研究所开发了称为 NutriGram 的营养软件，与 Fitnessgram 配套使用。

学生活动

请在 MyPlate 网站找到 SuperTracker。请注意，它包含 6 个不同的在线跟踪工具，例如 FoodTracker（食物跟踪器）和 Physical Activity Tracker（运动跟踪器）。请试用一种工具并写一篇由数段文字组成的评估报告。请在报告中说明该工具的优点和缺点。

声明的食品是水果、蔬菜和谷物类食品，则其不仅应只含少量的脂肪、饱和脂肪和胆固醇，而且每份应至少含有规定量的纤维。如果食品提供与血压有关的健康声明，则该食品的钠含量必须处于低水平。

与食品相关的常见错误观念

你也许听到过有关营养的一些错误的或误导性的说法。下面列出与营养有关的常见错误观念。

错误观念：不吃正餐是减肥的好方法。

事实：研究表明，不吃正餐的人通常比吃正餐的人吃得更多。不吃正餐将刺激你的食欲，所以较少的吃饭次数反而导致你每顿饭吃得更多，而较多的吃饭次数将减少你每餐的进食量。人们常常不吃早餐或午餐，但这种做法对减肥没有什么效果，反而会导致你工作和学业的表现下滑。

错误观念：保健品经过了测试，所以可以保证它们是安全的而且达到了卖家声明的标准。

事实：自 1994 年以来，美国政府不再对保健品进行监管。这意味着，政府不再对保健品的安全性进行测试，也不保证保健品达到了卖家声明的标准。请提防听起来太好而有失真实的保健品声明。

错误观念：高蛋白膳食对减肥、增肌和维持健康效果最好。

事实：大量的研究表明，基于本章第一节课所列的营养物百分比的均衡膳食对减肥和保持体重最为有效。流行的高蛋白膳食导致身体迅速失水，但只有减少热量摄入的饮食方式才能有效地减脂。由于高蛋白膳食含有较多的脂肪，专家们担心长时间食用会导致健康问题。勤运动者比不运动者需要更多的蛋白质，但由于勤运动者也摄入更多的热量，他们通过均衡的饮食也可以获得身体所需的蛋白质。

错误观念：你只要限制膳食中的脂肪含量，就无须担心膳食中含有多少热量。

事实：保持体重的关键在于你摄入的热量。每克脂肪确实比碳水化合物和蛋白质含有更多的热量，但宣称低脂肪的很多食物实际上比高脂肪食物所含热量更多。

错误观念：含热量较少的饮食可以有效地帮助减肥。

事实：身体的正常运作需要热量。每天摄入热量太少（800 卡路里及以下）会导致身体储存热量以发挥正常功能，这意味着身体使用的热量会比正常时少。所以摄入热量太少并不是减少体脂的有效方法。实际上，这样做很危险，因为含热量太少的饮食常常不能提供你身体需要的基本营养物（如维生素和矿物质）。

由于健康和营养方面的欺诈行为是如此普遍，该领域还存在很多其他的错误观念。做出营养相关选择时请遵从美国农业部的饮食指导。请使用可靠来源提供的信息。可靠的信息来源包括美国农业部、美国食品及药物管理局、美国饮食协会、美国医学会、美国心脏协会、美国癌症协会等。

营养营销战略及战术

你知道，在体育比赛和竞技运动中，运动员使用战略取胜。战略是为达到特定目标而制定的行动计划。在竞技运动中，战略是为赢得一场比赛或其他竞争性活动而使用的整体方案。制定战略是计划的第一步，随后将拟定战术以帮助实现目标。战术是为实施战略和实现目标而采取的特定行动。一些食品生产商采用面向年轻人（儿童和青少年）市场的战略。该战略并非旨在销售健康食品，而仅仅用于完成更多销量。营销人员使用的战术之一是当儿童放学后和播出儿童节目时集中播放加糖麦片的电视广告。另一项战术是在快餐店出售的餐食中附带玩具，以增加儿童对快餐的兴趣。

如今，青少年构成了美国最大的消费者群体之一。"潮流营销"是公司面向青少年市场的一种营销战略。公司（商家）让他们的产品在青少年眼中显得很新潮。这种战略用于销售衣物、电子、能量饮料、运动饮料和汽水等产品。实施此战略的一种战术是由电影明星和艺人代言产品品牌。营养科学家和饮食学家希望你能了解这些战略和战术，从而你在选择食品和饮料时可以做出明智的决定。

体育运动前进食

大多数人可以在饭后等待 30 分钟～1 小时，然后再做中等强度的运动。进食后运动有困难的人可以等待更长的时间，或者改变他们的进食时间和餐食内容。如果你打算做高强度运动或者参加竞争激烈的体育比赛，你可以改变你的饮食习惯来为此做准备。运动前进食应遵从以下指导。

- **体育竞赛前无须专门进食。** 一些运动员认为他们在参加比赛前需要吃一份牛排。但牛排含有较多的蛋白质和脂肪。这两种营养物的消化都是很缓慢的。因此，比赛前两小时吃牛排可能会影响你的运动表现。一般来说，比赛前你按照正常习惯进食即可。
- **在进食后和高强度的竞技运动前留足时间。** 比赛前 1～3 小时进食。如果食物难以消化（例如大份肉类、辛辣食物和高纤维食物），则应在赛前留出更多的时间。
- **比赛前减小餐食分量。** 小份餐食比大份更容易消化。如果你太紧张或者常常在比赛前发生胃部不适，限制餐食分量会有帮助。
- **比赛前避免单一碳水化合物（单**

糖）含量较高的小吃。一些人认为，在比赛前吃糖棒或饮用含较多单一碳水化合物的饮料可以提供更多的即时能量。但实际上，在比赛前摄入大量的单一碳水化合物会导致血糖上升，而在运动后血糖水平常常会下降。这样会导致身体缺乏能量，甚至导致头晕，因而对运动表现产生不良影响并增加了受伤的风险。

- **运动前、运动时和运动后都要喝水。** 无论你是否参加体育比赛，喝水都是很重要的。你一般不需要添加糖或盐，除非运动时间过长或者你在炎热和潮湿天气中运动。饮用含大量糖分的水甚至可能降低你的运动表现，其原因在上条中已阐明。运动前喝水过多可能导致一些人出现岔气。这些人应在运动前早早喝水，并分数次少量饮用。他们不应在运动即将开始时大量喝水。

课程回顾

1. FIT 规则如何帮助人们满足自身的营养需求？
2. 你可以在食品标签上找到哪些信息？请举出 3 例。
3. 饮食中应限制摄入的营养物有哪些？
4. 举出两种常见的与食品相关的错误观念。它们为什么是错误的或误导性的？

有时只要说"不"便可以避免有害局面的出现。说"不"听起来容易，但成功地说"不"可能很困难。以下是一个例子。

很多文化中，人们准备特别的饭菜庆祝假日。有一次，曼尼应邀与女朋友的家人一起庆祝五月五日节。他们计划下午在附近的湖中滑水，然后举办盛大的派对。曼尼的女朋友丽塔告诉他，她妈妈总是在五月五日节准备大量的饭菜。她们平常不吃这么多饭菜，但在这个特殊的节日，她们要按惯例举办传统食物的盛宴。她告诉曼尼说，他在派对上要吃很多东西。但问题在于，曼尼的医生叮嘱他限制盐、脂肪和热量的摄入。

就在丽塔的妈妈摆放饭菜时，曼尼到了。饭桌上摆满了玉米粉圆饼、鳄梨酱、牛肉和玉米煎饼、爆浆芝士辣椒、鲜玉米以及蛋糕、派和小甜饼。当丽塔端着堆满小甜饼的盘子走上前时，曼尼意识到他处于困难的境地。

"曼尼，你来得正好！"她说，

"东西很好吃！"曼尼比较担心菜肴中的盐分和脂肪，希望避免摄入太多的热量，但他不想伤害丽塔的感情。所以他说，"看起来都不错，但我要注意饮食。"

丽塔给了曼尼一块小甜饼。她知道小甜饼是曼尼的最爱。"但你要尝尝我妈妈做的小甜饼。每个人都说好吃。如果你不吃这个，我妈妈会难过的。"因为不想吃，所以曼尼感觉很有压力。

讨论

曼尼在派对中处于什么样的困境？曼尼该怎样和丽塔讲，才能不让她觉得尴尬，也不伤害她的感情？他该怎样做才能不因拒绝而伤害丽塔妈妈的感情？他在前往派对前该如何为那种场合做准备？还有哪些其他场合中说"不"是最好的选择？回答以上讨论问题时请考虑"自我管理"一节中的指导。

➡ **自我管理：说"不"的技巧**

我们都希望吃健康的食物，经常做运动和保持健康的生活方式，但有时我们所处的环境或我们周围的人使我们难以坚持健康的行为习惯。我们被引诱做正常情况下不会去做的事。某些环境会勉强你从事不符合你最佳利益的活动。你可以采取一些步骤使自己在这些环境中更容易地说"不"。

以下指导建议将帮助你在别人给你不想要或不需要的食物时说"不"。你也可以用这些方法在需做出其他健康相关选择时说"不"。

- **在特殊场合对别人提供的食物说"不"**。在假期聚会前先吃一点便餐，这样你开始聚会时就不会太饿。练习拒绝食物的方法，以不伤害主人的感情。比如提前和主人沟通，解释你为什么需要限制食物摄入。提前准备好自己的说辞，以便在被劝说进食时使用。

- **采用策略避免诱惑**。不要站在食物附近。产生进食冲动时，请与其他人交谈或找点别的事情做。

- **在外面吃饭时对额外餐食说"不"**。提前计划好你要吃什么。遇到食品广告宣传或看到他人进食时应抵制诱惑。选择小份的餐食，避免大份餐食如大汉堡和炸薯条等。对含有你不想要的食物的特别折扣说"不"。只点你喜欢的单份食物。拒绝额外的调味酱、浇头和佐料如蛋黄酱。

- **采用策略购买食物**。提前准备好采购清单并坚持按清单购买食物，以拒绝含有较多空热量的食物。阅读食品标签并避免每份热量含量较高的食物。寻找更好的食物选项。购买前先进食，从而避免在饥饿时做出购买选择。

- **食用健康的小吃**。食用蔬菜和水果小吃可以帮助你拒绝含较多空热量的小吃，例如油炸薯片、小甜饼和糖果等。避免加糖饮料和运动饮料。运动时携带水杯。

- **在学校里吃健康食品**。自己准备好在学校里食用的午餐和小吃，从而对零食自动售货机中的不健康食品说"不"。如果有空闲时间，请多做运动以转移注意力，不去想不健康的食物。即使在学校餐厅吃饭，也请购买小份餐食以避免吃得过多。假如你的朋友也有时间自己做饭，你们都可以带上健康的小吃彼此分享。

- **不吃大份食品和添菜**。让家人和朋友不要准备添菜。限制甜点的分量。

- **慢慢进食，不要在学习和看电视时吃东西**。一些专家建议你只在厨房或餐厅中进食，从而拒绝不健康食品。

运动金字塔中的所有运动都消耗热量，因此它们都有助于平衡你热量的消耗和摄入。中度运动是有益的，因为它可以长时间进行。而高强度运动的好处在于它在相同时间内可消耗更多的热量。比如，体重54千克的人步行20分钟（中等强度运动）燃烧约85卡路里，但慢跑20分钟（高强度运动）可消耗125卡路里。通过在例行运动中增加高强度项目，你可以很容易地增加热量消耗。肌肉适能运动也消耗热量，同时也能增加肌肉质量，进而使你在休息状态下也消耗更多的热量。

请行动起来，尝试燃脂运动。燃脂运动计划由强度不同的多种运动组成。运动期间请进行自我监测，以检查运动强度是否适中，以及在高强度运动中你的心率是否处于目标区间。

进行燃脂运动

概念和词汇回顾

在老师的指导下解答 1 至 5 题。用词汇或短语填写句子的空白。

1. _____是提供能量的营养物。

2. 热量含量较高但营养物含量较低的食物被称为含有_____卡路里。

3. _____是构成蛋白质的食物物质。

4. 食物的实际分量是摆上餐桌的食物分量，而_____是推荐摄入的食物分量。两者含义不同。

5. _____肥胖指随着年龄的增长，人体体重的逐渐增加。

在老师的指导下解答 6 至 10 题。将第 1 列中的每一项与第 2 列中合适的短语配对。

6. 碳水化合物　　　　　a. 能量的主要来源

7. 蛋白质　　　　　　　b. 调节细胞活动

8. 纤维　　　　　　　　c. 在室温下呈固态

9. 饱和脂肪　　　　　　d. 无法被人体消化

10. 矿物质　　　　　　　e. 人体的结构单元

在老师的指导下解答 11 至 15 题。对每条陈述或问题进行回答。

11. 描述你身体的脂肪需求以及饮食中最有益的脂肪类型。

12. 举出 MyPlate 中的 5 大食物群。

13. 解释为什么包装侧面标签有助于你保持健康饮食。

14. 关于在体育运动前进食有哪些指导？

15. 你被勉强做不愿意做的事情时如何说"不"？请给出有关指导。

批判性思考

你的朋友希望你给她一些饮食建议。她想知道食物的选择是否重要，以及她是否只需要记录热量数值即可。她已经开始增加体育运动，所以她想知道运动如何影响她的热量需求和营养需求。请用一段话给出你的建议。

项目

你在本章中学习了 MyPlate。MyPlate 的前身是称为 MyPyramid 的类似图表。而在此之前使用的是 Food Guide Pyramid（食品指导金字塔）。其他图表如彩虹主题的加拿大食品指导用于帮助人们做出有益的营养选择。请制作一张海报，对比 MyPlate 与另一种图表，或者制作一种新的营养图表，以帮助人们更好地理解健康膳食中的食物类型。

17

压力管理

第 17.1 课
压力的基础知识

课程目标

学完本课，你将能够：
1. 定义压力和压力源；
2. 解释一般适应综合征的 3 大阶段；
3. 描述压力管理金字塔的 5 个层级；
4. 讨论压力的一些原因和影响。

课程词汇

紧急反应、应对、应对技能、痛苦、积极压力、一般适应综合征、衰竭阶段、抗拒阶段、压力、压力源

你有没有在很多人面前做演讲或进行表演的经历？它是否让你焦虑不安？当你感觉焦虑时，你的心率会上升、肌肉会紧绷。压力环境使你的身体释放一种称为肾上腺素的化学物质，从而引起上述变化。这些变化是压力反应的一部分。而压力反应是身体准备应对压力情境的方式。

你可能每天都要面对压力情境，而压力情境对你的身体和情感均造成影响。实际上，有三分之二的美国人称他们每周至少一次感觉"有压力"。本课中，你将学习压力、身体对压力的回应以及压力管理的有关知识。除定期的体育运动和良好的营养习惯外，压力管理也是健康生活方式的主要任务之一。本课将讲解压力管理金字塔及其 5 个层级（图 17.1）。

获得帮助

学习应对压力的技能

理解压力的影响

识别压力（痛苦）的原因

识别生活中的压力和压力源

图 17.1　压力管理金字塔的 5 个层级

压力管理金字塔

正如运动金字塔描述不同类型的体育运动以帮助你增强体质和改善身心健康，压力管理金字塔帮助你有效应对压力。金字塔的 5 个层级描述如下。

第 1 级：识别生活中的压力和压力源

压力是身体对压力情境的反应。压力源是导致或增加压力的因素。压力管理的第一步是在压力出现时识别它。

当你处在高压情境中时，你的身体会自动发生一系列的变化。研究员汉斯·塞利指出，在压力源的影响下，人们通过由 3 个阶段组成的一般适应综合征来适应压力（图 17.2）。应对压力源时，身体首先启动紧急反应。任何导致你担忧、兴奋或经历其他情感和身体变化的事物都可以是压力源，因而触发你身体的紧急反应。成年人常见的压力源包括账单、度假计划、工作职责和家庭矛盾。而青少年常见的压力源包括分数和作业、家庭争吵、同伴压力、搬家、家人的重病或死亡、不良的饮食习惯、缺乏运动、孤独感、朋友的改变或疏离、药物滥用、欺凌以及受到学校或法律机构审查。

身体对压力源产生紧急反应时出现的变化如图 17.3 所示。紧急反应使你的心率上升，并触发其他身体变化。当身体有机会调整时，它进入一般适应综合征的第 2 阶段——抗拒阶段。在该阶段，你的身体系统开始抗拒或对抗压力源。你生病时，身体产生抗体以对抗疾病。而你面对身体压力时，比如做高强度运动时，你的心率会上升以给身体的各个部位供应更多的血液和氧。在大多数情况下，你的抗拒足以战胜压力源，然后你会回到正常状态，以适应压力情境。

但在极端情况下，你身体的抗拒不够强大，因此你进入综合征的第 3 阶段——衰竭阶段。此时你需要接受医学治疗以帮助身体抗拒和战胜压力源。如果压力源太强大，比如患上身体和医药都无法战胜的疾病，就会死亡。

第 2 级：识别压力（痛苦）的原因

并非所有的压力体验都是有害的。科学家用"积极压力"（eustress）一词描述积极的压力。可产生积极压力的情境包括乘坐过山车、参加竞技比赛、接

第 1 阶段：紧急反应阶段	第 2 阶段：抗拒阶段	第 3 阶段：衰竭阶段

身体对压力源做出反应	身体抗拒压力源	身体屈服于压力源

图 17.2 一般适应综合征

消化系统运行减慢，胃酸增加

更多糖分释放到血液中

尿量减少

肌肉紧张

出汗增加

心率增加，心脏输送更多血液，血压升高

眼睛接收更多光线

凝血能力增强

身体细胞释放更多能量

输送至皮肤和消化系统的血液减少

输送至大脑和肌肉的血液增加

图 17.3　压力反应：身体准备应对压力的方式

受驾驶测试、在学校乐队中表演和结交新朋友等。积极压力给予你接受挑战和努力奋斗的机会，给你的生活增添快乐。

消极压力有时称为"痛苦"（distress）。消极压力环境可能导致忧虑、悲伤、愤怒和烦恼。相同的情境，对一个人来说是积极压力，而对另一个人可能是痛苦。比如，外向的人乐于参加课外活动和社交活动，而害羞的人会惧怕这种场合。此外，同样的体验对你来说有时是积极压力，有时却成为痛苦的原因。比如，在做好充分准备的情况下参加考试，你就面临积极压力，但参加未准备好的考试是一件痛苦的事。在本课后的

健身小知识

"积极压力"（eustress）一词的前缀"eu"来自"欢快"（euphoria）一词。欢快指幸福快乐的感觉。

"自我评估"部分，你将学到更多有关识别压力源的知识。

健身小知识

有时处于受控的压力情境中可以帮助你为以后的高压情境做准备。比如，体育运动是压力源之一，但定期的体育运动可以使你保持良好的体质和健康，从而能更有效地应对今后可能面临的压力。

痛苦会对你的整体健康和体质产生负面影响（压力管理金字塔第 3 级的描述中对此有更详细的讲解）。为控制生活中的压力，你需要理解你所经历的压力的产生原因。以下各节描述了压力产生的若干原因。

身体压力源

身体压力源是你的身体或环境中影响你身体健康的某些状况，例如口渴、饥饿、过热、过冷、缺乏睡眠、疾病、污染、噪声、事故和灾难（如水灾或火灾）。甚至过度运动也可能成为压力源，例如运动员过度劳累等。但遵守正确的运动原则并获得了良好体质的健康人更能够适应身体压力源导致的变化。

情感压力源

恐惧、愤怒、悲伤、抑郁、担忧甚至陷入爱河都是强大的情感压力源，它们会对你的身体和情感健康造成严重影响。另一种情感压力是超负荷——承担了在规定时间内无法完成的任务。为防止或纠正超负荷的状况，请学会说"不"，并培养自己的时间管理技能。

社会压力源

社会压力起因于你与他人的关系。每天你都会和很多人接触，包括家人、朋友、老师、员工等。作为青少年，你可能受到很多社会压力源的影响。请思考你在社交场合面对的压力源，它们可能给你造成了很大的压力。

第 3 级：理解压力的影响

压力，特别是高强度或长时间的压力，可能导致身体和情感的变化。压力对身体的影响包括胃酸的增加，而胃酸的增加又会加剧胃溃疡。压力还会导致高血压，进而引发严重的心血管疾病和障碍。长时间的压力也会降低身体免疫系统的有效性，使你更容易患上某些疾病。除上述迹象外，压力的身体迹象还包括以下这些：

- 痤疮爆发
- 过敏爆发
- 背痛
- 视力模糊
- 便秘
- 腹泻
- 睡眠困难
- 极度疲劳
- 头痛
- 换气过度
- 血压升高
- 消化不良
- 心律不齐
- 头晕
- 肌肉痉挛
- 肌肉紧张
- 颈部疼痛
- 流汗
- 呼吸浅短
- 喉咙或胸部发紧
- 发抖
- 胃部不适
- 呕吐

一些医生认为，美国人的很多需医学治疗的健康问题都与压力有关。因此我们必须有效地应对压力，特别

科学实践：青少年抑郁症

心理学家和公共健康科学家对青少年抑郁症进行了大量的研究。有多达四分之一的青少年称他们在中学期间曾经历过持续两星期的悲伤。虽然悲伤是我们时不时都会体验到的情感，但长时间的悲伤就是抑郁的迹象。其他感觉如焦虑、焦躁、内疚和易怒如果过度的话，也是抑郁的迹象。更为严重的抑郁迹象包括空虚和无助感。抑郁青少年的自杀风险高于不抑郁的青少年。至于如何帮助表现出抑郁迹象的朋友，美国国立心理健康研究所给你提供了以下建议。

· 鼓励你的朋友与成年人沟通，并接受医生的评估。

· 给予情感支持、理解、耐心和鼓励。

· 与朋友交谈并仔细聆听；但不一定谈论抑郁症。

· 不要忽视你朋友表述出的感觉，引导他们直面现实并给予希望。

· 不可忽视有关自杀的言论。

· 对自杀相关言论进行报告（参见第 5 级 "获得帮助"）

学生活动

请采访一位学校咨询师或护士。询问你的学校提供哪些帮助以减轻青少年的压力和缓解他们的抑郁。询问学生们会怎样为抑郁症患者提供帮助。请写一篇采访报告。

是消极压力。

压力的情感影响包括紧张、愤怒、焦虑或恐惧、频繁批评他人、挫败感、健忘、注意力不集中、决策困难、易怒、缺乏动力、无聊感、抑郁或自闭、食欲改变等。

第 4 级：学习应对压力的技能

了解了压力的原因和影响后，你可以接着进入金字塔的下一层级——学习应对技能。"应对"指尝试着处理问题，而应对压力技能是你用来管理压力和解决问题的技术。下一节课将讲解 5 种应对压力的技能。

第 5 级：获得帮助

社会支持是很重要的。人们在管理压力时常常需要帮助。提供帮助和支持的人可以是父母、家人、老师、牧师和朋友等。此外，学校咨询师、指导老师、护士和医生等专业人士也可以提供有关压力管理和应对抑郁症的建议。很多社区也备有健康专家以帮助人们管理压力。你可以在社区内询问医生、学校咨询师或医院查询机构来获得专业帮助。另外也有一些热线电话可为你提供专门服务。

课程回顾

1. "压力"和"压力源"各有什么含义？

2. 一般适应综合征的 3 大阶段是什么？

3. 压力管理金字塔的 5 大层级是什么？

4. 压力的原因和影响有哪些？

所有人在生活中都会经历一些消极压力，而当你承受痛苦时，你的身体会发出特定信号。本课的评估中你将学习识别部分信号。

表 17.1 列出了压力的一些常见迹象。当你并未承受过度压力时，你可能只能注意到某些迹象，但压力巨大时，这些迹象往往特别明显。

确定某种运动是否对你构成压力的一种方法是在运动前后自行评估压力的迹象。请与同伴合作，使用以下步骤寻找表 17.1 所列的压力迹象。在教练的指导下记录评估结果。请记住，自我评估信息是保密的个人信息。未经受评估者许可，不得将该信息与其他人分享。

1. 躺在地面上，闭眼并放松。让同伴数你的脉搏和呼吸频率，并观察你是否存在不规则呼吸和异常举止。然后让同伴用表 17.1 的清单评估你肌肉的紧张度。如果胃部有任何紧张感或存在其他紧张迹象，请告知同伴。记录你的评估结果。然后让同伴躺下，由你对他做同样的评估。

2. 在教练的指导下，班上的所有学生应在纸条上写下自己的姓名，然后把纸条放在帽子或盒子内。然后由教练抽取纸条，直至盒子中只剩 3 张纸条。姓名在这 3 张纸条上的学生应做 1 分钟的演讲以谈论压力的影响。抽取纸条过程中和抽取完成后，观察你同伴的反应。寻找他的压力迹象。同时也应注意你自己的感觉。最后观察需做演讲的同学。请写下你对自己、同伴和其他学生压力迹象的观察。如有必要，请参考表 17.1。

3. 第二次压力评估后步行或慢跑 5 分钟，然后与同伴再次评估压力迹象。运动将导致你的心率和呼吸频率上升，但同时，它也可以缓解因担忧在课堂上的表现而产生的情感压力。请记录下你的观察结果。

表 17.1　压力迹象

心率	是否高于正常水平？
肌肉紧张度	肌肉是否比正常时更紧张？ 手臂和肩部 背部和颈部 腿
行为举止	是否存在异常举止？ 皱眉或抽搐 手摸脸或咬指甲
紧张感	你的感觉是否与平时不同？ 感觉胃部不适，紧张 紧张和焦虑感
呼吸	你的呼吸是否与平时不同？ 不规则呼吸 呼吸急促或浅短

第 17.2 课
管理压力

课程目标

学完本课，你将能够：

1. 举出 5 种应对策略；
2. 举出 5 种应对策略的应用指导；
3. 解释为什么回避往往是一种无效的应对方法。

课程词汇

竞争性压力、跑者的亢奋情绪

我们都有过紧张的时候，是什么让你感到压力呢？面对压力，你将做出什么反应呢？你有没有应对压力的策略？这些策略是健康的吗？生活中的痛苦是不可避免的。你可能受到很多痛苦因素及其影响的困扰。压力管理金字塔的前 3 个层级要求你识别并理解压力以及导致压力的压力源。第 4 级包括你用来管理压力的应对技能。如上一节课所述，应对指尝试解决问题。表 17.2 列出了 5 种应对技能。

身体应对

如表 17.2 所示，第 1 种应对技能指身体方面的应对步骤。示例如下。

· 定期做体育运动。定期的体育运动可以帮助你减轻压力。非竞争性的体育运动可以把你的心思从压力情境上移开。例如，定期慢跑的人声称他们可以体验到一种亢奋情绪。跑者的亢奋情绪是在跑步时或跑步后产生的积极压力体验。其他高强度有氧运动进行期间或进行后也会产生类似的积极压力体验。本课末尾描述的运动以及其他一些运动对于放松非常有用。瑜伽、太极拳、拉伸运动和深呼吸也有助于管理压力。

· 降低你的呼吸频率。安静地坐下或躺下。做缓慢的深呼吸，用鼻吸气 4～6 秒，然后用嘴呼气 4～6 秒。重复数次。

· 降低肌肉紧张度。放松肌肉可以

表 17.2　5 种应对技能

应对技能	描述和示例
身体应对	使用身体方法：运动；降低肌肉紧张度；吃健康膳食和保持足够的睡眠
心智应对	使用思维过程：应用问题解决技术；确定优先级；有效管理时间
情感应对	改变情感，特别是在产生压力的情境中：大笑并参加有趣的活动；运用心智应对技能，如积极地思考（相信自己能做好）和避免消极的想法等；保持灵活并愿意适应环境
社会和心灵应对	运用积极的社会和心灵环境及指导：寻求社会和心灵支持以及专业帮助
回避应对	假装问题不存在或者推迟解决问题的行动：忽视、回避和逃避

减轻压力。在本章的"实际行动"一节中，你将学习有用的放松技术，以减轻肌肉紧张。

· 在安静地点休息。在室内或室外进行放松。阅读，听听平和的音乐，抽出时间在安静地点放松。

· 保持有营养和均衡的膳食。良好的营养可以促进身体健康，进而帮助你更好地应对压力。反之，咖啡因含量较高的食物和饮料可能会使你易怒、焦躁不安。

· 保证充足的睡眠。缺乏睡眠会导致压力。实际上，睡眠不足也是压力源之一。充分休息后，一些问题处理起来也更容易。请保证每晚至少 8 小时的睡眠。

· 注意身体的反应。请注意你的身体在不同情况下如何反应。如果你的身体出现消极压力迹象，请使用本课中的压力管理方法来缓解压力。

心智应对

第 2 种应对技能——心智应对指运用思维过程管理压力。示例如下。

· 运用问题解决法。使用科学方法解决导致压力的问题。与其担心问题本身，不如试着解决它。做决定并执行。做决定时应考虑多种选择及其可能的结果，择优而选。

· 确定优先级，一次解决一个问题。如果有多个问题堆积在一起，请询问你自己哪些问题是最重要的，哪些可以过后处理。

· 有效地管理时间。做事情分清轻重缓急，从而让自己有时间做最重要的事。如果时间不够，你应拒绝额外的

活动。

· 减少心理活动。在压力情境下，请想象快乐的环境来帮助自己放松。考试前或心情焦虑时想象令人愉快的室外场景。一些运动员在比赛前聆听令人放松的音乐以减少心理活动。

健身小知识

欺凌是青少年群体主要的压力源之一。美国政府相关网站把欺凌定义为"学龄儿童中涉及真实或感知的力量失衡的错误或侵略性行为。上述行为是重复性的，或随时间推移可能成为重复性行为。欺凌包括威胁、散布谣言、肢体或言语攻击以及故意排斥某人等。"

情感应对

情感应对是管理压力的第 3 种方法，示例如下。

· 开心地娱乐。欢笑可以缓解压力。找时间欢笑并做有趣的事。愉快地享受生活！

· 改变思考方式。并非所有问题都可以按你希望的方式解决，但你仍然能有效地处理它们。比如家人让你修剪树篱，完成这项家务活后，你发现自己做错了。你无法改变自己已经完成的工作，但只要认识到所有人都会犯错误，你就能减轻自己的压力。你也可以从错误中学习，确保自己掌握正确的做法，从而在下次可以做得更好。

· 积极地思考。积极的想法可以帮助你减轻压力。比如，在垒球比赛中，你可以试着认为自己能击中，而不是担心如何击球。无论是垒球运动，还是生

❤ 健身科技：预防网络欺凌

包括美国政府网站在内的很多网站都致力于预防欺凌。除了对欺凌进行定义外，这些网站还讨论哪些人容易被欺凌以及如何预防欺凌、回应欺凌和寻求帮助。青少年更容易成为被欺凌的对象。比如有些青少年被同龄人当作另类，有些被认为软弱、无力保护自己，或者朋友太少，但所有青少年都有可能在某些时候受到欺凌。

很多网站还讨论了网络欺凌——使用电子技术的欺凌行为。网络欺凌包括使用手机、计算机和平板电脑等设备实施的欺凌。欺凌者还常常使用社交媒体、短信息和聊天室等。网络欺凌与其他类型的欺凌不同，因为它可以一天 24 小时，一周 7 天不断实施。欺凌者常常趁青少年孤独和缺少社会支持时欺凌他们。欺凌信息可以匿名发送并在短时间内被很多人看到。由于新科技的应用，拍摄令人尴尬的照片和发布它们用于网络欺凌都是比较容易的。

一些更有价值的网站提供了相关内容以帮助学校评估欺凌并制定有效的反欺凌规则和制度。

科技应用

调查你的学校，看看它有没有反欺凌的制度。评估你学校里的欺凌和网络欺凌状况。评估工具可以从反欺凌网站上获得。

活中的其他活动，你都无法每次尝试都取得成功。即使最好的击球手也只有 30% 的击中率。懂得积极思考的人总是相信自己下一次尝试能够成功。请努力把压力源当成挑战而不是问题，从而更积极地思考。

· 不纠结于小事情。生活中的很多事情其实不值得你感到压力。比如你遇到挫折时，请告诉自己，情况会变好。

· 保持灵活性。在压力情境中，你可以适当妥协，或者根据情况适应变化。

社会和心灵应对

你也可以通过社会和心灵应对技能来管理压力。以下清单给出了一些示例。它们都和寻求帮助有关，而寻求帮助位于压力管理金字塔的顶层。

· 寻求朋友和家人的支持。感觉失落时，请不要沉浸在这种感觉中。请与你信任的家人和朋友交谈。仅仅谈论你遇到的问题便能够帮助你减轻压力。

· 寻求心灵指导。如上所述，仅仅与他人交谈便可以帮助你减轻压力。你信任的心灵导师可以为你提供更多的帮助。

·寻求专业帮助。有时你有必要向学校领导（如指导老师）寻求专业帮助，或者在与父母或监护人沟通后再咨询其他专家的意见（如咨询师或心理医生）。

健身小知识

面对压力源时，你的身体会启动一种称为"战斗或逃跑"的反应过程。在远古的狩猎时期，人们遇到野生动物时，要么打败它们，要么逃跑。我们今天不会遇到这种问题，但面对压力源时，我们的身体仍然会有"战斗或逃跑"的反应，因而产生本章所述的压力迹象。

回避应对

最后一种应对方法是回避。回避指假装问题不存在或者推迟解决它的行动。回避在有些情况下管用。当某种情境让你产生压力时，你可以回避它。比如你可以回避喝酒的场合。但是回避或忽视问题常常只是让问题变得更严重。本章中的其他应对策略一般比回避有效得多。同样地，逃避问题也很少能起到任何作用。

课程回顾

1. 5 种应对策略分别是什么？
2. 运用 5 种应对策略的指导建议有哪些？
3. 为什么回避一般是无效的应对方法？

用于缓解压力的放松运动

你的自我评估是否表明你压力过大？大多数人需要不时地应对压力。本节讲解几种减压运动，包括称为"收缩舒张练习"的肌肉放松运动。

你可以在任何时间和任何地点做这些运动，比如静坐时、学习时、乘车时和候车时。你可以用卧姿或坐姿做大多数的练习，甚至可以对方法略做调整，在站立时练习。

布偶式

1. 坐在椅子上（或站立），双脚分开。吸气，同时向上拉伸手臂和躯干。

2. 呼气，身体往前下落。让躯干、头部和手臂在两腿间悬垂。颈部和躯干肌肉保持放松。像布偶一样放松 10 ～ 15 秒。

3. 缓慢起身，一次抬起一块椎骨。重复上述拉伸和下落练习。

颈部旋转

1. 盘腿坐在椅子或地板上。

2. 头部和下巴内收。吸气，同时缓慢地尽量向左转头。呼气，同时头部缓慢地回到中心位。

3. 向右重复上述动作。

4. 每个方向转头 3 次，每次转动幅度都尽量大一些，在颈部产生拉伸感。

5. 下巴下垂至胸部。吸气，同时将头部缓慢地向左肩转半圈。然后呼气，同时头部转回中心位。向右肩重复上述动作。

注意: 不要向后转头或整圈转头。

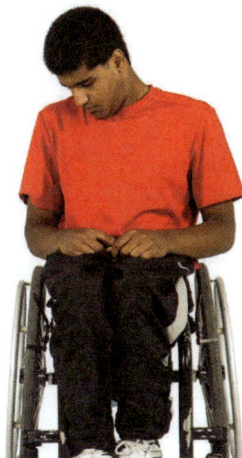

板式

1. 朝右侧卧。手臂伸至头顶上方。

2. 吸气,身体保持僵硬,如同木板一样。然后呼气,同时放松肌肉并完全倒下。

3. 让身体自然倒下,不要控制前倾还是后倾。

4. 躺着不动,继续释放肌肉压力10秒。然后取左侧卧位重复上述练习。

下颌拉伸

1. 坐在椅子或地板上,头部竖直。手臂和肩膀放松。

2. 尽量张大嘴巴,吸气(你可能会打哈欠)。放松并慢慢地呼气。

3. 张嘴并把下颌尽可能右移。保持3秒。

4. 向左重复上述动作。两边各重复10次。

放松肌肉的收缩舒张练习

仰卧，将毛巾卷起置于膝下。按以下说明中的顺序收缩各部分肌肉。每次肌肉收缩都保持3秒，然后放松肌肉并保持放松状态10秒。每次收缩肌肉时吸气，舒张肌肉时呼气。

每项练习做两次。按本方案在家练习数星期。渐渐地，你可以组合肌肉群练习，并省去练习中的收缩阶段。

1. 手和前臂——右手握拳并收缩，放松并保持放松状态。用左手重复此练习。然后两手同时重复此练习。

2. 肱二头肌——弯曲双肘并收缩上臂前部的肌肉，放松并保持放松状态。然后重复此练习。

3. 肱三头肌——弯曲双肘，手掌朝上。双肘伸直并把手背朝地面推挤，以收缩手臂背面的肌肉，然后放松。

4. 手、前臂和上臂——专注地放松所有这些身体部位。

5. 额头——皱眉并皱起额头，放松并保持放松状态。重复此练习。

6. 下颌——咬紧牙齿，然后放松。重复此练习。

7. 嘴唇和舌头——牙齿分开，嘴唇相互挤压，舌头挤压上腭，然后放松。重复此练习。

8. 颈部和喉咙——朝后推动头部同时收缩下巴，然后放松。重复此练习。

9. 放松你的额头、下颌、嘴唇、舌头、颈部和喉咙。放松你的双手、前臂和上臂。继续放松这些肌肉。

10. 肩部和上背部——肩膀耸起至双耳处，然后放松。重复此练习。

11. 放松你的嘴唇、舌头、颈部、喉咙、肩部和上背部。继续同时放松这些肌肉。

12. 腹部——腹部内收，下背部贴地，然后放松。重复此练习。

13. 下背部——下背部收缩并拱起，然后放松。重复此练习。

14. 大腿和臀部——臀部向内挤压并朝地面推挤脚后跟，然后放松。重复此练习。

15. 放松你的肩部、上背部、腹部、下背部、大腿和臀部。继续同时放松这些肌肉。

16. 胫骨——将脚趾拉向胫骨，然后放松。重复此练习。

17. 脚趾——弯曲脚趾，然后放松。重复此练习。

18. 同时放松身体所有的肌肉，并保持放松状态。

少量的压力可以给你提供能量，帮助你应对挑战。但过多的压力会干扰你的表现，特别是在竞争中的表现。为取得最佳表现，你需要识别竞争性压力的迹象，并懂得如何管理它们。下面是一个例子。

威利摇动肩膀和手臂时，谢莉正从看台的最后一排观望。谢莉知道游泳运动员做这种练习是为了保持放松。

"你是最棒的，威利！你会赢的！"谢莉大声喊道。因为人群发出热烈的欢呼声，她只有大声喊出来，威利才能听到。

威利自忖道，"我不确定。"他再次摇动他的肩膀和双腿。

"你能行的！"谢莉再次喊道。"你比别人游得都快！我们都落在你后面！"她不确定威利是否听到她说话。

威利其实听到了谢莉的喊声。他想，"这就是问题所在！学校里所有学生都在看！我的父母也在看！如果我没有获得第二名，我们队可能就无法进入地区比赛。我的胃也感觉不舒服。估计这些人更有可能看到我呕吐，而不是赢得这场 200 米游泳赛。"

威利知道这只是压力的影响。上次比赛时他也有同样的感觉。而谢莉告诉他，她在上周的一次辩论会上也有同样的压力感。辩论会的指导老师教给她如何减慢呼吸进行放松，而且她也把方法教给了威利。

谢莉站起来做了深呼吸。威利看到后也做了深呼吸，然后他咧嘴笑笑，让她知道自己感觉好些了。现在，他已经准备妥当。

讨论

威利的肌肉如何受到压力的影响？他的其他压力迹象有哪些？威利此时的压力与谢莉在辩论会前的压力有哪些共同点？对于威利、谢莉和其他处于类似场合中的人，你能给他们哪些建议？回答以上讨论问题时请考虑"自我管理"一节中的指导。

➡ 自我管理：管理竞争性压力的技巧

本章第 2 课中，你了解到定期的非竞争性体育运动可以帮助减轻压力。但是，竞争性的体育运动和其他的竞争性活动，例如音乐独奏和演讲等可以产生或增加压力。这些活动的压力因素包括竞争、他人的评价、人群前的紧张和对结果的重视等。如果你所处的情境导致了竞争性压力，请使用以下指导建议来帮助自己缓解压力。

- 学习识别压力迹象。请使用本章的"自我评估"学习该技巧。
- 避免竞争性压力。预防竞争性压力的一种方法是回避需要表现自己的竞争性场合和其他场合。但这种方法也会使你错过一些有趣的活动。你也可能无法完成你能够完成的事情。
- 使用肌肉放松技术。请使用本

章"实际行动"一节中的肌肉放松技术缓解压力。

- 获得经验。请记住,大多数人头几次在公开场合比赛或表演时都会感到紧张。但随着经验的增加,竞赛和表演会更容易。
- 练习并做准备。练习和准备能够帮助你在比赛和表演时体验到积极压力,从而发挥你的全部潜能。你在练习时应模拟真实的比赛。做比赛练习时可以邀请观众参加,以帮助你做准备。
- 运用心理意象。有些人在练习中做得很好,但在实际比赛中表现却不佳。有经验的选手用心理意象解决这个问题。在真实比赛中,他们想象自己正在练习——感觉放松和充满自信。
- 运用例行程序。例如,高尔夫球手会发现例行的推杆程序非常有帮助。在竞技比赛前和比赛期间遵行例行程序可以帮助你集中注意力,并避免受到周围因素的影响。
- 缓慢、深长地呼吸。比如在罚球投篮或独奏表演前深呼吸。如果你感觉紧张,请减慢你的呼吸速度以缓解压力。
- 运用其他的有效方法管理压力。请运用本课前面讨论的压力管理方法来有效地管理压力。

❖ 学术关联:素养

素养指受过教育、有教养。素养的例子包括体育素养、语言素养(读、写和说的能力)、数学素养、科学素养、人文素养(艺术和音乐)、健康素养和科技素养等。但你如何找到可靠的信息源来增进你对这些领域的理解呢?

你也许和大多数青少年一样使用互联网搜索信息。但你应确保你在网上找到的信息来源可靠(此话题请参见"做出明智的消费选择"一章)。尽管网上的信息易于查询,你仍然应该懂得如何在纸质资源中查找信息。学习过图书馆与信息科学(LIS)的人,比如你学校的图书管理员,可以帮助你找到各领域研究的相关信息。从各种纸质和数字资源中收集信息并对信息进行综合以解决问题的能力是大学与职业生涯准备度的指标之一。本书中,你将使用简化的科学方法做出决定、解决问题和规划方案。学校图书管理员可以提供纸质资料(书籍、杂志、期刊和其他文件)和大量的数字资料(在线期刊、文件和资源)来为你的研究工作提供帮助。请参观学校图书馆并咨询图书管理员以了解收集信息的最好方法。

你的自我评估是否表明你压力过大？即使不是这样，你也总有应对压力情境的时候。管理压力对身体影响的一种方法是学习如何做放松运动，例如深呼吸、冥想、引导想象和简单的拉伸技术。你初次尝试放松运动时，可能无法从中获益，因为你还不熟悉，或不能舒适地进行练习。但与任何技能一样，只要你正确并经常地做放松运动，你最终能有效地运用它们。你练习得越多，你就越能成功地运用它们来管理压力。请现在开始做放松运动，并尝试肌肉放松练习，比如收缩舒张法。

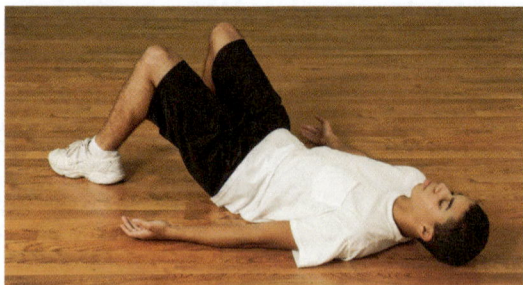

通过放松运动管理压力

概念和词汇回顾

在老师的指导下解答 1 至 5 题。用词汇或短语填写句子的空白。

1. _____ 是身体对压力情境的反应。

2. 一般适应综合征的第一阶段称为 _____。

3. _____ 指积极的压力。

4. 体育运动和降低呼吸频率等压力应对方法称为 _____。

5. 问题解决法是一种 _____ 应对方法。

在老师的指导下解答 6 至 10 题。将第 1 列中的每一项与第 2 列中合适的短语配对。

6. 压力管理金字塔第 1 级　　　　　a. 识别压力的原因

7. 压力管理金字塔第 2 级　　　　　b. 理解压力的影响

8. 压力管理金字塔第 3 级　　　　　c. 获得帮助

9. 压力管理金字塔第 4 级　　　　　d. 识别压力迹象

10. 压力管理金字塔第 5 级　　　　e. 学习应对技能

在老师的指导下解答 11 至 15 题。对每条陈述或问题进行回答。

11. 积极压力和消极压力的区别是什么？

12. 如何帮助患抑郁症的朋友？

13. 体育运动如何帮助你有效应对压力？

14. 什么是网络欺凌？网络欺凌有哪些危害？

15. 描述竞争性压力的负面影响并解释如何运用积极的方式管理竞争性压力。

批判性思考

请写一段话回答以下问题。

你被请求在课堂上做演讲。如果你拒绝这个机会，你会对自己失望。但你也害怕自己因过于紧张而在人群前发挥失常。这两种选择的积极和消极后果分别是什么？你将做出什么决定？你如何管控所做决定带来的压力？

项目

记录一周内你自己生活中的压力事件和你在朋友的生活中观察到的压力，以及欺凌和网络欺凌事件。然后使用你记录的信息制作一本小册子，以帮助青少年管理压力或者预防欺凌和网络欺凌。

18

与身心健康有关的选择和规划

第 18.1 课
与身心健康有关的生活方式选择

课程目标

学完本课，你将能够：

1. 描述除优先的健康生活方式选择外有益于身心健康的其他生活方式选择；
2. 描述影响身心健康的物理环境有关因素；
3. 描述影响身心健康的社会环境有关因素。

课程词汇

加速计、建成环境、可控风险因素、生活方式、睡眠呼吸暂停、不可控风险因素

无论你询问什么人，可能他们都会告诉你他们想拥有良好的身心健康状态。但有多少人知道如何才能拥有身心健康呢？本课中，你将学习健康的生活方式选择以及它们如何帮助你获得身心健康。另外你还将学习影响你身心健康的环境和社会因素。

如图 18.1 所示，有 4 种主要因素导致早逝。大多数早逝都可归因于不健康的生活方式选择。换言之，如果人们改变自己的生活方式，这些问题都可以

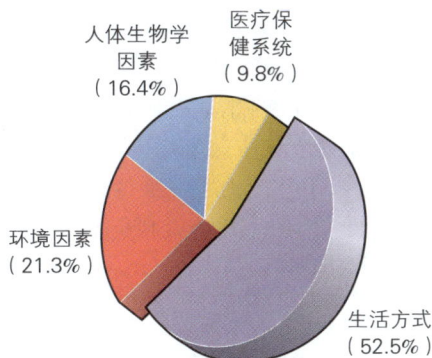

图 18.1 导致早逝的 4 大主要因素

人体生物学因素（16.4%）
医疗保健系统（9.8%）
环境因素（21.3%）
生活方式（52.5%）

预防。健康的生活方式不仅降低了疾病和死亡的风险，而且改善你的康乐状态。比如，不吸烟可以极大地降低你患心脏病和癌症的风险，并提高你的生活质量。你可以呼吸更好的空气，拥有更敏锐的嗅觉并省下烟草和医学治疗的开支。

健康生活方式的选择和风险因素

现在你知道，"生活方式"一词指你的生活习惯。而健康的生活方式指可以帮助你预防疾病和提高康乐水平的生活习惯。健康生活方式的选择可以减少你的可控风险因素——你可以做出改变的风险因素。健康生活方式的选择在你的控制范围之内。如果你选择正确，你可以降低很多主要健康问题的风险。例如，久坐不动是一种可控的风险因素。仅仅通过增加运动，你便可以降低你的健康风险。

其他风险因素如年龄和性别等不在你的掌控之内，因此称为不可控风险因

素。由于你无法改变这些风险因素，你应该专注于你可以控制的因素。本章描述几种健康生活方式选择，它们都是你能够掌控的。

选择健康的生活方式

本书重点讲解 3 种优先生活方式选择：定期的体育运动、健康的饮食和压力管理。这些生活方式选择被认为是最重要的，因为它们可以改善几乎所有人的身心健康。但是改善身心健康并不局限于这几种生活方式选择。本课描述用来改善身心健康的其他生活方式选择。

健身小知识

尽管吸烟的危害人人皆知，但美国 12 年级学生中仍有 17% 的人吸烟，10 年级学生中有 11% 的人吸烟，8 年级学生中也有 5% 的人吸烟。好消息是，

所有年级学生的吸烟率比以前有所下降。为什么？首先，社会规范变了，吸烟不再是一种时髦活动。此外，公共政策常常限制或禁止在公共场所吸烟，而且限制烟草广告并对购烟征税。

培养良好的个人健康习惯

你在小学时可能学到过个人健康习惯，例如定期刷牙和洁牙、梳妆打扮（如头发和指甲护理）、餐前和如厕后洗手以及保证健康的睡眠时间。上述习惯中你培养了哪些呢？培养良好的健康习惯是预防疾病和提高生活质量的一种方法。比如，如果你患有某种疾病，而这种疾病本来可以通过良好的健康习惯来预防，那么你将感到难过。至少在短期内，你的生活质量会下降。培养良好的个人健康习惯在一生中都很重要，而且良好的健康习惯能让你长得更漂亮，生活更开心。

健身科技：睡眠跟踪

有大量的证据表明，睡眠不足会导致健康问题。青少年每晚需要 9 小时的睡眠，但 90% 的青少年声称其睡眠时间不足 9 小时，而 10% 的青少年睡眠时间甚至少于 6 小时。除了睡眠时间外，睡眠模式也很重要。夜间睡眠中多次醒来或频繁翻身的人无法获得充分的休息。

多年以来，科学家们使用精密的设备诊断睡眠呼吸暂停症和其他严重的睡眠障碍。现在，称为"睡眠跟踪器"的加速计（类似于计步的佩戴类仪器）可用于确定睡眠中的动作模式。专家们

表示，不可太笼统地判断睡眠跟踪器的跟踪结果，因为有些人可能大多数时间都睡得很好，但周期性地出现失眠。专家们还指出，睡眠跟踪器无法感应睡眠的不同层次（浅睡眠和深睡眠）。虽然睡眠跟踪设备无法直接确定人的睡眠质量，但它们可对经常感觉疲倦或怀疑有睡眠问题的人进行筛查，判断他们是否存在睡眠障碍。

科技应用
对睡眠跟踪设备进行调查，评估它们的优点和缺点。调查附带睡眠跟踪功能的运动跟踪设备是否价格更昂贵。

避免有害习惯

培养健康的习惯有助于你的健康。相反，培养有害的习惯将损害你的身心健康。例如吸烟、合法和非法的药品滥用、酗酒等。这些有害的习惯会削弱你的体质，影响你在体育运动中的表现，以及导致各种疾病，减少幸福感和降低生活质量。

健身小知识

驾驶汽车时发短信是交通事故的主要原因之一。实际上，这种行为使撞车事故的概率增加了23倍。从更广泛的意义上来说，美国致命交通事故中有五分之一是由于司机的分心所导致的（每年致死3000人）。

采取有效的安全措施

每天新闻中都充斥着交通事故致人伤害或死亡的报道。伤亡的其他常见原因包括摔倒、中毒、溺水、火灾、自行车事故和住宅内与住宅周围的事故。如果遵行了简单的安全规范，很多伤亡事故都可以避免。因此，美国国家健康目标之一是减少事故所致的死亡和伤害。你所能做的是选择健康的生活方式，以降低事故风险，包括系好安全带、骑自行车或单线滚轴溜冰时佩戴头盔、确保有毒物品正确标记、安装和维护烟雾检测器、做水上安全练习并保证住房状况良好等。而且请记住，良好的体质也能帮助你避免事故。

学习心肺复苏术（CPR）

心肺复苏术（CPR）是心跳或呼吸停止时的一种急救措施，它每年都拯救了很多人的生命。心肺复苏术通过胸外按压保证患者血流并防止脑损伤和死亡，直至专业的医疗救助人员到来。心肺复苏术的培训广受推荐。有很多学校和国家机构提供心肺复苏术的课程和认证。根据美国国立卫生研究院的说法，"即使你未受过训练，你也可以对心跳停止的青少年或成年人徒手做心肺复苏。"不建议对儿童使用徒手心肺复苏术。

美国心脏协会建议采用"两步维生法"：首先拨打911或让其他人帮忙拨打911；然后进行胸外按压——在胸部中央用力快速按压。胸外按压的方法见图18.2。如果有两人在场，可以同时做嘴对嘴呼吸和胸外按压。

心肺复苏的方法和步骤常常根据最新的研究和发现进行修改。因此我们建议你定期浏览美国国立卫生研究院的网站以获取最新的信息。

* 将一只手的掌跟置于胸骨上，位置在胸部中心，双乳头之间。

* 将另一只手的掌跟放在第一只手上。

* 将身体调整至双手的正上方，手臂伸直。

* 用力和快速地按压。胸部按压深度约5厘米，每分钟按压至少100次。

* 继续按压直至医疗救助到来。

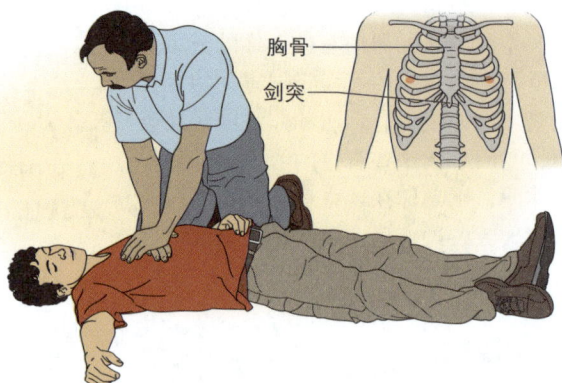

图 18.2　徒手心肺复苏操作

胸骨

剑突

学习海姆利克氏急救法（腹部快速按压）

海姆利克氏急救法（又称腹部快速按压）用于急救气管被异物堵塞的人。如图 18.3 所示，施救者站在窒息者身后，抱住窒息者的腰部。施救者的一只手握拳置于窒息者略高于肚脐的位置，拳头的拇指侧紧贴窒息者身体。另一只手抓住拳头。向上向内拉动双手时将产生压力，迫使异物离开气管。与其他的急救措施一样，我们也强烈建议你接受海姆利克氏急救法的培训。

学习其他的急救程序

即使人们遵行健康的生活方式和良好的安全规范，他们仍然有可能遇到事故。由于事故可能发生在任何人身上，所有人都应该准备急救药箱，并懂得如何进行急救。除了学习心肺复苏术和海姆利克氏急救法外，你还应该学习如何施加压力以防止流血，如何清洁和处理割伤伤口和裸露伤口，如何运用 RICE 法则（休息、冰敷、加压、抬高）处理扭伤和拉伤，以及如何运用其他公认的急救技术。

健身小知识

成年人不去看医生时常找的借口包括："我很忙""只是小问题，很快就会好""我没钱""我不喜欢看医生"等。实际上，最佳证据表明，在疾病预防和治疗方面拖延就诊时间会导致更多工作时间的浪费，而且从长远来讲，它会造成更多的开支。

寻求并执行正确的医嘱

即使你遵循健康的生活方式，你有时也会生病。生病时你应该寻求正确的医嘱并予以执行。实际上，为获得最佳效果，你应该定期进行医学检查和牙科检查，以预防相关疾病。请咨询你的内科医生和牙科医生以确定检查的频率。一些人总是回避医疗帮助，但如"健身小知识"所述，这种做法可能带来危险，因为疾病的早期诊断对最终治疗非常重要。

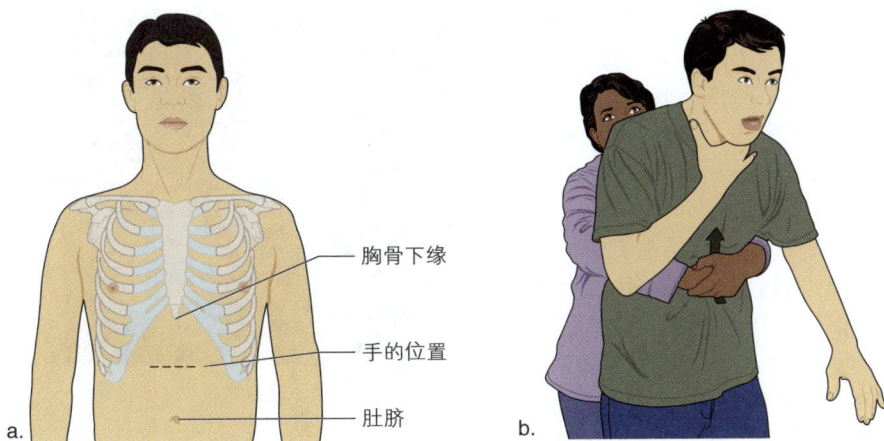

图 18.3　海姆利克氏急救法：a. 手的位置；b. 急救动作（向上向内拉）

环境与身心健康

早逝的第二大主要原因是不健康的环境（图 18.1）。导致健康问题或有损健康的环境都被认为是不健康的环境。你所处的物理环境和社会环境对身心健康都很重要。

物理环境

物理环境指空气、土壤、水、植物和你周围的其他有形物质。我们知道某些物理环境对健康非常有害。比如住在受污染的城市比住在空气清新的乡村更容易患病。类似地，在煤矿或允许吸烟

🔬 科学实践：心肺复苏术的发展

过去 50 年间，心肺复苏术不断发展，拯救了成千上万的生命。嘴对嘴心肺复苏最初于 18 世纪在法国使用。而在 19 世纪末，医生们开始使用胸外按压法对患者进行心肺复苏。

后来又出现了使用背部压力和手臂抬升的改进版的"人工呼吸法"。该方法在 20 世纪 60 年代被胸外按压和嘴对嘴呼吸法代替。再后来，单人

心肺复苏交替使用胸外按压和嘴对嘴呼吸。早在这些技术向公众推广之前，医生们就已经开始使用它们了。

近年来，心肺复苏术有了巨大的发展变化。如图 18.2 所示，徒手心肺复苏（胸外按压）用于对成年人和青少年进行急救。该方法易于实施，因而其使用范围会越来越广。

学生活动

进行调查，了解当地有哪些机构提供心肺复苏术的课程。如可行，请参加课程并获得认证。

的场所工作的人比工作环境污染较少的人有更高的患病风险。工作环境有时又称职业环境，它对你的健康有极大的影响。如果你从事久坐型的工作，而工作环境又不允许你时常起身走动，你就会有更大的健康风险。

你也许无法改变某些物理环境因素，比如你的居住地。但你可以采取行动改善你的环境。例如，你可以尽量回避多烟雾的场所，避免过度日晒，减少与除草剂和杀虫剂等污染物的接触等。为避开大气污染，你运动的地点应远离交通繁忙的街道。你也可以采取一些步骤改善物理环境，比如回收家用物品和节约水电等。你也可以帮助社区中负责改善"建成环境"的人员。"建成环境"指社区的物理特征。改善建成环境，比如修建人行道和自行车道，或者改造路灯和十字街口，有利于人们增加在社区中的体育运动，如步行和骑自行车之类。

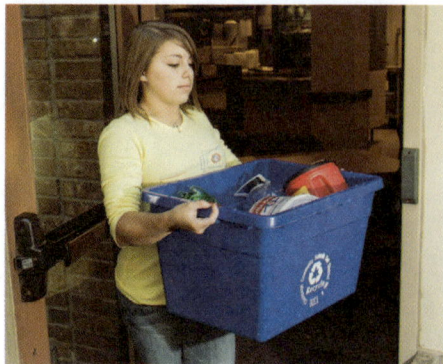

每个人都可以通过废弃物回收来改善环境

社会环境

社会环境指你进行社会互动的环境。社会互动包括你与朋友、老师、同事和其他人在休闲场合的联系、对话和活动。

研究表明，如果青少年有朋友过着

不健康的生活，他们自己也更有可能尝试有害行为，例如吸烟或酗酒。相比之下，如果青少年的朋友和家人都遵从健康的生活方式，他们更有可能养成健康的行为习惯，比如多运动和保持健康膳食。鉴于此，选择有益的朋友对你的身心健康非常重要。

即使你遵从健康的生活方式，你与大多数人一样也可能接触到不健康的社会环境。此种情况下，请考虑使用本书中的自我管理技能在你头脑发热时做出正确的选择。例如，你要学会批判性地思考，学习预防半途而废的技巧，并练习说"不"，从而使自己能够坚持健康的行为习惯。你不必为健康的行为尴尬或道歉。

课程回顾

1. 除优先的生活方式选择外，有哪些生活方式选择可以增进你的身心健康？生活方式选择是如何对身心健康产生影响的？
2. 有哪些影响身心健康的物理环境相关因素？
3. 有哪些影响身心健康的社会环境相关因素？

康乐是健康的积极部分。康乐的5大部分包括身体健康、情感与心理健康、社交健康、智力健康和心灵健康。请完成以下问卷以评估你当前的康乐水平（你的老师可以提供问卷表）。请记住，评估信息是保密的个人信息。未经受测者允许，不得将评估信息与其他人分享。

1. 阅读每项康乐状况陈述，并表示你非常同意、同意、不同意还是非常不同意。

2. 在老师的指导下记录每个问题的分数。

3. 将各康乐部分3个问题的分数相加，得到各康乐部分的分数。

4. 将5大康乐部分的分数相加，得到总体康乐分数。

5. 依据表18.1确定你在每个康乐部分的等级以及你的总体康乐等级。

健康生活方式问卷

康乐状况	非常同意	同意	不同意	非常不同意
1. 我身体健康	4	3	2	1
2. 我可以完成工作所需的体力活动	4	3	2	1
3. 我有精力在业余时间做运动	4	3	2	1
身体健康分数＝				
4. 我大多数时间都是快乐的	4	3	2	1
5. 我不常感到压力	4	3	2	1
6. 我喜欢自己原本的特质	4	3	2	1
情感与心理健康分数＝				
7. 我有很多朋友	4	3	2	1
8. 我在社交场合有自信	4	3	2	1
9. 我与家人亲近	4	3	2	1
社交健康分数＝				
10. 我是一位明智的消费者	4	3	2	1
11. 我做出健康相关决定前会核实事实	4	3	2	1
12. 我不确定健康相关事实时会咨询专家	4	3	2	1
智力健康分数＝				
13. 我在生活中有目标	4	3	2	1
14. 我心灵满足	4	3	2	1
15. 我强烈地感觉到自己与周围世界的联系	4	3	2	1
心灵健康分数＝				
总体康乐分数＝				

源自：Adapted from C. Corbin et al., 2013, *Concepts of fitness and wellness*, 10th ed. (St. Louis, MO: McGraw–Hill).

表 18.1　等级表：康乐等级

康乐等级	3项分数	总体康乐分数
良好	10～12	≥ 50
边缘	8～9	40～49
差	≤ 7	≤ 39

第 18.2 课
健康生活方式规划和职业机会

课程目标

学完本课，你将能够：

1. 描述培养健康习惯的 5 个规划步骤；
2. 描述身心健康领域的若干种职业选择。

课程词汇

消费者团体、专业人员

在本书的其他章节中，你学习了如何规划健康的生活方式并制定了若干类体育运动的计划。而对于本章讨论的健康生活方式选择，你也有必要进行计划。

健康生活方式规划

你用来规划体育运动的 5 个步骤也可用于为改善饮食、生活减压和培养本章第 1 课所述其他行为习惯制定计划。我们将以杰夫为例进行说明。杰夫已经在实施他的体育运动计划，但他也希望做出其他改变。他使用 5 步法来改变自己的生活方式。

第 1 步：确定你的个人需求

杰夫在学习制定 SMART 目标时了解到目标必须具备现实性。如果想成功地实施新计划，他就不能一次尝试太多的改变。他研究了本章第 1 课所描述的某些健康生活方式，并决定选择一个方面进行改善。如以下清单及其勾选项所示，他决定从改善饮食做起。

请在以下清单中勾选你想要改善的方面，以确定你的个人需求：

√ 改善饮食 　　 __ 培养安全习惯
__ 减轻压力 　　 __ 寻求并遵从医嘱
__ 培养个人 　　 __ 学习急救
　　健康习惯
__ 避免有害行为 　__ 学习心肺复苏术

之前学习营养知识时，杰夫对他的日常饮食习惯进行了自我评估，发现他在若干方面存在改善空间。具体来讲，他的饮食中含有太多的脂肪，他摄入的热量多于所需，而且他没有食用足够的蔬菜和水果。

第 2 步：考虑你的方案选项

杰夫根据自己的需求和营养评估结果，将饮食习惯的改变纳入他的方案选项中。

- 削减饮食中的脂肪
- 吃更多水果
- 吃更多蔬菜
- 摄入更少的热量

第3步：设定目标

为了改善自己的饮食，杰夫设定了一些 SMART 目标。换言之，他改变饮食习惯的目标是明确的、可衡量的、可实现的、现实的和及时的。

* 目标 1：两周内每天至少吃 2 份蔬菜。

* 目标 2：两周内每天至少吃 2 份水果。

* 目标 3：两周内每天至少吃 5 份蔬果混合菜肴。

* 目标 4：每天喝 2 杯脱脂牛奶而不是全脂牛奶。

第4步：梳理你的计划并把它写下来

杰夫制作了一份书面计划（图 18.4），计划中包括了他的每个 SMART 目标以及一份列出一星期中每天的日历。他把计划表贴在冰箱上（第二周他再贴一份相同的表格）。

第5步：做记录并评估你的计划

杰夫在书面计划中打钩（图 18.4）以跟踪他每天的目标完成情况。结果如何呢？他每天都达到了蔬菜和水果的摄入目标，但有两天没有按计划吃 5 份蔬

果混合菜肴。他一周七天中有五天达到了喝 2 杯脱脂牛奶的目标。在第二周，他每天都实现了全部目标。

两周期限结束后，杰夫评估了他的执行情况。他认为自己做得很棒。他食用了更多的水果和蔬菜，并通过用脱脂牛奶代替全脂牛奶减少了饮食中的脂肪。他决定将计划再顺延两周以保持健康的饮食习惯。此后他将根据生活状况考虑培养其他的健康生活方式。在"实际行动"一节中，你也可以用同样的步骤制定自己的健康生活方式计划。以后，随着生活环境的变化，你可以用上述规划步骤做出其他改变（比如当你上大学或找到工作后）。

身心健康领域的职业选择

学习本书过程中，你了解到有很多科学家在进行与身心健康相关的研究。科学家做研究工作是为了获得新的知识。在很多方面，他们的工作就像寻找拼图碎片。但新知识除非为公众所知，否则是没有多少价值的。这就是专业人员的价值所在。他们提供并运用科学家通过研究获得的知识。换言之，他们把拼图碎片拼到一起，让公众能够看懂它。专业人员接受过长时间的教育，拥有本科或本科以上学位，而且一般必须接受专业机构或政府机构的认证。

目标	周一	周二	周三	周四	周五	周六	周日
每天至少吃 2 份蔬菜	√	√	√	√	√	√	√
每天至少吃 2 份水果	√	√	√	√	√	√	√
每天至少吃 5 份蔬果混合菜肴	√	√		√		√	√
每天喝 2 杯脱脂牛奶而不是全脂牛奶	√	√		√		√	√

图 18.4 杰夫的一周计划及其履行情况

👥 消费者建议：消费者群体

你如何获得有益的消费者知识呢？一种方法是阅读类似本书这样的图书。你也可以咨询学校的专家或者访问有价值的网站。另一种方法是创立消费者群体，以寻找并传播有用的信息。一些学校内有消费者群体，他们查阅科学信息并回答学生们关于体质、健康和康乐的问题。一些消费者群体可发送新闻邮件，或者向学校的报纸投稿。也有些消费者群体使用互联网或学校校内网（局域网）提供信息。使用互联网的消费者群体也可以建立消费者问题网站。这类网站可以发布学生撰写的文章，提供有益的消费者信息来源，并解答学生们的问题。一些高中的消费者群体也使用社交媒体如 Facebook。

正如科学家的论文必须经同行的审核才能发表，消费者群体也必须审核其成员提供的信息以确保信息的准确性和真实性。团体通常由年长的成员担任领导，负责指导信息的审核工作。对于有兴趣从事身心健康领域工作的青少年而言，消费者群体提供了学习和服务的绝好机会。

现在你差不多快完成本书课程的学习了，你可能会考虑从事身心健康的相关工作。表 18.2 列出了科学和专业领域的多种职业选择以及一些职业示例（该表格并未包含全部信息）。

有资格的专业人员可提供身心健康领域的有益信息

表 18.2　身心健康领域的部分职业选择

科研职业	描述	专业职业	描述
运动机能学	生物力学 运动解剖学 运动生理学 运动社会学 运动学习/控制 竞技及体育运动心理学 体育教育学	体育老师	讲授体育课程
		教练	为体育团队提供培训
		健康管理员	管理企业和商业人员的健康
		健身指导员	在俱乐部和工作场所进行健身指导
		私人教练	对个人提供评估和运动指导
		体育管理员	在体育领域运用商业原则进行原理
		运动心理学家	帮助运动员取得最佳表现
		运动防护师	为运动员提供医疗保健
		物理治疗师	提供与肌肉骨骼问题相关的预防性和康复性医疗保健
		职业治疗师	提供与肌肉骨骼问题相关的康复性医疗保健；帮助人们应对日常生活任务
		力量教练	帮助运动员和运动爱好者提高肌肉适能
		舞蹈教师	在学校、工作室和其他环境中教授舞蹈
		娱乐指导/治疗师	组织活动并用娱乐活动治疗疾病
营养学	食品科学 餐饮服务 食品技术 运动营养	临床营养师	在医院和护理机构工作
		社区营养师	与机构协同工作
		管理营养师	在学校、医疗保健机构和监狱等机构中工作
健康科学	环境健康 流行病学 卫生统计学 公共健康	健康教育工作者	在学校讲授健康理念
		学校健康工作者	提供健康的学校环境
		公共健康工作者	在公共健康机构工作
		工作场所健康员	在企业中开展健康活动
医学和生命科学	遗传学 免疫学 医学技术 微生物学 病理学 病毒学	医生	提供医疗保健服务（诊断和治疗）
		护士	作为医疗保健团队的一员提供医疗保健服务
		牙医	提供牙科医疗保健
		兽医	提供动物医疗服务
		医药技术人员	进行实验室分析
		医生助理	帮助医生提供医疗保健服务
		脊椎指压治疗师	提供聚焦于肌肉骨骼系统的医疗保健服务

课程回顾

1. 培养健康行为习惯的 5 个规划步骤是什么？
2. 身心健康领域的职业选择有哪些？

⚡ 自我负责：培养成功思维

乐观主义者是期望获得好结果或有利结果的人。这种积极的想法恰恰是成功思维之一。乐观主义者认为自己能在某项活动中取得成功。拥有成功思维或积极想法的人会比思想消极的人更容易成功。以下是一个例子。

亚伦热爱棒球。两年以来他所在的棒球队赢得了大多数的比赛。该队甚至参加了联盟的锦标赛。那场比赛中，亚伦在第二垒打得不错，而且击中了几次全垒打。

今年亚伦升级到新的棒球队中。新级别的大多数选手都比亚伦更年长和高大强壮。在第一场比赛中，亚伦被投球击中一次，另一次上场时却三振出局。实际上，他没有用球棒碰过一次球。

亚伦的教练发现他没有带着自信心挥棒。幸运的是，教练知道亚伦具备击球的体力和技能。亚伦只需要改变他的思维方式。除非他认为自己能击中，否则他就永远无法击中。教练要求亚伦做一些他能成功完成的练习。他让亚伦观想自己击中球，并在等待投球时边说边想："我能行！"

教练也让亚伦不要太执着于三振出局或赛局失败的次数。"毕竟，"教练说，"即使水平最高的职业选手也只有三分之一的击中率。你更应该想想下一局。"亚伦重拾自信心后，他的击球表现也有了改善。

讨论

亚伦的负面想法是如何影响他在新棒球队中的表现的？他怎样改变态度以思考可能的成功？转变消极思想为积极思想的其他方法有哪些？回答这些讨论问题时请考虑"自我管理"一节中的指导。

➡ 自我管理：培养成功思维的技巧

一些人未能坚持健康生活方式的原因之一是他们不相信自己。很多人在新年伊始都下定决心，但只有一部分人实现了自己的目标。请运用以下指导帮助自己取得成功。

- 评估你对成功的感觉。完成老师提供的工作表，然后根据你的回答判断你可以做出改变的方面，以增加你成功的概率。
- 设定现实的、可实现的目标，并自我监督以保证目标的实现。
- 进行自我评估以帮助设定目标和评价进步情况。
- 选择你喜欢并与你能力相适应的运动。

- 多加练习，以改善你的表现技能。
- 寻找志同道合的朋友来为自己提供支持。
- 采取措施避免半途而废，并对你不愿意做的事说"不"。
- 学习如何克服成功的障碍。
- 努力建立健康的自我感知和自信心。
- 练习能帮助自己战胜竞争性压力的放松方法。
- 学习健康生活方式的规划步骤。
- 成为明智的消费者。
- 避免不健康的物理和社会环境。
- 使用你在本书中学到的其他自我管理技术。

在本章的第 2 课中，你了解了杰夫培养健康生活方式的计划。请使用杰夫所用的 5 个步骤，从本课开始所列的健康生活方式中选择其一，并制定计划做出积极的改变。你在课堂中没有时间做此实践，而应在课后自己进行。

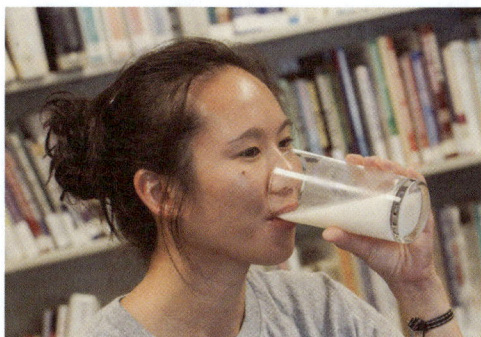

对某种生活方式做出积极改变，比如饮食更健康

章节回顾

概念和词汇回顾

在老师的指导下解答 1 至 5 题。用词汇或短语填写句子的空白。

1. 你可以做出改变的风险因素称为_____风险因素。

2. _____是嘴对嘴呼吸和胸外按压的另一个名称。

3. _____是一种防止窒息的方法。

4. 改变物理环境以方便步行和骑自行车的做法又称为改变_____环境。

5. _____帮助运动员取得最佳表现。

在老师的指导下解答 6 至 10 题。将第 1 列中的每一项与第 2 列中合适的短语配对。

6. 运动机能学职业	a. 兽医
7. 营养学职业	b. 运动防护师
8. 健康职业	c. 事故的常见原因
9. 医学或生命科学职业	d. 饮食学家
10. 发短信	e. 流行病学家

在老师的指导下解答 11 至 15 题。对每条陈述或问题进行回答。

11. 描述可改善人身心健康的若干种生活方式的改变。

12. 解释可控风险因素和不可控风险因素的区别。请给出有关示例。

13. 举出一种健康生活方式，并描述它如何促进身心健康。

14. 解释人所处环境与个人康乐之间的关系。

15. 从本章所列科学领域中选择其一，讨论该领域的职业选择。

批判性思考

请采访几位本章所述职业的在职从业人员。询问他们是如何度过一天的，以及他们喜欢和不喜欢哪些角色和职责。对他们的回答做记录。然后根据本章中的信息和你的记录确定一种你自己感兴趣的职业。用 1 至 3 段描述为什么这种职业对你来说是最佳选择。

项目

很多学校都设有由学生、老师、父母和其他学校员工组成的健康委员会。健康委员会常常举办特殊活动如健康周等。在健康周期间，学校将在全校范围内促进学生的身心健康。如果你的学校也有健康委员会，请参会一次并写一份关于其活动的报道。请指出学生们的参与方式。如果你的学校没有健康委员会，请看看有没有办法创办它。

第 VII 单元

在生活中成长

● ●

"健康国民 2020"目标

- 增加达到体育运动指导标准的青少年比例
- 减少人们看电视和玩计算机游戏的时间
- 推广骑自行车上学的习惯
- 改善社区设施以鼓励人们多运动
- 加强学校体育教育
- 加强推动健康促进行为及降低健康风险的教育
- 增加预防久坐不动行为的专题教育
- 降低青少年的超重和肥胖
- 增进青少年对健康促进和疾病预防理念的理解
- 减少可预防疾病、伤害和早逝以增加高质量生活、长寿人群的比例
- 创造有利于所有人身心健康的环境

本单元的"自我评估"章节

- 评估比赛战略和战术
- 分析基本技能
- 修改比赛规则

本单元的"自我负责"章节

- 制定战术
- 积极的自我对话
- 冲突的化解

本单元的"自我管理"章节

- 制定战术的技巧
- 积极自我对话的技巧
- 化解冲突的技巧

本单元的"实际行动"章节

- 合作游戏
- 运用原则
- 组建团队

19

运动生活战略

第 19.1 课
体育教育中的机会

课程目标

学完本课，你将能够：

1. 列出接受过体育教育的人的 5 项特征；
2. 描述人们需要高质量体育教育的前 10 个原因；
3. 描述体育教育的若干种方法。

课程词汇

探索教育、合作游戏、舞蹈教育、健身教育、户外教育、体育素养、竞技教育

你是否有良好的体育素养？你知道什么是体育素养吗？体育素养指人接受体育教育的程度。拥有良好体育素养（或受过体育教育）的人具备终身坚持正确的体育运动所需的知识、技能和自信心。根据美国健康和体育教育协会（SHAPE）的定义，达到以下 5 个目标的人被视为体育素养良好或受过体育教育。具体来讲，体育素养良好的人：

- 有规律地参加体育运动；
- 拥有良好的体质；
- 已学会一些体育运动所需技能；
- 重视体育运动及其对健康生活的作用；
- 了解参加体育运动的影响及益处。

源自：Adapted from SHAPE America.

健身小知识

素养指受过教育、有教养。素养（literacy）一词的早期定义仅包括读写能力（读写散文和记录的能力）。后来素养的意义得到拓宽进而包括了其他技能，例如口语技能、定量分析技能、计算机技能、问题解决技能和体育技能等。素养适用于所有学科领域，包括科学、人文学科、艺术、数学、健康和体育教育（体育素养）。

体育教育单元

几乎所有学校都开设体育课，以帮助青少年学习运动金字塔中的各种体育运动。课程通常以单元为单位来组织，每单元专注于金字塔中某一类运动。一个单元可能需学习数周甚至整个学期。这里我们不可能列出单元中包括的所有运动，但图 19.1 给出了一些示例。通过体育课学习各运动项目和各单元的更多知识，将有助于你在体育课上选择运动项目和在毕业后选择你的体育运动规划。

体育教育方法

近年来中学体育教学中流行若干种教学方法。所有这些方法都是常规体育教育方案的一部分，但每种方法都专注于以某些方式实现某些体育教育目标。下文将对一些示例进行讲解。

健身小知识

哈佛公共健康学院的调查发现，超过90%的父母认为学校应该提供体育教育，他们认为在对抗肥胖症方面更应该提倡体育教育。

健身教育

健身教育指专注于传授健身和运动理念以及帮助你终身坚持运动的自我管理技能的体育课或课程单元。健身教育课程常常使用本书这一类的教材。学生们不仅在课堂中学习，还在健身房或运动场内参加运动。健身教育可以混入各单元中进行，也可以作为独立课程讲授。健身教育的一大关键特征在于它帮助学生们成为独立的思考者，使他们能够解决问题和做出明智的决定。例如，健身教育课教学生们根据自我评估和合理的个人目标制定个人健身计划。学完

健身课程的青少年在高中毕业数年之后比未参加健身课程的青少年更有可能保持运动习惯。

竞技教育

竞技教育是一种旨在让竞技运动更有趣、更规范的体育教育。竞技教育与竞技运动本身类似，它也将一年划分为数个"赛季"（如棒球赛季或足球赛季）。竞技教育的一个赛季中，你将参与若干项不同的运动，包括竞技运动、娱乐运动和健身运动。每个赛季的早期，班级里组建3～5个团队，团队成员在整个赛季都留在同一团队中。不同的团队一起练习以学习技能，而且团队之间相互比赛。组织者将平衡各个团队，从而使竞争更公平。比赛将根据团队人数、器材和规则做出相应调整。

竞技教育中，团队成员培养一种归

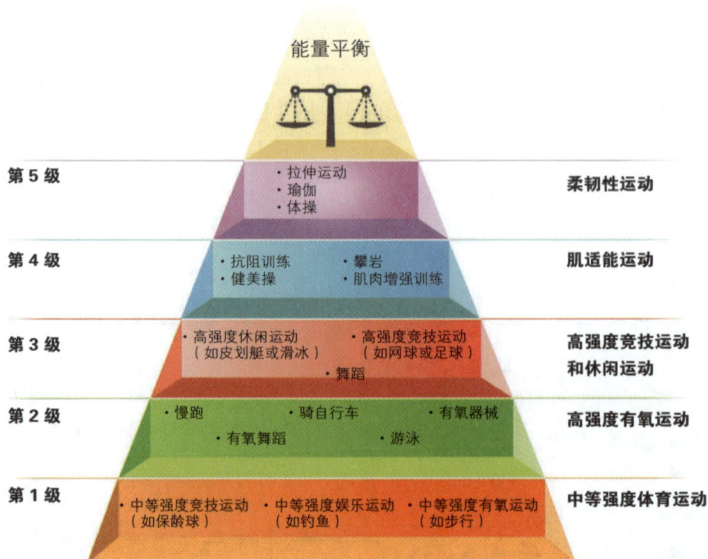

图 19.1　运动金字塔中体育运动单元示例。图中所有单元都能促进能量消耗并辅助能量平衡

⚛ 科学实践：进行高质量体育教育的前 10 个原因

运动机能学一些领域的科学家通过研究确定了进行高质量体育教育（HQPE）的 10 个原因。高质量体育教育计划给所有学生提供学习的机会，并且提供有意义的教学内容，由受过专业训练的老师提供高质量的指导，并且进行学生和教育计划的评估。

1. **有规律的体育运动帮助预防疾病**。定期的体育运动降低运动缺乏症的风险，包括心脏病、癌症、糖尿病和骨质疏松症。

2. **有规律的体育运动促进终身的康乐**。健康意味着免于疾病的更多自由。经常做运动可以提高康乐水平（生活质量、幸福感）。

3. **高质量体育教育提供独特的运动机会**。体育教育，包括舞蹈教育，是学生活跃运动的主要课程。接受体育教育的青少年达到国家运动目标的比例高于其他青少年。

4. **高质量体育教育有助于对抗肥胖**。约三分之一的青少年和三分之二的成年人超重或肥胖。在体育课上和在校的其他时间做运动有助于消耗热量，从而降低超重和肥胖的风险。

5. **高质量体育教育有助于增强终身身体素质**。运用 FIT 规则定期进行各类体育运动可增强健康相关身体素质的各个方面。有规律的体育运动可促进健康并增强工作效率和娱乐的能力。

6. **高质量体育教育传授自我管理和运动技能**。学习自我管理技能的青少年从学校毕业后更有可能保持运动习惯。他们知道如何制定个人运动计划并避免欺诈行为。学习过多种运动技能的学生在以后的人生里会更多地参加运动。

7. **高质量体育教育和有规律的体育运动对其他学术领域的学习有帮助**。多运动、体质好的青少年在学业考试中的成绩比不运动的青少年更好。证据表明，体育运动对于大脑最佳运作是非常重要的。多运动的学生翘课和出现纪律问题的可能性更小。

8. **高质量体育教育和有规律的体育运动可带来经济效益**。每年美国人因久坐不动造成的开支超过了 1 亿 5 千万美元。工作场所的健康计划帮助很多公司节省了资金，降低了缺勤率并增加了工作满意度。高质量的体育运动也可带来相同的益处。

9. **高质量体育教育受到广泛的支持**。美国有 50 家以上的机构支持在学校中开展高质量体育教育。它们包括美国儿科学会、美国运动医学学会、美国心脏协会、美国疾病控制与预防中心等机构。

10. **高质量体育教育促进个人的全面发展**。美国前总统约翰·肯尼迪说过，"身体素质是我们在社会中进行所有活动的基础。如果我们身体虚弱、缺乏运动，如果我们没有促进身体的发育和力量的提高，我们思考、工作和在复杂的美国社会中生存的能力将会削弱。"

源自：Adapted from Le Masurier and Corbin 2006.

学生活动

请采访一位非体育教学的老师。询问她是否知道进行高质量体育教育的 10 个原因。

属感（或称团队协作）。赛季中，成员扮演不同的角色，比如教练、统计员、宣传员、器材管理员、球探、记分员或裁判员等。比赛结果将公布，战绩也会定期更新。每赛季都以季后赛和颁奖仪式收尾。竞技教育的一大关键在于团队成员也承担领导责任，负责管理每赛季的活动。

历奇教育

历奇教育通常侧重于挑战性的娱乐活动，例如攀岩、定向越野比赛、划船、泛舟和绳索课程。历奇教育单元有时作为体育教育的一部分讲授，而有时在露营环境、娱乐项目和企业高管培训项目中讲授。历奇教育的主要目标是建立信任、解决问题和提高自信心。历奇教育中常常划分团队，强调对团队成员的信任，并要求团队成员共同努力战胜危机。虽然历奇教育常常在户外和荒野

信任构建活动可以作为历奇教育课程的一部分

中进行，但也可以在室内参加信任构建活动和合作游戏。与健身教育和竞技教育一样，历奇教育也确实是一种体育教育的方式。

户外教育

户外教育是在户外课堂进行的体育教育。在户外进行的历奇教育是户外教育的一种。与历奇教育类似，户外教育通过露营、钓鱼和徒步旅行等活动培养体育素养。一些学校组织露营活动。露营活动一般进行数日，学生们在户外环境中学习。

合作游戏

与竞技教育类似，合作游戏也运用团队帮助学生们学习合作、寻找趣味和战胜挑战。但合作游戏侧重于团队内部合作，而不是相互竞争或击败对方。一些体育教育计划包括聚焦于合作游戏的单元。如前文所述，合作游戏有时也是历奇教育的一部分。很多书籍都对合作游戏做了描述。合作游戏让所有人活跃起来，并强调一起努力解决问题。合作游戏有时用于帮助人们互相认识对方（"破冰"）并建立信任。你可以尝试本章的"实际行动"一节中讲解的合作游戏。

舞蹈教育

舞蹈教育可以是体育计划的一部分，或者分列为单独的教育计划。该计划主要在校内和校外教授各种类型的舞蹈。舞蹈表演是众多文化的一部分。你

多种形式的舞蹈可以包括在体育教育单元或舞蹈教育单元的课程中

可以单人或与同伴一起舞蹈，或者参加群体舞。比如，芭蕾舞是一种传统的舞蹈，也是一门艺术，常常由熟练的舞蹈演员进行表演。而现代舞是更当代的舞蹈形式。舞蹈教育可以由课程或单元组成，讲解上述类型或其他类型的舞蹈，包括从中等强度的交际舞到更为剧烈的交际舞等各种形式。传统舞蹈包括交际舞，如华尔兹、狐步舞和快步舞。拉丁舞包括桑巴舞、恰恰舞和伦巴舞。街舞是一种剧烈的舞蹈，在年轻人当中很流行。现在流行的其他舞蹈包括爵士舞、乡村西部舞、排排舞、摇摆舞和吉特巴舞等。舞蹈教育课程常常包括与某种文化关联紧密的各类舞蹈，例如方块舞、爱尔兰舞和非洲舞。有氧舞蹈和其他类型的健身舞蹈如尊巴舞可以作为舞蹈教育或健身教育单元的一部分。

课程回顾

1. 体育素养良好（受过体育教育）的人有哪 5 种特征？
2. 进行高质量体育教育的前 10 个原因是什么？
3. 描述进行体育教育的几种方法。

本章的第二节中，你将学习在不同情况下制定战略和战术的若干步骤。此次自我评估，你将通过试验确定不同的比赛战略和战术的效果。请在教练的指导下记录试验结果并报告各个选项的效果。请记住，自我评估信息是保密的个人信息。未经受测者允许，不得将该信息与他人分享。

说明

1. 由 2～4 名选手组队。每队的选手人数必须相同。

2. 将 4 个环放在平地上，例如健身房地面或户外场地。环放置的位置与投掷线的距离分别如下：3 米、6 米、9 米、12 米（图 19.2）。

3. 每位团队成员朝每个目标环投掷 3 个沙包。

4. 记录每个团队成功掷入每个环中的沙包的数目（布袋的一半以上必须位于环内）。落入第一目标（距投掷线 3 米远）的每个沙包计 1 分；落入第二目标的每个沙包计 2 分；落入第三目标的每个沙包计 3 分；落入第四目标的每个沙包计 4 分。将你团队的分数求和，并记录团队总分。

5. 完成第 4 步后，每队制定一个短距离或长距离投掷的战略，以获得最高的团队分数。短距离战略中仅可使用目标 1 和目标 2。长距离战略中仅可使用目标 3 和目标 4。

6. 每队的每位选手对选定目标（短距离或长距离目标）投掷 3 个沙包。所有选手都只能投掷到根据团队战略选定的两个目标内。

7. 每队至少应有一名选手朝每个目标投掷。例如，如果每队有 3 名选手，2 名可以朝同一目标投掷，但第 3 名选手必须选择另一个目标。

8. 确定团队的战术。哪些选手该朝哪些目标投掷？有多少选手该朝 2 个目标中较近者投掷？

9. 所有选手均投掷后，将团队所有成员的投掷分数相加以计算团队的分数（计分规则见第 4 步）。记录下成员和团队的成绩。

10. 用同样的步骤再次比赛，但使用相反的战略（如果你的团队第一次使用了长距离投掷战略，这次应使用短距离投掷战略；反之亦然）。如第 7 步所示，每队至少应有一名选手朝每个目标投掷。

11. 使用相同的计分步骤，计算你团队使用第二个战略时的分数。记录下成员和团队的成绩。

12. 基于上述分数，确定两种战略中的哪一种给你的团队以更大的成功可能性。

13. 制作一份简要的报告。报告中应包括所有试验的结果。如果提供了更多时间的练习任务，每种战略的成功概率会有哪些变化？团队如果有时间做练习，他们是否会使用相同的战略呢？

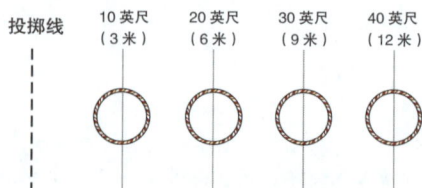

图 19.2 战略和战术评估比赛的设置

第 19.2 课
战略和战术

课程目标

学完本课，你将能够：
1. 定义战略并给出与体育运动和健康生活方式有关的示例；
2. 定义战术并解释其对战略实施的作用；
3. 解释战略和战术规划的 5 个步骤。

课程词汇

战略、战术

在竞技运动和其他体育运动中取得成功需要你具备某些运动能力，包括良好的体质和运动技能。正确训练的人可以拥有良好的体质，并逐渐掌握技能。但运动能力并不是成功的唯一要求，还需要有效的战略和战术。

战略

战略是为实现目标制定的总计划。"战略"（strategy）一词源自希腊语 strategos，其意为军队的将军或军官。与其词源一致，"战略"一词的早期使用多与军事计划相关。如今，"战略"一词仍然常常用于军事背景中，例如作战战略。但在现代社会，"战略"一词也用于商业和机构背景中。例如，市场营销是商业的一个方面，它帮助公司制定战略以销售产品。在竞技运动和其他体育运动中，战略也很有用。比如在竞技运动中，教练制定战略或整体计划以赢得比赛，而选手使用战略以有效地在团队中发挥作用。

战术

战术是执行战略的某种方法。"战术"一词源自希腊语 taktikos，原意指在战斗队形中排列士兵。与战略一样，战术最初也用于军事领域，此情况下战术用于执行战斗战略。将军们最初制定主计划或战略，然后制定特定战术或步骤以执行战略或战斗计划。

类似地，营销一种产品或服务时，公司首先制定战略，然后使用特定战术来执行战略。比如，食品生产商可能采

战略和战术常在竞技运动中使用，但它们在生活的其他领域也很重要

19 运动生活战略　**429**

用销售高糖和低营养的麦片的战略。本例中，战略是让儿童想要购买麦片。虽然麦片由成年人购买，但儿童对成年人的购物选择有很大的影响。所用战术可能包括在周六早晨的儿童电视节目中播放麦片广告，或者在麦片盒中放置玩具。儿童看到广告或想要玩具时，他们会央求父母购买麦片。

在竞技运动和比赛中，战略由教练、队长或（在个人竞技运动或比赛中）个人选手制定。例如，篮球队决定采用防守战略，即侧重于防守以迫使另一队犯错误。该战略中，一种战术是使用全场紧逼防守，即选手在篮球场的两端防守其对手。另一种防守战术是以两人防守另一队的最佳投篮手。

你在生活的其他领域也可以使用战略和战术。表19.1给出了一些例子。

健身小知识

象棋是一种需要战略和战术的棋牌游戏。实际上，很多教练和部队军官都利用象棋来增强他们运用战术、执行战略的能力。

制定战略和战术

如表19.1所示，战略及其战术在生活的很多领域都很有用。但如何制定战略和战术呢？你可以使用类似于科学方法和方案规划的步骤。由于战术的用途在于实施战略，所以你要首先制定战略。

第1步：使用现有信息

关于各种竞技运动和体育运动的战略，我们在前面已经讲了很多。因此，

表19.1 使用战略和战术的示例

情况	战略示例	战术示例
健康膳食 摄入的热量多于消耗的热量	少吃没有营养价值的食物	从家中清除掉没有营养价值的食物 学会说"不" 吃健康的小吃 避免从自动售货机上购买食品
体育运动 尚未达到美国国家运动指导标准的人	制作书面的体育运动计划	遵从书面计划的5个步骤 记录每天的运动
管理压力 太多事情要做，但没有足够的时间的人	减少任务，并在重要事情上多花时间	对当前的时间利用情况进行自我评估 将当前的义务按重要性从高到低排序 专注于非常重要的任务 学会对不重要的任务说"不"
参加团队竞技运动 校内团队希望在足球联赛中表现更好的人	专注于防守	安排更多的选手防守 运用区域防守，因为有些选手缺乏经验 运用防守型远踢和减少球门范围内射门
预防背部疼痛 希望降低背部疼痛风险的人	站立、坐下和活动时注意保持正确的姿势	评估当前的体态和核心素质 进行核心素质锻炼 良好的体态

🧑‍🤝‍🧑 消费者建议：电视战术——创造需求

你已经学习了如何制定战略和战术以实现目标。公司也会制定战略和战术。有时他们的战略对他们自己有帮助，但对你是无益的。例如，公司的战略可能是让你买一些你不想要或不需要的东西。为了促进销售战略的实施，公司在各种媒体上购买广告，例如电视、互联网（弹出广告）、杂志、收音电台和报纸。这些公司支付的广告费是媒体机构的生存之本。因此，无论是出售产品的公司，还是发布广告的媒体，它们都试图影响你的消费行为来赚钱。实际上，市场营销人员发布的媒体消息每天都扰动着你的感官。当然，并非所有广告都是欺骗性的，但这种广告确实不少。你需要有批判性的视角才能感知出广告所传达的信息，并辨别信息是否有益。

你看到媒体广告时，请试着确定广告所用的战略和战术。询问自己以下问题：这则广告想让我做什么？他们销售的产品是我真正需要的吗？产品会起到广告中宣称的作用吗？本章中，你将学习如何制定战略并确定执行战略所用的战术。你可以应用该知识分析营销战略并成为明智的消费者。

你的第 1 步应是阅读书籍和文章，了解在你所选的竞技运动或体育运动中已成功使用过的战略。你也可以咨询在该竞技运动或体育运动中已取得成功的专家和其他人士。比如说，如果你正在打网球，你可以学习其他人用过的成功的网球战略，或者使用你自己在以往比赛中的战略。对成功的战略做记录可以帮助你进行第 2 步至第 5 步。

第 2 步：收集新信息

确定哪种可用战略对你最有效的一种方法是对自己的优势和劣势（用于制定运动表现计划）或者个人需求（用于制定健康生活方式计划）进行自我评估。如果你计划做竞技运动，例如网球，评估对手的优势和劣势也会对你有帮助。教练通过"球探报告"来评估其他团队的优势和劣势并确定他们使用的战略与战术。为帮助自己做计划，请写下你对自己和对手优势与劣势的认识。即使职业选手也会收集信息。例如，职业篮球选手勒布朗·詹姆斯虽有着优秀的运动能力和技能水平，但他仍然研究对手的视频并阅读其他团队的完整球探报告。他这样做是为了制定和实施战略战术，以始终保持领先地位。

第 3 步：制定计划

考虑了可用的战略并收集了关于自己和对手的信息后，请写一份书面计划。在竞技运动中，要考虑自己或所在团队如何利用自身的优势和对手的劣势。比如，如果你擅长网球的发球，而对手的弱点在于回球，你可以考虑进攻战略。另一方面，如果自身的体质非常好，而对手的体质不好，则可以考虑把对手拖垮，从而在比赛后期可以取得优势。

💓 健身科技：计算机越来越聪明了

新科技使人们可以在计算机的"大脑"，即微小的芯片内存储大量的信息。而且新科技使计算机能以远超过去的速度处理信息。就这方面而言，在电视节目 Jeopardy 中，计算机（名叫沃森）使用其人工智能击败两名人类竞争者并不足为奇。沃森由 IBM 的研究人员研发，以公司创始人托马斯·沃森命名。两位人类竞争者肯·詹宁斯和布拉德·鲁特是节目史上最大的赢家。但沃森仅用存储在其计算机内存中的信息便赢得了百万美元大奖。沃森能够以类似人类大脑的方式迅速地检索和分析信息。沃森还以与人类相似或比人类更好的方式完成了某些体力任务。比如，沃森有着更快的反应时间，因此能够比人类选手更快地对蜂鸣声做出回应。沃森还能不受对手的心理战术的影响。但它在解读节目主持人提供的线索方面确实也存在着一些问题。

> **科技应用**
>
> 请写一篇报告以回答以下问题：如何使用计算机帮助身体残疾的人？

健身小知识

制作书面计划是一种行动承诺。做出正式承诺的人比不做出承诺的人更容易采取行动。

第 4 步：将战术融入计划

请使用特定的战术来执行战略。例如，如果想在网球运动中实施攻击战略，可以考虑在每次发球后靠近球网，以利用优秀的发球和对手差劲的回球。如果对手身体素质不好，可以先朝球场的一侧击球，再朝另一侧击球，以迫使对手多次移动位置。

确定战术时可以使用与制定战略时相同的步骤。首先，应熟悉现有信息（学习已知的战术），然后收集信息，其后列出应考虑的战术清单。请对可能的战术进行排序，并确定哪些战术对实施战略最有效。

第 5 步：练习

大多数人想到练习时，总想着练习技能以提高运动表现。这样做当然很重要，但战略和战术的练习也同样重要。在选好战略和战术后，请去实践。比如对本例中的网球选手而言，练习包括发球、靠近球网和截击。它还包括从一侧到另一侧击球以让对手不断移动。

与任何计划一样，应当评估实施的战略和战术是否成功。当制定下一个战略时，已经学到的知识将成为第 1 步的一部分。此处使用的示例用于竞技运动，但也可以使用相同的步骤来改变生活方式（表 19.1）。

课程回顾

1. 定义战略并解释它与体育运动和健康生活方式的关系。
2. 定义战术并解释其对战略实施所起的作用。
3. 制定战略和战术涉及哪 5 步？

⚡ 自我负责：制定战术

杰森、阿里、露西和卡蒂从小学起就是好朋友。阿里的母亲被诊断出乳腺癌后，他的朋友们希望做点什么来帮助他和他的家人。杰森、露西和卡蒂聚在一起制定战略。首先，他们考虑了他们已经掌握的知识。他们清楚乳腺癌的危险性，但也知道，他们没有资格提供医疗帮助。收集完信息和考虑了所有选项后，他们制定好了战略。他们将在当地社区参加"生命接力"活动，为乳腺癌的治疗筹款。

"生命接力"是美国癌症协会在全世界社区中举办的年度活动。活动旨在筹款以对抗癌症。社区居民组成接力团队，在户外露营。团队成员沿跑道或预定路线步行或跑步。癌症幸存者跑步或步行第一圈，照料者跑步或步行第二圈，而团队成员在预定时间内（通常为 24 小时）轮流步行或跑额外的圈数。捐款人将按照团队成员完成的圈数进行捐款。从"生命接力"活动中募集的资金用于抗癌用途。这 3 名好友需要寻找其他的团队成员，让支持者确认参与的决心，并处理其他细节信息，例如安排住宿等。

讨论

他们的战略对癌症患者而言是好战略吗？他们还可以考虑哪些其他的战略？他们应考虑哪些战术以实施战略？他们如何更好地招募其他的团队成员，获得更多的支持，并安排活动细节？回答以上讨论问题时请考虑"自我管理"一节中的技巧。

➡ 自我管理：制定战术的技巧

你以后将有机会运用战略和战术。请使用以下指导方针帮助你取得成功。

- **制定你的战略**。请使用本课中的 5 个步骤。确定战略后应对战术进行规划。
- **了解并列出可用的战术**。请阅读、咨询专业人员和多多观察。制作一份战术清单，并根据战术对战略成功的可能效果进行评价。
- **收集关于自己（或团队）的信息**。选择发挥优势和避免劣势的战术。
- **收集关于其他参与者的信息**。如果你在与另一个团队或个人竞争，请收集与对手有关的信息。如果你在为活动做计划，请从其他成功者那里收集信息，并尽量多地对活动进行了解（如"防治乳癌慈善竞跑"）。
- **选择最佳的战术**。如果你与其他人一起努力，当决定使用哪种战术时你可以进行团队咨询。如果由其他人对战术做出决定（如教练或队长），你可以为他们提供信息。
- **承诺**。一旦你做出决定，你就要承诺执行你的战略和战术。

如果你有朋友和家人也经常运动，你更有可能保持运动习惯和过上健康的生活。有时和朋友一起运动比较有趣，因为这样的运动不像竞技运动和比赛那样有竞争性。你们可以进行合作游戏，比如玩花式沙包、掷飞盘和打排球。方便每个人参加和获胜的运动可以增加社交活动的趣味。这些社交活动包括野炊、工作聚会以及公园和海滩的团体聚会等。合作游戏令人放松，因为它的主旨不在于取胜。合作游戏鼓励人们在运动时闲聊，而它常常会让你开怀大笑。请行动起来，尝试几种合作游戏。

概念和词汇回顾

在老师的指导下解答 1 至 5 题。用词汇或短语填写句子的空白。

1. _____的人经常做运动、体质好、拥有技能、重视运动并理解运动的益处。

2. 在团队中学习合作并克服挑战的运动称为_____。

3. _____是用于实现目标的主计划。

4. _____是执行战略的特定方法。

5. 沃森是一台计算机的名称，它使用_____解决和回答问题。

在老师的指导下解答 6 至 10 题。将第 1 列中的每一项与第 2 列中合适的短语配对。

6. 竞技教育　　　　a. 组织挑战性的娱乐运动

7. 历奇教育　　　　b. 分赛季和团队进行教育

8. 户外教育　　　　c. 组织文化活动

9. 舞蹈教育　　　　d. 传授概念和自我管理技能

10. 健身教育　　　　e. 可能组织露营活动

在老师的指导下解答 11 至 15 题。对每条陈述或问题进行回答。

11. 在学校中提供高质量体育教育有 10 个原因，请就其中 2 个原因进行讨论。

12. 描述历奇教育。它为什么是体育的重要部分？

13. 描述舞蹈教育。它为什么是体育的重要部分？

14. 描述如何在你选定的竞技运动中使用 5 个步骤制定战略和战术。

15. 描述制定战术的若干项指导。

批判性思考

选择一位家人来鼓励他多运动和改善饮食。请写一段话拟定你帮助他做出改变的战略。

项目

媒体机构如报纸、无线电台和电视网络等是主要的新闻和信息来源。但近年来，博客和播客在信息的提供方面更为普遍。请制作一个博客（可以在博客上发布一篇文章）或播客（可以在播客上发布一段录音）以谈论高质量体育教育的重要性。

20

积极生活的科学

活动身体

课程目标

学完本课，你将能够：

1. 描述运动技能学习的 9 大关键生物力学原则；
2. 描述体育运动中常用的两种站姿；
3. 描述移动的几种形式；
4. 解释生物力学分析的含义，并描述如何用它改善运动技能表现。

课程词汇

加速、空气动力学、生物力学原则、重心、减速、力量、流体力学、移动、站姿、速度

为什么有些人成年后就懒惰下来，导致身体状况下降，而有些人可以继续坚持锻炼？比如，格雷琴在青少年时期喜欢打垒球和篮球，而到了 20 岁和 30 岁的阶段，因工作和家庭职责的原因，她无法再参加团队竞技运动，但她仍然保持了运动习惯。她在当地的健身俱乐部参加有氧舞蹈、肌肉适能运动和柔韧性运动。40 岁后，格雷琴有了更多的空闲时间，所以她又可以参加竞技运动了。她与同事和朋友一起加入了慢投垒球联队。同时她继续在健身房进行有氧舞蹈和其他运动。50 岁后，她在朋友的鼓励下尝试双人网球。现在她 74 岁，她的运动包括步行、肌肉适能和柔韧性运动以及在当地联队尝试网球双打。因此，虽然她的运动发生了变化，她从来没有放弃运动，而且在此期间，她结交了很好的新朋友并获得的乐趣。

在人生的早期，格雷琴幸运地拥有一位体育老师和教练，教给格雷琴运动的原则。随着生活状况的变化，她的运动也发生了改变，但她仍然可以运用这些运动原则。此外，理解运动基础知识使她能够与朋友一起参加运动并获得乐趣。

你在本书中学习了各种原则以及在不同情境中运用这些原则的方法。在本章，你将回顾前面学过的部分原则并学习其他有助于终身运动的原则。

进行运动金字塔中各项运动时，你将使用到运动技能。运动技能也许简单、也许复杂，它的成功运用要求你遵守人体运动原则。生物力学的专家研究人体运动并帮助我们在做任何运动时理解并运用这些原则。

生物力学原则

生物力学原则以物理基本定律为基础，其复杂程度足以使其成为大学的一门学科甚至一门专业。体育老师和其他运动专家通常至少都学过生物力学课程，而本节归纳的生物力学原则仅仅是诸多原则中的几条。它们直接与本章所述的运动技能相关。

1. 稳定性

身体在休息或运动时的稳定性取决于身体重心的位置以及身体的支撑面。通过增大支撑面和降低重心，站立时的稳定性就会增加。

2. 力量

为了让身体或物体移动，或者让移动的身体或物体停止，你必须用力。有很多力参与其中，但肌肉的收缩是移动身体（或物体，如投掷的球类）的主要力量。诸如重力和空气阻力等外力可减缓身体的移动。在一个方向施力可导致相反方向的力的产生（每一个作用力都有一个大小相等、方向相反的反作用力）。

3. 加速、减速和速度

速度指移动的速率。当力作用于身体或物体上时，身体或物体便会加速（速度增加）。物体的质量越大，它就需要越多的力以产生加速。当阻力作用于物体时，物体会减速（速度减小）。

4. 力量的积累

通过按顺序对物体或身体施加不同的力，可以产生更大的力量。例如，当人有效投掷球体时，下身先动，然后依次是躯干、上身，最后是手臂和手（参见本章后面"自我评估"一节）。当前一个动作达到最大加速度时进行下一个动作，就能产生最大的力量。

5. 阻力

阻力是对力或动作的对抗力量。阻力的来源之一是摩擦。摩擦力是不同的表面之间摩擦产生的力。空气（包括风）和水等因素可提供阻力。在跳跃和投掷物体等运动中，重力是阻力来源之一。阻力也可由反作用力产生，例如，在橄榄球比赛中另一位选手推你，或者在渐进式抗阻训练中举起杠铃。

6. 杠杆

杠杆是一种非常基础的器械，它可以是一根棍子或一个坚硬的笔直物件，可用于抬起重物或增加力量。杠杆可以用于增加力量以产生动作。人的身体有三种杠杆：一级杠杆、二级杠杆和三级杠杆。三级杠杆是最为常见的。骨骼起着杠杆的作用，而肌肉收缩可产生移动杠杆的力。

7. 角度

角度指由同一起点出发的两条线间的夹角。角度对于良好的运动表现很重要。比如，当你掷球时，释放角度可影响球的投掷距离。地面是角度的一条线，而球的轨迹是另一条线。角度的大小以度来表示，比如直角是 90 度。

8. 空气动力学

在物理领域，动力学的研究主要探索运动的原因，包括导致运动改变的因素。空气动力学研究空气中的运动。在空气动力学英文单词"Aerodynamics"中，"aero"代表空气。其运动表现受到与空气中运动相关因素的影响。它们包括旋转（如球体）、风（如跑步时的空气阻力）和其他因素（如湍流、湿度和高度）。

9. 流体力学

流体力学研究流体中的运动。影响水中运动的因素包括水的阻力、湍流（水的流动模式）和温度等。

健身小知识

有些衣服用特殊材料制成，它们可以在你跑步、骑自行车或游泳时减小空气和水的阻力。为进一步减小阻力，一些自行车运动员还刮去腿上的汗毛，而一些游泳运动员刮去全身的汗毛。

基本技能：站姿和移动技能

基本技能是很多运动都需要的技能。如果你在使用基本技能时学习并运用生物力学原则，它们可以有助于你学习新技能。几乎所有的技能都受到 9 大生物力学原则的某种影响。

平衡（运动）站姿

站姿是站立的方式，而最基本的站姿是在站立时保持良好的姿势和稳定性。进行竞技运动和其他体育运动时，你需要运用站姿来准备动作。因此，平衡站姿是多种竞技运动和其他体育运动的基础。平衡站姿有时又称准备姿态或运动姿态，它使你在站立时保持稳定，为朝任何方向运动做好准备。图 20.1 展示了平衡站姿。平衡站姿的特征包括

图 20.1 平衡站姿

较大的支撑面（双脚与肩同宽或略比肩宽）和较低的重心（双膝弯曲），而且在平衡站姿中，重心位于体内（身体未前倾、后倾或朝体侧倾斜）。

运动员也使用平衡站姿的变体式。比如当棒球和垒球选手打球时，篮球选手进行防守时，网球选手准备接球时，以及在其他运动情形中，他们都会使用不同的平衡站姿。在这些情形中，运动员需要平衡和稳定，因为他们不知道他们将朝哪个方向运动——向前、向后、向左和向右。

不平衡站姿

运动员预期朝某个方向运动时，他们采用不平衡站姿（图 20.2）。例如，短跑和游泳运动员在比赛开始时，以及橄榄球选手列队准备球赛时，他们都会使用这种站姿。采用不平衡站姿的运动员并不力求稳定，而是向预期的运动方向倾斜，从

⚛ 科学实践：生物力学分析

在人类发明电影和视频录像之前，科学家通过现场观察竞技运动和职业技能表现来确定人们使用运动技能的最有效方式。第一部电影由法国人路易斯·卢米埃尔在 19 世纪末期制作。美国人托马斯·爱迪生发明了第一台电影放映机并取得了商业成功。该发明使电影在 20 世纪早期被用于分析工作技能。第二次世界大战后，随着竞技运动在美国的日益流行，电影也用于分析棒球选手的技能表现，以提高其击球和投球的技术。印第安纳大学的约翰·库珀、宾夕法尼亚州立大学的理查德·纳尔逊等研究人员使用特殊的高速摄影机对胶片中记录的超快动作进行慢动作分析。

在 20 世纪 50 年代早期，磁带录像机代替胶片成为记录和分析体育运动中动作的最流行方法。在 20 世纪 60 年代，美国国家航空航天局使用数字摄影进行太空探索，但直到 1981 年，数字摄影才进入商业领域。索尼推出了第一款大批量生产的数码（无胶卷）相机。1995 年，索尼推出了第一款数字摄像机。现在数码相机可以和计算机结合使用以分析运动。配套软件最初由运动团队在实验室内开发以供使用，但现在参与休闲比赛和娱乐运动的人也可以使用它。比如，很多高尔夫商店使用特殊的相机和软件对球员的挥杆动作进行动作分析。另外也有计算机程序帮助个人用户通过家用计算机分析他们自己的运动表现。

> **学生活动**
>
> 调查各种运动分析系统。如果你的学校给学生运动员提供运动分析系统，则请学校对它进行演示。如果学校没有该系统，则在当地的高尔夫商店或网球商店观看演示，或者调查相关网站中所列的运动分析系统。请写一份简短的报告以概述你的调查。

图 20.2　不平衡站姿

而使身体能够更快地开始运动。

健身小知识

> 举起物体所需力量是推动它所需力量的 30 倍。另外，推动也比拉动更高效。

举物

举物是在抗阻训练和举重、力量举重和摔跤等竞技运动中使用的一种运动技能。上文中第 1 项至第 7 项原则对举重非常适用。

移动（步行、跑步和冲刺）

移动指将身体从一个位置移至另一个位置。最基本的移动（即使用移动技能）是步行和跑步。步行时，总有一只脚与地面接触，而在跑步（或慢跑）中，每次迈步时两只脚都短时间离地。步行、跑步或使用其他移动技能时，运用第1项至第8项生物力学原则非常重要。冲刺，又称快跑，用于100米赛跑和跳远等田径运动中以及足球等竞技运动中（如冲刺接球）。

移动（双脚跳和单脚跳）

竞技运动和其他体育运动中另外两种常见的移动方式是双脚跳和单脚跳。双脚跳时，人两脚均离地，然后两脚同时着地（图20.3）。例如，立定跳跃时，你用双脚蹬地，然后双脚着地。立定跳跃可以往前跳，比如立定跳远，或者朝上跳跃，比如纵跳（图20.3）。立定跳远和纵跳都用于测试腿力。而在单脚跳时，你一只脚离地，同时另一只脚着地（图20.4）。单脚跳常见于芭蕾舞和体操运动中。换腿跳与单腿跳不同。单腿跳时，

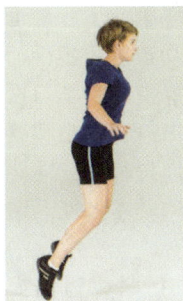

图 20.3　双脚跳　　图 20.4　单脚跳（换腿跳）
（纵跳）

离地和着地的是同一只脚。体育运动中常常结合了双脚跳和单脚跳。例如，在跑跳中，运动员一只脚离地，然后两只脚着地（图20.5）。虽然这种运动是两种跳跃方式的结合，但它常常也称为"双脚跳"。快速伸缩复合训练使用双脚跳和单脚跳来增强爆发力和肌肉适能。

其他移动类运动

由于篇幅的限制，我们在这里无法对所有的移动类运动展开讨论。其他移动类运动包括跳绳、单脚跳、快跑和滑冰等。穿插跑和跨越跑在很多竞技运动中也很常见。移动类运动也可以在水中进行，此时它们有多种变化形式。

图 20.5　跑跳

课程回顾
1. 9大生物力学原则是什么？为什么它们对学习运动技能很重要？
2. 两种基本的站姿是什么？什么时候使用它们？
3. 移动技能有哪些？请逐一描述。
4. 生物力学分析是什么？如何使用它改善运动技能？

本章第一节课中，你学习了各种运动技能，包括若干种移动技能（步行、跑步和跳跃）。下一节课中你将学习投掷、击打、用体育器械击打、踢击和其他基本技能。此次评估你将和两位同伴一起分析举手过肩投掷的基本技能。请遵从以下步骤。

1. 用棒球或垒球进行举手过肩投掷。将球投掷给站立在 9 米远的同伴。你的投掷方向是接球同伴的手套。重复投掷数次。

2. 让第二位同伴观察你的投掷并用表 20.1 进行评价。同伴应记录评估结果。对照表 20.1 所列的投掷各动作要领，请指出你是使用了正确的动作还是动作有待改善。下一节课的图 20.6 对你的评估会有帮助。

3. 进行角色轮换，使团队的每位成员都有机会进行投掷和评价。

4. 完成评价后，请使用你获得的信息练习正确投掷的技术。可以采用同伴教学互相帮助进行改善。

请记住，自我评估信息是保密的个人信息。未经受测者允许，不得将该信息与他人分享。

表 20.1　评价表：举手过肩投掷

投掷的动作细节	有待改善	动作正确
准备阶段：站立，身体侧面朝向投掷方向		
施力阶段 1：投掷手臂和手向后伸，肘部与肩同高或比肩高		
施力阶段 2：投掷手臂对侧的脚向前迈一大步		
施力阶段 3：下身朝目标转动，上身随后		
施力阶段 4：肩部朝目标转动，上臂随后		
施力阶段 5：上臂前移，肘部保持高位		
施力阶段 6：进行随球动作前弯曲手腕		
关键时刻：在合适的角度释放球体以使其到达目标		
复原阶段：释放后，投掷手臂随球运动		

第 20.2 课
移动器具和物体

课程目标

学完本课，你将能够：

1. 描述用身体部位移动物体的 3 种方法及其相关原则；
2. 描述如何在体育运动中用工具击打及其相关原则；
3. 定义空气动力学、流体力学和复杂技能，并解释它们对人体运动的重要性；
4. 定义运动学习并描述帮助你学习运动技能的因素。

课程词汇

复杂技能、器具、回力球、物体、跟踪

你是否思考过你每天使用的大量运动技能？我们无须思考便可以做出很多动作，这着实令人吃惊。我们做的很多事情，无论在工作还是娱乐中，都是使用器具来帮助自己完成任务的。例如，我们使用耙扫除院子里的落叶，用铲挖洞，用笔刷和水笔涂色，以及用锤子钉钉子。我们在竞技运动中也使用器具，比如用球棒和球拍击球，用桨划船，用球杆打台球，以及用木槌打棒球和马球。当然，我们还可以只使用身体（常常是手、胳膊、脚和腿）来移动物体，而无须器具帮助。比如，我们踢橄榄球、投棒球和垒球，以及打排球。上述所有运动中，无论我们使用器具还是仅使用身体部位，我们都在施加力量以移动物体。

移动物体的技能

用来移动器具和物体的技能实在太多，本书中无法将其全部列出。但以下几节中描述了使用身体部位移动物体的一些基本技能（如掷球和踢球）。我们还讲解了与各技能运用相关的原则。

投掷

"投掷"一词指使用手臂和手的前向动作在空气中推进物体。投掷可能为下投（如保龄球和垒球的投掷）、侧投（部分棒球投掷动作）或举手过肩投掷（大多数棒球投掷）。投掷时的注意力有时集中在准确性上，有时则专注于速度（投掷的力度和速度）。

学习投掷等技能时，你要经历 3 个阶段。在第 1 阶段（认知阶段），你需要思考你当前的动作，而这会让你的动作变慢。该阶段中，你可能会为了准确性而牺牲速度（有时称为"用速度换准确性"）。到第 2 阶段（关联阶段），你会做得更好，因为你自动地把有关投掷的知识与该运动技能相关联。这时你可以更快地运动，同时保持准确性。在第 3 阶段（自发阶段），你的运动表现已经无意识自动化。在该阶段，你可以高速、准确地投掷。

图 20.6 举手过肩投掷

健身小知识

所投掷物体的释放角度取决于投掷的目的。如需将球投掷尽可能远的距离，请使用约 45 度的释放角。如需击中目标，特别是近距离目标，你采用的释放角度应远小于前者（见第 1 课第 7 项原则）。

任何类型的投掷都可以在多种环境中使用，但本节只讨论举手过肩投掷（图 20.6）。图片展示了（1）施加力量（通过肌肉移动杠杆以按正确的次序产生力），（2）释放球体（在关键时刻，以合适角度释放），以及（3）随球（复原阶段）。

击打（用身体部位）

击打包括打击和用强力接触。它可以用身体部位完成，比如用手猛扣排球或者做空手道击打动作。与投掷一样，击打可以用多个手臂角度来完成，接触可以用手（张开或握拳）、掌根、前臂（排球垫球）或肘部。图 20.7 展示了击打的一种形式——排球发球。其动作与标准的投掷动作非常相似。图片展

图 20.7 排球发球的击打动作

示了（1）施加力量（通过肌肉移动杠杆以按正确的次序产生力），（2）击球（在关键时刻，以合适角度击球），以及（3）随球（复原阶段）。击打可以在立定跳跃或跑步跳跃时进行。本例中，焦点在于用手臂和手击球的动作细节，但如下文所述，击打也可以用工具完成。

踢击（用脚或腿击打）

踢击指用脚或腿击打。它在多种运动中使用，比如美式橄榄球（弃踢和定位踢）、英式橄榄球、足球以及花式沙包等。在柔道和空手道等武术中也使用多种踢法。踢击常常涉及接触，比如在足球中用脚击球，在空手道中踢击物体等，但有一些踢击不包括接触。比如在舞蹈运动中，有很多踢腿动作都不含击打。在接触时，受踢击的物体可能处于静止（在足球中踢角球）或移动（足球运动中足球朝你飞来）状态。运动员在踢击前常常先奔跑，比如在足球开球时，而且运动员常常交替进行踢击和跑步（如在足球中运球）。图20.8展示

了足球的踢击动作。

接物

本节所述技能使你能够接住投掷、踢出或由器具（如球拍）击出的物体。对于每项技能，本节还讲解了相关的生物力学原则。

"接物"一词有多项含义。在竞技运动和其他体育运动中，它指抓住某物体，比如球体。你可以用单手、双手或器具接物。图20.9展示了两种接物方法。

单手接物和双手接物都可以空手（如接住弹起的网球或射门的足球）或戴手套（如在棒球和垒球中）进行。有时双手接物也需要手臂发力，比如橄榄球选手接住弃踢和开球的橄榄球时可能会使用手臂和手。

一些竞技运动要求你使用器具接住物体。比如使用曲棍球棒接住和投掷曲棍球。在回力球运动中，选手使用柳条手套接住和投掷回力球。

无论是哪一种接物方法，它们都遵循某些共同的步骤。具体来说，你需要跟踪物体、接住它，然后吸收它的力。在接住物体之前，你必须看准它的位置

图20.8 踢击动作

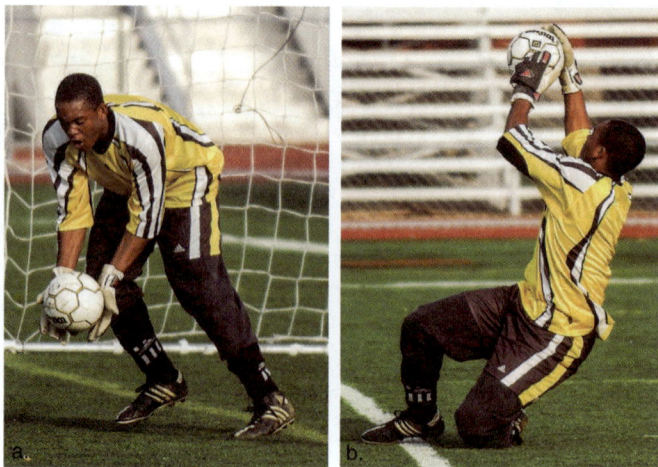

图 20.9　各类接物动作示例：a. 双手在腰部以下接物；b. 双手在腰部以上接物

并追踪它。追踪指从物体被掷出或射出（如踢出）时就盯住它，直至物体与你的距离足够近，你可以接到为止。俗语"眼随球走"是接物的一大关键。

橄榄球运动中，接住传球的选手被称为"接球手"，因为接球也是一种接物动作。对物体进行跟踪后，你必须将你的双手、双臂、手套或其他接物工具移至特定位置，使你更容易接住物体。上述确切位置则取决于你即将接住物体的位置。比如，接住腰部以下的球体

时，你的手掌应背对身体，两拇指距离较远（图 20.9a）。在腰部以上接球时，你的手掌应背对身体，拇指相互靠拢（图 20.9b）。在肩部以上接球时，你的手掌应朝上。

在很多种接物动作中，物体移动速度都很快。因此，一旦物体击中你的手、手套或其他工具，你都应该允许物体继续移动少许距离，以缓和冲击并吸收冲击力，然后再完全停止物体移动。因此，擅长接物的人被称为拥有柔软的双手。

♥ 健身科技：运动分析应用

在本章的"科学实践"部分，你了解了使用特殊相机和软件分析运动表现的运动分析系统。教练和运动员使用这些系统研究运动技能表现并确定需要改善的方面。比如，垒球投手研究他们的投掷动作来判断他们是否需要改善。类似地，棒球击球手可以在自己表现良好时录制视频，并将该视频与自己表现不好时的视频进行比较。

有专门的应用甚至允许你使用平板电脑或智能手机记录并分析你的表现。

科技应用

请浏览相关网站并阅读关于运动表现应用的信息。如果可行，请下载一个免费的应用，并使用平板电脑或智能手机分析你的运动表现。如果无法下载，那么你阅读了解该应用即可。请写一篇简短的报告。

健身小知识

　　一些运动和工作技能要求你使用双手控制工具，比如挥舞斧头、用铲挖掘、网球中双手反手击球，以及挥动棒球棒等。

击打（用工具）

　　如前文所述，工具是你用来完成特定任务的器具。运动中使用工具施力的例子包括网球发球和击打棒球。工具通常起到杠杆的作用，它们产生的力大于仅使用身体时产生的力。例如，最强大的主联队投手可以将棒球投掷到约160千米每小时的速度，而最强大的网球选手可以用超过240千米每小时的速度发球。因为网球球拍提供了更大的杠杆作用（更长的杠杆），所以它可以产生更快的发球速度。

　　击打的过程通常称为挥动（如挥动锤子或垒球棒）。一些器具用于击打移动物体，例如网球；而另外一些器具用于击打固定物体，例如高尔夫球和槌球。两种击打都是复杂的技能，但击打移动物体时需要进行跟踪（图20.10），而且在部分情况下，你需要投掷物体从而正确地击打它，例如网球发球时。取决于不同的运动，物体击打的角度也不同。例如，网球发球从高到低，高尔夫挥杆从低到高，而垒球挥棒则为从前到后，且大致在腰部高度。

复杂技能

　　步行和跑步都是基本运动和移动技能。本章所述基本技能最常用于竞技运动和体育运动中。但很多运动需要复杂技能。一些复杂技能是若干项基本技能的依序结合。比如在垒球运动中，外场手必须跑步、接球和迅速投球。舞蹈包括了大量复杂的连续步骤，比如芭蕾动作、拉丁舞蹈动作和复杂的街舞动作。其他复杂技能要求不同动作的协调使用。比如游泳运动同时使用几乎所有的身体部位，而上身和下身的杠杆必须按正确的次序使用，甚至躯干也必须运动起来，以产生最佳的水中动作。

图20.10　用工具击打移动物体时，你必须首先对物体进行视觉跟踪

空气动力学和流体力学

空气动力学是对空气中运动的研究。当你在工作或娱乐中使用技能时，空气会影响你的表现。比如旋转会影响掷出或用器具击出的物体的运动。以下是垒球的一些例子。其中，旋转来自身体的运用，而未使用器具。

·前向旋转（上旋）使球体下落得比正常时快。

·后向旋转（下旋）产生升力，使球体看起来在上升（下落速度比正常时慢）。

·侧旋使球拐弯，偏离其正常轨迹。

物体的旋转也可以由器具产生。比如网球选手由低向高挥动球拍以产生上旋。上旋使选手既能用力击球，又不使球出界。这是由于旋转使球下落得比正常时快。与投掷的棒球一样，侧旋可以使网球拐弯。橄榄球的旋转使其做螺旋形上升并在空气中保持稳定。台球的旋转使其拐弯甚至跳起。

风（一种气流）可对运动产生阻力，比如逆风减慢跑者的速度。风还会增强旋转对球体的影响。比如如果球体因旋转而拐弯，风力可能增加其旋转的速度，或者对其拐弯产生阻力。航海时，风对船只的航行是至关重要的，而熟练的水手可以利用风使船只朝各个方向航行。

移动的物体，包括你的身体，也会受到湿度、温度和海拔的影响。比如干燥的空气比潮湿的空气产生的阻力要小。极冷空气会冷却物体，进而限制它受击打或踢击时可行进的距离。高海拔的空气较为稀薄，因此它产生的阻力较低海拔的空气小。

流体力学是对流体中运动的研究，所以它对于游泳运动员和做其他水中运动的人非常重要。这些运动包括冲浪、划船、皮划艇、赛艇等。水产生运动阻力，因而影响游泳运动员和划船运动员的动作。实际上，在游泳或划船时，用推力对抗水的阻力正是你往前行进的原因。水自身的运动也有多种原因，包括风力和万有引力。它们都会产生波浪。游泳运动员的动作也会导致水的运动，与水击池岸引发的效果一样。波浪和水的其他运动都会影响运动员在水中的表现。

运动学习

运动学习指练习各种动作以改善运动技能。有些动作是主动的，而有些是无意识的。当反射产生动作时，该动作是无意识动作。反射是一种自动的动作，它不需要你的大脑直接刺激神经而使肌肉收缩。膝跳反射是一个例子。体检时医生用小锤敲击你的膝盖，你就会产生膝跳反射。

运动技能中的大多数动作都是主动的。当你做主动动作，比如投球时，你的大脑通过神经发送信号，而神经指示肌肉进行收缩。肌肉的收缩随即移动你的骨骼（如投掷动作中移动你手臂的骨骼）。骨，即杠杆的移动产生投球的力。本节描述了运动学习的一些原则。

练习

你可以通过正确的练习来改善自己的运动技能。通过从教练那里获得具体的反馈或者使用视频学习动作要领，你就能从练习中获得最大的益处。

技能迁移

一旦你掌握了一种运动的基础技能，你就可以迁移它。换言之，你能用它帮助自己学习类似技能。比如如果你通过练习掌握了棒球投球，那么你学习橄榄球投球和排球扣球都会更容易。

技能变化

如果你对某种技能掌握得很好，然后试图改变你的方法，你要花一段时间才能看到效果。比如如果你练习了很长时间来掌握保龄球的直球投球，然后决定采用钩球，你可能无法立即提高这项技能。你花费了大量的时间练习第一种投球法，然后需要花些时间"忘掉"它并学习新的投球方法。所以期望看到改善前，你应该给自己更多的时间学习新的投球方法。另外，明智的做法是避免在比赛或测试前对技能的使用方法做大的改变。只有在练习时间充足的情况下，你才能做出改变。

意象练习

意象练习指在心中排练某项技能，而身体相关部位不做运动。它对于排练动作的生物力学细节而言非常有用，而且被证明可以帮助人们学习技能。

课程回顾

1. 用身体部位移动物体的 3 大方法（及其相关原则）是什么？
2. 如何在体育运动中用器具进行击打？用器具击打的相关原则是什么？
3. 什么是空气动力学、流体力学和复杂技能？它们对人体运动分别有哪些重要性？
4. 什么是运动学习？哪些因素帮助你学习运动技能？

⚡ 自我负责：积极的自我对话

亚历克西斯并不是学校高尔夫球队的一员，但她确实喜欢打高尔夫球。她想过加入高尔夫球队，但她不确定自己的水平是否达标。她和家人一起打球时，她打得很好，但她与陌生人打球时表现并不好。有时她在打球时和自己对话，说，"为什么你要这么做，笨蛋？"或者"啊，不！我又开始乱打了。"有时她甚至把自我对话高声讲出来，比如"我在那个洞只得了 7 分？我都没有机会取得好的分数！"

在一轮高尔夫球比赛中，亚历克西斯的表现逊于预期，因此她问她母亲，"为什么我和不认识的人一起打球时，我的表现就那么差？"她的母亲回答说，她曾读过运动心理学家写的一本书，书中建议避免消极的自我对话（对自己说消极的话，进而影响自信心，导致糟糕的运动表现）。关键在于，用积极的自我对话代替消极的自我对话。正如亚历克西斯的母亲所说，"如果你期待着坏结果出现，它们真的可能出现。下次你打球时，试着放弃消极对话，而是专注于事情的积极方面。如果你在一个球洞打得差，请告诉自己，'它仅仅是一个洞，下一个洞我会打好。'"

讨论

竞技运动和其他运动中有哪些常见的消极自我对话？有哪些积极的自我对话可以代替消极的自我对话？你对亚历克西斯和参加竞技运动的其他人有些什么建议？提出建议时，请考虑"自我管理"一节中的指导。

➡ 自我管理：积极自我对话的技巧

你知道，有些人被认为是悲观主义者，而有些人是乐观主义者。悲观主义者认为坏事情总会发生，而乐观主义者相信好事情终将会到来。运动心理学的专家发现，通过练习，你可以培养"习得性乐观"。具体来讲，你可以用积极思想和积极自我对话代替消极思想和消极自我对话。请遵从以下指导，利用积极性改善你的运动表现。

- 学习"ABC"原则。"A"代表逆境（adversity）。逆境会导致消极思想和消极自我对话。当面对逆境时，请及时发现。"B"代表信念（belief）。当你面对逆境时，如果你相信自己做不好，你可能真的就做不好。所以当你面对逆境时，你应该及时发现消极的想法。"C"代表结果（consequence）。请发现你对逆境结果的感觉。悲观主义者可能会说，"如果我打高尔夫球时在一个球洞表现差劲，我就无法获得较理想的得分。"学会重新评估结果，现实地思考，你就会变得更积极乐观。

- 把逆境看作挑战而不是失败的原因。控制在逆境中产生消极自我对话的想法。

- 改变你对逆境的看法。如果你把逆境当作挑战，你可以告诉自己避免消极思想，并用积极思想代替它们。专家们指出，用积极评论（如"我能做到！"）代替消极评论（如"这个决定蠢极了！"），你将会有更好的表现。因此，面对逆境时，请用积极的自我对话予以回应。告诉你自己，"我相信我能行！"

- **不要夸大逆境的结果**。对逆境保持现实的看法。询问自己，你对潜在结果的看法是不是悲观的？如果是，请用更现实、更乐观的看法来代替它。
- **把过去抛在脑后**。一次任务的失败，或者表现不如预期，都不意味着你下次还会失败。比如打高尔夫球时，不要因一个球洞的成绩差而沮丧。你不能改变过去，但你能改变未来。担心前一个球洞的成绩会导致消极思想，影响你在下一个球洞的表现。在一个球洞表现差劲是一种逆境，但积

极的思想和自我对话可以让你在下一个球洞取得好的成绩。
- **练习成功的良性循环**。悲观主义者遇到逆境时都从消极角度思考。消极的看法导致差劲的表现，而差劲的表现又会产生更多的消极思想，从而形成恶性循环。你应该建立成功的良性循环。每次面对逆境时，请记住"ABC"原则（本清单第一项）并实践它们。在逆境出现时发现它们，并建立积极的信念（"我能做到！"）。这样便可产生积极的结果，即运动表现的提高。
- **从实际出发**。学习 SMART 目标时，你了解到有效的目标必须具备现实性。设定过高的、不切实际的目标会产生失败感，即使你已经做得不错。请记住，练习是成功的必经之路。

🧩 学术关联：多重含义

英语语言艺术学科的达标要求包括理解词语的多重含义。"力量"一词有多个含义，例如军力（军队和战舰）、暴力（物理攻击）和阻力（使移动的身体或物体停止）。本章中，"力量"指肌肉为产生拉力或使身体或物体移动而产生的能量。力量也可用于阻止身体或物体的移动（阻力）。本节文本框内的定义与词汇表中定义相同。

请确定本书所用的其他多义词语。英文词"power"（爆发力）是一个例子。它指健康相关身体素质的一方面（力量 × 速度）。但"power"另外还指拥有影响力或控制力，或指能源（电能或太阳能）。学习多重含义时，词汇表会对你有帮助。

> 力量——在体育运动中，它指肌肉为产生动作或抗拒动作而产生的能量。其他用法包括军力（军队和战舰）、暴力（物理攻击）和阻力（使移动的身体或物体停止）。

本章中，你学习了对运动技能表现非常重要的 9 大生物力学原则。这些原则适用于多种工作和娱乐所用技能。请行动起来，尝试几种技能并描述适用于每项技能的原则。

将生物力学原则运用到各种技能中

概念和词汇回顾

在老师的指导下解答 1 至 5 题。用词汇或短语填写句子的空白。

1. _____ 指站立的方式。

2. 将身体从一处移动至另一处称为 _____。

3. _____ 是对流体中运动的研究。

4. 打击或激烈的接触称为 _____。

5. 使用 _____ 技能时，你必须先跟踪物体，然后再接住它。

在老师的指导下解答 6 至 10 题。将第 1 列中的每一项与第 2 列中合适的短语配对。

6. 技能迁移   a. 对空气中运动的研究

7. 意象练习   b. 使用一种技能来学习另一种

8. 运动学习   c. 练习技能以改善它

9. 空气动力学   d. 在心中演示技能

10. 用工具击打   e. 网球发球

在老师的指导下解答 11 至 15 题。对每条陈述或问题进行回答。

11. 描述 3 项生物力学的原则。

12. 描述生物力学分析以及它使用科技的方式。

13. 给出用工具击球的例子。

14. 影响球类飞行的空气动力因素有哪些？

15. 有哪些关于消除消极自我对话的指导建议？

批判性思考

请写一段话回答以下问题。

你的朋友被选中参加学校下一次的橄榄球比赛。她需要在 15 码（约 13.7 米）的距离射门得分。如果成功，她会得到奖励。她在小时候玩过橄榄球，但有一段时间没有玩了。现在她希望你帮助她提高运动水平。你该怎样帮助她取得成功呢？

项目

为了提高学生的学业成绩，很多学校都在课堂中安排 3～5 分钟的运动休息时间。运动休息时间包括可以在狭小空间进行的书桌旁运动，也常常包括舞步运动（因而需使用到运动技能）。请为课堂内的运动休息时间做计划。你可以使用视频或音乐，或者在运动时带领其他学生。请向老师展示你的计划，并在课堂中公布。

21

终身运动

第 21.1 课
体育运动中的社会互动

课程目标

学完本课，你将能够：

1. 描述 5 大领导技能；
2. 定义团队合作并列出成为优秀的团队成员的 5 项指导；
3. 定义团队凝聚力以及促成团队凝聚力的各项因素；
4. 定义规则和礼仪并解释它们对运动和身体活动的重要性；
5. 描述体育精神、多样性和欺凌，并解释它们对体育运动和身体活动的重要影响。

课程词汇

礼仪、团队凝聚力、领导力、规则、体育精神、团队合作。

你是否参加过竞技运动团队或其他类型的团队？如果答案是肯定的，那么请问你在团队中扮演什么角色，以及该角色是否适合你？团队成员之间是否有默契，或者因为一些问题而彼此疏离？

本书的目标之一是帮助人们从依赖层面上升至独立层面，无论是在体育锻炼还是健康膳食方面。这样的成长过程不仅要求你在学校中参加积极的社会互动，而且要求你培养技能以便日后使用。学校中，老师和教练常常任命团队领导者，制定规则，而团队成员应遵守这些规则。本章提供了一些指导建议以帮助你做出负责任的选择，特别是在体育运动方面。

领导者和领导力

领导者负责带领和指导团队，比如体育团队或俱乐部。领导力包括积极承担领导职责的能力。并不是你想成为领导，你就可以当领导。成为领导需要有

领导能力，而领导能力是可以培养的。表 21.1 列出了一些最重要的领导能力。与其他技能一样，领导能力也必须经过实践才能掌握。

参加竞技运动、比赛或体育课程可以帮助你获得领导经验。比如作为体育教育方法的一种，在竞技教育中，学生们被组成几个团队。团队中由团队成员担任领导、裁判等。在工作场所，公司常常用合作博弈来培训他们的领导者（如经理和管理人员）。

团队和团队合作

团队是自发团结起来或被分配到一起进行工作的一群人。理想情况下，团队成员一起工作以实现共同的目标。但有时候并非所有的团队成员都一心一意地为实现团队目标而努力。实际上，有些成员甚至破坏团队的成就。团队合作是所有团队成员朝着共同的目标所付出的有效的、共同的努力。为了实现团队

合作，团队成员常常需要顾全整个团队的目标。因此，体育团队常常使用"一个团队里没有我，只有我们！"这句口号来强调，个人目标应让位于团队目标（图21.1）。

古希腊哲学家亚里士多德说过，"整体胜于部分之和。"它的意思是，当人们协同工作时，他们可以实现单独努力所不能实现的目标。请考虑关于团队合作的以下指导建议。这些指导建议

表 21.1　领导技能

技能	描述	如何培养
正直	正直意味着公正。对于领导者而言，正直指在指导的同时遵守团队的规则和标准。并非所有领导者都具备这项品质，但好的领导者一定是正直的	正直品质的培养需要时间。你通过行为确立自己的名望
沟通	优秀的领导者也是优秀的聆听者。他们通过聆听理解团队的需要，并清晰地表达自己的观点，以便其他人理解。优秀的领导者还擅长鼓舞和勉励他人	即使你有很多话要说，你还是要耐心地聆听。请记录其他人说的话。询问你对对方话语的理解是否正是对方想表达的意思。询问对方对你话语的理解，以确定对方是否明白了你的意思。你还应该多了解事实，让自己的表述有理有据
战略和计划	制定战略要求你对自己的目标有清晰的认识。它还包括制定战术以实施计划	实施制定战略和执行计划的各个步骤。做计划前先了解事实
管理	领导者帮助团队成员一起工作以实现目标。其关键包括以诚信为基础建立团队合作关系（团队成员的团结）和彼此的信任。可学习的相关技能包括指导和监督、解决冲突、谈判等	学习本章中有关团队合作和解决冲突的知识
其他	优秀领导者的其他特质包括自信、乐观、热情、果断和主动。优秀的领导者愿意接受批评和学习更好的方法以实现目标	这些特质中大部分都可以通过经验来培养。练习本书中的自我管理技能也会有所帮助

图 21.1　团队中有时使用励志标语来增进团结

可以帮助团队更有效地运作。

·**了解你的角色。**对团队有益的工作中，哪些是你最擅长的？一个团队只有少数共同目标，但有很多不同的角

色。虽然有些角色较为突出（如垒球队中的垒球投手），但团队成员必须演好所有的角色，团队才能取得成功。

·**接受你的角色。**分配给你的角色也许不是你想要的。接受所分配角色的人比不接受所分配角色的人更有可能为团队带来帮助。此外，即使你不喜欢分配的角色，你仍然应履行好该角色的职责，这样在日后你就有可能分配到你喜欢的角色。如本章的"科学实践"部分

所述，只要团队成员都接受其角色，那么即使他们不喜欢自己的角色，甚至彼此相处不融洽，团队也可以有效运作。当然，如果团队成员对彼此有好感并融洽地合作，他们在工作中会更开心。

• **练习实践角色技能**。与领导者一样，团队成员也需要通过实践增强能力。团队中每个角色都需要你具备特定的技能。比如，垒球队的投手必须具备与其角色相适应的运动技能，但他不一定得是非常优秀的击球员。因此，垒球投手可能被要求做牺牲短打以使跑垒者到达得分位置。垒球投手做的短打练习比其他队员更多，因为这是他的分配角

色。当然，领导者常常根据团队成员已有的技能来分配角色。比如秀子是一所学校里大二的一位班长。她找艺术家制作海报，找计算机专家制作网站，以及找其他的特殊技能人员承担特殊的工作职责。

• **履行你的角色职责**。练习角色技能固然重要，但有效地履行角色职责是另一回事。即使每个人都做好了自己该做的，团队也不一定成功。比如对手团队运用更好的战术击败了你们团队，或者对手团队里有非常优秀的选手。因此，履行角色职责并不一定能带来你期望的结果，但它确实给

⚛ 科学实践：团队凝聚力

凝聚的意思是紧密聚在一起。在化学领域，凝聚指把粒子聚在一起形成单一质量。对于人群而言，凝聚指团队凝聚力。当团队成员朝着共同的目标一起努力奋进时，团队凝聚力就产生了。对多种运动进行研究后，科学家们发现，有若干因素帮助团队保持凝聚力。其中包括较少的团队人数、团队成员间的友谊、对实现团队目标的承诺、团队的成功或失败以及团队成员的竞争力等。

在较小的团队中保持团队凝聚力较为容易，因为需要协调行动的人数较少。比如，5人组成的篮球队比11人组成的橄榄球队更容易协同工作。较小的团队也比较容易就目标达成一致。

此外，如果团队成员彼此认识、有好感，他们也更容易就目标达成一致并协同工作。但研究还发现，一些团队虽然成员之间意见不合，但他们

仍然能夺得冠军，这是因为团队成员坚定不移地朝着团队目标努力奋斗。比如，对桨手的一些研究表明，如果团队成员非常渴望取胜，他们是可以战胜个人情感的。因此，竞争力也是促使团队成员协同工作的因素之一，尽管它也具有两面性：赢得比赛可以帮助团队成员和谐相处，而失败有时导致团队成员之间出现不和（参见本章"自我负责"部分）。

研究还表明，团队成员有必要认识到，每个人都有犯错误的时候。这种认知可以减少团队表现欠佳时成员间的相互指责，而且为未来的团队合作打好铺垫。在团队其他成员情绪低落时为他们提供支持是至关重要的。

学生活动
请在网站、杂志或报纸中搜索关于团队凝聚力的真实故事。请描述他们团队成员如何协同工作以实现共同目标的。

了你们团队最大的成功机会。因此，即使你和你的团队努力了但没有每次都取得成功，你们也不要沮丧。

· **必要时做出调整**。即使团队的所有成员都努力工作并履行其角色职责，团队也不一定能成功。如果团队的战略和战术不管用，请做出相应调整。而这样的调整可能意味着部分成员角色的变更。

制定和执行规则

规则是行为或行动的指导或规范。规则使竞技运动和比赛公正而有序地进行。规则也包括正式规则和非正式规则。比如棒球的官方规则是正式规则，而朋友组成的非正式团队制定的规则是非正式规则。

规则分为很多种。从社会法则（如交通规则）到数学和科学定律及法则等都属于规则。无论是课堂还是商务会议，都有其自身的规则。运动团队的规则保证团队成员遵守秩序。违反规则往往导致某种惩罚，而始终如一地遵守规则通常可带来奖赏。规则可通过多种方式执行，比如警察执法、裁判员按比赛规则进行裁判以及教练和队长执行团队规则等。

只有始终如一地执行规则，才能确保规则的效力

健身小知识

近期的一项调查发现，有将近85%的美国成年人认为在竞技运动中违反规则属于一种欺骗行为，因而不应被容忍。同样有接近85%的美国成年人认为，即使无人注意到，违反规则也属于欺骗行为。尽管有很多人认为欺骗是错误的，而且欺骗使比赛不再有趣和公平，但仍有五分之一的人承认自己在竞技运动中违反过规则，而且有将近一半的人表示，他们认识的人中有违反过规则的人。

专家认为，只有始终如一地执行规则，才能确保规则的效力。规则的执行应当结合实际情况，而惩罚应根据具体的违规情形来确定。规则必须对团队的所有成员保持公正。

在一些情况下，规则很难改变，至少很难在短时间内改变。比如在竞技运动中，团队需要遵守现有的规则，而裁判负责执行这些规则。如果团队和学校的规则并不服务于特定目的，它们的改变会较为容易。团队和团队成员可以通过科学方法改掉不良规则。确定需要改变的规则后，团队可以收集信息，然后利用这些信息阐明改变规则的原因（举出证据）。团队成员应互相商量，讨论证据，然后由团队整体或其领导做出决定。一旦做出了决定，新规则的效力则取决于团队成员是否遵守它们。如果某位团队成员无法接受新规则，他可以选择退出团队。换言之，他无义务继续留在团队中。

体育运动中的礼仪

礼仪指某一社会群体中人们惯常或预期的行为模式。比如在西方，用餐礼仪包括何时使用刀、叉和勺子等。而在东方文化中，用餐礼仪往往包括如何使用筷子。竞技运动也包括一些社会情境，而人在这些社会情境中应遵守特定礼仪规范。礼仪规范不一定是书面的，但它们确实存在。

竞技运动的一些礼仪是非正式的。比如在高尔夫球比赛中，你在另一位选手挥杆时说话是不礼貌的。而其他一些礼仪规则较为正式，可以书面形式提供。比如，网球运动常常有着装要求，而很多俱乐部和联赛曾经认为所有除白色以外的颜色都是不合适的。此外，多年来，女性网球选手都按惯例穿短裙而不是短裤。但随着时间的推移，礼仪会发生变化。今天女性在球场上穿短裤很常见。现在非白色的着装颜色也很常见。

很多人认为，遵守礼仪，无论是正式的还是非正式的礼仪，都能让人在社会情境中更愉快、更自在。了解特定竞技运动或社会群体的礼仪也能帮助你适应该群体，而不了解上述礼仪会让你在群体中感觉不适应。

多样性：尊重他人

"社会"一词指一起工作和生活的人组成的大群体。它可以是左邻右舍、一个社区、一个国家，甚至是更大的群体。社会的特征包括传统习俗、既成法律和规则、生活和行为标准（社会礼仪）等。

社会服务于其成员的共同利益并保护他们免于外部威胁。社会的共同利益之一是惠及该群体的所有成员，而不只是最著名和最强大的人。社会的多样性在于它容纳了各种类型的人。现今社会发展的多样性使社会敏感性和社会责任变得非常重要。具体来讲，社会敏感性指对他人要包容，而不考虑其民族、年龄、伤残状况、文化、社会经济状况、性别等。就平等、公平对待所有社会成员这一目标而言，下列做法会有帮助：在选择领导者时考虑所有人；遵守社会群体（如团队或学校）的规则；在日常活动中实践正确的礼仪。

健身小知识

有三分之二的美国成年人认为，现在的运动过分强调能否取胜。有超过一半的美国成年人认为，在某些竞技运动中不道德行为很常见，特别是在橄榄球、曲棍球、摔跤和棒球运动中。

体育精神

体育精神包括尊重对手，以及在比赛或竞技运动中无论获胜还是失败都要表现得体。一位优秀的选手表现出良好的道德操守，并遵守规则。对取胜的过分强调有时会导致体育精神的滑坡，比如试图伤害对手或者故意违反规则以取得优势。你会发现，如果你参加比赛和竞技运动的目的是娱乐、健康、减压和社交，你所获得的快乐将远远超过只专注于取胜时获得的快乐。

敏感性、信任和尊重

敏感性指关注他人的感觉和顾虑。培养敏感性的方法包括聆听（比如听别人讲话，而不是一味告诉他们该做什么）和用非威胁性的语言沟通（比如给予积极的评论，而不是严厉的批评）。信任指相信其他人诚实可靠。你应该在自己的行为中表现出你的诚实和可靠，这样可以帮助他人学会信任你。可信赖的人履行自己的承诺并对他人的需要保持感性。可信赖而又感性的人（包括领导者）通常也会尊重他人。

欺凌

欺凌是青少年群体中的一个严重问题。运动社会学家指出，有一半的青少年遭受过欺凌，也有一半的青少年曾欺凌过别人。欺凌是对个人和社会群体规则的不尊重。

课程回顾

1. 5 大领导技能是什么？
2. 什么是团队合作？成为优秀的团队成员的 5 项指导原则分别是什么？
3. 什么是团队凝聚力？可增强团队凝聚力的因素有哪些？
4. 什么是规则和礼仪？它们对竞技运动和体育运动的重要性有哪些？
5. 体育精神、多样性和欺凌该怎样定义？它们对竞技运动和体育运动有哪些重要影响？

此评估将帮助你了解比赛中公平规则的重要性。请按说明进行活动，然后在教练的指导下记录与活动有关的信息。请记住，自我评估信息是保密的私人信息。未经受测者允许，不得将该信息与他人分享。

1. 班上每个人都把自己的名字写在一张纸条上。将所有纸条放在一个盒子或袋子里。由一位同学抽出 6 张纸条。

2. 被抽到名字的人站在全体同学前面。他们组成两队：被抽出的前三人组成一队，后三人组成另一队。每队的成员在全体同学前的一个界定的比赛区域内分散站立。他们可以在比赛区域内的任意位置站立，但只要确定了位置，他们就不能再移动（右脚不可移动）。

3. 再抽出一张纸条。纸条名字对应的同学做裁判员。裁判员将一个小球投掷到比赛区域的空中。任何一队的选手触碰到球时，裁判给该队加 1 分。裁判决定哪个团队得分，但不必解释给分的原因。每次投掷都不必以相同的原因给分。裁判拣回小球，并继续投掷和根据其判断给分，直至小球投掷达 10 次为止。得分最多的团队获胜。如果两队得分相同，则再投掷一次，此次得分者获胜。

4. 让团队成员讨论他们对比赛及其规则的感受。

5. 讨论后，再次抽取纸条以组成新的团队和选出新的裁判，从而同时进行多项比赛（班上所有学生均参加）。每组学生开始比赛前，两个团队都必须确定 2～3 项给分规则并达成一致意见。裁判员写下规则，以便在投掷小球和给分时使用。

6. 所有团队均完成比赛后，每组同学应提出改进比赛的建议。

7. 每组同学依次向全班展示其比赛规则并说明它们的合理性。

8. 如果时间允许，请使用某一组同学制定的规则进行比赛。

源自：Adapted from an activity developed by the College of Education at the University of North Carolina.

第 21.2 课
积极生活的机会

课程目标

学完本节，你将能够：

1. 定义"自主权"并解释它与健康生活方式相关决策之间的关系；
2. 描述 5 个及更多的有关体育运动机会的信息来源；
3. 解释组织及参与体育运动的 3 项指导原则；
4. 定义"外在动机"和"内在动机"并解释它们的区别。

课程词汇

自主权、外在动机、内在动机、最佳挑战、自我奖励系统

你认为你在生活中是否有能力自己做决定？你面临选择和不面临选择时的感觉有什么不同？请考虑以下场景。

高中毕业 2 年后，一群朋友在联谊会上相聚。这次聚会在哈尔的家里举行。他已婚，并拥有全职工作。自高中以来他增重了好几磅，而且他的运动量不如当年他在学校里玩橄榄球的时候多。他的妻子法蒂玛以前是学校里的啦啦队员，但现在也不像以前那样勤运动了，因为她也有全职工作。哈尔和法蒂玛与他们的朋友一直保持联系，但有些朋友在上大学，有些忙于工作。

参加联谊会的朋友还包括克里斯。克里斯也参加过橄榄球队。他现在在一所当地的社区大学学习，并参加兼职工作。与哈尔一样，他知道自己的运动量不够。詹妮弗也在当地的一所大学学习，而且她参加了大学的橄榄球队。她经常运动，但没有多少和朋友交流的时间。威尔也在上大学。他参加校内运动，并在校园娱乐中心工作。科雷塔和乔什没有和其他人一起上大学。他们现在是哈尔和法蒂玛的邻居。乔什会打慢速垒球，

而科雷塔用家庭运动视频学习运动。他们有一个 4 岁大的女儿，名叫克拉拉。

他们 7 人认为增加运动将是很好的一件事（詹妮弗除外，因为她已经在参加橄榄球运动）。他们也想一起增加社交时间。他们决定一起参加某种体育运动，以增加他们的运动量，同时为生活增添乐趣。本课后面将讲解这群朋友调查运动机会的一些步骤。

健身小知识

自我决定理论是人类动机的理论之一。该理论非常重视自主权和内在动机。它也常用于研究运动和体育锻炼。根据学生们的说法，如果他们有机会选择课堂中的某些运动（即拥有自主权），体育课对他们来说会更加有趣。

自主权

自主权指自我引导或自己做决定的能力。本书的目标之一是帮助青少年从依赖层面上升至独立层面，即从依赖其

他人做决定发展为自己做决定。哈尔、法蒂玛和他们的朋友都处在自己做决定的人生阶段。在小学甚至中学期间，有关他们自身的很多决定都是其他人代为做出的。即使在高中阶段，他们也或多或少依赖于其他人（如父母、老师和教练）。但现在他们有了自主权，可以为自己做出决定。

这群朋友运用他们在高中时学到的自我管理技能寻找社区中的运动生活机会。比如他们所学的一项自我管理技能是从朋友处获得社会支持，但他们有一些障碍需要克服。首先，要想一起做运动，他们就得找到每个人都感兴趣的运动，并找到他们都可以做运动的时间。

为解决此问题以及其他问题，他们运用了科学方法以及批判性思考技巧。与哈尔、法蒂玛和他们的朋友一样，你可以实践自我管理技能并使用科学方法，以使自己在做健康生活方式决策时有更多的自主权。

寻找参与的机会

培养运动习惯的第一步是寻找可用的运动选项。在大多数社区中，运动选项包括政府机构、社区机构、工作场所、商业场所等的运动项目。表 21.2 归纳了你在当地区域可选择的多种运动机会。

表 21.2　在社区中寻找体育运动的机会

类型	示例	如何联系
* 政府机构 * 青少年计划 * 体育联盟 * 各类设施（网球场、自行车道、高尔夫球场、徒步小径、公园） * 社区中心 * 动物园和文化中心 * 博物馆	* 当地公园和休闲部门 * 州立公园和休闲部门 * 当地的公立学校项目	使用电话本或在网上搜索以确定机构的位置。寻找特定的部门或设施
国家体育机构	* 美国奥林匹克委员会 * 美国网球协会 * 美国业余垒球协会 * 美国国家老年运动会协会 * 特殊奥林匹克运动会 * 美国残奥会	在网上搜索以确定机构的位置
社区机构	* 美国男孩女孩俱乐部 * 特定运动的俱乐部（如步行俱乐部、慢跑俱乐部和网球俱乐部等） * 体育组织（如少年棒球联盟）	用机构名称以及你所在城镇或城市名称在网上搜索（如 YMCA 和洛杉矶）。请用电话联系该机构，或者亲自前往参观
工作场所项目	* 公司健康计划 * 公司健身中心 * 公司体育联盟及团队	在你工作场所的人力资源办公室询问，看看公司有哪些运动选项

续表

类型	示例	如何联系
商业运动选项	* 健康和健身俱乐部及温泉浴场 * 私营体育设施(运动场、溜冰场、旱冰场或公园、高尔夫球场) * 舞蹈和瑜伽工作室 * 武术工作室 * 青少年活动中心 * 物理治疗中心	用运动名称以及你所在城镇或城市名称在网上搜索(如瑜伽和底特律市)。请用电话联系你找到的机构,或者亲自前往参观

组织和参与

对运动机会进行调查后,哈尔和他的朋友决定加入由社区公园和休闲部门资助的一个排球联盟。他们至少需要10人,因为每次比赛时,每队都需要6人,而他们知道,由于繁忙的日程,并非每个人都能够参加每场比赛。他们还得把自己的团队分为男性和女性两组,因为每次比赛时每组必须有3人在场。团队选举哈尔为队长和教练,并另外招募了住在附近的两人(南希和科尔)。詹妮弗也让她的朋友茉莉加入。现在团队中共有10人,包括5名男性和5名女性。

并非所有人都有现成的社会团体可以利用。如何寻找并组建团队以参加体育运动呢?以下是一些指导建议。

· **考虑从非联盟的运动开始。**对一些人来说,加入俱乐部或联盟可能是一件让他们不安的事。如果你还在学习某项运动,你可以先加入偏休闲的业余组织,或者在当地俱乐部聆听课程,然后再考虑加入联盟。比如科雷塔没有参加过多少排球运动,所以她一开始先与团队中其他成员一起在公园练习,然后才组建联盟。而威尔前往大学的娱乐中心,参加了一些临时排球比赛,以积累经验。

· **在学校和工作场所鼓励朋友加入。**从少数人开始,然后每人都可以招募有类似兴趣者加入。你可以从非竞争性的比赛开始,然后再考虑联盟比赛。

· **了解工作健康项目或参观学校娱乐中心。**找找看是否有对你组织的运动感兴趣的人,以便招募他们。你也可能发现现有的俱乐部或运动团队,进而加入他们。俱乐部成员常常在非竞争性比赛后相互认识,然后组成团队进行联赛。

· **咨询表 21.2 所列各机构。**询问他们是否提供让个人或小团队加入大团队的机会。

敢于尝试

对我们来说，最难做的事情之一是敢于尝试。当你开始做新事情，而且没人陪你一起做时，上述说法尤为正确。科雷塔有朋友的支持，所以和朋友一起组队打排球并不是一件难事。但她仍然缺乏自信，所以在排球联赛开始前，她选择与其他人一起练习。她最初的动机是取悦团队中她的朋友，她不想让他们失望。

科雷塔最初的动机称为外在动机。外在动机来自个人外部（如其他人的压力、外在奖励等）。本例中，科雷塔希望加入团队并不是因为她特别喜欢排球，而是因为团队需要增加一位选手。即使尝试过非竞争性排球运动后，她在团队中打球时仍然非常紧张。但随着练习的增加，她已经能够成功地发球和垫球。这种成功鼓励她继续运动。随着她表现得越来越好，她开始期待着参加比赛。她不再是为了取悦某人而打球（外在动机），而是出于对运动本身的喜爱（内在动机）。内在动机来自个体内部。此时，她参与运动的回报是个人的和内在的（如趣味和快乐）。

在学校里，科雷塔学会了如何制定自己的最佳挑战（图21.2）。她在练习团队中尝试去做不太难也不太容易的事情。由于挑战的难度合理，她获得了成功。而成功又激励她继续尝试。渐渐地，她开始享受运动，从而能够继续参与其中。

科雷塔还学会了在表现好时奖励自己，而不是依赖于其他人的赞赏。假如她当初未经练习便直接加入排球联赛，她可能会遭遇挫折并放弃。

图21.2 寻找最佳挑战可以帮助你获得成功和内在动机

健身小知识

视频游戏设计者在设计游戏时恰恰运用了最佳挑战原则。为了确保玩家在游戏中取得成功，他们使玩家从低级别开始。成功产生内在动机，让玩家保持较高的兴致，并鼓励玩家继续进行游戏。实际上，有证据表明，游戏玩家可以在没有外在奖励的情况下连续数小时玩游戏。

克里斯的经历则截然不同。他对排球队感到厌倦。尽管他喜欢和朋友一起运动，并且他的排球技能比朋友的更强，但他还是对比赛失去了兴趣。他的朋友需要不断地鼓励他甚至请求他（外在动机），才能让他继续参加比赛。最终，他退出了联赛，他所在的团队只剩下 9 人。

有时你需要一点外在动机来坚持做某件事。但研究表明，长期的参与需要内在动机。拥有内在动机的人（如科雷塔）比依靠外在激励的人（如克里斯）更有可能坚持参与运动。逐渐增强技能、取得成功并最终获得内在动机的过程称为自我奖励系统。你应该自我奖励，而不是期待他人对你的付出给予奖励。

❤ 健身科技：社会支持

对于想培养和坚持健康生活方式的人来说，社会支持很重要。慧优体（Weight Watchers）是一家通过社会支持帮助人们终身维持健康体重的机构。该机构组织见面会，使团队成员得以互相支持和获得项目领导的帮助。慧优体还使用互联网提供互动工具，以帮助成员监督自己的饮食和运动习惯。另外，该机构使用最佳挑战鼓励人们取得成功和培养内在动机。即使拥有内在动机的人也能从他人的支持中获益。慧优体定期给成员发信息，以给予他们支持和鼓励。现在有一些医生也给患者发信息以鼓励他们。

你可以使用互联网和社交媒体给予他人鼓舞，帮助他们成功地培养健康的生活方式。通过电子邮件和推特，你可以为志同道合的团队成员提供支持。比如哈尔和他的朋友可以使用电子邮件、短信息、电话或推特互相鼓励参加练习和比赛。

来自他人的信息不一定是有益的。如你所知，自主权很重要，我们都希望为自己做决定。鼓励你坚持自己的计划，是对你自主权的尊重。相反，试图控制当事人行为的信息或评论违反了当事人的自主权，而当事人可对此置之不理。例如，有人错过了一次练习时，你可以说："想念你，希望下次再看到你。"而像"如果你总是不参加练习，你就不会有进步"这样的信息就不好。这种信息会让当事人感觉他们参加练习只是为了取悦某人。

通过电话或互联网给予他人支持时应使用正确的措辞，这样才能真正为他们带来帮助，无论他们正在尝试戒烟、保持健康体重还是培养运动习惯等。

科技应用

与一群朋友一起组建一个支持团体。说明该团体将如何使用社会支持来帮助其成员实现目标。

帮助他人参加体育运动

本书中，你学习了很多种帮助你终身保持运动习惯的自我管理技能。以后你会发现，如果身边的人也有勤运动的习惯，你自己坚持运动也会更容易。另外，你也有机会帮助他人多运动。下面列出了一些这样的机会。

· **家庭运动**。有一句话："一起玩的家人更团结。"你可以使用你在本课中学到的技能帮助家人培养运动习惯。比如你们可以进行家庭郊游（露营、钓鱼和骑行等）、家庭运动（步行和远足等）以及家庭夜间活动（打保龄球和滑冰等）。由于并不是所有家庭成员都喜欢同一种运动，所以你应该为家人的选择提供支持。家庭支持是一种社会支持，它可以帮助家人坚持运动。比如你可以观看家人的团队比赛，或者对坚持慢跑的家人给予赞赏等。

· **当教练**。你在小时候可能参加过足球、棒球等竞技运动。当时一定有人给你的团队当教练。现在你可以自己做志愿者，为你街坊的孩子们或你自己的子女提供训练和指导。有很多机构可以对志愿者教练进行培训。

帮助他人学习技能是很有成就感的一件事

课程回顾

1. 什么是自主权？它和健康生活方式的相关决策有什么关系？
2. 有哪些关于体育运动机会的信息来源？
3. 组织和参与体育运动的指导建议有哪些？
4. 什么是外在动机和内在动机？它们有什么区别？

⚡ 自我负责：冲突的化解

冲突可能成为人们参与运动的障碍。有些人因为冲突而无法坚持运动。以下是一个例子。莫妮卡和胡安娜制定了一个运动计划。她们打算在一个月内每周五天步行上学。但她们的朋友米格尔总是说可以骑车带她们上学。米格尔第三次主动提供帮助时，莫妮卡接受了，因此胡安娜只能一个人步行上学。胡安娜没有接受帮助，因为她想按计划步行。胡安娜对莫妮卡和米格尔的做法很生气，在学校里也不和他们说话。第二天，莫妮卡没有等胡安娜一起和她步行，而是由米格尔骑车带走了。这对朋友在学校里彼此也不说话了。实际上，莫妮卡对其他朋友说过胡安娜什么，而她的话让胡安娜很不舒服。

讨论

这对朋友本来该怎么做来避免这样的冲突？他们应采用什么做法来解决冲突？请列出你的解决方案。回答以上问题时请考虑"自我管理"一节中的技巧。

➡ 自我管理：化解冲突的技巧

我们都有和朋友发生分歧的时候。分歧常常和一些小事有关，很容易化解。但冲突通常比分歧更为严重。出现冲突时，相关的一人或多人会感觉受到威胁，包括身体威胁或情感威胁。比如在竞技运动中，一位选手对另一位选手生气，而强烈的情感可能导致愤怒的言语。在极端情况下，愤怒会导致争斗。无论冲突出现在竞技运动还是日常生活中，以下步骤都可以帮助你解决它。

- **3个关键词**。化解与他人的冲突时，请记住以下3个关键词：冷静、耐心和尊重。控制情感是至关重要的。
- **沟通**。化解冲突需要有良好的沟通。请耐心聆听对方的话语，并注意你自己的话语。话语会伤害他人。不让冲突加剧是至关重要的。
- **认识到冲突的存在**。不要忽视冲突，回避会使冲突更严重。
- **考虑见面**。虽然冲突可以通过电话、电子邮件、社交媒体或其他方式化解，但最好的方法常常是面对面。

面对面讨论时不容易讲出过分的话。见面地点应该是寻常和安全的地方。

- **做好准备**。对问题进行定义。如有必要，请重新陈述。每个人都应该重视3个关键词，并描述问题。别人进行描述时不应打断他们。然后各方可以就问题的陈述达成一致意见。
- **列出可能的化解方案**。根据冲突各方的见解，列出可能的化解方案。
- **考虑各种选项**。提出各个选项后，请礼貌地沟通以找到最能满足所有相关方需求的选项。
- **妥协**。如果相关方对冲突的见解截然不同，各方都应该适当妥协，以找到化解方案。
- **寻求帮助**。解决冲突的另一种方法是仲裁。如果相关方无法自己化解冲突，他们可以指定一位独立的仲裁人。在竞技运动中，教练或裁判可以解决一些冲突，而其他冲突可以在共同的朋友的帮助下解决。但难以解决的冲突可能需交给专业仲裁人处理。

实际行动：**组建团队**

　　"团队"（TEAM）理念可以助你在生活各方面取得成功。"团队"的英文词"TEAM"中各个字母分别是"一起"（Together）、"每个人"（Everyone）、"实现"（Achieves）和"更多"（More）的首字母。组建团队是一项有趣的挑战。团队中每个人都努力合作以期达到共同的目标。请行动起来，在体育课上参加团队组建的活动。

概念和词汇回顾

在老师的指导下解答 1 至 5 题。用词汇或短语填写句子的空白。

1. _____包括公正和遵守规则。

2. _____指团结一致，朝着共同的目标努力。

3. _____指行为方式与群体的预期行为一致。

4. 拥有_____的人可自我引导和自己做决定。

5. 需要外在奖励才能行动的人被认为拥有_____动机。

在老师的指导下解答 6 至 10 题。将第 1 列中的每一项与第 2 列中合适的短语配对。

6. 自我决定理论　　　　a. 重视自主权

7. 多样性　　　　　　　b. 尊重他人

8. 最佳挑战　　　　　　c. 负责指导和管理的人

9. 领导者　　　　　　　d. 来自内部

10. 内在动机　　　　　　e. 不是太难，也不是太容易

在老师的指导下解答 11 至 15 题。对每条陈述或问题进行回答。

11. 列举并描述几种领导技能。

12. 举出几种促进团队合作的因素。

13. 讨论规则及其重要性。

14. 列举在社区中提供体育运动机会的团体。

15. 有关化解冲突的指导建议有哪些？

批判性思考

你被要求为学校联赛组建一个校内运动队。请写一段话来描述你组建团队的步骤。

项目

请与团队一起编制一份社区体育运动的目录。目录中应列出提供各类体育运动机会的机构和企业。你应考虑以下类别并列出它们提供的运动机会：当地政府机构、社区体育机构、工作场所运动计划、商业选项（当地企业）等。请参考表21.2 以获得启发。

词汇表
●　●　●　●

绝对力量——不考虑体型可以克服的重量或阻力来衡量的力量。

加速——速度的增加。

加速计——衡量运动的一种仪器，常用于测量步数、运动强度和运动时长。

首字母缩略词——英语中一种特殊的助记符。短语中每个词的首字母结合在一起，构成一个容易记住的新词（比如SMART——明确的、可衡量的、可实现的、现实的、及时的）。

主动拉伸——通过收缩自身的拮抗肌产生的拉伸。

运动神经官能症——人过度关心运动量是否足够，并在错过例行运动时感到不安的一种疾病。

适宜摄入量（AI）——当没有足够证据确定推荐膳食容许量（RDA）时所用的膳食参考摄入量（DRI）。

历奇教育——聚焦于挑战性的娱乐运动的一种体育教育方法，例如攀岩、定向越野比赛和泛舟运动。

有氧——常用于描述可长时间持续进行的中等强度至高强度的体育运动。此种运动中，身体可供给足够的氧，因而使运动得以持续进行。"有氧"即"使用氧气"。

有氧运动——心脏稳定能够供给肌肉所需的全部氧的运动。

有氧能力——心肺系统在某段时间内人体剧烈运动时提供并使用氧的能力。最大摄氧量测试可衡量有氧能力。

空气动力学——对空气中运动的研究。

灵敏性——迅速改变身体位置并控制身体动作的能力。

空气质量指数——衡量空气污染水平的尺度，包括从"良好"到"很不健康"的多个等级。

应急反应——一般适应综合征的第1阶段，出现于身体对压力源产生反应时。

氨基酸——蛋白质的结构单元。

合成代谢类固醇——类似于男性激素睾酮但存在健康风险的一种合成药物。它可以增加瘦体重、体重并促进骨骼成熟。

无氧运动——身体无法供给足够的氧的高强度运动，无法长时间持续的运动。

无氧能力——身体使用高能燃料（ATP–PC和糖酵解系统）进行非常剧烈的运动的能力，常用温盖特测试法进行测量。

雄烯二酮——被视为类固醇前体的一种物质，其进入身体后转化为合成代谢类固醇，例如睾酮（男性激素）。

运动厌食症——症状与神经性厌食症相似的一种饮食失调症；在参加低体重较为有利的竞技运动的运动员当中最为常见（如体操和摔跤运动）。

神经性厌食症——人严格限制进食量以试图拥有极低的体脂水平的一种饮食失调症。

拮抗肌——与另一块肌肉或另一个肌肉群功能相反的肌肉或肌肉群。

动脉——把血液从心脏输送到身体其他部分的血管。

动脉粥样硬化——动脉的堵塞。

自主权——自我指导，为自己做决定的能力。

平衡性——站立或移动时保持直立姿态的能力。

弹振拉伸——一系列轻柔、短暂的反弹或振动动作。

基础代谢率——身体用来维持生存所使用的能量。

生物力学原则——用于帮助人们高效、正确完成体力任务的基本物理定律。

生物力学——运动机能学的一个分支，其使用物理定律帮助人们理解运动中的人体。

血压——血液对动脉壁施加的力。

健美运动——主要根据运动员肌肉的外观而不是运动员所能举起的重量评价运动效果的一种竞争性运动。

体成分——身体各组织的比例，包括肌肉、骨骼、体脂和构成身体的其他组织。

肌肉上瘾症——人对增肌过于着迷的一种疾病。

体脂水平——脂肪所占体重的比例。

建成环境——街坊的物理特征。

暴食症——人暴饮暴食或在短时间内吃过多食物，随后发生呕吐的饮食失调症。

健美体操——使用全部或部分体重作为阻力的运动。

焦耳——描述食物所含热量的一种热量单位。

热量消耗——身体活动消耗的能量。

热量摄入——通过食物摄入的能量。

热量计——用于测定化学反应所产生热量的仪器，也能测定食物中的热量数。

碳水化合物——作为身体主要能量来源的营养物类型。

心肺耐力——长时间运动全身而不停止的能力。

心血管疾病（CVD）——影响心脏、血管和血液的一种身体疾病，例如心脏病和中风。心血管疾病是美国人死亡的主要原因之一。

心血管系统——由心脏、血管和血液组成的身体系统，该系统为身体提供氧和营养物。

重心——全身体重中心或中点的位置。

胆固醇——肉类、奶制品和蛋黄中所含的一种蜡状、类脂肪物质；血液中胆固醇含量过高是各种心脏疾病的原因之一。

回路训练——依次进行不同的运动，其间仅做短暂休息，以将心率保持在目标区间并增强健康相关身体素质各个部分。

认知技能——有助于你从信息中获取知识的各项能力，包括专注力和注意力等。

纲要——列出各种运动强度的体育运动清单。

竞争性压力——参加要求个人或团队努力击败对手的竞技运动或其他运动时身

体的反应；竞争性压力可能为积极压力。

完全蛋白质——含有全部9种必需氨基酸的蛋白质，完全蛋白质来自动物来源，如肉类、乳制品和鱼类。

复杂技能——包括复杂动作序列（如网球发球、街舞等）或多个动作同时发生（如游泳中的划水、踢水和呼吸）的技能。

向心收缩——肌纤维缩短的等张肌肉收缩。

消费者群体——负责查询科学资料并回答学生们有关身心健康的问题的学校社团。

可控风险因素——可以采取行动加以改变的风险因素。

放松练习——体育运动后帮助身体恢复的练习。

合作博弈——团队协同工作而不竞争的比赛。

协调性——感官与身体部位共同使用或者两个或多个身体部位共同使用的能力。

应对——处理问题或尝试克服问题。

应对技能——用来管理压力或处理问题的技术。

冠状动脉疾病（CAD）——心脏内动脉堵塞的一种特殊的心血管疾病。

CRAC——收缩–舒张–对抗–收缩；一种PNF拉伸法；其首先要求肌肉或肌肉群收缩，继而舒张，然后通过收缩对抗的肌肉或肌肉群以进行拉伸。

肌酸——肉食动物（包括人类）体内合成的一种天然物质，为身体进行无氧运动，包括多种渐进式抗阻运动所需。

逐渐肥胖——通常由摄入空热量所导致的缓慢、渐进的体重增加。

舞蹈教育——在校内和校外教授各种舞蹈的体育教育方法（或单独的教育项目）。

减速——速度的减小。

决定因素——影响你身心健康的因素。

糖尿病——患者身体无法调节血糖水平，因而导致体内血糖过高的疾病。

舒张压——刚好在下一次心跳前的动脉血压。

膳食参考摄入量（DRI）——应每日

摄入的某种微量营养素数量。

饮食学家——帮助人们在日常生活中运用营养原则的营养专家，其拥有大学学位并经过信誉良好的国家机构认证。

双重渐进系统——运用渐进原则增强肌肉适能的使用最广泛的方法；其首先增加动作次数，然后增加阻力或重量。

动态动作运动——常用于热身练习，为需要力量、爆发力和速度的运动做准备的各种运动，例如跳跃、跳绳和健美体操等。这类运动中，关节的活动超过正常休息时的活动范围，因而使肌肉和肌腱得到拉伸。动态动作运动产生拉伸后，受拉伸肌肉随即收缩。

动态拉伸——用于增加肌肉长度的慢动作运动。

动态热身——增加体温、使肌肉为高强度运动做好准备的动态动作运动，可作为全身热身练习的全部或一部分。

测力计——测量肌肉或肌肉群产生的力的仪器。

饮食失调——患者采用危险的饮食习惯并常常过度运动以消耗热量和减脂的一种疾病。

离心收缩——肌纤维拉长的等张肌肉收缩。

电解质——你血液和体液中对身体的正常运作和在运动时防止失水起重要作用的矿物质。

空热量——提供能量但不含或含有极少营养物的热量。

能量平衡——热量摄入和消耗量的平衡。

增补剂——对机能（包括高强度运动机能）有帮助或增强机能的物质。

机能抑制药——对运动表现产生消极影响的物质。

必需体脂——人维持健康所需的最低量体脂。

礼仪——某社会群体中惯常或预期的行为模式。

积极压力——积极的压力。

运动——专门用于增强身体素质的身体活动。

运动解剖学——研究肌肉如何与骨骼、韧带和肌腱协同工作以产生人体运动。

运动生理学——运动机能学的一个分支，研究体育运动对身体系统的影响。

运动心理学——研究健身运动和竞技运动等所有类型体育运动中的人类行为。

运动社会学——研究体育运动（包括竞技运动）中的社会关系和社会互动。

伸展——增大关节处骨骼夹角的动作。

外在动机——做某件事的外部原因（如奖励、认可或接纳）。

快缩肌纤维——可快速收缩的肌纤维；其颜色为白色，因为向其输氧的血流较少；快缩肌纤维收缩时比慢缩肌纤维产生更大的力。因此，含较多快缩肌纤维的肌肉对于力量运动而言较为重要。

脂肪——提供能量，帮助细胞生长和修复，以及溶解和向细胞运输某些维生素的营养物。

反馈——你收到的关于你的运动表现的信息，包括有关如何改变才能做得更好的建议。

纤维——身体无法消化的一种复合碳水化合物。

纤维蛋白——参与血液凝结的一种物质。

健身教育——讲授健身和运动理念以及可帮助你终身坚持运动的自我管理技能的体育运动课程或单元。

体质档案——自我体质评估结果的简要概述。

体质目标区间——增强体质和保持身心健康的最佳体育运动范围。

FITT 规则——合适的体育运动方案（包括频率、强度、时间和类型）。

柔韧性——在较大的活动范围活动关节而不受伤的能力。

屈曲——减小关节处骨骼夹角的动作。

食品标签——印在食品包装上的营养信息。

保健品——作为基本膳食补充的口服产品（如维生素、矿物质和草药等），又称膳食补充剂。

力——体育运动中，力指肌肉为产生或阻止动作使用的能量；其他用法包括军力（军队和战舰）、暴力（物理攻击）和阻力（使移动的身体或物体停下来）。

频率——指执行某种任务的频率；在FITT规则中，频率专指体育运动的频率。

功能性体质——处理日常任务时有效运作的能力。

一般适应综合征——身体对压力的反应；其分为3个阶段：紧急反应阶段、抗拒阶段和衰竭阶段。

目标设定——设定目标的过程，比如终身健康目标包括拥有身心健康和培养健康的生活方式。

分级运动测试——在跑步机上运动，同时使用心电图设备监测心脏的一种测试方法；该测试旨在诊断潜在的心脏问题。

团队凝聚力——为实现共同目标而团结一致的程度。

习惯性——因反复的接触而习惯于某件事。

健康——无疾病状态以及身体、情感、心理、社交、心智和心灵方面的幸福感（康乐）。

健康和医药科学——以疾病的预防和治疗以及健康促进工作为主的研究领域。

健康相关身体素质——身体素质中帮助人保持健康的部分，包括心肺耐力、柔韧性、肌肉耐力、力量、爆发力和身体成分等。

心脏病发作——心脏内供血严重减少或切断的状况，它可能导致心肌的部分区域死亡。

心率储备（HRR）——心脏在休息时和极限运动时每分钟跳动次数的差异。

酷热指数——根据温度和湿度衡量环境对运动安全性的指标。

高密度脂蛋白（HDL）——脂蛋白的一种，常称为"有益胆固醇"，因为其将过量的胆固醇从血流输送至肝脏内，以进行清除。

人体生长激素（HGH）——非常危险的非法药物，特别是对于青少年而言；它导致骨骼提前封闭，且可能产生致畸和危及生命的影响。

湿度——空气中水分的相对含量。

流体力学——对流体中运动的研究。

运动过度病——因体育运动过多导致的健康问题。

活动范围过大——关节的活动范围大于正常范围，有时称为双关节症。

高血压——血压持续高于正常范围的疾病。

体温过高——身体温度过高，常常由暴露于炎热或潮湿环境中所致。

肌肉膨胀——肌纤维尺寸增大。

运动不足病——部分由缺乏运动导致的健康问题。

体温过低——身体温度处于异常的低水平，常常由暴露于寒冷和多风环境中所致。

不完全蛋白质——含有部分而非全部必需氨基酸的蛋白质。

强度——某项任务的艰巨或繁重程度；在FITT规则中，强度指某项体育运动的强度。

中间肌纤维——同时具备慢缩肌纤维和快缩肌纤维特征的肌纤维。

间歇训练——高强度运动回合和休息时间穿插安排的训练模式。

内在动机——做某件事的内部原因（如享受、增进健康的愿望等）。

等速运动——动作速度在整个活动范围内保持恒定的一种等张运动。

等长收缩——肌肉施力但不在关节处产生动作的收缩方式。

等长运动——采用等长收缩，不使身体部位移动的运动。

等张收缩——拉动骨骼并使身体部位移动的肌肉收缩方式。

等张运动——采用等张收缩，使身体部位移动的运动。

回力球运动——在大而封闭的球场上进行的一种竞技运动；其与手球运动类似，但使用柳条手套和回力球。

运动机能学——对人体运动的研究。

驼背——以圆背和圆肩为特征的体态问题。

运动定律——帮助我们理解人体运动的物理定律。

领导力——激励和帮助团队成员朝着共同目标努力的能力。

身体瘦组织——身体中除脂肪以外的所有组织。

休闲时间——无须工作或履行其他义务的时间，又称"可自由支配的时间"。

日常体育运动——作为日常生活一部分进行的体育运动（如步行上学和庭院劳动）。

终身竞技运动——你可能会终身参与的竞技运动。

韧带——将骨骼连在一起的坚韧组织。

脂蛋白——在血流中输送脂质和胆固醇的蛋白质。

移动——身体从一个位置到另一个位置的移动。

长期目标——需花费数月至数年才能实现的目标。

脊柱前凸——以下背部的过度弯曲为特征的体态问题，又称凹背。

低密度脂蛋白（LDL）——脂蛋白的一种，常称为"有害胆固醇"，因为其携带极有可能留在人体内并导致动脉粥样硬化的胆固醇。

宏量营养素——供应你身体日常工作所需能量的营养物；分为3类：碳水化合物、蛋白质和脂肪。

成熟过程——发展至充分、完全的发育状态的过程。

最大心率——你做高强度运动时心脏每分钟的跳动次数，即你心率所能达到的最高水平。

最大摄氧量——被认为是心血管适能和呼吸系统适能的最佳实验室评估指标。

代谢当量（MET）——新陈代谢（使用能量维持生命）的指标之一。1个MET代表静息时消耗的能量。MET个数用于描述各类体育运动的强度。

代谢综合征——人的体脂过高、腰围过大并存其他健康风险（如高血压、高血脂和高血糖）的一种疾病。

微量营养素——你身体对其需要量小于碳水化合物、蛋白质和脂肪的营养物（如维生素和矿物质）。

微创——不可见的伤害，由身体部位的重复使用或不当使用所致；不一定立即产生疼痛、酸痛等症状。

助记符——对记忆特定信息有帮助的词语，比如首字母缩略词（如"SMART"）。

中等强度运动——能量消耗比静坐时高4～7倍的运动（即4～7个MET）。

运动学习——习得运动技能的过程之一，也是运动机能学的一个研究领域，与运动技能的习得相关。

运动技能——协调使用肌肉和神经完成体力任务（如投掷、奔跑）的习得能力。

运动单位——协同工作产生动作的一组神经和肌纤维。神经使肌纤维收缩。

肌肉僵硬——肌肉过紧过大而妨碍自由活动。

肌肉肌腱单位（MTU）——骨骼肌和将其与骨骼相连的肌腱。

肌肉耐力——多次使用肌肉而不疲劳的能力。

营养科学——对植物或动物用食物促进生长和维持生命的过程的研究。

肥胖症——过度超重或体脂过高的一种疾病。

一次动作最大值（1RM）——肌肉力量测试指标，指你用一次动作可举起的重量（或者可克服的阻力）。

最佳挑战——不是太难也不是太容易的运动，或者与竞争性情境相比不太困难的运动。

骨质疏松症——骨骼结构退化、骨骼变弱的一种疾病。

户外教育——在户外课堂进行的体育教育。

运动过度——运动量过大，因而增加了受伤或疼痛的风险。

过度使用性损伤——重复动作导致的、使身体发生磨损的损伤。

超重——体重超过正常范围的一种状况。

被动运动——使用器械或器具帮你移动身体的运动；被动运动方案是无效的。

被动拉伸——需要外部帮助（如重力、同伴等）的拉伸练习。

骨峰值——生命期间达到的最高骨密度，通常出现于青春期晚期或成年期早期。

步数计——小型的电池供电设备，可

戴在腰带上，记录你的步数。

回力球——回力球运动中使用的球。

周期训练——肌肉适能训练的一种时间安排；周期训练中，你按给定计划运动一段时间，然后进行调整，做不同的运动或者改变你运动的方式。

个人生活方式规划——旨在改善身心健康的书面运动计划。

个人需求档案——列出自我评估分数和对应等级的表格。

个人计划——用于改变行为习惯（生活方式）以改善身心健康的个人书面计划。

体育运动——使用大肌肉的运动，包括竞技运动、舞蹈、娱乐运动和日常生活活动。

运动金字塔——描述增进身心健康的各类体育运动的一种图表和模型。

体育运动适应能力问卷(PAR-Q)——开始履行体育运动计划以改善身心健康之前应完成的由 7 个问题组成的医学和身体适应能力评估问卷。

身体素质——你的身体系统高效协同工作以使你保持健康和高效完成日常生活活动的能力。

体育素养——指受过体育教育；体育素养良好的人定期做体育运动，拥有良好的体质，具备体育技能，重视运动，并理解体育运动的影响和益处。

普拉提——近年来非常流行的以增强核心肌肉适能为目的的一种训练方式。约瑟夫·普拉提描述了核心运动并发明了特殊的运动器械以帮助人们增强核心肌肉。普拉提运动正以他的名字命名。

快速伸缩复合训练——用于提升运动表现的一种训练方法。其使用跳跃、单足跳和其他动作使肌肉拉长后随即缩短并收缩。

PNF 拉伸——使用本体感受神经肌肉促进法的一种柔韧性运动；静态拉伸的一种变体练习，其在拉伸肌肉前先收缩它。

爆发力——指快速运用力量的能力，包括力量和速度。

力量举重——使用自由重量的一种竞争性运动，仅包括 3 项练习：仰卧推举、深蹲和硬拉。

超负荷原则——体育运动的最基本定律；根据该原则，通过体育运动获得健身和健康益处的唯一方法是让身体承受比正常情况下更高的负荷。

渐进原则——根据渐进原则，你的运动量和运动强度应逐渐增加。

休息和恢复原则——根据休息和恢复原则，你在运动后应给予肌肉休息和恢复的时间。

专一性原则——根据专一性原则，你所做运动的类型决定了你获得的益处。

优先的健康生活方式选择——帮助你预防疾病、保持健康并享受高质量生活的关键生活方式选择（定期的体育运动、良好的营养和压力管理）之一。

过程目标——与努力过程而不是成果相关的目标。

成果目标——与努力成果相关的目标。

专业人士——受过高等教育，可提供知识并帮助人们运用知识改善生活的人士。

渐进式抗阻运动（PRE）——不断增加阻力（负荷）直至拥有你想要的肌肉适能的运动，又称为渐进式抗阻训练（PRT）。

蛋白质——用于构建、修复和维持人体细胞的一种营养物。

下垂症——以腹部外凸为特征的体态问题。

公共健康科学家——研究社区中疾病预防和健康促进的专家。

欺诈者——实施欺诈的人。

欺诈——使用虚假声明引诱人们购买无价值甚至有害的产品的营销或销售方法。

活动范围（ROM）——特定关节健康的活动幅度（大小适中）。

ROM 运动——要求使用自身肌肉或在同伴或治疗师帮助下使关节在整个活动范围内活动的运动。

反应时间——从发现有必要行动到实际采取行动所需的时间。

推荐膳食容许量（RDA）——达到大多数人健康需求所需的最低营养物摄入量。

相对力量——根据体型大小调整的力

量值。

次数——即动作次数（连续做某一运动的次数）。

呼吸系统——由肺和气管组成的身体系统；气管将空气（包括氧气）从体外送至肺部。

静息代谢率——身体为发挥基本功能和进行日常轻体力活动所消耗的热量。

横纹肌溶解——肌纤维分解，且血流吸收肌纤维元素的一种疾病。

RICE——处理轻伤的方法，每个字母代表一个步骤：R＝休息；I＝冰敷；C＝加压；E＝抬高。

风险因素——增加患病或健康问题风险的任何行为或条件。

规则——行为或行动的指导与要求。

跑者的亢奋情绪——人们跑步或做他们喜欢的运动时感受到的积极压力。

饱和脂肪——室温下呈固态，且主要来自猪油、黄油、牛奶和肉类等动物产品的脂肪。

久坐不动——没有定期参加运动金字塔任何层级中的体育运动。

自我管理技能——帮助你从现在起培养健康生活方式并终身坚持它的技能。

自我奖赏系统——帮助你逐渐增强技能并取得成功，并最终形成内在动机的系统；在该系统中，你对自己进行奖赏，而不是期待他人给予奖励。

组数——指一组重复的动作。

短期目标——可以在短时间内实现的目标，比如数天或数周内。

岔气——人们在体育运动（特别是跑步）中常常发生的下腹部一侧的疼痛。

技能——高效完成某项任务的能力，技能常常得益于知识和练习。

技能相关身体素质——帮助人在需要特定技能的竞技运动和体育运动中取得良好表现的身体素质部分，包括灵敏性、平衡性、协调性、反应时间和速度。

皮褶——脂肪和皮肤的褶皱，用于估算总体脂水平。

睡眠呼吸暂停症——导致睡眠不佳或无法睡眠的一种失调症，以睡眠中呼吸暂停或呼吸浅短为特征。

慢缩肌纤维——收缩速度较慢的肌纤维；因为含有大量输送氧的血管，所以通常为红色；慢缩肌纤维产生的力比快缩肌纤维小，但可以抗疲劳。

SMART 目标——明确的、可衡量的、可实现的、现实的和及时的目标。

速度——在短时间内完成某个动作或行进某段距离的能力。

竞技运动——具有竞争性（有胜方和负方）和既定规则的体育运动。

竞技教育——与竞技运动相似，将一年分为数个赛季，以使体育教育更为有趣的一种教学方法。

体育教育学——教授体育运动的艺术和科学；包括运用运动学习原则帮助人们学习运动技能，以及研究体育运动科学原则的最佳教学方法。

体育道德——尊重对手团队的成员；成为优秀的赢家，不要成为糟糕的输家。

扭伤——韧带的损伤。

衰竭阶段——一般适应综合征的第3阶段，此阶段身体无法很好地对抗压力源。

抗拒阶段——一般适应综合征的第2阶段，此阶段免疫系统开始抗拒或对抗压力源。

姿态——站立的方式。

存在状态——人的整体状况。

静态拉伸——缓慢、尽力、无疼痛的拉伸，直至出现拉扯或紧绷感为止。

拉伤——肌腱或肌肉受到的损伤。

战略——为实现某个或某组目标而制定的总计划。

力量——你的肌肉可以产生的最大力。

压力——身体对压力情境的反应。

压力源——产生或增加压力的因素。

拉伸热身——指数分钟的全身热身练习后为正式体育运动做准备而进行的柔韧性运动。

中风——大脑供氧被严重削减或阻断的状况。

收缩压——刚好在心脏跳动后的动脉内血压。

战术——执行某个战略的具体方法。

太极拳——源自中国的一种古老运动

形式，其基本动作被证明可提高柔韧性并缓解某些人的关节炎症状。

目标上限——可提高体质和改善身心健康的推荐最高运动量。

团队合作——团队成员为实现共同目标而付出的共同努力。

肌腱——将肌肉连接到骨骼上的组织。

训练阈值——增强身体素质所需的最小负荷。

时间——任务的时长；在 FITT 规则中（第一个"T"），时间指为提高体质和促进身心健康而设定的一次运动的最佳时长。

可耐受最高摄入量（UL）——不产生健康风险的前提下维生素或矿物质的最大摄入量。

跟踪——用视觉跟踪物体轨迹（如跟踪掷出的球的轨迹）。

反式脂肪酸——由不饱和脂肪（如植物油中）经过使其在室温下变成固态（如固态人造黄油）的工艺制成的产物，又称为反式脂肪；已被 FDA 禁止在食品中使用。

类型——任务的具体类别；在 FITT 规则中（第二个"T"），类型指体育运动的具体类型。

不可控风险因素——无法做任何事来改变的风险因素。

体重不足——体重低于正常范围的一种状况。

不饱和脂肪——在室温下呈液态的脂肪；主要来自植物，例如瓜子、玉米、大豆、橄榄、杏仁和花生。

静脉——将充满废弃物的血液从肌肉细胞输回至心脏的血管。

速率——动作的速度。

高强度有氧运动——强度足以将心率提升至心肺耐力的训练阈值以上并达到其目标区间内的有氧运动。

高强度休闲运动——在空闲时间进行的有趣的、通常无竞争性的，但强度足以将心率提升至心肺耐力的训练阈值以上并达到其目标区间内的运动。

高强度竞技运动——将心率提升至心肺耐力的训练阈值以上并达到其目标区间内的竞技运动。

热身练习——帮助身体为更剧烈的运动做准备的一系列练习。

举重运动——使用自由重量的奥林匹克运动项目；在举重运动中，运动员试着举起最大负荷；举重分两个动作进行：抓举和挺举。

康乐——健康的积极方面，包括较高的生活质量、幸福感和积极的世界观等。

风寒因子——用于确定危险低温和危险风况的指数。

锻炼时间——体育运动计划中人们做运动以改善身体素质的时间。

瑜伽——源自印度的一种运动，其传统形式包括冥想、调吸和体位等。其中，调吸法在现代瑜伽中也很常见；体位又称"阿萨那"，其类似于很多柔韧性运动，可增强身体柔韧性并带来其他的健康益处。

译者简介

●　●　●　●　●

田亨，北京体育大学运动人体科学学士，运动解剖学硕士。曾任中国国家足球队、国家速度滑冰队、国家花样滑冰队科研教练。长期从事国民体质健康及学生体质健康工作，执笔国内重要学术会议论文10余篇，多次获得"全国学生运动会科学论文报告会""学校体育科学大会"一等奖等荣誉。完成省市级学生体质健康报告10余篇，为区域学生体质健康相关政策提供客观数据支撑。现任北京华体互联教育科技有限公司体质健康总监。

曹维，北京体育大学运动人体科学在读博士，国家运动营养师。曾服务女足国青队，长期跟踪国家田径队、蹦床队备战奥运会、全运会等国际国内重大赛事期间重点运动员的机能监控、训练监控、生理生化测试和专项能力评估等工作。研究方向：运动营养与训练监控、提高运动表现的生物学机制与应用研究。